同志社大の英語

［第10版］

岡﨑友泰 編著

教学社

はしがき

　全国有数の私立大学の一つである同志社大学に合格するために，万全の対策が必要であることは言うまでもありません。そのためには，過去問演習を徹底的に行い，問題形式やどのような力が求められているのかを把握し，時間配分を決めておく必要があります。

　本書は，2014 年度から 2022 年度までを分析し，全学部から，題材のテーマを中心にバランスよく問題を選んでいますので，同志社大学の出題傾向はこれ一冊で十分わかります。同志社大学の問題は学部に関係なく同じ形式ですので，志望学部以外の問題であっても，挑戦する価値は十分にあります。問題に取り組む際は，次のような進め方をしてください。

① まず **目標解答時間** 内で問題を解いてみましょう。**辞書は使わず**，試験と同じ条件で取り組みます。この時，わからない単語や文があったら必ず線を引いておき，前後の文脈からだいたいの意味を考えてメモをしておきます。
② まだ答えは見ないで，**辞書を使ってもう一度**じっくり考えます。時間を気にせず，満点を取るつもりで取り組みましょう。
③ 最後に**答え合わせ**をします。正解できたかどうかに一喜一憂するのではなく，正解を導き出す道筋が合っていたかどうかをしっかり確認しましょう。

　最初のうちは，②に丁寧に取り組みましょう。最終的には①の段階でほぼ解答できるようになるのが目標です。加えて，復習する際に，**問題で問われている所以外で，わかりにくい所があれば，構文把握，単語の意味を確認するために，必ず全訳で確認しましょう**。

　各章では（第 3 章は 2019 年度から）大問ごとに 1 つずつ **ポイント** を設けています。問題に答えるためのテクニック，重要な文法事項，犯しやすい誤りなど汎用性が高い内容なので，しっかり読んで学習してください。**目標解答時間** の隣に **目標正答数** も示しています（語句整序は，空所すべて完答で 1 問とカウント）ので，参考にしてください。なお，これらは本書で独自に設定した目標ラインです。

　では目標ラインに達するために必要な力とは何でしょうか。一言でいうと，基礎力（語彙力・構文把握力・精読力・文法力）でしょう。難問・奇問はほとんどなく，基礎的知識がどれだけ定着しているか，そしてその知識を使う力があるかどうかが問われます。あとは長文を最後まで読み抜く体力・精神力があれば十分です。本書を最大限に活用し，受験生の皆さんが自信を持って試験に臨み，見事合格の栄冠を勝ち取ることを願ってやみません。

編著者しるす

CONTENTS ▬▬▬▬▬▬▬▬

第1章　長文読解①―英文和訳を含むもの

第2章　長文読解②―英文和訳を含まないもの

下記の問題に使用されている著作物は，2023 年 1 月 26 日に著作権法第 67 条第 1 項の裁定を受けて掲載しているものです。
「第 3 章　会話文・英作文」大問番号 28・29・30・31

第3章　会話文・英作文

ポイント のタイトル一覧

傾向と対策

出題の概要

　同志社大学の英語の問題は，近年どの学部・日程においても基本構成は同じです。大問が3題あり，〔Ⅰ〕と〔Ⅱ〕が読解問題，〔Ⅲ〕が会話文問題となっています。

　試験時間は100分で，200点満点※，〔Ⅰ〕と〔Ⅱ〕をあわせて150点，〔Ⅲ〕が50点という配点です。例年，〔Ⅰ〕か〔Ⅱ〕のどちらかで英文和訳が出題され，また，〔Ⅲ〕では英作文（和文英訳）が出題されます。和訳と英訳のみ記述式で，他はすべて選択式です。

　なお，本書では出題形式別の章立てとなっています。

本書での扱い

第1章：英文和訳を含む長文読解

第2章：英文和訳を含まない長文読解

第3章：会話文・英作文

※配点は学部・日程によって一部異なります。参考までに，2022年度の配点の内訳を以下に示します。なお，入試の詳細については，大学から発表される最新の「入学試験要項」で必ず確認してください。

　2022年度配点の内訳

学　　　　部	配点	大問Ⅰ	大問Ⅱ	大問Ⅲ
法・グローバル・コミュニケーション	200 *1	75	㊄	50
文・経済	200	61	㊥	50
神・商・心理・グローバル地域文化	200	70	㊇	50
社会・理工	200 *2	75	㊄	50
政策・文情(文・理)・生命医科・スポーツ(文・理)	200 *3	73	㊆	50
文系全学部	200 *1	65	㊄	50
理系全学部	200	70	㊇	50

＊1　グローバル・コミュニケーション学部英語コース（英語重視型）は250点満点に換算。

＊2　理工学部（数・理重視型）は100点満点に換算。

＊3　生命医科学部（数・理重視型）は100点満点に換算。

○印は「英文和訳」の出題される長文読解。

（編集部注）本書に掲載されている入試問題の解答・解説は，出題校が公表したものではありません。

出題形式別の分析

■ 読解問題

■傾　向
1．長文のレベル・特徴

　同志社大学では長文が2題出題されます。おおむね一方が標準的な英文で，もう一方がやや難解な英文という組み合わせで出題され，全体としては**標準〜やや難**というレベルでしょう。

　英文のテーマは多岐にわたっており，出典は教養のある欧米人が読む雑誌（*The Guardian* など）やネット記事，書籍などが多く，まずはいろいろな分野の英文を読んでおくことをおすすめします。そして，一番のポイントは，英文が長いことです。2題合わせて 2000 語程度の長さになり，設問の選択肢の英文を含めると1題あたり 1200 語以上の相当な量の英文を読むことになります。長い英文を読み慣れていない人には難しい問題と言えるでしょう。

2．設問形式

　同志社大学の読解問題は，おおよそ次のような設問で構成されています。

空所補充，同意語句，同意表現，内容真偽，英文和訳，語句整序

＊2021 年度では，欠文挿入箇所問題が出題されました。

　この中から，同志社大学の典型的なパターンである同意語句，同意表現，内容真偽，英文和訳，語句整序の詳細を以下に記します。なお，本書の解説では，各設問の見出しに設問形式を示しています。形式ごとに得意・不得意がないかをチェックするのに活用してください。

●同意語句

　文中の語と同じ意味の単語（語句）を選ぶ問題。単純に語彙力をみるだけではなく，多義語の思いがけない意味や，その単語の通常の意味とは違う，その文脈だけの特殊な意味を表すものが問われることが多く，全体的に**文脈上の意味**が重視されます。該当箇所だけを見て解答しようとすると誤った選択肢を選んでしまう可能性があるので，注意しましょう。また，受験生が知らないような難単語が出題されることもあります。

●同意表現

　文中の句や節と同じ意味・内容のものを選ぶ問題。単純な言い換えではない場合も多く，同意語句の選択問題よりもさらに文脈を慎重に読んで，正確に意味を理解する

必要があります。受験生が普通は知らないような表現も出題されますが，文脈がしっかり把握できていれば解答できる問題です。英文を，感覚で何となく読んでしまう癖のある人は，本文と選択肢の英文の微妙な意味の違いがわからず，難しく感じるでしょう。本文の該当箇所，その前後，そして選択肢の英文を特に丁寧に読まなければならないので，**精読力**も求められます。

●内容真偽

　本文の内容に合致するものを選択する問題。選択肢はすべて英文です。本文のどこと照らし合わせればよいのかがすぐわかるようなものもありますが，本文全体の主張，筆者の考えを把握できなければ解答できないものもあります。速読しながら，各段落の要旨をつかみ，速く正確に筆者の主張を把握できるようにしておきましょう。また，選択肢の英文も正確に読まなければ判断を誤るので，**精読力**も必要になります。

●英文和訳

　文中の下線部を日本語に訳す問題。英文は1文程度で短く，1問だけの出題ですが，毎年，大問〔Ⅰ〕か〔Ⅱ〕で必ず出題されており，**文構造の把握力を重視**していると言えます。さらに，その構造を正確に把握した上で，文脈に合わせた訳文を考える**文脈把握力**も問われていると考えられます。特に，受験生にとって意味のわからない単語が含まれる問題は，文構造を理解した上で，文脈からその意味を推測する力が求められていると言えるでしょう。

●語句整序

　文中の複数の空所に入る最も適当なものを選択肢からそれぞれ選び，正しい英文を完成する問題。これは**構文力，単語を正しく並べる文法の力（品詞の知識）**が問われる問題です。長文中の語句整序問題ですので，前後の文の意味を把握し，並べかえる文の意味を推測しながら，考えることも必要です。

■対　策

　まずは，読解問題の全体的な対策を紹介し，その後，設問形式ごとの具体的な対策について説明します。

1．全体的な対策

　読解力を養うには，一般的に次の4つの力を身につけておくことが大切です。

```
①語彙力
            →   ③精読力  →   ④要旨把握力
②文法力
```

　同志社大学で出題されるような長文を限られた時間で読む場合，中でも④の**要旨把握力**が重要になってきます。要旨把握力とは，長い文を読むときに，一文一文を追うのではなく，**文章をブロックごとにとらえて文章全体の主旨を把握する力**のことです。以下で詳しく説明しますが，要旨把握力を身につけるには次の3つがポイントになります。
　✓瞬時に語意を理解する
　✓文脈を最優先に考える
　✓段落ごとの要旨をメモする

要旨把握力のポイント

✓瞬時に語意を理解する

　同志社大学に限らず，どこの大学を受けるにせよ，英文読解の基礎は語彙力です。ここでいう語彙力というのは，ただその単語の意味を知っていればよいというものではありません。特に同志社大学のように長文を課す大学では，**その単語を見た瞬間に意味がわかり，具体的にイメージできるレベルでなければ通用しません**。長文読解では，単語の意味をその都度思い出しながら読むのではなく，ざっと読んで全体の流れを把握できるスピードが大切なのです。単語集で覚えただけの場合，そこに書かれている単語の意味（訳語）にとらわれてしまい，全体の流れを把握する妨げになることがあります。もちろん単語集での学習は有効ですが，単語の文の中での意味がわかるようにするためには，単語集で覚えて終わりにするのではなく，**長文の中でそれらの単語に出会うこと**が大切です。本書の問題は，語彙の定着によい教材としても使えますので，問題文を繰り返し読んで，重要単語を瞬時に理解できるようにしてください。

✓文脈を最優先に考える

　「文脈を最優先に考える」とは，**知っている単語や表現でも文脈に合わなければ，文脈を優先して意味を考える**ということです。例を挙げると，2020年度社会・理工学部の問題で，circulate という語が出てきますが，「〜を循環する」の意味で覚えて

いる受験生が多いのではないでしょうか。しかし，文脈上は「広まる，伝わる」とい
う意味で使われています。もともと circulate には「広まる，伝わる」の意味もある
のですが，瞬間的に「〜を循環する」と思いついても，文の流れとそぐわなければ，
文脈に応じた意味に変換して読む必要があります。特に，知らない単語の場合は文脈
から判断するしかありません。このように，**単語の意味は文脈で決まる**のだというこ
とを理解して読みましょう。

✓段落ごとの要旨をメモする

　段落ごとの主張を読み取り，その内容を余白に簡単に書いていきましょう（殴り書
き程度から始めても構いません）。そしてそれらをつなぎ合わせると，文全体で何が
言いたいのかを理解することもできます。長文の内容を正確に理解するには精読も大
切ですが，一文一文にこだわり過ぎると，文章の流れをつかめず，結局何が書かれて
いたのかわからなかったということがあります。限られた試験時間で長文問題を解く
には，細部にこだわらず，本文全体の主張をとらえる力が必要になります。長文問題
の演習では，ぜひ**段落ごとの要旨把握**を行ってください。段落ごとの主張の読み取り
方については，実際の問題を取り上げて説明します。（→ p.13　要旨把握力の養成に
向けて）

2．設問別の対策
●同意語句・同意表現：推測力をつける！
　多義語の意外な意味や，思わぬ意味で用いられた単語などが問われるので，自分の
知っている意味にこだわらず，この文脈でどのような意味で使われているのかをしっ
かり考えましょう。こうした**文脈から単語の意味を推測する力**をつけるためには，普
段から，長文でわからない単語があってもすぐに辞書を引くのではなく，まず自分で
その単語の意味を文脈から推測してみてください。だいたい推測できてから辞書を引
いて，自分の考えが合っていたかどうか確かめます。これは文脈を把握する力にもつ
ながるので，ぜひ試してみてください。

●内容真偽：解答根拠を明確に！
　内容真偽問題を解く際のポイントは，選択肢が本文の内容に合っているか否かの根
拠として，**段落ごとの要旨のメモを活用して，本文の該当箇所を書き出す，もしくは
本文の該当箇所に下線を引く**ことです。このタイプの問題が苦手な人は，全体のイメ
ージで何となく解答していたり，該当箇所を探すのに時間がかかっていたりする場合
が多いので，段落ごとの要旨をヒントに該当箇所を探す時間を短縮しましょう。また
選択肢自体にヒントが隠されていることも多いので，選択肢の英文は，**単語一つ一つ
まで吟味**しましょう。all「すべて」，never「決して，一度も〜ない」，only「〜だけ」

など極端なことを表す表現には特に注意してください。さらに近年の傾向として，正解選択肢を正解と認識するのが難しくなっています。ですから，消去法を使うのも一手です。消去する選択肢の方が，根拠が明確でわかりやすい場合が多いです。

　間違えたときには，本文を読み間違えたのか，選択肢を読み間違えたのかをはっきりさせます。**自分で誤答の原因をしっかりと把握する**ことで力がついていきます。ただ問題を解き，正解の数で一喜一憂することには意味がありません。

●英文和訳：実際に訳文を書いてみる！

　下線部訳は，文構造の把握，特に文の主語と動詞をつかむことが重要です。これを誤解すると大幅な減点になります。その後，①**構造にしたがって日本語を組み立て**，②**前後の文脈を考えて訳文の流れを整えます**。こうした手順を無視して，だいたいこんな意味だろうといきなり解答用紙に書き込んでいくのは，もっとも点数を落としやすいやり方ですので，この二つの手順を踏まえて，解答を作る練習をしてください。だいたいの意味はわかるので訳文は書かないという人が多いのですが，普段書かない人が，試験会場でいきなり上手に書けるということはありえません。普段から**手を動かす手間を惜しまない**ことです。答え合わせをする際は，自分の書いた和訳と解答例とを照らし合わせて，どこが不十分なのかをしっかり検討しましょう。また，下線部和訳の箇所以外でも意味がわかりにくい英文に出会えば，復習する際に，日本語に訳す練習をすることで対策になります。

●語句整序：文脈から意味を推測し，文法力で正解の根拠を説明できるようになろう！

　語句整序においては，**品詞の知識＝文法力**が求められます。それゆえ，単語の役割（品詞）に注目して，そのルールにしたがって単語を並べるのが本来の解き方であって，単語の意味だけに頼って考えるのは賢明ではありません。これは，英文和訳や空所補充でも当てはまります。ここでいう文法力とは，四択問題で正解はわかるが正解の根拠は説明できない，というようなものではなく，**品詞の役割に基づいて正解の根拠が説明できるような力**です。文法の勉強というとすぐに選択式の問題集が思い浮かぶと思いますが，こういう問題集は身につけた文法知識を確認するために使うのであって，問題集そのもので知識が身につくわけではありません。そのため，**参考書（総合英語）→問題集→参考書（総合英語）**といった順序で勉強するのが望ましいでしょう。少なくとも，問題集で学習したあとに，間違った問題について周辺知識も含めて参考書（総合英語）で確認し，根本的な知識をしっかりと身につけていきましょう。

　長文中の語句整序問題は，まず，前後の文をしっかり読み，与えられた語句からこのような意味になるのではないかと推測することが重要です。次に，品詞の知識＝文法力を駆使して，並べていきます。最後に，完成した文の構造分析をし，文の正しさを確認し，さらに文脈に合っているかを確認しましょう。

会話文問題

■傾　向

　同志社大学の会話文問題は，比較的長いことが特徴です。設問は，おもに**空所補充**と**和文英訳**が出題されています。

　空所補充は，与えられた選択肢で空所を埋め，筋の通った会話文に仕上げていくというオーソドックスな出題で，**標準的**なものが多いのですが，中には高度な内容を扱ったものもあり，難しい場合もあります。

　また，和文英訳は，日本語で与えられている発言を英語に訳すタイプの出題で，**前後の発言や本文に出てきた単語をヒントに書くことができ**，英作文としては**標準的**です。場合によっては，本文，あるいは前後に出てきた単語がそのまま使えることもあります。

　私大で和文英訳の出題が減少している中，こうした出題があるということは，シンプルでも文型の整った正しい英文を書ける文法力，そして発信力が求められているのです。読解問題は得意でも，英作文は苦手という人もいるかもしれませんが，同志社大学を目指すならば，英語で文を書く練習もしっかり行っておく必要があるでしょう。

■対　策

　会話文問題では文脈を考えずに早合点して答えを出す人も多く見られます。会話文もひとつの読解問題だととらえて，会話の流れを踏まえて問題を解いてください。**空所補充問題は，前後の会話の流れが理解できれば解ける問題がほとんどです**。自分ならこんな返事をするなどと勝手な解釈をしてしまいがちですが，試験なのですから，その文脈に即したもっとも一般的な，常識的な流れを考える必要があります。

　また，会話特有の表現があるのですが，こういった分野が苦手だという人は，まずその知識を仕入れることです。同志社大学に限らず他大学の会話文の過去問にもたくさん取り組み，知らなかった表現を丁寧に拾ってストックを増やしておくとよいでしょう。地道ですが，このようにして量をこなしていくうちに，会話文問題が得点源になるでしょう。

　勉強とは，解答プロセスを学ぶことであって，答えを暗記することではありません。解説を読んで考え方を学び，答えを出すことに熟練していきましょう。

要旨把握力の養成に向けて

1．要旨把握のための速読とは

　同志社大学のような 800 語を超える長文問題に対応するためには，制限時間内でできるだけ速く読む（速読する）ことが求められますが，内容を理解するための速読に必要なのは

①単語力　②素早い構文把握力

です。これを身につけるためには，過去問を解いた後の復習が重要となります。問題の答え合わせを行った後，わからない単語がある場合は手持ちの単語帳を見ながら，必要なものがあれば書き出し，暗記しましょう。その後，長文を 1 文 1 文，頭の中で日本語に訳し，全訳例と照らし合わせて読み進めていってください。これを「脳内和訳」と言います。脳内和訳をすると，単語力はもちろんのこと，英文の主語や動詞を把握する構文把握力が身につきます。このトレーニングとして，トピックも多岐にわたり良質な英文が多い過去問を使い，複雑な構文を素早く処理できる力をつけ，段落ごとの要旨を把握するように努めましょう。速読は要旨を素早く把握するための一つの手段だということを忘れないでください。

2．要旨把握をする際のヒント
①　第 1 文を読む

　まずは段落の第 1 文に着目しましょう。英文では「1 つの段落に 1 つの主張」が原則で，筆者がこれから述べようとする内容の概要を第 1 文に書くことが多いです。そのため，第 1 文がキーセンテンスになっており，丁寧に読む必要があります。ただし，第 1 文に主張が書かれていないと判断した場合は，じっくり読み進め，具体例などを参考にしながら，段落の要旨を把握するようにしてください。

②　ディスコースマーカー

　「ディスコースマーカー」とは簡単にいうと，「文と文の論理的関係を示す語句，話の展開を示す語句」で，ディスコースマーカーの知識をいかすことで，読解スピードも上がり，これを目印とすることで，筆者の主張をより理解することができます。ではディスコースマーカーにはどのようなものがあるのでしょうか。

　　a．逆接・対比・譲歩

　　　but, however, yet, although（though），while, whereas など

　　b．例示

　　　for example, for instance, ：（コロン），―（ダッシュ）など

ｃ．結果・結論

as a result, consequently, in conclusion, therefore など

ｄ．追加

also, in addition, besides, moreover, furthermore など

ｅ．言い換え

in other words, in short, or など

ディスコースマーカーは文脈を把握するヒントになっています。これを利用することで文と文との関係，さらには段落と段落との関係がわかりやすくなるでしょう。

③　漠然から具体への流れを把握

英語では，漠然とした内容をまず述べて，その後に具体的な内容を書きます。料理で例えると「中国料理➡四川料理➡麻婆豆腐」という順番です。英語では以下のような流れになります。

I would like to travel in Asia. Especially South Korea sounds like a lot of fun.

この流れを把握していると，仮に「漠然」の部分に難しい内容や知らない語が来ても，「具体」の部分を読めば内容はつかめます。

3．要旨把握の練習

ここでは実際の過去問（2022 年度　政策・文化情報（文・理）・生命医科・スポーツ健康科（文・理）学部　大問Ⅱ）を取り上げて，要旨把握の練習をしていきます。過去問を解く際には各段落の余白に殴り書きでもいいので，<u>段落の要旨をメモする習慣をつけてください</u>。

各段の英文中の印は次のことを表します。その他の下線やアステリスク（＊）などはオリジナルの問題に記載されているものです。

░░░＝主張，□□＝ディスコースマーカー，◯◯＝その他着目すべき語

第1段 【第1文に注目！】

People waste almost a billion tons of food a year, a UN report has revealed. It is the most comprehensive assessment to date and found (ア) waste was about double the previous best estimate. The food discarded in homes alone was 74 kg per person each year （　X　） average around the world, the UN found. In the UK, which has some of the best data, the edible waste represents about eight meals per household each week. (a)

㊟　空所（Ｘ）には on が入ります。

　第1段は筆者がこれから話したいことの概要や導入を述べていることが多いため，非常に重要です。

　第1文で「我々は1年に10億トン近くの食品を無駄にしている」とあるので，「食品ロス」がテーマだとわかります。第3文以降では具体的な数字を用いて，家庭での食品の廃棄量について述べています。このように，国連のような権威ある団体の報告書にある数字などを用いる理由は，筆者が伝えたいことを強調するためです。

　要旨：国連の調査で，家庭での食品廃棄の規模が莫大だと判明。

第2段　【逆接と追加を表すディスコースマーカーに注目！】

> 　　The UN report also includes data on food waste in restaurants and shops, with 17% of all food dumped. Some food is lost on farms and in supply chains as well, meaning that overall a third of food is never eaten. The waste damages efforts to help the billions of people who are either hungry or cannot afford a healthy diet, but also harms the environment.
> (イ)
> Food waste and loss causes about 10% of the emissions driving the climate
> (b)
> emergency, and intensive farming is a key cause of the biodiversity crisis* and global pollution. If food waste was a country, it would have the third highest emissions after only the US and China. But the researchers said cutting food waste was one of the easiest ways for people to reduce their environmental impact. "Yet this potential has been woefully
> (ウ)
> underexploited," said the report.

　第1文の also に注目します。これは〈追加〉を表すディスコースマーカーなので，第1段の内容への付加的な情報がここでは述べられます。つまり家庭だけでなく，飲食店や食品販売店などでも食品が大量に捨てられていることがわかります。

　第3文は少し文構造が複雑ですが，主語は The waste，動詞は三人称単数現在の形になっている damages と harms です。but also は not only *A* but also *B* の not only が省略されたものと考え，but also 以下に重点情報が置かれます。筆者が強調したいことは「食品廃棄が環境に悪影響を及ぼす」です。

　最終文の Yet は〈逆接〉を表すディスコースマーカーで，前の内容と対立関係にあることがわかります。直前で食品廃棄物の削減は人々が環境への影響を減らす最も簡単な方法の一つであると述べられていますが，yet があるのでその逆の内容（実際にはその方法はうまくいっていない）になると推測できます。したがって，(ウ)が表す内容は has not been properly utilized（適切に活用されていない）と考えることが

できます。このように,〈逆接〉のディスコースマーカーの後は筆者の本当の主張が
くる場合が多いので,注意して読むようにしましょう。

　要旨:食品廃棄は環境に悪影響を及ぼすが,その量を減らすのは難しい。

第3段 【逆接と譲歩を表すディスコースマーカーに注目!】

> 　　Food waste had been thought of as a problem mostly affecting rich
> countries. But the UN report found levels of waste were surprisingly
> similar in all nations, though data is scarce in the poorest countries. The
> (c)
> researchers said nobody bought food with the intention of throwing it
> away and that small amounts discarded each day might seem insignificant.
> (d)
> Therefore increasing people's awareness of waste was key, they said, such
> as via separate food waste collections by local authorities.

　第2文の先頭にある〈逆接〉を表す But を確認しながら,文中にある副詞
surprisingly に注目しましょう。当然,驚くべき内容が書かれていると判断できるの
で,慎重に読む必要があります。

　次に though (although) は〈譲歩〉を表し,A though (although) B,または
Though (Although) B, A という形で用い,「B だけれども A」という意味です。こ
れにより下線部の scarce の意味は推測しやすくなります。論説文では譲歩節 B で一
般論や,相手の主張を認め,主節 A で筆者の主張を述べるという形が取られます。
譲歩節 B と主節 A は対立した内容になることを踏まえれば,主節 A が筆者の主張に
当たるということを理解しておきましょう。

　これらより,筆者は,食品廃棄のレベルは豊かな国のみならず,貧しい国を含むあ
らゆる国でも同じであると言いたいことがわかります。

　そして,最終文の先頭にある〈結果・結論〉を表す Therefore に注目しながら読
んでいきます。さらに文中にある key は形容詞的に用いられ,「重要な」という意味
で,筆者が強調して言いたい内容だとわかります。つまり筆者は廃棄物のレベルはど
の国でも同じで,捨てるつもりで食品を買う人はいないが,therefore 以下で「結局
のところ,人々のゴミに対する意識を高めることが重要」と述べているのです。

　要旨:捨てるつもりで食品を買う人はいないが,人々のゴミに対する意識を普段か
　　　　ら高めることが重要。

第4段 【漠然から具体への流れに注目！】

> Government and corporate action was needed, but individual action was important, the experts said, such as measuring portions of rice and pasta, checking the fridge before shopping and increasing cooking skills to use what was available. The greater time available for planning and cooking in homes during coronavirus lockdowns* in the UK appears to have reduced waste by 20%. "Reducing food waste would cut greenhouse gas emissions, slow the destruction of nature through land conversion and pollution, enhance the availability of food and thus reduce hunger and save money at a time of global recession," said Inger Andersen, the head of the UN Environment Programme* (UNEP), which published the report. "Businesses, governments and citizens around the world have to do their part."

　〈逆接〉のディスコースマーカーは筆者の主張が来ることが多いので，第1文のbut以下を注目して読み進めていきます。「個人の行動が重要」と述べており，前段落の「人々のゴミに対する意識を高めることが重要」を受けた内容だと考えられます。このように，段落の最初の文を読みながら，**段落間のつながりを意識する**ことも大事です。

　第1文の後半には〈例示〉を表すsuch asがあり，individual actionが表す内容をsuch as以下で具体化されています。さらに英国でコロナウイルスによる都市封鎖の期間中，家庭で計画的に調理する時間が増えたことで，廃棄物が20%減少したという報告が書かれています。ここで，漠然（individual action）から具体（such as以下＋第2文）の流れを感じとってください。ただし，具体例の部分を要旨に含める必要は原則ありません。

　余談にはなりますが，近年，入試問題において「フードロス」をテーマにした自由英作文が多く出題されています。such as以下の英文を暗記しておくと，フードロス対策の具体例を英語で書きやすくなります。

　要旨：政府，企業だけでなく個人の行動も重要。

第5段 【キーワード significant に注目！】

> Marcus Gover, the head of WRAP*, an NGO* that helped write the report, said: "We are so used to wasting food that we've forgotten its value, and the cost that feeding our growing global population has on the natural world. Like it or not, we in our homes are the most (significant) part of the problem." The report was （　あ　） to support global efforts to （　い　） the UN's sustainable development goal （　う　）（　え　） food waste （　お　） 2030. It found 11% of all the food sold to consumers was wasted in homes in 2019, with restaurants discarding 5% and food shops dumping 2%.
>
> (注) 空所(あ)には produced，(い)には meet，(う)には of，(え)には halving，(お)には by が入ります。

　この段落にはディスコースマーカーはありませんが，第2文の significant に注目します。significant は「重要な」という意味です。第2文とそれに続く文を重点的に読んでいくと，「食品廃棄物削減の鍵となるのは家庭で，国連の報告書は食品廃棄物を半分に減らす目的で作られた」ということが読み取れます。さらに最終文に，販売された消費者向けの食品の11%が家庭で廃棄されていて，この割合が飲食店や食品販売店よりも高いと書かれており，家庭での食品廃棄を減らす取り組みの重要性を裏付けていると考えられます。

　余談ですが，最終文の with は付帯状況を表し，with O 〜ing の形になっています。O には restaurants と food shops，〜ing には discarding と dumping がきています。また，with の形は原則，前から読んでいき（訳し下ろしていき）ましょう。

　要旨：食品廃棄物を半減させる目標の達成には家庭の廃棄を減らすことが大事。

第6段　【キーワード leading, great に注目！】

> Good data on household waste was available for countries representing 75% of the world's population. Food waste includes edible and inedible parts, such as rinds* and bones. The mix is about 50:50 in some high-income countries but unknown elsewhere. "However, even if some of that waste can't be consumed by humans, there are environmentally preferable ways in which it can be managed, [for example] by diverting it to animal feed or composting," said Clementine O'Connor at UNEP. "What we want to drive home* is we need to get food waste out of landfills." "The UK has really taken a leading role (Y) food waste reduction and is one of very few countries that has achieved a great reduction," she added. Between 2007 and 2018, edible household food waste was cut by almost a third, according to WRAP, though overall food waste was still 19% in November 2020.
>
> (注)　空所（Y）には in が入ります。

　第4文にある〈逆接〉を表す However に注目します。「しかし，たとえ人間が消費できない廃棄物であっても，動物の飼料や堆肥に転用すべきである」と述べられています。

　さらに第6文にある leading と great に着目しましょう。leading は形容詞で「主導的な」，great は「多大な，偉大な」という意味で，共に重要な情報を述べるマーカーになっていますので，英国がどのような点で主導的な役割を果たしたのかを考えながら読み進めていきましょう。

　この段落の要旨は第4文と第6文で書かれている2点です。

要旨：食用に適さない部分も利用して廃棄を減らさないといけない。
　　　英国は食品廃棄物を大幅に減らした数少ない国の一つである。

第7段 【キーワード high priority, lead the way に注目！】

> Carina Millstone, of the food campaign group Feedback, said the UN report was seminal* and showed food waste action must be a high priority for governments ahead of the COP26 climate summit* in November: "As hosts, the UK must lead the way — it can do so by measuring and tackling food waste on farms, and by introducing mandatory food waste measurements and reduction targets for businesses."
> _(g)
> _(h)

　第1文の high priority「高い優先事項」に注目してください。何が優先事項かと考えると，high priority の主語である「食品廃棄物対策」であるとわかります。さらに，カリーナ＝マイルストーンはコロン以下で「議長国として，英国は先頭に立たなければなりません」と述べていることから，以下のように要旨をまとめます。

　要旨：英国が先頭に立って，各国の食品廃棄物対策の意識を高めていく必要がある。

第8段 【漠然から具体への流れに注目！】

> WRAP started a food waste action week in the UK on Monday to raise awareness of the issue and drive change. Nadiya Hussain, the chef and TV presenter, is a supporter. She said: "From avoiding buying or preparing too much to storing food correctly, the week is about helping people make the most of their food and helping protect our planet." Martina Otto, of UNEP, said: "If you don't take action on food waste, it's a triple lose. It's not only the food that we're chucking out, (Z) also all the natural and financial resources that went into producing that food. So let's make it a triple win."
>
> (注)　空所（Z）には but が入ります。

　第1文から第3文までは，「漠然から具体」への流れになっています。第1文に a food waste action week「食品廃棄物削減行動週間」（漠然）とあり，第3文でナディヤ＝フセインがこの週間の目的を語るという形です。さらに第4文でマルティナ＝オットーが a triple lose（三重苦）について言及し，「三重」とはその次の文の「食品，天然資源，経済的資源」を指しています。ここも同様に「漠然から具体」への流れで書かれています。

　有名人や学者の発言は，筆者が述べたい内容を強化する目的で引用されることが多いです。この段落は2人の人物の引用で大半が占められているため，その発言を簡単

にまとめて要旨にしてもよいでしょう。

　要旨：食品，天然資源，経済的資源の無駄における三重苦からの脱却をはかるべき。

4．要旨把握を利用した内容真偽問題の解き方

　同志社大学の長文読解問題で苦労するのは，8個の選択肢から成る内容真偽問題ですが，ほぼ段落の順番で選択肢が並んでいるので，比較的取り組みやすいです。この問題を素早く，正確に解くには，「要旨のメモやキーワードを中心に，該当箇所（該当段落）を見つけて選択肢と照らし合わせて判断する」，「本文の内容に合致した選択肢を選ぶ際に，**言い換えを見抜く**」ことでしょう。ここでは，3で取り上げた長文の内容真偽問題を見てみましょう。

Ⅱ―E　本文の意味・内容に合致するものを次の1～8から三つ選び，その番号
　　　を解答欄に記入しなさい。

（※ここでは，選択肢3と2について本文に合致しているか否かを判断します。）

3．People are aware of food waste and yet they continue to buy more food
　　than they need.

　（選択肢の訳）「人々は食品廃棄を自覚しているが，必要以上に食べ物を買い続
　　　　　　　　けている」

　まず，合致するか否かの根拠となる本文の該当箇所を探す必要があります。ここで「**3．要旨把握の練習**」が役立ちます。各段の要旨を把握することで，該当箇所がどこにあるのか見つけやすくなるからです。選択肢の内容から，人々の食品廃棄の自覚に関連がある内容だとわかるでしょう。そして各段落の要旨を見ると，第3段に該当箇所があることに気づきますね。第3段の要旨は「捨てるつもりで食品を買う人はいないが，人々のゴミに対する意識を普段から高めることが重要」なので，細かい該当箇所を見なくても，段落要旨から「合致しない」と判断できます。もちろん自信がない場合は，該当箇所を細かく探す必要はありますが，段落要旨を利用することで該当箇所を見つける時間と解答時間が短縮できます。

2．The report shows that the levels of food waste differ little from country
　　to country.

　（選択肢の訳）「その報告書によると，食品廃棄のレベルは国によってほとんど
　　　　　　　　異なることはない」

---

　levels of food waste をキーワードとし，2つ目の選択肢なので該当箇所は全段落の前半にあると考えます。すると第3段第2文に levels of waste があり；levels of waste were surprisingly similar in all nations「廃棄物のレベルはどの国でも驚くほど同じである」と書かれており，これが differ little from country to country （from country to country「国によって」という意味の熟語）と言い換えられていることに気づかなければ正解にはたどり着けません。

　以上，注目ポイントを紹介しながら，要旨把握の方法を紹介しましたが，この方法を使って，内容真偽問題のみならず，空所補充問題や同意表現問題もぜひ解いてみてください。

第1章

長文読解①

英文和訳を含むもの

1 2022年度　政策・文化情報（文・理）・生命医科・スポーツ健康科（文・理）学部

目標解答時間 30分　**目標正答数** 16/18問（和訳除く）

次の文章を読んで設問に答えなさい。［＊印のついた語句は注を参照しなさい。］(77点)

　　People waste almost a billion tons of food a year, a UN report has revealed. It is the most comprehensive assessment to date and found waste was about double the previous best estimate. The food discarded in homes alone was 74 kg per person each year （ X ） average around the world, the UN found. In the UK, which has some of the best data, the edible waste represents about eight meals per household each week.
　　The UN report also includes data on food waste in restaurants and shops, with 17% of all food dumped. Some food is lost on farms and in supply chains as well, meaning that overall a third of food is never eaten. The waste damages efforts to help the billions of people who are either hungry or cannot afford a healthy diet, but also harms the environment. Food waste and loss causes about 10% of the emissions driving the climate emergency, and intensive farming is a key cause of the biodiversity crisis* and global pollution. If food waste was a country, it would have the third highest emissions after only the US and China. But the researchers said cutting food waste was one of the easiest ways for people to reduce their environmental impact. "Yet this potential has been woefully underexploited," said the report.
　　Food waste had been thought of as a problem mostly affecting rich countries. But the UN report found levels of waste surprisingly similar in all nations, though data is scarce in the poorest countries. The researchers said nobody bought food with the intention of throwing it away and that small amounts discarded each day might seem insignificant. Therefore increasing people's awareness of waste was key, they said, such as via separate food waste collections by local authorities.

Government and corporate action was needed, but individual action was important, the experts said, such as measuring portions of rice and
(e)
pasta, checking the fridge before shopping and increasing cooking skills to use what was available. The greater time available for planning and cooking in homes during coronavirus lockdowns* in the UK appears to have reduced waste by 20%. "Reducing food waste would cut greenhouse gas emissions, slow the destruction of nature through land conversion and pollution, enhance the availability of food and thus reduce hunger and
(f)
save money at a time of global recession," said Inger Andersen, the head of the UN Environment Programme* (UNEP), which published the report. "Businesses, governments and citizens around the world have to do their part."

Marcus Gover, the head of WRAP*, an NGO* that helped write the report, said: "We are so used to wasting food that we've forgotten its value, and the cost that feeding our growing global population has on the natural world. Like it or not, we in our homes are the most significant part of the problem." The report was (あ) to support global efforts to (い) the UN's sustainable development goal (う)(え) food waste (お) 2030. It found 11% of all the food sold to consumers was wasted in homes in 2019, with restaurants discarding 5% and food shops dumping 2%.

Good data on household waste was available for countries representing 75% of the world's population. Food waste includes edible and inedible parts, such as rinds* and bones. The mix is about 50:50 in some high-income countries but unknown elsewhere. "However, even if some of that waste can't be consumed by humans, there are environmentally preferable ways in which it can be managed, [for example] by diverting it to animal feed or composting," said Clementine O'Connor at UNEP. "What we want to drive home* is we need to get food waste out of landfills." "The UK has really taken a leading role (Y) food waste reduction and is one of very few countries that has achieved a great reduction," she added. Between 2007 and 2018, edible household food waste was cut by almost a third, according to WRAP, though overall food waste was still 19% in November 2020.

Carina Millstone, of the food campaign group Feedback, said the UN report was seminal* and showed food waste action must be a high priority (g) for governments ahead of the COP26 climate summit* in November: "As hosts, the UK must lead the way — it can do so by measuring and tackling food waste on farms, and by introducing mandatory food waste (h) measurements and reduction targets for businesses."

WRAP started a food waste action week in the UK on Monday to raise awareness of the issue and drive change. Nadiya Hussain, the chef and TV presenter, is a supporter. She said: "From avoiding buying or preparing too much to storing food correctly, the week is about helping people make the most of their food and helping protect our planet." Martina Otto, of UNEP, said: "If you don't take action on food waste, it's a triple lose. It's not only the food that we're chucking out, (Z) also all the natural and financial resources that went into producing that food. So let's make it a triple win."

(By Damian Carrington, writing for *The Guardian*, March 4, 2021)

[注] biodiversity crisis　生物多様性の危機

coronavirus lockdowns　コロナウィルスによる都市封鎖

UN Environment Programme　国連環境計画

WRAP（Waste and Resources Action Programme　廃棄物・資源アクションプログラム）

NGO（nongovernmental organization　非政府組織）

rinds　外皮

drive home　十分に理解させる

seminal　影響力のある

COP26 climate summit　国連気候変動枠組条約第26回締約国会議

A 空所(X)〜(Z)に入るもっとも適切なものを次の1〜4の中からそれぞれ一つ
選び、その番号を解答欄に記入しなさい。

(X) 1 at 2 for 3 in 4 on
(Y) 1 for 2 from 3 in 4 on
(Z) 1 and 2 as 3 but 4 or

B 下線部(a)〜(h)の意味・内容にもっとも近いものを次の1〜4の中からそれぞ
れ一つ選び、その番号を解答欄に記入しなさい。

(a) represents
1 constitutes 2 specifies
3 subordinates 4 symbolizes

(b) driving
1 assisting 2 operating 3 piloting 4 propelling

(c) scarce
1 incorrect 2 insufficient
3 superficial 4 troubling

(d) insignificant
1 inadequate 2 inconsistent
3 unimportant 4 uninteresting

(e) measuring
1 adjusting 2 extracting 3 providing 4 spending

(f) enhance
1 engage 2 increase 3 observe 4 sharpen

(g) high priority
1 big decision 2 great proportion
3 major focus 4 strong motivation

(h) mandatory
1 compulsory 2 confidential
3 conventional 4 critical

C 波線部 (ア)〜(ウ) の意味・内容をもっとも的確に示すものを 1 〜 4 の中からそれ
ぞれ一つ選び、その番号を解答欄に記入しなさい。

(ア) It is the most comprehensive assessment to date

   1 It is now likely the most reasonable explanation

   2 It is the friendliest study yet undertaken

   3 It is the most complete evaluation so far

   4 It is the most efficient method this year

(イ) cannot afford a healthy diet

   1 are forbidden from exercising

   2 fail to lose weight no matter how hard they try

   3 lack the capacity to store their food

   4 lack the money to buy nutritious food

(ウ) has been woefully underexploited

   1 has been painstakingly considered

   2 has been widely advertised

   3 has not been fully examined

   4 has not been properly utilized

D 二重下線部の空所(あ)〜(お)に次の 1 〜 7 から選んだ語を入れて文を完成させ
たとき、(う)と(お)に入る語の番号を解答欄に記入しなさい。同じ語を二度使っ
てはいけません。選択肢の中には使われないものが二つ含まれています。

The report was (あ) to support global efforts to (い) the UN's
sustainable development goal (う)(え) food waste (お) 2030.

   1 by   2 halving   3 meet   4 of

   5 produced   6 publishing   7 until

E 本文の意味・内容に合致するものを次の 1 〜 8 から三つ選び、その記号を解答
欄に記入しなさい。

   1 The UN report determined that the amount of food that people
waste had previously been underestimated.

2　The report shows that the levels of food waste differ little from country to country.

3　People are aware of food waste and yet they continue to buy more food than they need.

4　The coronavirus lockdowns worsened the problem of food waste in the UK.

5　A report indicates that 18% of household food and 5% of food served at restaurants was wasted in 2019.

6　Data on food waste in homes was not available for all countries.

7　An expert at UNEP said that most food waste was recycled for animal feed and compost in 2020.

8　The UK has already successfully reduced both household waste and waste on farms.

F　本文中の太い下線部を日本語に訳しなさい。(supply chains は「サプライチェーン」と表記しなさい。)

Some food is lost on farms and in supply chains as well, meaning that overall a third of food is never eaten.

全訳

≪食品ロスを減らす取り組み≫

　国連の報告書が明らかにしたところによると，我々は1年に10億トン近くの食品を無駄にしているとのことである。この報告書はこれまでで最も包括的な評価であり，廃棄物はこれまでで一番正確な推定値の約2倍であることが判明した。国連によると家庭で廃棄される食品だけでも，世界平均で1人あたり年間74kgに上ることが明らかになった。最も正確なデータを持つ英国では，その食用廃棄物の量は1世帯あたり毎週約8食分に相当する。

　国連の報告書には，飲食店や食品販売店での食品廃棄物に関するデータも含まれており，全食品の17%が捨てられている。農場やサプライチェーンで廃棄される食品もあり，つまり全体の3分の1の食品が決して食べられることがないということになる。このような廃棄物は，飢餓で苦しんでいる人や，体によい食べ物を買う余裕がない何十億もの人々を支援するための活動を阻害し，環境にも悪影響を及ぼす。食料廃棄と食品ロスは，気候変動問題を悪化させる（温室効果ガスの）排出量の約10%の原因となり，集約農業は生物多様性の危機と地球汚染の主要な原因となっている。もし食品廃棄物が国だと仮定してみると，その国はアメリカと中国に次いで3番目に排出量が多い国となるであろう。しかし，研究者は，食品廃棄物の削減は人々が環境への影響を減らす最も簡単な方法の一つであると述べている。「しかし，その可能性は十分に生かされていない」と，報告書には書かれている。

　これまで食品廃棄物は，主に豊かな国々が抱える問題だと考えられてきた。しかし，国連の報告書によると，最貧国でのデータは少ないものの，廃棄物のレベルはどの国でも驚くほど同じであることがわかった。研究者によると，捨てるつもりで食品を購入する人はおらず，毎日廃棄される量はわずかであるため，取るに足らないことに思えるかもしれないとのことだ。そのため，自治体による食品廃棄物の分別回収などを通じて，人々のゴミに対する意識を高めることが重要であるという。

　政府や企業の取り組みも必要だが，個人の行動も重要であり，たとえば，ご飯やパスタの量を量る，買い物の前に冷蔵庫の中を確認する，ありあわせのものを使うために料理の腕を上げるなどがあると専門家は述べている。英国では，コロナウイルスによる都市封鎖の期間中，家庭で計画的に調理する時間がかなり増えたことで，廃棄物が20%減少したようである。「食品廃棄物を減らすことは，温室効果ガスの排出を削減し，土地の転用や汚染による自然破壊を遅らせ，食料の入手可能性を高めることで飢餓を減らし，世界的な不況の中でお金を節約することができます」と，報告を公開した国連環境計画（UNEP）の代表であるインガー＝アンダーセンは述べている。「世界中の企業，政府，市民がそれぞれの役割を果たさなければならないのです」

　報告書の作成に協力したNGOである廃棄物・資源アクションプログラム（WRAP）の代表，マーカス＝ゴーヴァーは「私たちは食べ物を無駄にすることに慣れてしまい，その価値や，増え続ける世界人口を養うために自然界にかかっている負担を忘れてしまっているのです。好むと好まざるとにかかわらず，この問題の最も重要な部分を担っているのは，家庭にいる私たちなのです」と述べている。この報告書は，2030年までに食品廃棄物を半減させるという国連の持続可能な開発

目標を達成するための世界的な取り組みを支援する目的で作成されたものだ。これによると，2019年に消費者に販売された全食品の11％が家庭で廃棄され，飲食店では5％，食品販売店では2％が廃棄されていることがわかった。

　家庭の廃棄物に関する正確なデータは，世界人口の75％を占める国々で得られた。食品廃棄物には，可食部分と外皮や骨などの非可食部分が含まれる。高所得の国の中には，その混合比が50：50の割合の国もあるが，それ以外の国では不明である。「しかし，たとえ人間が消費できない廃棄物であっても，たとえば動物の飼料や堆肥に転用するなど，環境的に望ましい管理方法があります」と国連環境計画のクレメンティーヌ＝オコナーは述べている。「私たちが十分に理解してほしいと思っていることは，食品廃棄物を埋立地から排除する必要があるということなのです」「英国は，食品廃棄物の削減において本当に主導的な役割を果たし，大きな削減を達成した数少ない国の1つです」と彼女は付け加えた。WRAPによると，2007年から2018年の間に，可食の家庭用食品廃棄物は3分の1程度削減されたが，2020年11月の時点で全体としての食品廃棄物は依然として19％だった。

　食品廃棄物削減を推進するグループであるFeedbackのカリーナ＝マイルストーンによると，国連の報告書は影響力があり，11月の国連気候変動枠組条約第26回締約国会議（COP26）が行われるより前に，食品廃棄物対策が各国政府にとって高い優先事項でなければならないことを示しており，「議長国として，英国は先頭に立たなければなりません――そうするためには，農場での食品廃棄物を測定し，その削減に取り組み，その上で，企業に対する食品廃棄物の測定と削減目標の義務づけの導入が必要です」と述べた。

　WRAPは，この問題に対する認識を高め，変化を促すために，月曜日から英国で食品廃棄物削減行動週間を開始した。料理人でテレビ司会者のナディヤ＝フセインは，その支援者である。彼女はこう述べている。「食品の買いすぎや作りすぎを避けることから，正しく保存することに至るまで，この週の目的は人々が食品を最大限に活用し，地球を守ることに貢献することとしています」UNEPのマルティナ＝オットーは，次のように話している。「食品廃棄物について行動を起こさなければ，三重苦（トリプルルーズ）になります。私たちが捨てているのは食品だけでなく，その食品を生産するために使われたすべての天然資源と経済的資源もです。だから，3つとも利益（トリプルウィン，3つも無駄にしないように）にしましょう」

解　説

A．空所補充

(X)　正解は　4

　直後にaverageがあることから，4のonを入れる。on averageは「平均して」という意味。前のaloneはここでは副詞で「～だけで」という意味を表す。

(Y)　正解は　3

　直前にroleがあることから，3のinを入れる。role in ～「～における役割」

Ⓩ　正解は　3 ────────────────────────────

　前に not only，直後に also があることから，3の but を入れる。not only *A*
but also *B* で「*A* だけでなく *B* も」という意味。

B．同意語句

ⓐ　正解は　1 ────────────────────────────

represents「相当する，当たる」

1　constitutes「〜を構成する」　　　2　specifies「〜を具体的に述べる」
3　subordinates「〜を下位に置く」　　4　symbolizes「〜を象徴する」

　represent は目的語に数値などをとって，「相当する，当たる」という意味。こ
れに最も意味が近いのは1である。前の best の原級 good は，evidence や data な
どとともに用いて，「強力な，信頼できる」という意味を表す。

ⓑ　正解は　4 ────────────────────────────

driving「(悪い方向に) 追い立てる，駆り立てる」

1　assisting「援助する」　　　　　　2　operating「動く，作動する」
3　piloting「操縦する」　　　　　　　4　propelling「前へ押し出す,駆り立てる」

　drive はここでは「(悪い方向に) 追い立てる，駆り立てる」という意味。これ
に最も意味が近いのは4である。「気候変動問題を悪い方向に駆り立てる」という
ことは「気候変動問題を悪化させる」ということ。drive のような基本語は多義語
の場合が多いので，文意が通る意味を考えること。

ⓒ　正解は　2 ────────────────────────────

scarce「不足して，十分にない」

1　incorrect「間違った」　　　　　　2　insufficient「不十分な」
3　superficial「表面上の」　　　　　4　troubling「心配な」

　scarce は「不足して，十分にない」という意味。これに最も意味が近いのは2。

ⓓ　正解は　3 ────────────────────────────

insignificant「取るに足らない」

1　inadequate「十分でない」　　　　2　inconsistent「一貫性のない」
3　unimportant「重要でない」　　　　4　uninteresting「おもしろくない」

　insignificant は「取るに足らない」という意味。これに最も意味が近いのは3で
ある。that から insignificant までは第2文型なので，that small amounts discarded
＝insignificant という関係が成り立つことを念頭に選択肢を絞る。

ⓔ　正解は　1 ────────────────────────────

measuring「量る」

1　adjusting「調整する」　　　　　　2　extracting「抽出する」
3　providing「供給する」　　　　　　4　spending「費やす」

measure は動詞で「量る」という意味。これに最も意味が近いのは 1 である。

(f)　正解は　2 ――――――――――――――――――――――――

enhance「高める」

1　engage「引きつける，従事させる」　　2　increase「増やす，高める」
3　observe「観察する」　　　　　　　　4　sharpen「鋭くする」

　　enhance は「高める」という意味。これに最も意味が近いのは 2 である。

(g)　正解は　3 ――――――――――――――――――――――――

high priority「高い優先度」

1　big decision「重大な決断」　　　　2　great proportion「大きな比率」
3　major focus「主要な関心事」　　　4　strong motivation「強い動機」

　　high priority は「高い優先度」という意味。これに最も意味が近いのは 3。

(h)　正解は　1 ――――――――――――――――――――――――

mandatory「義務的な，強制的な」

1　compulsory「義務的な」　　　　　2　confidential「機密上の」
3　conventional「従来の」　　　　　4　critical「批判的な」

　　mandatory は「義務的な，強制的な」という意味。これに最も意味が近いのは
1 である。文の動詞 do so は「英国が食品廃棄を減らす運動の先頭に立つこと」を
指しており，これを達成するための方法が by 以下に書かれていると考えて，
mandatory の意味を推測する。

C．同意表現

(ア)　正解は　3 ――――――――――――――――――――――――

「それはこれまでで最も包括的な評価である」

1　「それは今では最も理にかなった説明である」
2　「それは最も有用な研究だが，まだ実施されていない」
3　「それは今までのところ，最も完璧な評価である」
4　「それは今年の中で最も効率的な方法である」

　　It は前文の a UN report を指す。よって comprehensive を complete に，to date
を so far に言い換えた 3 の「それは今までのところ，最も完璧な評価である」が正
解。comprehensive は「包括的な」，to date は「今まで，これまで」という意味。

(イ)　正解は　4 ――――――――――――――――――――――――

「体によい食べ物を買う余裕がない」

1　「運動することを禁止されている」
2　「どれだけ頑張っても痩せることができない」
3　「食べ物を保存しておく場所がない」
4　「栄養のある食べ物を買うお金が不足している」

　　直前の or は等位接続詞で，hungry と意味上並列できる選択肢を選ぶ。よって，
4 の「栄養のある食べ物を買うお金が不足している」が正解。afford は「（金銭的
に）～する余裕がある，～する状態にある」という意味を表し，afford O，または
afford to V という形をとる。

(ウ)　正解は 4 ─────────────────────────────

「十分に生かされていない」

　1　「苦心して考えられている」

　2　「広く宣伝されている」

　3　「十分に検証されていない」

　4　「適切に活用されていない」

　　文頭の Yet より，前文の「食品廃棄物の削減は人々が環境への影響を減らす最
も簡単な方法の一つである」に対して逆接的な意味を表す選択肢を選ぶ。4 の「適
切に活用されていない」が正解。underexploited は「十分に活用されていない」
という意味の形容詞。underexploited の接頭語 under- は「～の下」という意味で，
「普通に活用されることの下」，つまり「十分に活用されていない」という意味。

D．語句整序

正解は　(う)4　(お)1 ─────────────────────────

　　完成した文は以下の通り。

The report was (produced) to support global efforts to (meet) the UN's
sustainable development goal (of) (halving) food waste (by) 2030.

「この報告書は，2030 年までに食品廃棄物を半減させるという国連の持続可能な開
発目標を達成するための世界的な取り組みを支援する目的で作成されたものだ」

①　空所(あ)の直前に was があるので，受動態と考え，過去分詞形の produced を入れる。

②　空所(い)の直前にある to が不定詞と考え，原形の動詞 meet を入れる。ここで
の meet は「満たす，応じる」という意味で，goal, target, demand, needs など
の名詞と共に使われる。

③　the UN's sustainable development goal を具体的に述べた内容が空所(う)・(え)
に入ると考え，(う)に同格を表す of，さらに前置詞の後なので(え)に halving を入れる。
halve は「半減させる」という意味の動詞。

④　空所(お)の直後に 2030 があることから，「～まで」という期限を表す前置詞 by
を入れると文意が通る。

E．内容真偽

正解は　1・2・6 ─────────────────────────

1 ─○　「国連の報告書によると，人々が無駄にする食品の量が以前は少なく見積も

られていたということが明らかになった」

　第1段第2文（It is the …）に「この報告書はこれまでで最も包括的な評価であり，廃棄物はこれまでで一番正確な推定値の約2倍であることが判明した」とあるので，正解となる。underestimate が about double the previous best estimate の言い換えとなっている。

2―○　「その報告書によると，食品廃棄のレベルは国によってほとんど異なることはない」

　第3段第2文（But the UN …）に「廃棄物のレベルはどの国でも驚くほど同じである」と書かれているので，正解となる。little は否定語で「ほとんど〜ない」という意味であることに注意する。

3―×　「人々は食品廃棄を自覚しているが，必要以上に食べ物を買い続けている」

　第3段第3文（The researchers said …）で「捨てるつもりで食品を購入する人はおらず，毎日廃棄される量はわずかであるため，取るに足らないことに思えるかもしれない」と書かれている。続く文で「人々のゴミに対する意識を高めることが重要である」とあり，人々が食品廃棄に関して自覚がないことがわかるので，誤り。

4―×　「コロナウイルスによる都市封鎖によって，英国の食品廃棄問題が悪化した」

　第4段第2文（The greater time …）の「英国では，コロナウイルスによる都市封鎖の期間中，家庭で計画的に調理する時間がかなり増えたことで，廃棄物が20％減少したようである」に対する逆の内容なので，誤りである。

5―×　「ある報告によると，家庭用の食品の18％と，飲食店で提供される食事の5％が2019年に廃棄されたということが示唆されている」

　第5段最終文（It found 11% …）に，「2019年に消費者に販売された全食品の11％が家庭で廃棄され，飲食店では5％，食品販売店では2％が廃棄されている」とあり，数値が異なるので誤りである。

6―○　「家庭での食品廃棄に関するデータは，すべての国で得られたわけではない」

　第6段第1文（Good date on …）で「家庭の廃棄物に関する正確なデータは，世界人口の75％を占める国々で得られた」とあることから正解となる。not 〜 all は部分否定を表し，「すべて〜というわけではない」という意味を表す。

7―×　「国連環境計画の専門家によると，2020年では，ほとんどの食品廃棄物が動物の飼料や堆肥に転用された」

　第6段第4文（"However, even if …）で，国連環境計画の専門家が環境を守る方法の一つとして，食品廃棄物の転用について言及しているが，「ほとんどの食品廃棄物が動物の飼料や堆肥に転用された」という事実は述べていないので，誤り。

8―×　「英国はすでに家庭廃棄物と，農場で出る廃棄物の両方を見事に減らした」

　第7段（Carina Millstone, of …）の後半で，農場から出る食品廃棄物の測定に

ついて言及されているが，それは COP26 の議長国である英国が廃棄物量を減らすために取り組むべき目標であり，「見事に減らした」とは書かれていないので，誤り。successfully は「うまく，見事に，首尾よく」という意味を表す副詞である。

F．英文和訳

● is lost は受動態なので「失われている，捨てられる」。

● as well は「〜もまた」という意味。

● サプライチェーンとは，材料や部品の調達から，生産，物流，販売を経て，顧客までつなぐ，広範囲のプロセスのこと。

● meaning はここでは分詞構文で「that 以下のことを意味する」が直訳。意訳して「つまり〜ということである」とすることもできる。

● a third of 〜 は「〜の3分の1」という意味。

● is never eaten も受動態なので「決して食べられない」と訳す。

ポイント　速読に寄与する文末分詞構文の解釈について

　分詞構文は副詞句で，補足説明を加える働きをします。分詞構文が置かれる位置は原則以下の3つです。

　① 文頭　-ing 〜, S+V ….

　② 文中　S, -ing 〜, V, S+V ….（この場合は主語の補足説明になる場合が多い）

　③ 文末　S+V …, -ing 〜.（カンマがない場合がまれにあります）

　本問の meaning は③の形になっています。③のような形をここでは「文末分詞構文」と呼びます。文末分詞構文は原則，主節を先に訳し，分詞構文以下を補足的に訳すのが鉄則です。つまり，主節を訳して文末分詞構文以下を「そして〜である」と考えると，大半の場合は意味が通ります。この場合も「農場やサプライチェーンで廃棄される食品もあり，そしてこれは全体の3分の1の食品が決して食べられることがないということを意味する」と解釈できます。文末分詞構文は評論文では頻出し，分詞構文以下から考えると，後ろから意味を捉えていることになり，「遅読」の原因となりますので，主節から意味を考え，「そして〜である」という意味を当てはめて処理していきましょう。

A．(X)—4　(Y)—3　(Z)—3

B．(a)—1　(b)—4　(c)—2　(d)—3　(e)—1　(f)—2　(g)—3　(h)—1

C．(ア)—3　(イ)—4　(ウ)—4

D．(う)—4　(お)—1

E．1・2・6

F．農場やサプライチェーンで廃棄される食品もあり，つまり全体の3分の1の食品が決して食べられることがないということになる。

2

目標解答時間 40分　**目標正答数** 15/18問（和訳除く）

次の文章を読んで設問に答えなさい。[＊印のついた語句は注を参照しなさい。]（75点）

In offering his colleague a cup of tea, Ronald Fisher was just being polite. He had no intention of kicking up* a dispute — much less remaking modern science.

At the time, the early 1920s, Fisher worked at an agricultural research station north of London. A short, slight mathematician with rounded spectacles, he'd been hired to help scientists there design better experiments, but he wasn't making much headway*. The station's four o'clock tea breaks were a nice distraction.
(a)

One afternoon Fisher fixed a cup for an algae* biologist named Muriel Bristol. He knew she took milk with tea, so he poured some milk into a cup and added the tea to it. That's when the trouble started. Bristol refused the cup. "I won't drink that," she declared. Fisher was taken aback. "Why?" "Because you poured the milk into the cup first," she
(b)
said. She explained that she never drank tea unless the milk went in second.

The milk-first/tea-first debate has been a bone of contention in
(c)
England ever since tea arrived there in the mid-1600s. （中略）Each side has its partisans, who get boiling mad if someone makes a cup the
(ア)
"wrong" way. One newspaper in London declared not long ago, "If anything is going to kick off another civil war in the U.K., it is probably going to be this."

As a man of science Fisher thought the debate was nonsense. Thermodynamically*, mixing A with B was the same as mixing B with A, since the final temperature and relative proportions would be identical. "Surely," Fisher reasoned with Bristol, "the order doesn't matter." "It does,"
(d)

she insisted. She even claimed she could taste the difference between tea brewed each way. Fisher scoffed. "That's impossible."

This might have gone on for some time if a third person, chemist William Roach, hadn't piped up. Roach was actually in love with Bristol (he eventually married her) and no doubt wanted to defend her from Fisher. But as a scientist himself, Roach couldn't just declare she was right. He'd need evidence. So he came up with a plan. "Let's run a test," he said. "We'll make some tea each way and see if she can taste which cup is which."

Bristol declared she was game. Fisher was also enthusiastic. But given his background designing experiments he wanted the test to be precise. He proposed making eight cups of tea, four milk-first and four tea-first. They'd present them to Bristol in random order and let her guess. Bristol agreed (X) this, so Roach and Fisher disappeared to make the tea. A few minutes later they returned, by which point a small audience had gathered to watch.

The order in which the cups were presented is lost to history. But no one would ever forget the outcome of the experiment. Bristol sipped the first cup and smacked her lips. Then she made her judgment. Perhaps she said, "Tea first." They handed her a second cup. She sipped again. "Milk first." This happened six more times. Tea first, milk first, milk first again. By the eighth cup Fisher was goggle-eyed* behind his spectacles. Bristol had gotten every single one correct. It turns (あ) adding tea (い) milk is not (う) same (え) adding milk to tea, (お) chemical reasons. No one knew it at the time, but the fats and proteins in milk — which are hydrophobic*, or water hating — can curl up and form little globules* when milk mixes with water. (Y) particular, when you pour milk into boiling hot tea, the first drops of milk that splash down get divided and isolated.

Surrounded by hot liquid, these isolated globules get scalded*, and the whey* proteins inside them — which unravel* at around $160°F$* —

change shape and acquire a burnt-caramel flavor. (中略) In contrast, pouring tea into milk prevents the isolation of globules, which minimizes scalding and the production of off-flavors. As for whether milk-first or tea-first tastes better, that depends on your palate*. But Bristol's perception was correct. The chemistry of whey dictates that each one tastes distinct.

Bristol's triumph was a bit humiliating for Fisher — who had been proven wrong in the most public way possible. But the important part of the experiment is what happened next. Perhaps a little petulant*, Fisher wondered whether Bristol had simply gotten lucky and guessed correctly all eight times. He worked out the math for this possibility and realized the odds were 1 in 70. So she probably *could* taste the difference.

But (Z), he couldn't stop thinking about the experiment. What if she'd made a mistake at some point? What if she'd switched two cups around, incorrectly identifying a tea-first cup as a milk-first cup and vice versa*? He reran* the numbers and found the odds of her guessing correctly in that case dropped from 1 in 70 to around 1 in 4. In other words, accurately identifying six of eight cups meant she could probably taste the difference, but he'd be much less confident in her ability — and he could quantify* exactly how much less confident.

Furthermore, that lack of confidence told Fisher something: the sample size was too small. So he began running more numbers and found that 12 cups of tea, with 6 poured each way, would have been a better trial. An individual cup would carry less weight, so one data point wouldn't skew* things so much. Other variations of the experiment occurred to him as well (for example, using random numbers of tea-first and milk-first cups), and he explored these possibilities over the next few months.

Now this might all sound like a waste of time. After all, Fisher's boss wasn't paying him to dink around* in the tearoom. But the more Fisher thought about it, the more the tea test seemed pertinent. In the early 1920s there was no standard way to conduct scientific experiments:

controls were rare, and most scientists analyzed data crudely. Fisher had been hired to design better experiments, and he realized the tea test pointed the way. However frivolous* it seemed, <u>its simplicity clarified his thinking and allowed him to isolate the key points of good experimental design and good statistical analysis.</u> He could then apply what he'd learned in this simple case to messy real-world examples — say, isolating the effects of fertilizer on crop production.

(By Sam Kean, writing for *Distillations*, August 6, 2019,

Science History Institute)

[注]　kicking up　(kick up　起こす)

headway　進歩

algae　藻類

Thermodynamically　熱力学的には

goggle-eyed　目を大きく見開いた

hydrophobic　水に溶けにくい

globules　小球

scalded　(scald　沸騰点近くまで熱する)

whey　ホエイ (乳清)

unravel　熱変性する

160°F　華氏160度 (約71℃)

palate　味覚、好み

petulant　不機嫌な

vice versa　逆もまた同じ

reran　(rerun　やり直す)

quantify　定量化する

skew　歪める

dink around　ぶらぶら過ごす

frivolous　くだらない

A　空所(X)〜(Z)に入るもっとも適切なものを次の1〜4の中からそれぞれ一つ

選び、その番号を解答欄に記入しなさい。

(X)	1	at	2	by	3	for	4	to
(Y)	1	For	2	In	3	To	4	With
(Z)	1	accordingly			2	alternatively		
	3	as illustrated			4	even then		

B　下線部 (a)〜(f) の意味・内容にもっとも近いものを次の 1 〜 4 の中からそれぞ
れ一つ選び、その番号を解答欄に記入しなさい。

(a) nice distraction

1 confusing affair　　　　　　2 pleasant surprise

3 tedious waste　　　　　　　4 welcome relief

(b) taken aback

1 astonished　2 cheered　3 expected　4 reassured

(c) bone of contention

1 consent　　　　　　　　　2 controversy

3 permission　　　　　　　　4 tradition

(d) reasoned with

1 apologized to　　　　　　2 confirmed with

3 suggested to　　　　　　4 thrilled with

(e) piped up

1 given up　2 kept up　3 shut up　4 spoken up

(f) pertinent

1 friendly　2 permanent　3 relevant　4 trivial

C　波線部 (ア)〜(オ) の意味・内容をもっとも的確に示すものを次の 1 〜 4 の中から
それぞれ一つ選び、その番号を解答欄に記入しなさい。

(ア) makes a cup the "wrong" way

1 blends milk and tea in a "strange" manner

2 brews tea at "too low" a temperature

3 chooses a teacup "carelessly"

4 offers tea without "proper" biscuits

(イ)　declared she was game

   1　announced she'd gladly take the test

   2　liked watching football

   3　said she preferred hunting

   4　suggested that they gamble

(ウ)　The order in which the cups were presented is lost to history.

   1　The cups were probably served differently in that era.

   2　The cups were served as ordered by a professor of history.

   3　The record of the order in which the cups were served survives.

   4　The sequence in which the cups were served was not recorded.

(エ)　the production of off-flavors

   1　the alteration of colors

   2　the creation of unexpected tastes

   3　the loss of proper texture

   4　the making of flavored teas

(オ)　the sample size was too small

   1　the cups used in the test were not large enough

   2　they did not have enough milk for the test

   3　too few cups of tea were used in the test

   4　too few people took part in the test

D　二重下線部の空所(あ)～(お)に次の1～7の中から選んだ語を入れて文を完成
させたとき、(あ)と(え)と(お)に入る語の番号を解答欄に記入しなさい。同じ語
を二度使ってはいけません。選択肢の中には使われないものが二つ含まれていま
す。

It turns (　あ　) adding tea (　い　) milk is not (　う　) same
(　え　) adding milk to tea, (　お　) chemical reasons.

   1　as　　　　　2　at　　　　　3　for　　　　　4　out

   5　the　　　　　6　to　　　　　7　with

E 本文の意味・内容に合致するものを次の 1 ～ 8 の中から三つ選び、その番号を解答欄に記入しなさい。

1 Bristol refused the first cup of tea Fisher offered, despite the fact that it was prepared as she preferred.

2 A London newspaper reported that a second civil war had broken out over disputes involving tea.

3 At first, Fisher refused to believe that the order in which milk was introduced into a cup of tea affected its taste.

4 Blending A with B doesn't differ from blending B with A, and the rule applies to milk and hot tea.

5 Fisher, who later married Bristol, sought to defend her when Roach proposed to test whether or not her claim was valid.

6 Fisher and Roach's test was designed to determine whether Bristol could taste the difference between four milk-first cups of tea and four tea-first cups.

7 Researchers at the station ignored the tea experiment, which was, in any case, conducted without an audience.

8 Though Bristol accurately identified all eight cups, the experiment was not thorough enough to satisfy Fisher completely.

F 本文中の太い下線部を日本語にしなさい。(its は「その」と訳しなさい。)

its simplicity clarified his thinking and allowed him to isolate the key points of good experimental design and good statistical analysis

≪科学の進歩のきっかけ──紅茶にミルクを入れるか，ミルクに紅茶を入れるか≫
　同僚に紅茶を出す際，ロナルド゠フィッシャーはただ丁寧にしていただけだった。彼には論争を引き起こすつもりなどまったくなく，ましてや現代科学を作り直すつもりなど毛頭なかった。

　その当時，1920年代の初め，フィッシャーはロンドン北部の農業試験場で働いていた。彼は丸眼鏡をかけた背の低い華奢な体つきの数学者で，そこにいる科学者たちが実験を行うにあたり，よりよい実験計画を行う手助けをするために雇われていたのだが，あまりうまくはいっていなかった。試験場での4時の紅茶休憩はよい気晴らしであった。

　ある午後，フィッシャーはミュリエル゠ブリストルという名前の藻類を専門とする生物学者に紅茶を入れた。彼は彼女が紅茶にミルクを入れることを知っていたので，彼はミルクをいくらかカップに注ぎ，それに紅茶を加えた。それが問題の始まりだった。ブリストルはカップを拒否し，「そんなものは飲めません」と宣言した。フィッシャーはあっけにとられて「なぜですか？」と尋ねた。「あなたは最初にミルクをカップに注いだからです」と彼女は言った。彼女は後からミルクを入れなければ，決して紅茶は飲まないと説明した。

　1600年代中期に紅茶が伝来して以来，ミルクが先か，紅茶が先かという論争は英国では争いの種となっている。（中略）双方に熱烈な支持者がおり，彼らは「間違った」方法で紅茶を入れようものならカンカンに怒る。ロンドンのある新聞は，つい最近，「もしも英国において新たな内戦を始めさせるものがあるとすれば，それはおそらくこの問題であろう」と断言した。

　科学者として，フィッシャーはこの論争を馬鹿げていると考えていた。熱力学的には，AとBを混ぜるということは，BとAを混ぜるということと同じである。なぜなら最終的な温度と相対的な比率が同一なのだから。「間違いなく順序は関係ないですよ」と言ってフィッシャーはブリストルを納得させようとした。彼女は「関係あります」と言い張った。彼女はそれぞれの方法で入れられた紅茶の味の違いがわかるとさえ主張した。「無理ですよ」とフィッシャーは一蹴した。

　この論争は，もしも第三者である化学者のウィリアム゠ローチが声をあげなければ，しばらくは続いたかもしれない。ローチは実際のところブリストルに想いを寄せており（彼は最終的に彼女と結婚した），おそらくフィッシャーから彼女を擁護したいと思っていたのであろう。しかし，自身も科学者であるので，ローチはただ彼女が正しいとは言い切ることはできなかった。彼には根拠が必要だった。そこで彼は一計を案じた。「実験をしてみよう」と彼は言った。「私たちがそれぞれのやり方で紅茶を入れ，彼女がどちらがどちらなのかを味でわかることができるかどうか，調べてみようじゃないか」

　ブリストルはその案に乗ると宣言した。フィッシャーもまた乗り気であった。しかし，彼は，実験設計の経験があるだけに，この実験は正確を期したかった。彼は紅茶を8杯用意し，4杯はミルクを先に，4杯は紅茶を先に入れることを提案した。それらを無作為にブリストルに提供し，彼女にそれを当てさせるのだ。ブリストルはこれに同意し，ローチとフィッシャーは紅茶を用意するためにその場を離れた。

数分のちに彼らが戻ると，その時点で結果を見届けようと数人の聴衆が集まっていた。

それぞれのカップが渡された順序は歴史上の記録として残っていない。だが，実験の結果を忘れる者はいないだろう。ブリストルは最初のカップをすすり，舌鼓を打った。それから彼女は判断を下した。おそらく彼女は「紅茶が先」のように言ったのだろう。彼らは2杯目を彼女に渡した。彼女はまた少しすすった。「ミルクが先」と答えた。これがさらに6度続いた。紅茶が先，ミルクが先，再びミルクが先と。8杯目までには，フィッシャーの眼鏡の奥にある目が驚いて丸くなっていた。ブリストルはすべてを正しく言い当てたのだ。結果として，化学的な理由から，ミルクに紅茶を加えるということは紅茶にミルクを加えることと同じではないということがわかったのである。当時は誰も知らなかったのだが，ミルクと水を混ぜると，ミルクの中の脂肪とタンパク質が――これらは水に溶けにくく，水を嫌うのだが――丸くなり，小さな球を形作る。特に，ミルクを沸騰している熱い紅茶に注ぐと，最初に入ったミルクの数滴は分かれ，分離させられる。

熱い液体に囲まれると，これらの分離された小球は沸点近くまで熱された状態になり，それらの中にあるホエイタンパク質は――これは華氏160度前後で熱変性するのだが――形を変え，焦がしカラメルのような風味を出す。（中略）これに対して，紅茶をミルクに注ぐことは小球が分離することを防ぎ，それによって沸点近くまで温度が上がるのと，異臭の発生を最小限にするのである。ミルクを先に入れる場合と紅茶を先に入れる場合ではどちらがおいしいのかということに関しては，その人の味覚による。しかしブリストルの認識は正しかった。ホエイの化学的性質がそれぞれの味を異なったものにするのである。

ブリストルの大勝利はフィッシャーには少しばかり屈辱的なものであった。彼はこの上なく人目にさらされるやり方で自分が間違っているということを明らかにされたのだから。しかし，この実験の重要な部分はその次に起こったことである。おそらくフィッシャーは少しばかり不機嫌になり，ブリストルにただ単にツキがあったために，当てずっぽうで8回すべて正解したのかどうかを考えた。彼はこの可能性を計算し，その見込みが70回に1回であるとわかった。したがって彼女はおそらく，味の違いをわかることができたのだろう。

しかし，それでも彼はこの実験のことが頭から離れなかった。もし彼女がどこかで間違いを犯していたとしたら？　彼女が2つのカップを入れ替え，誤って紅茶が先のカップをミルクが先のカップだと思ってしまったり，あるいはその逆だと思っていたとしたら？　彼は計算をやり直し，その場合に彼女が当てずっぽうで正解する見込みは70回に1回からおよそ4回に1回にまで下降することを発見した。言い換えれば，8杯のうち6杯を正確に識別するならば，彼女がおそらくは味の違いがわかるということを意味するが，彼は彼女の能力に対してはあまり確信をもっておらず，どのくらい確信をもっていないかを定量化することができた。

さらに，その確信のなさがフィッシャーにあることを教えた。サンプル数が少なすぎるということである。そこで彼はさらに計算をし始め，6杯ずつそれぞれの方法で入れられた12杯の紅茶であれば，よりよい実験となったであろうことに気づ

いた。1杯の持つ重みが軽くなれば，1つのデータ要素が結果をそれほど歪めることがなくなるからである。彼は他にも実験のバリエーションを思いついた（例えば，紅茶が先，ミルクが先の数をランダムにしたものを用いるなど），彼はこれらの可能性をその後数カ月で調査した。

現在ではこのことはすべて時間の無駄のように思える。なにしろ，フィッシャーの上司は喫茶室でぶらぶら過ごすために彼に給料を払っていたわけではなかったのだから。しかし，フィッシャーがこのことについて考えれば考えるほど，この紅茶の実験が適切に思えた。1920年代の初めには，科学的な実験をする標準的な方法は確立されていなかった。実験が統制されることはめったになく，ほとんどの科学者はデータを大雑把に分析していた。フィッシャーはよりよい実験計画を立案するために雇われており，彼は紅茶の実験がその方向性を示していると気がついた。たとえどんなにくだらないものに思えようとも，そのわかりやすさのおかげで彼の思考が明確になり，彼はすぐれた実験計画とすぐれた統計分析の鍵となる点を探り出すことができたのである。それから彼は自分がこの単純なケースで学んだことをやっかいな現実の例に，例えば農作物の生産に対する肥料の影響を探り出すことといったことに当てはめることができたのである。

解　説

A．空所補充

(X) 正解は 4

agree to ～ で「（意見など）に同意する」となる。～が人の場合は with を用いる。

(Y) 正解は 2

in particular で「特に，とりわけ」という意味を表す。

(Z) 正解は 4

直前の段落でフィッシャーは確率を計算した上で，最終文（So she probably *could* …）において「ブリストルが味の違いをわかることができる」ことを認めている。しかし空所の直後で「実験のことが頭から離れなかった」と続いている。よって even then「その場合でも，それでもなお」が正解として適切である。

B．同意語句

(a) 正解は 4

nice distraction「素敵な気晴らし」

1　confusing affair「混乱させる出来事」
2　pleasant surprise「嬉しい驚き」
3　tedious waste「つまらない浪費」
4　welcome relief「歓迎される気晴らし」

直前より，フィッシャーは職場であまりうまくいっていなかったことから，4時の紅茶休憩はフィッシャーにとってどのようなものだったのかを考える。ここでのdistractionは「気晴らし」といった意味で使われている。nice「素敵な」を形容詞welcome「歓迎される」で言い換え，distractionと同じような意味を持つreliefを用いた4が正解となる。

(b) 正解は 1

taken aback「驚いた，困惑した」

1 astonished「驚いた」　　　　2 cheered「元気づけた」
3 expected「予期した」　　　　4 reassured「安心させた」

直前より，用意した紅茶を拒絶されたことから意味を推測する。taken abackは「驚いた，困惑した」といった意味である。最も近いのは「驚く」という意味を持つ1である。

(c) 正解は 2

bone of contention「争いの種」

1 consent「承認，同意」　　　　2 controversy「論争」
3 permission「許可」　　　　　4 tradition「伝統」

bone of contention「争いの種」という表現を知らなくても，第3段第3文（That's when the …）に「問題の始まりだった」，第4段最終文（One newspaper in London declared …）に「もしも英国において新たな内戦を始めさせるものがあるとすれば」とあることから意味を判断すればよい。最も近いのは「論争」という意味の2である。

(d) 正解は 3

reasoned with「～を納得させた，説得した」

1 apologized to「～に謝罪した」　2 confirmed with「～に確認した」
3 suggested to「～に提案した」　4 thrilled with「～に興奮した」

reasonはedがついていることからここでは動詞で「～を納得させた，説得した」といった意味。ここでは「～を提案する，～を示唆する」といった意味の3が言い換えとして適切である。Fisher suggested to Bristol that the order doesn't matter. と考える。

(e) 正解は 4

piped up「声を張り上げた，突然話した」

1 given up「あきらめた」　　　　2 kept up「維持した，～し続けた」
3 shut up「黙らせた，話をやめた」4 spoken up「声に出して言った」

「もしローチがpipe upしなければ，論争がしばらく続いただろう」という仮定法過去完了の文章なので4が正解である。

(f)　正解は　3　————————————————————————

pertinent「適切な，的確な」

1　friendly「親切な」 　　　　　　2　permanent「永久的な」

3　relevant「適切な，妥当な」 　　4　trivial「ささいな」

　　pertinent は「関係がある」という意味の形容詞である。最も近いのは 3 である。

C．同意表現

(ア)　正解は　1　————————————————————————

「『間違った』方法で紅茶を入れる」

1　「ミルクと紅茶を『奇妙な』やり方で混ぜる」

2　「『あまりにも低い』温度で紅茶を入れる」

3　「『うっかり』ティーカップを選ぶ」

4　「『適切な』ビスケットなしに紅茶を出す」

　　波線部は in the "wrong" way の in が省略された形になっており，「『間違った』方法で紅茶を入れる」といった意味である。第 4 段第 1 文（The milk-first / tea-first debate …）にある通り，「ミルクを先に入れるか，紅茶を先に入れるか」はそれぞれの支持者にとって大きな問題であり，第 2 文より，どのような場合にその支持者が怒るのかを考える。よって，1 の「ミルクと紅茶を『奇妙な』やり方で混ぜる」が正解となる。

(イ)　正解は　1　————————————————————————

「その案に乗ると宣言した」

1　「喜んで実験を受けると宣言した」

2　「サッカーを見るのが好きだった」

3　「狩りのほうが好きだと言った」

4　「ギャンブルをすることを提案した」

　　直後の文の also に注目し，「フィッシャーも乗り気であった」という意味を表していることから，波線部の意味を推測する。主語＋be game は「ぜひやりたい」といった意味である。よって，declared を announced に言い換え，何をぜひやりたいのか，何に乗り気であったのかを具体的に表している 1 の「喜んで実験を受けると宣言した」が正解である。

(ウ)　正解は　4　————————————————————————

「それぞれのカップが渡された順序は歴史上の記録として残っていない」

1　「その時代には，たぶんカップの提供の仕方も違っていた」

2　「歴史学の教授が注文したカップが提供された」

3　「カップの順序を記録したものが残っている」

4　「カップが提供された順序は記録されていない」

　波線部を直訳すると「カップが提供された順序は歴史の中で失われた」といった意味になる。4の「カップが提供された順序は記録されていない」と言い換えることができる。be lost to ～ は「～から消える」という意味。

(エ)　正解は 2 ―――――――――――――――――――――

「異臭の発生」
　1　「色を変えること」
　2　「予想していなかった味を生み出すこと」
　3　「適切な食感を損なうこと」
　4　「香りのある紅茶をつくること」

　off-flavor は「食べ物，飲み物の異臭」といった意味なので，波線部は「異臭の発生，異臭をつくり出すこと」といった意味になる。この意味に最も近いのは2の「予想していなかった味を生み出すこと」である。名詞の前につく off- は「～から離れて」という意味。off-flavor は「通常の風味から離れて」，すなわち「独特の臭い，不快な臭い」となる。類例として，off-street「裏通りの」，off-season「季節外れの」，off-duty「非番の」などがある。

(オ)　正解は 3 ―――――――――――――――――――――

「サンプル数が少なすぎた」
　1　「実験で使われたカップの大きさが十分ではなかった」
　2　「実験では必要なミルクが足りなかった」
　3　「実験で使われた紅茶のカップ数が少なすぎた」
　4　「実験に参加した人数が少なすぎた」

　波線部は「(分析のための)サンプル数が少なすぎた」といった意味である。このため波線部の直後では実際の実験で使われた8杯から12杯にサンプル数を増やして計算をし直している。よって，「サンプル数」を具体的に表した3の「実験で使われた紅茶のカップ数が少なすぎた」が正解となる。なお，この場合のサンプル数とは紅茶のカップ数であり，実験参加者のことではないため，4は不適である。

D．語句整序

正解は　(あ)4　(え)1　(お)3 ―――――――――――――――――

　完成した文は以下の通り。
It turns (out) adding tea (to) milk is not (the) same (as) adding milk to tea, (for) chemical reasons. となる。
「結果として化学的な理由から，ミルクに紅茶を加えるということは紅茶にミルクを加えることと同じではないということがわかったのである」
　①　it turns out that ～ は「結局，～ということがわかる」という意味。ここでは that が省略された形になっている。

② 文中後半の adding milk to tea をヒントにして(い)に to を入れると, is に対応する主語が「ミルクに紅茶を加えるということ」となる。add *A* to *B* は「*A* を *B* に加える」という意味。

③ the same *A* as *B* で「*A* と *B* が同じ」という意味。

④ reason は名詞なので, 前置詞 for を入れる。for 〜 reason(s) で「〜な理由で」という意味。

E．内容真偽

正解は 3・6・8

1―× 「ブリストルは, 彼女が好む方法で用意されたにもかかわらず, フィッシャーが差し出した最初の紅茶を拒絶した」

第3段最終2文 ("Because you poured…in second.) より, ブリストルはミルクを後に入れる方法を好むが, フィッシャーはミルクを先に入れたことから, 最初の紅茶は彼女の望む方法で用意されていないことがわかるので, 誤りである。

2―× 「あるロンドンの新聞が, 紅茶に関する論争をめぐって2回目の内戦が起こったことを報じた」

第4段最終文 (One newspaper in …) に, ミルクが先か, 紅茶が先かについての論争の激しさを伝えるため, 内戦が勃発するほどだとする新聞記事があったとは述べられているが, 実際に内戦が起こったという記述はないので, 誤りである。

3―○ 「最初, フィッシャーはミルクを紅茶に入れる順序が味に影響するということを信じようとはしなかった」

第5段第1〜3文 (As a man…doesn't matter.") と一致する。the debate の内容を具体的に表し,「nonsense だと思った」を refused to believe と言い換えている。

4―× 「A と B を混ぜることは B と A を混ぜることと違いはなく, この規則はミルクと熱い紅茶にもあてはまる」

第8段最終2文 (No one knew…and isolated.) および第9段 (Surrounded by hot liquid, …) において, ミルクを先に入れるか後に入れるかで生まれる違いが, 科学的に説明されているので, 誤りである。

5―× 「フィッシャーはその後ブリストルと結婚したが, ローチが彼女の主張が正しいのかどうか実験をしようと申し出たとき, 彼女を擁護したかった」

第6段第2文 (Roach was actually …) より, ブリストルと結婚したのはローチだとわかるので, 誤りである。

6―○ 「フィッシャーとローチの実験は, ブリストルが4杯のミルクが先のものと, 4杯の紅茶が先のものの味の違いがわかるかどうかを決定するために考案された」

第6段最終文 ("We'll make …) において, 実験の趣旨を「私たちがそれぞれの

やり方でいくらか紅茶を入れ，彼女がどちらがどちらなのかを味でわかることができるかどうか，調べてみようじゃないか」と述べており，さらに「それぞれのやり方」というのは，第7段第4文（He proposed making …）の「4杯はミルクを先に，4杯は紅茶を先に入れること」を指しているので，これに合致する。

7―× 「試験場にいた研究者たちはこの紅茶の試験を無視し，いずれにせよ聴衆なしで行われた」

　　研究者たちがこの紅茶の実験を無視したという記述は本文で言及されておらず，さらに第7段最終文（A few minutes later …）より，実験を見ようと数人の聴衆が集まっていたことがわかるため，矛盾している。

ポイント　内容の枝葉を表す選択肢

　5や7の選択肢に共通して言えることだが，段落ごとの要旨を把握し，この話がどのようなことを伝えているのかを大まかに理解していれば，両選択肢とも表している内容は本文の「枝葉（重要でない部分）」だとわかる。これらのタイプの選択肢が常に誤っているとは言い切れないが，真偽を判定する場合，本文の細かい部分を見なければならなくなる場合が多い。例えば，5の前半で述べられているブリストルと結婚した相手や，7の後半で言及されている聴衆がいたかどうかなどである。こういった選択肢に出会った場合，それらの真偽を判定しようとすると，時間を浪費することになる。いったん選択肢を保留しておいて他の選択肢を検討することで，時間の節約につながる。

8―○ 「ブリストルは8杯のお茶をすべて正確に識別したが，実験はフィッシャーを完全に満足させるのに十分ではなかった」

　　第11段（But（　Z　），…）において，フィッシャーは実験について考えるのをやめることができず，ブリストルが間違えた可能性なども考慮し，再計算を行ったりしているため，これに合致する。

F．英文和訳

●simplicity は「わかりやすさ，平易さ，単純さ」，clarify は「～を明らかにする」といった意味であり，「そのわかりやすさが彼の（モヤモヤした）思考を明確にした」と直訳する。または，「その単純さゆえに（その単純さのおかげで），彼の思考が明確になり（整理され）」と，無生物主語構文のように訳すと，自然な日本語になる。

●allow A to do「A が～することを許可する」という意味が第一義だが，この場合は，主語が its simplicity の無生物主語構文なので，「A が～できるようにする，A に～させる」という enable や let に近い意味で考え，日本語に訳す。直訳は「そのわかりやすさが，彼がすぐれた実験計画とすぐれた統計分析の鍵となる点を探り出すことをできるようにした」，無生物主語構文を踏まえて意訳すると，「そのわか

りやすさのおかげで，彼はすぐれた実験計画とすぐれた統計分析の鍵となる点を探り出すことができたのである」となる。

●isolate は「〜を分離する」という意味だが，ここでは「〜を見つける，探し出す」と訳したほうが自然になるだろう。design は「案，考案」という意味だが，実験についていう場合は「(実験) 計画」とよく訳される。また，statistical は「統計の」という意味。

A. (X)—4　(Y)—2　(Z)—4
B. (a)—4　(b)—1　(c)—2　(d)—3　(e)—4　(f)—3
C. (ア)—1　(イ)—1　(ウ)—4　(エ)—2　(オ)—3
D. (あ)—4　(え)—1　(お)—3
E. 3・6・8
F. そのわかりやすさのおかげで彼の思考が明確になり，彼はすぐれた実験計画とすぐれた統計分析の鍵となる点を探り出すことができたのである。

3

目標解答時間 30分 **目標正答数** 18/20 問 (和訳除く)

次の文章を読んで設問に答えなさい。[＊印のついた語句は注を参照しなさい。](80点)

Companies around the world are embracing what might seem like a radical idea: a four-day workweek.

The concept is gaining ground in places as varied as New Zealand and Russia, and it's making inroads* among some American companies. Employers are seeing surprising benefits, including higher sales and profits.

The idea of a four-day workweek might sound crazy, especially in America, where the number of hours worked has been climbing and where cellphones and email remind us (X) our jobs 24/7*.

But in some places, the four-day concept is taking off like a viral meme*. Many employers aren't just moving to 10-hour shifts, four days a week, as companies like Shake Shack are doing; they're going to a 32-hour week — (Y) cutting pay. In exchange, employers are asking their workers to get their jobs done in a compressed* amount of time.

Last month, a Washington state senator introduced a bill to reduce the standard workweek to 32 hours. Russian Prime Minister Dmitry Medvedev is backing a parliamentary proposal to shift to a four-day week.
(a)
Politicians in Britain and Finland are considering something similar.

In the U.S., Shake Shack started testing the idea a year and a half ago. The burger chain shortened managers' workweeks to four days at some stores and found that recruitment spiked*, especially among women.

Shake Shack's president, Tara Comonte, says the staff loved the perk*: "Being able to take their kids to school a day a week, or one day less of having to pay for day care, for example."

So the company recently expanded its trial to a third of its 164 U.S. stores. Offering that benefit required Shake Shack to find time savings elsewhere, so it switched to computer software to track supplies of ground beef, for example.

"It was a way to increase flexibility," Comonte says of the shorter week. "Corporate environments have had flexible work policies for a while now. That's not so easy to do in the restaurant business."

Hundreds — if not thousands — of other companies are also adopting or testing the four-day week. Last summer, Microsoft's trial in Japan led to a 40% improvement in productivity, measured as sales per employee.

Much of this is thanks to Andrew Barnes, an archaeologist by training, who never intended to become a global evangelist*. "This was not a journey I expected to be on," he says.

Barnes is CEO* of Perpetual Guardian, New Zealand's largest estate planning company. He spent much of his career believing long hours were better for business. But he was also disturbed by the toll it took on employees and their families, particularly when it came to mental health.

So two years ago, he used Perpetual Guardian and its 240 workers as guinea pigs*, partnering with academic researchers in Auckland to monitor and track the effects of working only four days a week.

"Core to this is that people are not productive for every hour, every minute of the day that they're in the office," Barnes says, which means there was lots of distraction and wasted time that could be cut.

Simply slashing the number and duration of meetings saved huge amounts of time. Also, he did away with open-floor office plans and saw workers spending far less time on social media. All this, he says, (あ) (い) easier (う) focus (え) deeply (お) the work.

Remarkably, workers got more work done while working fewer hours. Sales and profits grew. Employees spent less time commuting, and they were happier.

Barnes says there were other, unexpected benefits: It narrowed workplace gender gaps. Women — who typically took more time off for caregiving — suddenly had greater flexibility built into their schedule. Men also had more time to help with their families, Barnes says.

The company didn't police how workers spent their time. But if
(f)
performance slipped, the firm could revert back to the full-week schedule.
(g)
Barnes says that alone motivated workers.

The Perpetual Guardian study went viral, and things went haywire*
for Barnes.

Employers — including big multinationals — started calling, seeking
advice. "Frankly, I couldn't drink enough coffee to deal with the number of
companies that approached us," Barnes says.

Demand was so great that he set up a foundation to promote the
four-day workweek. Ironically, in the process, he's working a lot of
(h)
overtime.

"You only get one chance to change the world. And, it's my
responsibility at least, on this one, to see if I can influence the world for
the better," he says.

To date, most of that interest has not come from American
employers.

Peter Cappelli, a professor of management at the Wharton School of
the University of Pennsylvania, says that's because the concept runs
counter to American notions of work and capitalism. Unions are less
(i)
powerful, and workers have less political sway than in other countries, he
says.

So American companies answer to shareholders, who tend to
prioritize profit over worker benefits.
(イ)
"I just don't see contemporary U.S. employers saying, 'You know
what, if we create more value here, we're gonna give it to the employees.'
I just don't see that happening," Cappelli says.

Natalie Nagele, co-founder and CEO of Wildbit, has heard from
other leaders who say it didn't work for them. She says it fails when
employees aren't motivated and where managers don't trust employees.

But Nagele says moving her Philadelphia software company to a four-day week three years ago has been a success.

"We had shipped more features than we had in recent years, we felt more productive, the quality of our work increased. So then we just kept going with it," Nagele says. Personally, she says, it gives her time to rest her brain, which helps solve complex problems: "You can ask my team, there's multiple times where somebody is like, 'On Sunday morning, I woke up and ... I figured it (　Z　).' "

Mikeal Parlow started working a four-day week about a month ago. It was a perk of his new job as a budget analyst in Westminster, Colo.*

He works 10 hours a day, Monday through Thursday. Or, as he puts it, until the job is done. Parlow says he much prefers the new way "because it is about getting your work done, more so than feeding the clock."
(ウ)

That frees Fridays up for life's many delightful chores — like visits
(j)
to the DMV*. "For instance, today we're going to go and get our license plates," Parlow says. But that also leaves time on the weekends ... for the weekend.

(By Yuki Noguchi, *National Public Radio*, February 21, 2020)

[注]　inroads　進出
　　　24/7　ずっと、四六時中
　　　viral meme　（インターネットなどで）素早く広まる情報
　　　compressed　（compress　短縮する）
　　　spiked　（spike（数量などが一時的に）急上昇する）
　　　perk　（perquisite の略　特典、役得）
　　　evangelist　熱心な唱道者
　　　CEO　（chief executive officer　最高経営責任者）
　　　guinea pigs　実験台
　　　haywire　始末に負えなくなった
　　　Colo.　（Colorado の略　コロラド州）
　　　DMV　（Department of Motor Vehicles　アメリカの自動車局）

A　空所（X）〜（Z）に入るもっとも適切なものを次の1〜4の中からそれぞれ一つ
選び、その番号を解答欄に記入しなさい。

（X）　1　for　　　　　　2　in　　　　　　3　of　　　　　　4　to

（Y）　1　in　　　　　　2　on　　　　　　3　to　　　　　　4　without

（Z）　1　down　　　　　2　in　　　　　　3　out　　　　　　4　up

B　下線部 (a)〜(j) の意味・内容にもっとも近いものを次の1〜4の中からそれぞ
れ一つ選び、その番号を解答欄に記入しなさい。

(a)　backing

1　abolishing　　2　delaying　　3　opposing　　4　supporting

(b)　adopting

1　abandoning　　　　　　　　2　implementing

3　suspending　　　　　　　　4　sustaining

(c)　distraction

1　disappointment　　　　　　2　distress

3　distrust　　　　　　　　　　4　disturbance

(d)　duration

1　content　　　2　kind　　　3　quality　　　4　time

(e)　commuting

1　exchanging information　　2　meeting with clients

3　talking with colleagues　　4　traveling to and from work

(f)　police

1　agree　　　2　doubt　　　3　predict　　　4　regulate

(g)　revert back to

1　remove　　2　reproduce　　3　restructure　　4　resume

(h)　Ironically

1　Amusingly　　2　Especially　　3　Expectedly　　4　Probably

(i)　counter to

1　according to　　　　　　　　2　against

3　facing　　　　　　　　　　　4　unique to

(j)　chores

1　beliefs　　2　concepts　　3　illusions　　4　tasks

C 波線部 (ア)〜(ウ) の意味・内容をもっとも的確に示すものを次の1〜4の中から
それぞれ一つ選び、その番号を解答欄に記入しなさい。

(ア) an archaeologist by training

1 a man of religion who was interested in archaeology

2 a manager who liked archaeology

3 a person who studied archaeology

4 a tourist who received a training in archaeology

(イ) prioritize profit over worker benefits

1 give less priority to profit than to worker benefits

2 give more priority to profit than to worker benefits

3 give priority not only to profit but also to worker benefits

4 give priority to worker benefits more than to profit

(ウ) feeding the clock

1 dining on time

2 running like clockwork

3 turning the clock back

4 wasting time

D 二重下線部の空所(あ)〜(お)に次の1〜7の中から選んだ語を入れて文を完成
させたとき、(い)と(お)に入る語の番号を解答欄に記入しなさい。同じ語を二度
使ってはいけません。選択肢の中には使われないものが二つ含まれています。

All this, he says, (あ)(い) easier (う) focus (え) deeply
(お) the work.

1 it   2 made   3 more   4 of

5 on   6 to   7 which

E 本文の意味・内容に合致するものを次の1〜8の中から三つ選び、その番号を
解答欄に記入しなさい。

1 A shortened working week has been taken for granted in American
society due to the advanced internet technology which is used all the time.

2 Workers at many companies such as Shake Shack are requested to

complete their jobs in a shorter working week.

3 The number of job applications to Shake Shack in the U.S. soared especially from those who had a need to balance their time.

4 Shake Shack found they had to increase human resources staff to control their supplies after they introduced the new workhours.

5 Microsoft tried to increase its productivity but failed to improve its sales by forty percent in Japan last summer.

6 The CEO of Perpetual Guardian knew from the beginning that shorter hours of work would contribute to employees' happiness and motivation as well as promote women's work at companies.

7 The Perpetual Guardian study influenced the world in terms of four-day workweek promotion so much that the CEO decided to quit and gave up the idea.

8 According to Natalie Nagele, a reduced-hour work schedule only works when the employees have motivation and are trusted by their bosses.

F　文中の it が何を指すのかを明らかにして、本文中の太い下線部を日本語に訳しなさい。

it gives her time to rest her brain, which helps solve complex problems

全訳 ≪週4日労働の拡大≫

　世界中の企業が革新的と思えるようなアイデアを取り入れつつある。それは週4日労働である。

　この考え方は，ニュージーランド，ロシアのような様々な場所で定着しつつあり，一部のアメリカの企業にも浸透しつつある。雇用者たちは売り上げや収益の増加など，驚くべき恩恵を受けている。

　週4日労働の考え方は，ばかげているように聞こえるかもしれない。労働時間が増加し，携帯電話やeメールが私たちに四六時中仕事のことを思い出させるアメリカのような国では特にそうである。

　しかし一部の場所では，週4日労働の考えは，インターネット上で素早く広まる情報のように浸透しつつある。雇用者の多くは，シェイクシャックのような企業が実践しているように，10時間シフトで4日間勤務に移行しているだけではない。彼らは給与を削減することなく週32時間労働に移行している。引き換えに，彼らは従業員に短縮された時間内で自分の仕事を済ませるように求めているのだ。

　先月，ワシントン州の上院議員が標準労働時間を週32時間に短縮する法案を提出した。ロシアの首相ドミートリー゠メドヴェージェフは，週4日労働に転換する議案を支持している。イギリスとフィンランドの政治家たちも同様のことを検討している。

　アメリカでは，シェイクシャックがこの構想を1年半前に試行し始めた。このハンバーガーチェーンが一部の店舗で管理職の労働時間を週4日に短縮したところ，特に女性の求職者数が急上昇したことがわかった。

　シェイクシャックの社長，タラ゠コモンテは，従業員がこの特典に大喜びしていると述べている。「たとえば，1週間に1日，子どもを学校に送っていくことができたり，託児所に支払わなければならないお金が1日分少なくなったりするのです」

　そこで，最近この会社はアメリカ国内の164店舗の3分の1までこの試行を拡大した。こういった恩恵を与えるにあたって，シェイクシャックはどこか他のところで時間の節約を見出す必要があったので，たとえば牛ひき肉の供給状況を把握するといった仕事はコンピュータソフトに転換した。

　「これは柔軟性を高める1つの方法です」と勤務時間が短縮された週についてコモンテは述べている。「ここしばらく，企業環境において，状況に合わせた労働基準が保たれています。これを飲食業界で行うのは容易なことではありません」

　数千とまでは言わないまでも，他の数百の企業も週4日労働制を採用したり，試行したりしている。昨年の夏には日本のマイクロソフト社でも試行され，従業員一人当たりの売り上げで計算すると，生産性は40％向上した。

　こういったことの多くは，考古学の教育を受けたアンドリュー゠バーンズのおかげであるが，彼は世界を渡り歩く熱心な唱道者になるつもりはなかった。「このような成り行きになるとは思っていませんでした」と彼は述べている。

　バーンズは，ニュージーランド最大の資産運用会社であるパーペチュアル・ガーディアンの最高経営責任者である。彼は，長時間働くことは企業にとって良いこと

であると信じて，多くの時間を仕事に費やしてきた。しかし，これが従業員やその家族に負担をかけていると悩んでもいた。それが心の健康に関わる場合はなおさらそうであった。

そこで2年前，彼はオークランドの学術研究者と協力して，週に4日だけ働くことの効果を観察・追跡するために，パーペチュアル・ガーディアンで働く240人の従業員を対象に実験した。

「従業員は会社にいる1日の中で，すべての時間において生産的であるわけではないというのが，この実験の中心となるものです」とバーンズは述べているが，これは従業員の気を散らすものや無駄に過ごす時間がたくさんあり，これらの時間が削減できるであろうことを意味する。

単に会議の回数と時間を削減することで，かなりの時間を節約することができた。また，会社をオープンフロアにする計画を廃止したところ，従業員がソーシャルメディアに費やす時間がかなり少なくなることが見て取れた。こういったことすべてを行ったことで，より深く仕事に集中しやすくなったのだと彼は話している。

驚くべきことに，従業員はより少ない時間でより多くの仕事を成し遂げた。売り上げと収益は増加した。従業員たちの通勤に要する時間は少なくなり，彼らはより幸せになった。

他にも予想外の利点があったとバーンズは述べている。職場での男女格差が狭まったのだ。通常は育児のためにより多くの時間を割いていた女性たちが，突然自分の予定をより柔軟に組めるようになった。男性も家族を手助けする時間が増えたとバーンズは述べている。

会社は従業員がどのように時間を使っているかを管理しなかった。しかし，もし業績が落ちると，会社は週5日労働に戻すことになる。それだけで従業員のやる気につながったとバーンズは述べている。

このパーペチュアル・ガーディアンの研究は急速に広がっていき，状況はバーンズの手に負えないほどになった。

大手多国籍企業の雇用者たちが，助言を求めて彼に連絡してくるようになったのだ。「率直に言って，私たちに交渉を持ちかける企業の数に対処するために，コーヒーを飲んではいられないほどでした」とバーンズは述べている。

需要は大きくなり，週4日労働制を推進するための財団を設立するほどまでになった。皮肉なことに，その過程において，彼はかなり多くの残業をすることになったのだが。

「世界を変えるために手にできるチャンスは1度きりです。そして，今回のチャンスで少なくとも私が責任を持って行うべきことは，世界がより良くなるように影響を与えることができるかどうかを確かめることです」と彼は述べている。

現在まで，この関心の大半がアメリカの雇用者からのものではなかった。

これは，この考えがアメリカ人の労働観と資本主義に反しているからだとペンシルバニア大学ウォートン校の経営学教授であるピーター＝キャペリは述べている。他の国よりも組合の力は弱くなっており，従業員は政治的影響力を持たなくなっていると彼は述べている。

だから，アメリカの企業は，従業員の福利よりも，利益を優先する傾向がある株主の期待に応えている。

「現在のアメリカの雇用者が『おわかりですよね，もし私たちがここでもっと利益を作り出せば，それを従業員に還元することになるのです』と話すのを目にすることはまずないでしょう。そんなことが起こるとはとても想像できません」とキャペリは話している。

ワイルドビットの共同創設者であり，最高経営責任者でもあるナタリー゠ナジェルは，他の経営者が自分の会社ではうまくいかなかったと言っているのを耳にしてきた。従業員のモチベーションが低く，経営者が従業員を信頼していないと失敗するのだと彼女は述べている。

しかし，3年前にフィラデルフィアの彼女のソフトウェア企業で，週4日労働に移行したことは成功だったとナジェルは述べている。

「近年の中で最も多くの目玉商品を出荷することができ，生産性が上がったと感じましたし，仕事の質も向上しました。だから，そのまま継続したのです」とナジェルは述べている。個人的には，週4日労働を採用することで頭を休ませる時間ができ，それが複雑な問題を解決するのに役立つのですと彼女は述べている。「私の部署に尋ねてもらっていいですよ。『日曜日の朝，目が覚めて，そして…（今まで解決しなかった）問題が解決したのです』というような人が何倍にも増えたのです」

マキール゠パーローは，1カ月ほど前から週4日制で働き始めた。これはコロラド州ウエストミンスターの予算アナリストという新たに始めた仕事の特典だった。

彼は月曜から木曜まで1日10時間働いている。あるいは，彼が話しているように，仕事を終えてしまうまで働くということだ。彼はこの新しい働き方がとても気に入っている。「なぜならこの働き方の本質は，時間を無駄にせずに仕事を終わらせることだからです」とパーローは話している。

これで，DMV（米国の自動車局）に行くことのような，生活の中の多くの楽しい雑用のために金曜日を空けることができる。「たとえば，今日私たちは車のナンバープレートを取りに行く予定です」とパーローは述べている。そのうえ，週末に時間を残しておくこともできる…週末として過ごすための時間を。

解 説

A．空所補充
(X)　正解は　3

直前に remind があることから，of を入れる。remind A of B で「A に B を思い出させる」という意味を表す。

(Y)　正解は　4

直前で企業が10時間シフトで4日間勤務に移行しているだけではないと書かれており，さらに going to a 32-hour week とあることから，従業員に恩恵をもたら

すような情報が続くと考えられる。したがって，解答は 4 の without となる。
without *doing* で「～することなく」という意味である。給料を減らすことなく，
労働時間を減らすという内容を読み取る。

(Z)　正解は　3 ──────────────────────────────────

figure out ～ で「～を解く，～を解決する」という意味を表す。目的語が代名
詞の場合は，figure ＋代名詞＋ out の順序になることに注意する。

B．同意語句

(a)　正解は　4 ──────────────────────────────────

backing「支持する」

1	abolishing「廃止する」	2	delaying「遅らせる」
3	opposing「反対する」	**4**	**supporting「支える，支持する」**

back は動詞で「～を支持する」という意味。これに最も意味が近いのは 4 であ
る。「後ろに，戻って」という意味の back の品詞は副詞である。

(b)　正解は　2 ──────────────────────────────────

adopting「採用する」

1	abandoning「あきらめる，放棄する」	**2**	**implementing「実行する」**
3	suspending「中断している」	4	sustaining「維持する，保持する」

adopt は「～を採用する」という意味。よって，2 が最も近い。ad<u>a</u>pt「適応さ
せる」と見間違えないようにすること。

(c)　正解は　4 ──────────────────────────────────

distraction「気を散らすもの」

1	disappointment「落胆」	2	distress「苦痛」
3	distrust「不信」	**4**	**disturbance「妨害」**

distraction はここでは仕事の気を散らして邪魔になるものという意味で用いら
れている。これに最も意味が近いのは，4 である。

(d)　正解は　4 ──────────────────────────────────

duration「持続時間」

1	content「内容」	2	kind「種類」
3	quality「質」	**4**	**time「時間」**

直後に時間を節約することができたと書かれていることから，意味を推測する。
duration は「持続時間」という意味。ここでは会議が行われている時間のことを
意味している。よって，4 が最も近い。

(e)　正解は　4 ──────────────────────────────────

commuting「通勤する」

1　exchanging information「情報を交換する」

2　meeting with clients「顧客と会う」

3　talking with colleagues「同僚と話す」

4　**traveling to and from work「職場へと行き来する」**

　commute は「通勤する」という意味。これに最も意味が近いのは，4である。この travel は「移動する，進む」の意味。work は「職場」という意味の場合は冠詞をつけない。

(f)　**正解は　4** ──────────────────────

police「管理する，監視する」

1　agree「同意する」　　　　　　　2　doubt「疑う」

3　predict「予言する」　　　　　　4　**regulate「規制する」**

　ここでの police は動詞で「～を管理する，～を監視する」という意味。これに最も意味が近いのは，4である。名詞の police「警察」から，警察の役割は何かと考えて意味を推測することもできる。

(g)　**正解は　4** ──────────────────────

revert back to「～に戻る」

1　remove「～を取り除く」　　　　2　reproduce「～を再生産する」

3　restructure「～を再構築する」　　4　**resume「～を再開する」**

　直前で「業績が落ちると」と書かれているので，その結果どのようなことが起こるのかと考えて，意味を推測する。revert back to ～ は「～に戻る」という意味。よって，4が最も近い。resume の意味がわからなくても，消去法で解くことができる。

(h)　**正解は　1** ──────────────────────

Ironically「皮肉なことに」

1　**Amusingly「おもしろいことに」**　2　Especially「特に」

3　Expectedly「予測されたように」　4　Probably「おそらく」

　直前でバーンズが週4日労働制を推進するための財団を設立するほどになっていたと書かれており，直後でかなり多くの残業をすることになったとあることから，この2文の関係を考える。ironically は「皮肉なことに」という意味。よって，1が最も近い。

(i)　**正解は　2** ──────────────────────

counter to「～に反して」

1　according to「～によれば，～に従って」

2　**against「～に反対して」**

3　facing「～に面して」

4　unique to「～に独自で」

　counter to ～ は「～に反して」という意味。よって，2が最も近い。

(j) 正解は **4**

chores「雑用，仕事」

1 beliefs「信念」2 concepts「概念」

3 illusions「幻想」**4 tasks「(やるべき) 仕事，作業」**

　chores は「雑用，仕事」という意味。最も近いのは，4である。

C．同意表現

㋐ 正解は **3**

「考古学の教育を受けた人」

1 「考古学に興味がある宗教家」

2 「考古学が好きな経営者」

3 「考古学を学んだ人」

4 「考古学の訓練を受けた旅行者」

　archaeologist は「考古学者」，by training は「教育を受けた」という意味。波線部は「考古学の教育を受けた人」という意味になる。よって，3の「考古学を学んだ人」が正解。S, ～ (職業名)＋by training という形で使われることが多く，「～の教育を受けた人であるS (今は別の仕事をしていることを含む)」という意味を表す。

㋑ 正解は **2**

「従業員の福利よりも利益を優先する」

1 「従業員の福利ほど利益のことを優先的に考えない」

2 「従業員の福利よりも利益を優先的に考える」

3 「利益だけでなく従業員の福利も優先的に考える」

4 「利益よりも従業員の福利を優先的に考える」

　波線部は直前の関係代名詞 who の先行詞 shareholders「株主」の説明になっている。よって，株主の傾向としてどのようなことを考えるのかを考えながら，選択肢を検討する。波線部は「従業員の福利よりも利益を優先する」という意味。ここでは，従業員の福利よりも企業が利益を増やすことを株主が望んでいることを意味している。よって，2の「従業員の福利よりも利益を優先的に考える」が正解。prioritize は priority の動詞形である。

> **ポイント** 「優先，優位」を表す前置詞 over について
> 　前置詞 over の意味は何かと問われると，「～より上，～を超えて」と答える受験生がいる。これは正しく，辞書にもその意味は掲載されている。ではこの意味を波線部に当てはめて「従業員の福利を超えて利益を優先する」とすると何とか文意が通っているが，どこかぎこちない。over は「優先・優位」を表し，than のように「～より」という意味を持っている。例えば，以下の文を見てみよう。

① Mike prefers coffee over tea.（マイクは紅茶<u>より</u>コーヒーが好きだ）
② Mike has a preference for coffee over tea.

（マイクは紅茶<u>より</u>コーヒーが好きだ）
③ Our team had an advantage over other rivals.

（私たちのチームはライバル<u>より</u>優位に立った）
④ The U. S. achieved military superiority over Japan.

（アメリカは日本<u>より</u>軍事力で優位に立った）

　このように，prefer(ence)，advantage, superiority, prioritize のような優劣を表す語と over は共に使われる傾向があり，その場合は「〜より」と訳すことが基本である。

(ウ)　正解は　4 ─────────────────────

「時計に食事を与える」

1　「時間通りに食事をとる」

2　「時計仕掛けのごとく走る」

3　「時計の針を戻す」

4　「時間を浪費する」

　波線部は「時計に食事を与える」というのが直訳。ここではあくまでも比喩的な意味で，時計に与える食事とは「時間」のことである。直前の内容より，仕事を終わらせることが，「時計に食事を与える」より週4日制の本質的なことだと考え，「時計に食事を与える」が転じて「時間が流れること」，さらに「時間を無為に過ごすこと」だと推測し，4の「時間を浪費する」が最も近い意味だと判断する。get your work done の get は使役動詞である。S is (all) about 〜 は「S の本質は〜である」という意味。

D．語句整序

正解は　(い)1　(お)5 ─────────────────────

　完成した文は以下の通り。

All this, he says, (made) (it) easier (to) focus (more) deeply (on) the work.

「こういったことすべてを行ったことで，より深く仕事に集中しやすくなったのだと彼は話している」

① he says が主節の挿入になっており，All this が主語になっていることを見抜く。これに対する動詞は made しかないので，(あ)には made が入ると確定できる。

② (い)の直後に形容詞の easier があるので，(い)に it を入れれば，make O C という第5文型ができ，it は形式目的語だと考えられる。

③ (う)に to を入れると it が指す真の目的語になる不定詞句ができる。

④ focus の直後なので，(え)に on を入れたいところだが，deeply という副詞が続いているので，more を入れることで比較級になる。

⑤　直後に名詞 the work があるので，㊝に on を入れる。focus on ～ で「～に集中する，～に焦点を当てる」という意味。

E．内容真偽

正解は　2・3・8 ─────────────────────────────────

1─×　「常に利用されるインターネットテクノロジーが進歩したために，1 週間の労働時間を短縮することはアメリカ社会では当然のことと思われてきた」

　　　第 3 段（The idea of …）より，インターネットテクノロジーが進んでいるアメリカでは，四六時中仕事のことを考えなければならない状況になっていて，労働時間を短縮するという考え方はばかげているように聞こえるかもしれないと書かれているので，矛盾する。

2─〇　「シェイクシャックのような多くの企業の従業員が，1 週間の短縮された労働時間内に仕事を完了することが求められている」

　　　第 4 段第 2・3 文（Many employers aren't … amount of time.）の内容と一致する。get their jobs done in a compressed amount of time が，選択肢では complete their jobs in a shorter working week に言い換えられている。

3─〇　「アメリカにあるシェイクシャックへの求職者の数は，特に自分の時間のバランスを取る必要がある人から急増した」

　　　第 6 段第 2 文（The burger chain …）および第 7 段（Shake Shack's president, …）の内容と一致する。recruitment spiked が，選択肢では The number of job applications to Shake Shack in the U.S. soared に言い換えられている。さらに，第 7 段の Being able to take … に書かれている具体的な記述が，選択肢では「自分の時間のバランスを取る必要がある人」という形で一般化されている。

4─×　「新しい労働時間制を導入した後，供給を管理するために人的資源を増やす必要があることにシェイクシャックは気づいた」

　　　第 8 段第 2 文（Offering that benefit …）には，食材などの供給の管理はコンピュータソフトがするようになったとあるため，本文の内容とは一致しない。

5─×　「マイクロソフトは生産性を高めようとしたが，昨年の夏，日本では売り上げを 40％増やすことができなかった」

　　　第 10 段第 2 文（Last summer, Microsoft's …）には，マイクロソフト社において週 4 日労働制を試行したところ，生産性を 40％向上させることができたと書かれており，逆の内容になるので誤りである。選択肢中の前置詞 by は「程度，差異」を表している。

6─×　「労働時間の短縮は，会社での女性の働き方を推進するだけでなく，従業員の幸福とやる気に貢献することを，パーペチュアル・ガーディアンの最高経営責任者は最初からわかっていた」

第 17 段第 1 文（Barnes says there …）には，週4日制を導入した結果，従業員が幸福になったということに対して，バーンズは unexpected benefits「予想外の利点」と述べているので，これに矛盾する。

7―×「パーペチュアル・ガーディアンの研究は，週4日労働の推進という点で世界に影響を与えたので，最高経営責任者はこの考えを捨て，断念した」

第 19 段（The Perpetual Guardian …）および第 20 段（Employers―including big …）において，パーペチュアル・ガーディアンの研究が広まったため，その最高責任者であるバーンズは，助言を求めてきた大手多国籍企業の雇用者たちの相談に乗っているので，選択肢の that 以下の内容が矛盾する。so 〜 that …「とても〜なので…」

8―○「ナタリー＝ナジェルによると，労働時間を短縮することは，従業員がやる気を持ち，上司から信頼されているときだけうまくいく」

第 27 段（Natalie Nagele, co-founder …）において，労働時間の短縮は，従業員のモチベーションが低く，経営者が従業員を信頼していないと失敗すると述べられており，これを選択肢では逆の言い方で表現している。したがって正解となる。選択肢に限定を表す only が入っているため，不正解の選択肢であると疑ってしまうかもしれないが，丁寧に選択肢を読み，該当箇所と照らし合わせて考えること。

F．英文和訳

- it は前段（第 28 段）にある a four-day week を指している。
- it が S，gives が V，her が O1，time が O2 という第 4 文型になっている。her time「彼女の時間」というかたまりで読んでしまうと文意が通らない。
- to rest her brain は time を修飾する形容詞用法の不定詞句で，「頭を休ませるための時間」という意味。
- it gives her time to rest her brain は，it が「週4日制（の採用）」を指しており，無生物主語構文になっているので，「週4日制の採用は彼女に頭を休ませる時間を与える」を，「週4日制の採用のおかげで，頭を休ませる時間を取ることができ」などと訳すこともできる。
- …, which helps solve complex problems は文の前半部分の内容を先行詞とする関係代名詞の非制限用法。意味上，カンマの前で訳を切り，which 以下を「（そして）それは〜」という形で訳すと自然な日本語になる。
- help (to) do で「〜するのを助ける，〜するのに役立つ」という意味だが，ここでは solve の前の to が省略されている。

A. (X)—3 (Y)—4 (Z)—3
B. (a)—4 (b)—2 (c)—4 (d)—4 (e)—4 (f)—4 (g)—4 (h)—1
  (i)—2 (j)—4
C. (ア)—3 (イ)—2 (ウ)—4
D. (い)—1 (お)—5
E. 2・3・8
F. 週4日労働を採用することで頭を休ませる時間ができ，それが複雑な問題を
  解決するのに役立つのです

解答

4

目標解答時間 30分　**目標正答数** 16/19問（和訳除く）

次の文章を読んで設問に答えなさい。[＊印のついた語句は注を参照しなさ
い。](82点)

　　Bear* had sat in the same spot of her Baltimore home for three
days, maybe more — without food, water or even a bathroom break,
according to the animal shelter that later took her in. A 12-year-old mutt*
with a graying muzzle*, the dog was found "lying loyally" by her deceased
owner's side in early June, the shelter said on Facebook, "just quietly
mourning."

　　Bear's tale, which ended happily with the dog's adoption, was only
　　　　　　　　　　(ア)
the latest iteration* of a story that has long captured imaginations: the
grieving, loyal dog waiting in vain for its dead — or fled — owner.
　　　　　(a)
　　In the 1920s, the protagonist* was Hachiko, an Akita who greeted
his owner at a Tokyo train station every evening and then, according to
the story, continued to show （　X　） every day for a decade after the
man's death. Last fall, a Russian dog made headlines for appearing "like
　　　　　　　　　　　　　　　　　　　　　　　　　　　　　　(b)
clockwork" every morning at the reception area of the hospital where her
owner had died two years prior, according to the British news site *Metro*.
In March, reports circulated about another Russian dog that had stayed
　　　　　　　　　(c)
for a year at the spot where his owner had died in a car crash. He
became known as the "Siberian Hachiko." In April, an "Ecuadoran
Hachiko" emerged, in the form of a dog that would not leave the
earthquake-ruined home where its owner had perished.

　　So reliable are the stories that they have been parodied by the
satirical news site *Clickhole*, which in 2014 produced a video that
suggested dogs in these situations might actually be more self-interested
than sorrowful. It was headlined, "This loyal dog refuses to leave a grave
that has peanut butter on it."

In an increasingly pet-loving world, the idea of a dog grieving for its master is no doubt an appealing one. But while we hate to break it to you, there's not a lot of science to back it (Y) — not yet, at least. Whether and how animals mourn is a nascent* field of study, and there's growing evidence that elephants, primates* and cetaceans* such as dolphins do it, said anthropologist* Barbara J. King, author of *How Animals Grieve*. But there's no scientific literature on dog grief yet, she said.

Alexandra Horowitz, a psychologist who heads the canine* cognition lab at Barnard College, said she doesn't rule out the idea that dogs grieve. But she interprets the Hachiko-like stories less as evidence of dog mourning than our desire to view animal actions through a human lens rather than considering the world from a dog's point of view.

"We can think about death and our own mortality and know that if we lose somebody, we're never going to see them again. I'm not sure dogs have that conception. And if they don't, their grief might be subjectively different than ours," Horowitz said.

But it's reasonable to assume that a dog whose owner had suddenly vanished would keep doing what it's used to, she added. "The dog doesn't really have much choice. It doesn't have an independent life where it can explore other ways to live. This is the life the dog has always known," Horowitz said. "It's nicer to describe it as loyalty or grieving."

King said she thinks there's no question dogs are capable of grief. (中略) But (あ) identifying (い) would (う)(え)(お) a photo or video or news account, she said. It would depend on observations of a dog before, during and after a death and signs of "specific externally expressed behavior around a body or just after a death." Such behavior might be lethargy* or withdrawal, she said.

"There's often a media leap to claim grief too readily. How do we know that a dog is experiencing grief (Z) opposed to experiencing some sense of absence?" she asked. (中略) "Let's be conservative and not

slap 'grief' onto everything that is actually stress-related."
(ウ)

　　Clive Wynne, a psychology professor and director of the Canine Science Collaboratory at Arizona State University, said it is "undeniable" that dogs can have deep bonds with people and "suffer emotional pain." What's not clear is how long it lasts, he said, though he doubts it endures for years.（中略）

　　"With dogs, you have this tremendous, heartwarming seeking of proximity* and attention, and offers of affection," he said. "But then we human beings, we're never happy. We have to add layers of embellishment* on top — like the idea that if you drop dead, your dog will come to your grave for the rest of its life."

　　One delightful thing about dogs, Wynne argued, is that they readily form new bonds — after all, animal rescue organizations couldn't be successful if dogs forever wallowed* in their sadness. His own dog, Wynne said, could quickly adjust if he died, while "all the evidence is that my son would be scarred for life."

　　"That is what human bonding is like, and it's different from dog bonding," he said. "It's not better. It's just different."

　　(By Karin Brulliard, We love stories about dogs mourning their owners. But they might not be what they appear, *The Washington Post*, July 5, 2016)

［注］　Bear　犬の名前

　　　　mutt　雑種犬

　　　　muzzle　鼻づら

　　　　iteration　繰り返し

　　　　protagonist　主人公

　　　　nascent　始まったばかりの

　　　　primates　霊長類の動物

　　　　cetaceans　クジラ、イルカなどの海洋哺乳動物

　　　　anthropologist　人類学者

　　　　canine　イヌ科の

lethargy　無気力

proximity　近くにいること

embellishment　飾り

wallowed　(wallow　[感情に] おぼれる)

A　空所(X)〜(Z)に入るもっとも適切なものを次の1〜4の中からそれぞれ一つ
選び、その番号を解答欄に記入しなさい。

(X)　1　off　　　　　2　on　　　　　3　through　　　4　up

(Y)　1　down　　　2　off　　　　　3　out　　　　　4　up

(Z)　1　as　　　　　2　for　　　　　3　from　　　　4　on

B　下線部 (a)〜(h) の意味・内容にもっとも近いものを次の1〜4の中からそれぞ
れ一つ選び、その番号を解答欄に記入しなさい。

(a)　loyal

　1　faithful　　　2　loving　　　3　noble　　　4　sleepy

(b)　like clockwork

　1　finally　　　2　punctually　　3　silently　　4　suddenly

(c)　circulated

　1　confirmed　　2　cost　　　3　rounded　　4　spread

(d)　heads

　1　cleans　　　2　diagnoses　　3　directs　　4　praises

(e)　rule out

　1　accept　　　2　exclude　　3　generalize　　4　steal

(f)　readily

　1　critically　　2　definitely　　3　easily　　4　slowly

(g)　tremendous

　1　immediate　　2　immense　　3　immoral　　4　immune

(h)　offers of affection

　1　centers of learning　　　　　2　expressions of fondness

　3　spheres of influence　　　　4　topics of conversation

C　波線部 (ア)～(エ) の意味・内容をもっとも的確に示すものを次の1～4の中から
　それぞれ一つ選び、その番号を解答欄に記入しなさい。

(ア)　which ended happily with the dog's adoption

　　1　at the end of which the dog gave birth

　　2　at the end of which the dog adjusted herself to the shelter

　　3　at the end of which the dog had a new owner

　　4　at the end of which the dog died peacefully at the shelter

(イ)　break it to you

　　1　give you the bad news

　　2　ease your mind

　　3　interrupt your thoughts

　　4　disprove the existing research

(ウ)　slap 'grief' onto everything

　　1　narrow down the list of what is considered 'grief'

　　2　evaluate every aspect of 'grief'

　　3　underestimate the importance of 'grief'

　　4　simply attribute any behavior to 'grief'

(エ)　scarred for life

　　1　emotionally affected for the rest of his life

　　2　mentally prepared for death

　　3　extremely afraid of dying

　　4　severely injured and in danger for his life

D　二重下線部の空所(あ)～(お)に次の1～7の中から選んだ語を入れて文を完成
　させたとき、(い)と(お)に入る語の番号を解答欄に記入しなさい。同じ語を二度
　使ってはいけません。選択肢の中には使われないものが二つ含まれています。

　But（　あ　）identifying（　い　）would（　う　）（　え　）（　お　）a
　photo or video or news account, she said.

　　1　require　　　2　it　　　　3　has　　　　4　than

　　5　accurately　6　lose　　　7　more

E　本文の意味・内容に合致するものを次の 1 ～ 8 の中から三つ選び、その番号を解答欄に記入しなさい。

1　The news story of Bear in Baltimore received a great deal of media attention because she almost drowned and needed to be rescued and put in a shelter.

2　In the 1920s, Hachiko was so loved by people all over the world that his offspring were taken to other places such as Siberia and Ecuador.

3　The fact that scientific studies suggest that other animal species experience grief does not necessarily mean dogs do, too.

4　Alexandra Horowitz thinks that the stories of dog grief must be doubted because they are told from a human perspective.

5　Once started, dogs cannot stop mourning because they tend to keep doing what they feel familiar with.

6　According to Barbara J. King, the sense of grief for the owner's death is so intense that we can see signs of change in a dog's body.

7　Animal rescue organizations sometimes have difficulty building a close relationship with dogs because of their strong ties with their dead owners.

8　All the scholars mentioned agree that if dogs do grieve, it would be different from the way human beings do.

F　本文中の太い下線部を日本語に訳しなさい。

it's reasonable to assume that a dog whose owner had suddenly vanished would keep doing what it's used to

≪犬に悲しいという感情はあるのか≫

　ベアは，ボルチモアの自宅の同じ場所に3日間——おそらくはそれ以上——飲まず食わずで，トイレにも行かずにそこに座っていたと，後にその犬を引き取った動物保護施設が語った。灰色の鼻づらをしたその12歳の雑種犬は，亡くなった飼い主のそばを「片時も離れない」でいるところを6月初旬に発見され，「ただ静かに喪に服していた」とフェイスブックにこの保護施設が投稿した。

　ベアの話は，運よく新たな飼い主に引き取られるという形で終わったが，長きにわたって人の心をつかんできた話の最新の繰り返し版にすぎなかった。それは亡くなったり，突然姿を消したりした飼い主をひたすら待ち続ける悲しき忠犬の物語のことである。

　1920年代，その主人公は，毎晩東京駅で飼い主を出迎えた秋田犬のハチ公で，その物語によると，飼い主が亡くなった後10年間も毎日そこに現れ待ち続けていたという。昨年の秋，英国のニュースサイト『メトロ』では，一匹のロシア犬が，2年前に飼い主が亡くなった病院の受付に毎朝「決まって」姿を現す，と大きく報じられた。3月には，飼い主が車の事故で亡くなった場所に1年間居座り続けた別のロシア犬のニュースが駆け巡った。その犬は「シベリア版ハチ公」として知られるようになったのだ。4月には，地震で倒壊し，飼い主が亡くなった家を離れようとしなかった「エクアドル版ハチ公」が現れた。

　それらは確かな話なので，風刺ニュースサイト『クリックホール』によってパロディ化された。『クリックホール』は2014年に，こういった状況にいる犬が実は悲しみに暮れているというよりは利己的であるという内容の動画を製作したことがあるのだ。それには「上にピーナッツバターが塗られている墓からは離れようとしない忠犬」という見出しがつけられた。

　ますますペットを大事にするようになっている世界では，犬が飼い主のために悲しむという考えは確かに人の心に訴える。しかし，あまり言いたくはないが，その話を裏付ける科学的研究は，少なくとも今の段階ではあまりない。動物が悲しむかどうか，動物がどのように悲しむかは，始まったばかりの研究分野だが，象や霊長類やイルカのような海洋哺乳動物が悲しむということはどんどん明らかになってきていると，人類学者で，『死を悼む動物たち』の著者であるバーバラ=J.キングは言った。しかし，犬が悲しむということに関する科学文献はまだないと彼女は述べた。

　バーナード大学でイヌ科の認知研究室を主宰している心理学者のアレクサンドラ=ホロウィッツは，犬が悲しむという説を排除はしないと述べた。しかし，彼女はハチ公のような話を，犬が悲しんでいるという証拠ではなく，犬の視点から世界を考えるというよりは，人間の目を通して動物の行動を見たいという我々の欲求の表れだと解釈している。

　「我々は死と自身の死すべき運命について考えることができ，もし誰かを失えば，二度とその人に会うことがないことを知っています。犬がそのような概念をもっているかどうかは定かではありません。もしもっていないとすれば，犬がもつ悲しみは，主観的な観点において我々のもつ悲しみとは異なるのかもしれません」とホロ

ウィッツは話した。

しかし，突然飼い主がいなくなった犬が，習慣となっている行動をし続けるだろうと考えることは理にかなっていると彼女は付け加えた。「犬には実際はあまり選択肢がありません。犬にはいろいろな生き方を探る自立した生活はありません。これは犬が常に自覚している生活なのです」とホロウィッツは述べた。「それを，忠義あるいは心を痛めていると表現するほうが響きはいいでしょうね」

キングは，犬には間違いなく悲しいと思う気持ちが備わっているだろうと言った。（中略）しかし，それを正確に特定するには，写真を撮ったり，ビデオで撮影したり，ニュースアカウントに投稿するだけでは不十分でしょう，と彼女は語った。それは誰かが亡くなる前，亡くなったとき，亡くなった後にかけて犬を観察した結果と「遺体の周りや亡くなった直後にはっきりと外面的に表れる振る舞い」の兆しによって決まるだろう。そのような振る舞いは無気力，あるいは引きこもりと考えることができるかもしれない，と彼女は述べた。

「メディアは飛躍してそれを悲しみだとあまりに簡単に報じることが多いのです。犬が喪失感ではなく悲しみを経験するということはどのようにしたらわかるのでしょうか」と彼女は疑問を呈した。（中略）「慎重になって，実際にはストレスに関係するあらゆることを『悲しみ』が原因だと考えるのはやめましょう」

アリゾナ州立大学の心理学の教授で，イヌ科学協同研究所のディレクターのクライブ＝ワインは，犬が人間と深い絆を結び，「精神的苦痛を受ける」のは「間違いのない」ことだと言った。はっきりとしないことは，何年も続くことはないと思ってはいるが，それがどれぐらいの間続くかということだと彼は述べた。（中略）

「人間は犬に対して，このものすごく大きくて心温かな，近くにいること，注意を向けること，そして愛情を示すことを願う気持ちをもっています」と彼は言った。「しかし，それだけでは私たち人間は満足できません。私たちはその上にさらに何重もの飾りを加えずにはいられないのです。例えば，ある人が突然亡くなったとしたら，その飼い犬が生きている間ずっとその人の墓に来るというような発想です」

犬についておもしろいことは，彼らはすぐに新しい関係を築くことである。というのも，もし犬がずっと悲しみに浸っているとしたら，動物保護団体の仕事はうまくいかないだろうからだとワインは述べた。自分が飼っている犬は，自分が死んだとしても，すぐに適応できるだろうが，「私の息子は一生傷つくのは自明ですけどね」とワインは述べた。

「それは人間の絆がどのようなものかを示していて，犬との絆とは違うものなのです。人間の絆のほうがよいというわけではありません。ただ異なっているだけです」と彼は語った。

解　説

A．空所補充

(X)　正解は　4　───────────────────────

　東京駅に毎晩，飼い主を迎えに来た秋田犬「an Akita」が飼い主の死後，毎日何をし続けたのかを考え，対応するものを選ぶ。show up とすれば「姿を現す」という意味で，文脈に合う。1 の show off は「見せびらかす」という意味の熟語。

(Y)　正解は　4　───────────────────────

　1　back down「降参する」

　2　back off「後ろに下がる」

　3　back out「(契約・約束などを) 放棄する」

　4　**back up「裏付ける」**

　直前の文で，「犬が飼い主のために悲しむという考えは確かに人の心に訴える」と述べられ，次に逆接を表す接続詞 But があることから，犬が飼い主のために悲しむという考えに対する否定的な見方があると考える。ここでの back は to 不定詞になっているので動詞である。back up は「裏付ける」という意味で，「it (犬が飼い主のために悲しむこと) を裏付ける科学的研究は今のところあまりない」という意味になり，文意が通るので 4 が正解となる。

(Z)　正解は　1　───────────────────────

　as opposed to ~ は「~と対立して，まったく異なって」という意味の熟語で文意に合う。experiencing grief「悲しみを経験すること」と experiencing some sense of absence「喪失感を経験すること」が対比されている。

B．同意語句

(a)　正解は　1　───────────────────────

loyal「忠実な」

　1　**faithful「忠実な」**　　　　　　　2　loving「愛情のある」

　3　noble「高貴な」　　　　　　　　　4　sleepy「眠い」

　loyal は「忠実な」という意味なので，1 の faithful「忠実な」が正解。第1段第2文 (A 12-year-old mutt …) に "lying loyally" とあり，ここから推測することも可能である。

(b)　正解は　2　───────────────────────

like clockwork「規則正しく」

　1　finally「ついに」　　　　　　　　2　**punctually「時間通りに，きちんと」**

　3　silently「黙って」　　　　　　　　4　suddenly「突然」

　like clockwork は「規則正しく」という意味なので，2 の punctually「時間通り

に，きちんと」が最も近い。

(c) 正解は 4 ────────────────────

circulated「(うわさなどが) 広まった」

1 confirmed「確かめた」　　　　2 cost「(費用が) かかった」

3 rounded「曲がった，丸くした」　**4 spread「広まった」**

　circulated は「循環した」という意味だが，ここでは reports が主語なので，「(うわさや報道などが) 広まった」という意味。したがって，4 の spread「広まった」が正解。spread は過去形・過去分詞形も同じ形。

(d) 正解は 3 ────────────────────

heads「～を率いる」

1 cleans「～を掃除する」　　　　2 diagnoses「～を診断する」

3 directs「～を指揮する」　　　　4 praises「～を褒める」

　heads は主格の関係詞の直後にあるので動詞。head は「～を率いる」という意味なので，3 の directs「～を指揮する」が最も近い。

(e) 正解は 2 ────────────────────

rule out「～を除外する」

1 accept「～を受諾する」　　　　**2 exclude「～を除外する」**

3 generalize「～を一般化する」　　4 steal「～を盗む」

　rule out は「～を除外する」という意味なので，2 の exclude「～を除外する」が正解。

(f) 正解は 3 ────────────────────

readily「難なく，あっさりと」

1 critically「決定的に」　　　　2 definitely「間違いなく」

3 easily「楽に，簡単に」　　　　4 slowly「ゆっくりと」

　readily は「難なく，あっさりと」という意味なので，3 の easily「楽に，簡単に」が最も近い。

(g) 正解は 2 ────────────────────

tremendous「ものすごい，すさまじい」

1 immediate「即座の」　　　　**2 immense「計り知れない，すごい」**

3 immoral「道義に反する」　　　　4 immune「免疫がある」

　tremendous は「ものすごい，すさまじい」という意味なので，2 の immense「計り知れない，すごい」が最も近い。

(h) 正解は 2 ────────────────────

offers of affection「愛情の提供，愛情を示すこと」

1 centers of learning「学びの中心」

2 expressions of fondness「愛情の表現」

3　spheres of influence「勢力範囲」
4　topics of conversation「会話の話題」
　offers of affection に最も意味が近いのは，2 の expressions of fondness「愛情の表現」である。

C. 同意表現
㋐　正解は 3 ────────────────────────────────
「最終的にその犬は運よく新しい飼い主に引き取られた」
1　「最終的にその犬は赤ちゃんを産んだ」
2　「最終的にその犬は保護施設に適応した」
3　「最終的にその犬には新しい飼い主が現れた」
4　「最終的にその犬は保護施設で安らかに亡くなった」
　end with ～ は「～で終わる」という意味。adoption はここでは「養子縁組」の意味で，つまり犬が新しい飼い主に引き取られたということ。したがって，3 の「最終的にその犬には新しい飼い主が現れた」が正解となる。
㋑　正解は 1 ────────────────────────────────
「悪い知らせを言う，悪い知らせを打ち明ける」
1　「悪いニュースを知らせる」
2　「心を落ち着かせる」
3　「考えているのを邪魔する」
4　「既存の研究の誤りを証明する」
　hate to break it to you は「言いたくないことだが」という意味の熟語で，break は「（悪い知らせ）を打ち明ける」の意味。一番近いのは 1 の give you the bad news「悪いニュースを知らせる」である。
㋒　正解は 4 ────────────────────────────────
「『悲しみ』をあらゆるものにたたきつける」
1　「『悲しみ』だと考えられるもののリストを絞る」
2　「『悲しみ』がもつあらゆる要素を評価する」
3　「『悲しみ』の重要性を過小評価する」
4　「単にあらゆる行動の原因が『悲しみ』であると考える」
　slap 'grief' onto everything は文字通り訳せば「『悲しみ』をあらゆるものにたたきつける」の意味だが，この表現は比喩で，悲しみをストレスと関係のあるあらゆるもののせいにするということなので，4 の simply attribute any behavior to 'grief'「単にあらゆる行動の原因が『悲しみ』であると考える」が最も近い。attribute A to B は「A を B のせいにする」という意味。

(エ)　正解は　1

「一生傷つく」

1　「残りの人生に気持ちの面で影響を受ける」
2　「死の覚悟をする」
3　「非常に死を恐れる」
4　「重傷で命を落とす危険がある」

　波線部を含む文より，ワイン教授が亡くなった場合，息子がどう反応するのかを考えながら意味を推測する。scar は「傷跡を残す」，for life は「死ぬまで，一生」という意味。これに一番近いのは 1 の emotionally affected for the rest of his life「残りの人生に気持ちの面で影響を受ける」である。

ポイント　波線部問題について

　波線部問題において，動詞句や文の意味を答えるよう求められるが，これらの問題を，波線部に含まれている語句を中心にタイプ分けしてみよう。
　①　指示語が入っている。→指示語が指している内容を考える
　②　言い換え表現が入っている。→前後に似たような表現がないか探す
　③　難語，あるいは多義語が入っている。
　本問ではほとんどが③のグループに入っている。この点で単語の意味を問う B のような問題と同じ解き方で正答が得られる。前後の文脈を丁寧に読んで意味を推測し，その意味に一番近い選択肢を選ぶという方法で解いてみよう。先に選択肢を見てしまうと，それに惑わされて誤答を選んでしまうことがあるので注意しよう。

D．語句整序

正解は　(い)2　(お)4

　完成した文は次の通り。

But accurately identifying it would require more than a photo or video or news account, she said.

「しかし，それを正確に特定するには，写真を撮ったり，ビデオで撮影したり，ニュースアカウントに投稿するだけでは不十分でしょう，と彼女は語った」

　直前の文で，「犬には間違いなく悲しいと思う気持ちが備わっているだろう」と述べられており，それが逆接の接続詞 But で結ばれていることと選択肢から，どんな意味の文が入るのかを推測する。まず，would の前の部分で主語を作る。identifying が動名詞であり，その直前に置くのは副詞なので(あ)には accurately を入れる。さらに identify は「〜を特定する」という意味の他動詞なので(い)には目的語が入る。more を入れると文意が通じないので it（grief を指す）を入れる。would の直後には動詞の原形がくるので(う)には require か lose が入る。残った選択肢を並べると more than ができるので，文意を通すためには require が適切となる。

E．内容真偽

正解は 3・4・8 ────────────────────────────────

1―×　「ボルチモアのベアの話はたくさんのメディアの注目を集めた。なぜなら彼
女は溺れていたので，救出されて保護施設に入れられる必要があったからだ」

　　第1段第2文（A 12-year-old mutt …）より，ベアが注目を集めた理由は溺れ
ていたからではなく，亡くなった飼い主のそばにずっといるところを発見されたか
らだとわかるので誤りである。本文の deceased は形容詞で「亡くなった」という
意味。

2―×　「1920 年代，ハチ公は世界中の人にとても愛されていたので，その子孫はシ
ベリアやエクアドルといった別の場所に連れていかれた」

　　第3段最終3文（In March, reports…owner had perished.）にシベリア版ハチ
公やエクアドル版ハチ公についての記述はあるが，ハチ公の子孫がシベリアやエク
アドルに連れていかれたという記述はないので誤り。so ～ that …「とても～なの
で…」

3―○　「**犬以外の動物が悲しみを経験すると科学研究が示唆しているという事実は，
必ずしも犬も同じだということを意味しない**」

　　第5段最終2文（Whether and how…yet, she said.）に象や霊長類やイルカの
ような海洋哺乳動物は悲しむということがどんどん明らかになってきているが，犬
が悲しむということに関する科学的文献はまだないと書かれているので，正しいと
言える。not necessarily「必ずしも～とは限らない」　本文の literature は「文献」
という意味。

4―○　「**アレクサンドラ＝ホロウィッツは，犬が悲しむという話は，人間の視点か
ら語られているので，疑う必要があると考えている**」

　　第6段第1文（Alexandra Horowitz, a …）で，ホロウィッツは犬が悲しむとい
う考えを排除はしないと述べているが，同段第2文（But she interprets …）で
「しかし，彼女はハチ公のような話を，犬が悲しんでいるという証拠ではなく，犬
の視点から世界を考えるというよりは，人間の目を通して動物の行動を見たいとい
う我々の欲求の表れだと解釈している」と述べている。つまり犬が悲しむという話
は人間の視点から考えられたもので，真実かどうかを精査する必要があることが示
唆されているので，正しいと言える。through a human lens が from a human
perspective に書き換えられている。interpret A as B「A を B として解釈する」
less A than B「A というより B」

5―×　「犬はいったん悲しみ始めると，止めることができない。なぜなら自分たち
がよく知っていると感じることをし続ける習性があるからだ」

　　本文にこのような記述はないので誤りである。once は接続詞で「いったん～す
ると」という意味。

6—× 「バーバラ＝J.キングによると，飼い主が亡くなったことへの悲しみはとて
　　も強いので，犬の体に変化の兆しを見ることができる」

　　　第9段（King said she …）にキングの発言が書かれているが，このようなこと
　　は述べていないので誤りである。なお，同段第3文（It would depend …）にある
　　body は「遺体」の意味で，「飼い主の遺体」を指している。

7—× 「動物保護団体は，保護している犬と親しい関係を築くのに苦労することが
　　ある。なぜなら，その犬には亡くなった飼い主との強い絆があるからだ」

　　　第13段第1文（One delightful thing …）に「犬についておもしろいことは，
　　彼らはすぐに新しい関係を築くことである。というのも，もし犬がずっと悲しみに
　　浸っているとしたら，動物保護団体の仕事はうまくいかないだろうからだとワイン
　　は述べた」とあるので誤り。本文中の after all は「というのも」という意味で，
　　直前の文に理由を加える働きをしている。

8—○ 「本文で言及されたすべての学者は，もし犬が悲しむなら，人間の悲しみ方
　　とは異なるものだろうということに同意する」

　　　第9段第1文（King said she …）で，バーバラ＝J.キングは，犬には間違いな
　　く悲しいと思う気持ちが備わっていると述べ，同段第2文（But ㋐ identifying
　　…）以降で，それを調べるためには犬を慎重に観察する必要があるという趣旨の発
　　言をしている。アレクサンドラ＝ホロウィッツは第7段最終文（And if they don't,
　　…）で，「もしもっていないとすれば，犬がもつ悲しみは，主観的な観点において
　　我々のもつ悲しみとは異なるのかもしれません」と述べている。クライブ＝ワイン
　　は第11段（Clive Wynne, a …）で，犬が人間と深い絆を結び，精神的苦痛を受け
　　るのは間違いのないことだが，はっきりとしないことは，それがどれぐらいの間続
　　くかということであると言っている。これらの学者の発言からわかることは，犬に
　　悲しいという感情があるかどうかは定かではないということ，犬の感情は人間とは
　　異なる可能性があるということである。これを受けて最終段（"That is what …）
　　でワインは，「それ（父親が死んだら息子は一生傷つくということ）は，人間の絆
　　がどのようなものかを示していて，犬との絆とは違うものなのです。人間の絆のほ
　　うがよいというわけではありません。ただ異なっているだけです」と述べているの
　　で，正しいと言える。

F．英文和訳

● it は形式主語，to assume 以下が文の真主語である。
● that 節の中の主語は a dog で，whose から vanished までは a dog を先行詞とする
　所有格の関係代名詞節である。
● that 節の中の動詞は keep。
● what は関係代名詞で「こと」という意味。

●keep *doing*「～し続ける」
●be used to *do*「～することに慣れている」

A．(X)—4　(Y)—4　(Z)—1
B．(a)—1　(b)—2　(c)—4　(d)—3　(e)—2　(f)—3　(g)—2　(h)—2
C．(ア)—3　(イ)—1　(ウ)—4　(エ)—1
D．(い)—2　(お)—4
E．3・4・8
F．突然飼い主がいなくなった犬が，習慣となっている行動をし続けるだろうと
　考えることは理にかなっている。

5

目標解答時間 35分　**目標正答数** 15/18問（和訳除く）

次の文章を読んで設問に答えなさい。[＊印のついた語句は注を参照しなさい。]（79点）

　　In life, once on a path, we tend to follow it, for better or worse. What's sad is that even if it's the latter, we often accept it anyway because we are so accustomed to the way things are that we don't even recognize that they could be different.

　　This is a phenomenon psychologists call functional fixedness. This classic experiment will give you an idea of how it works — and a sense of whether you may have fallen into the same trap. People are given a box of tacks* and some matches and asked to find a way to attach a candle to a wall so that it burns properly.

　　Typically, the subjects try tacking the candle to the wall or lighting it to affix* it with melted wax. The psychologists had, of course, arranged it so that (　Y　) of these obvious approaches would work. The tacks are too short, and the paraffin* doesn't bind to the wall. So how can you accomplish the task?

　　The successful technique is to use the tack box as a candleholder. You empty it, tack it to the wall, and stand the candle inside it. To think of that, you have to look beyond the box's usual role as a receptacle* just for tacks and reimagine it serving an entirely new purpose. That is difficult because we all suffer — to one degree or another — from functional fixedness.

　　The inability to think in new ways affects people in every corner of society. The political theorist Hannah Arendt coined the phrase *frozen thoughts* to describe deeply held ideas that we no longer question but should. In Arendt's eyes, the complacent* reliance on such accepted "truths" also made people blind to ideas that didn't fit their worldview,

even when there was ample evidence for them. Frozen thinking has
(c)
nothing to do with intelligence, she said. "It can be found in highly
intelligent people." Arendt was particularly interested in the origins of evil,
and she considered critical thinking to be a moral imperative — in its
(d)
absence, a society could go the way of Nazi Germany.（中略）

Fortunately, psychologists have found that anyone can unfreeze his
or her thinking. One of the most effective ways is to introduce a little
discord to one's intellectual interactions.
(e)
Consider a study performed about half a century ago. The researcher
showed two groups of female volunteers a sequence of blue slides. In both
groups, he asked each individual to state the color of each slide. In the
experimental group, he had planted some actors who called the color green
rather than blue. Whom were they fooling? (　Z　). The experimental
subjects ignored the deviant* responses. When their turns came, most of
them answered blue, just as the control group* had.

Then the subjects were asked to classify a series of paint chips as
either green or blue, even though their color lay between those two pure
colors. Amazingly, the people who had been in the experimental group
identified many chips as green while those from the control group called
the same ones blue. Even though no one in the experimental group had
been convinced by the actors before, their exposure to the earlier
(f)
misidentification had shifted their judgement and made them more open to
seeing a color as green.

Other experiments have shown that dissent* can not only sway us
(ウ)
with regard to the issue at hand. It can also thaw frozen thinking in
general, even in contexts unrelated to the original discussion. (　あ　) this
all meant is (　い　), as difficult (　う　) it can sometimes (　え　),
talking to people (　お　) disagree with you is good for your brain.（中略）

In addition to being open to dissenting opinions, here are some
techniques that could help broaden the way you think:

1　A disruption in your everyday life may provide the force needed to alter the direction of your thinking. For some people, small changes might help (reorganizing your desk or taking a new route to work), whereas for others, more upheaval* (a new job or a divorce) is required.

　　2　A Zen Buddhist concept for approaching even routine situations as if you were encountering them for the first time, "beginner's mind," allows you to remain open to new experiences despite any expertise you
(g)
may have. For instance, when you brush your teeth, take a moment to look at the toothbrush as if you've never laid eyes on such an object and notice its color and shape. Think about the flavor of the tooth-paste and notice how your mouth feels as you move the brush back and forth.

　　3　The mere presence of individuals from different backgrounds with different points of view in your everyday life creates an atmosphere in which people can better respond to change.

　　4　Unlike negative emotions that trigger specific reactions (e.g., fear propels* us to flee), positive emotions prompt us to broaden our attention, explore our environment, and open ourselves to absorbing
(エ)
information. Take a few moments to think about the things in your life that are going well and for which you are grateful. This will automatically
(h)
brighten your mood — and free your brain.

(From *Elastic* by Leonard Mlodinow, Pantheon Books)

［注］　tacks　画びょう

　　　　affix　取り付ける

　　　　paraffin　パラフィン蝋（ろう）

　　　　receptacle　入れ物

　　　　complacent　独りよがりの

　　　　deviant　逸脱した

　　　　control group　対照群（同一実験で実験要件を加えないグループ）

　　　　dissent　意見の違い

　　　　upheaval　激変

　　　　propels　(propel　駆り立てる)

A　空所(Y)と(Z)に入るもっとも適切なものを次の1～4の中からそれぞれ一つ
選び、その番号を解答欄に記入しなさい。

(Y)　1　both　　　　2　either　　　　3　neither　　　4　some

(Z)　1　Actors　　　2　Everybody　　3　Nobody　　　4　Researchers

B　下線部 (a)～(h) の意味・内容にもっとも近いものを次の1～4の中からそれぞ
れ一つ選び、その番号を解答欄に記入しなさい。

(a)　accomplish

　　1　abandon　　　2　achieve　　　3　enjoy　　　　4　plan

(b)　coined

　　1　borrowed　　　2　created　　　3　earned　　　4　translated

(c)　ample

　　1　abundant　　　2　deniable　　　3　rational　　　4　simple

(d)　imperative

　　1　contradiction　2　danger　　　3　requirement　4　tradition

(e)　discord

　　1　disagreement　2　disaster　　　3　discovery　　4　disrespect

(f)　exposure to

　　1　expectation of　　　　　　　2　experience of

　　3　question about　　　　　　　4　surprise at

(g)　expertise

　　1　certification　2　doubt　　　　3　enterprise　　4　skill

(h)　grateful

　　1　careful　　　　2　successful　　3　thankful　　　4　wonderful

C　波線部 (ア)～(エ) の意味・内容をもっとも的確に示すものを次の1～4の中から
それぞれ一つ選び、その番号を解答欄に記入しなさい。

(ア)　you may have fallen into the same trap

　　1　you may have been deceived by the same person

　　2　you may have been injured by falling into the same hole

　　3　you may have found yourself in the same position

   4 you may have taken the same unbeaten path

(イ) look beyond the box's usual role as a receptacle

   1 appreciate the beauty of the box as a receptacle

   2 look carefully at the box and see how it can be used as a receptacle

   3 think of using the box as something other than a receptacle

   4 try to find another box that can be used as a receptacle

(ウ) sway us with regard to the issue at hand

   1 connect us by making us hold hands

   2 influence us concerning the present matter

   3 mislead us when we have a problem to solve

   4 teach us a lot about unfamiliar concepts

(エ) open ourselves to absorbing information

   1 make us more critical of information

   2 make us ready to take in information

   3 make us vulnerable to the flood of information

   4 make us willing to reveal information

D 二重下線部の空所（あ）～（お）に次の1～7の中から選んだ語を入れて文を完成させたとき、（い）と（え）に入る語の番号を解答欄に記入しなさい。同じ語を二度使ってはいけません。選択肢の中には使われないものが二つ含まれています。選択肢は文頭に入るものも含め、すべて小文字にしてあります。

（ あ ）this all meant is（ い ）, as difficult（ う ）it can sometimes（ え ）, talking to people（ お ）disagree with you is good for your brain.

   1 as   2 be   3 is   4 that

   5 what   6 when   7 who

E 本文の意味・内容に合致するものを次の1～9の中から三つ選び、その番号を解答欄に記入しなさい。

   1 When asked to attach a candle to the wall using a box of tacks and

some matches, people usually come up with the idea of using the box to hold the candle.

2　Functional fixedness refers to our tendency to stick to the old ways we are used to even when there are some better options.

3　According to Hannah Arendt, intelligent people have more flexible ways of thinking as they have the ability to examine evidence.

4　For Hannah Arendt, Nazi Germany is an extreme example of the consequence of frozen thinking, so she deemed it our important duty to think critically.

5　According to psychologists, our way of thinking gradually becomes fixed, and then there is no way to make ourselves more open to new ideas.

6　In an experiment, it was found that an unexpected answer could help people to become more flexible and look at things in new ways.

7　Changing the environment in our daily lives is helpful when we want to change our way of thinking, but a big change is never desirable, as it disturbs us too much.

8　Zen Buddhism emphasizes the importance of maintaining a "beginner's mind," which allows us to become an expert in whatever field we work.

9　The writer advises us to brush our teeth carefully so that we can enjoy the flavor of tooth paste and maintain good dental health.

F　本文中の太い下線部を日本語に訳しなさい。

A disruption in your everyday life may provide the force needed to alter the direction of your thinking.

全訳

≪機能的固着を克服する方法≫
　人生では，いったん道に出ると，良きにしろ悪しきにしろ，私たちにはその道のりを歩んで行く傾向がある。悲しいことに，たとえそれが悪いものであったとしても，私たちはとにかくそれを受け入れることが多い。というのも，私たちはあるがままの状態に慣れているので，それが異なるものになるだろうとは思いもしないのである。
　これは心理学者が機能的固着と呼ぶ現象である。これがどのように機能するか，また，自分が同じ罠に陥ってしまったかもしれないかどうかという感覚は，以下の古典的な実験でわかることになる。画びょうが入った箱とマッチが与えられ，きちんと燃えるようにロウソクを壁に取り付ける方法を見つけるように求められるというものである。
　一般的に，被験者は壁に（画びょうで）ロウソクを取り付けようとしたり，溶けたロウでロウソクを取り付けるために火をつけようとしたりする。もちろん，心理学者はこういったわかりやすい方法のどちらもがうまくいかないように事前に手はずを整えていた。画びょうは短すぎるし，パラフィンロウは壁にくっつかないのだ。では，どうやってこの課題を達成できるのか？
　うまくいく方法は，画びょうの箱をロウソク立てとして使うことである。その箱を空にして，壁に（画びょうで）取り付け，その中にロウソクを立てるのだ。これを思いつくには，ただの画びょうの入れ物という通常の箱の役割の向こう側にあるものに目をやり，それをまったく新しい目的で使うことを改めて想像しなければならない。このように考えることが難しいのは，私たちはみんな程度の違いはあるが，機能的固着を受けているからなのである。
　今までとは違う方法で考えることができないことは，社会のあらゆる場所で人々に影響を及ぼしている。政治理論家のハンナ＝アーレントは，私たちが疑問に思うべきだがもはや疑問に思うことがない，凝り固まった考えを表現するために「凍った思考」という表現を造り出した。アーレントの意見では，このような一般に認められている「真実」を独りよがりで信じてしまうと，人々はたとえ十分な証拠があったときでも，自分の世界観に合わない考え方に気づかないこともあるのだ。凍った考え方は知性とはまったく関係ないと彼女は述べている。「これはかなり知性の高い人々にも見られます」アーレントは悪の根源となるものに特に関心があって，批判的な思考は道徳的に必要なもので，それがなければ，社会はナチスドイツへの道を歩むことになるだろうと考えた。（中略）
　幸運なことに，誰でもこういった考え方を解凍できることを心理学者は発見している。最も効果的な方法の１つは，ある人との知的なやり取りで少し異論をさしはさむことである。
　およそ半世紀前に行われた研究について考えてみよう。研究者は２組の女性ボランティアのグループに青いスライドを連続して見せた。どちらのグループでも，研究者は各個人にそれぞれのスライドの色を答えるように求めた。実験群では，その色を青ではなく緑と呼ぶサクラを何人か潜り込ませておいた。そのサクラは誰をだますことになったか？　誰をだますこともなかった。実験群の被験者たちは逸脱し

た反応を無視したのだ。自分の順番が回ってくると，彼女たちの大半は対照群とまったく同じように，青色だと答えたのである。

　次にこの被験者たちは，一連の札の色は真緑と真っ青という2つの色の中間色であったのだが，その札を緑か青のどちらかに分類するように求められた。驚いたことに，実験群にいた人たちは多くの札を緑色だと判断したのに対し，対照群の人たちは同じ札を青色と答えたのだ。前回は，潜り込ませた人によって実験群の人が思い込まされることはなかったのに，先立って間違った識別に触れることで，彼女たちの判断が動かされ，ある色を緑とみなしやすい状態になったのだ。

　意見の違いは，身近にある問題に関して私たち（の考え）を動かすだけではないことを，また別の実験が示している。それは本来の議論と関係がない状況においてでも，一般的な凍結思考を溶かすこともできるのだ。このすべてが意味するのは，ときに難しい場合はありうるが，意見が一致しない人と話すのは，脳にとって良いということである。（中略）

　一致しない意見に耳を傾けることに加えて，人の考え方を広げるのに役立つであろう術をいくつか提案する。

　1　日常生活における混乱が，人の思考の方向を変えるのに必要となる力を与えてくれるかもしれない。小さな変化（机の中を整理しなおしたり，職場に向かう道を変えること）が役に立つ人もいれば，一方で激変（新しい仕事に就いたり，離婚すること）が必要となる人もいる。

　2　いつもの状況であっても，まるで人がそれに初めて遭遇するかのように取り組むという禅宗信者の「初心者の心」という考え方を持てば，あなたが持っているかもしれない技能に関係なく，新しい経験に心を開いておくことができる。たとえば，歯を磨くとき，歯ブラシを今までそんなものを見たことがないかのような目で見る時間を作れば，その色や形に気づくだろう。歯磨き粉の味について考えてみれば，歯ブラシを小刻みに動かしているときに口の中がどのように感じるかに気づくだろう。

　3　日常生活の中で，考え方の違う，異なった背景を持つ人が存在しているだけで，人々が変化により良く反応できる環境が生まれる。

　4　特定の反応を誘発する否定的な感情（たとえば恐怖は私たちを逃避へと駆り立てる）とは違って，肯定的な感情は，私たちが注意力を広げ，自分の置かれている環境に目を配り，自らが情報を吸収するように促してくれる。人生の中でうまくいき，あなたが感謝していることについて少し時間を割いて考えてみよう。こうすることで自然と気分は明るくなり，脳を解放してくれるだろう。

解 説

A．空所補充

(Y) 正解は 3

　直後の these obvious approaches は前文の「壁に画びょうでロウソクを取り付けようとしたり，溶けたロウでロウソクを取り付けるために火をつけようとしたりする」2つの方法を指し，選択肢より，これらの方法がうまくいったのか，いかなかったのかをまず考える。次文（The tacks are …）の内容から，これら2つの方法のどちらもがうまくいかなかったと判断できるので，3の neither「どちらも〜ない」が正解。neither of A 〜「どちらの A も〜しない」

(Z) 正解は 3

　空所を含む段落の前半より，ある2組のグループ（実験群と対照群）に青いスライドを連続して見せ，その色を答えさせる実験で，実験群の中にその色を青ではなく緑と呼ぶ役割の人（サクラ）を潜り込ませておいた場合，他の被験者がどのような反応を示すのかを考える。空所の直後に続く文で「実験群の被験者たちは逸脱した反応を無視した」と述べられているので，サクラにだまされた人はいなかったことになるので，3の Nobody「誰も〜ない」が正解。plant はここでは「〜を送り込む，こっそり配置する」という意味の他動詞。

B．同意語句

(a) 正解は 2

accomplish「〜を達成する」

1　abandon「〜を見捨てる，あきらめる」

2　**achieve「〜を達成する」**

3　enjoy「〜を楽しむ」

4　plan「〜を計画する」

　accomplish は「〜を達成する」という意味なので，2の achieve「〜を達成する」が正解。

(b) 正解は 2

coined「（言葉を）造った」

1　borrowed「〜を借りた」　　　　　2　**created「〜を創造した」**

3　earned「〜を稼いだ」　　　　　　4　translated「〜を翻訳した」

　文の主語である政治理論家のハンナ゠アーレントが，「凍った思考」をどうしたのか考える。coined は動詞で「（言葉を）造った」という意味なので，2の created「〜を創造した」が正解。

(c)　正解は　1 ──────────────────────────

ample「十分な」

1　abundant「豊富な」　　　　　　2　deniable「否定できる」

3　rational「合理的な」　　　　　　4　simple「単純な」

　　ample は「十分な」という意味なので，1の abundant「豊富な」が正解。

(d)　正解は　3 ──────────────────────────

imperative「義務，しなければならないこと」

1　contradiction「矛盾」　　　　　2　danger「危険」

3　requirement「必要なこと」　　　4　tradition「伝統」

　　直後の文より，批判的思考がなければ社会はナチスドイツへの道を歩むだろうと述べていることから，批判的思考は必要なものだと推測できる。imperative は直前に冠詞 a があるのでここでは名詞で「義務，しなければならないこと」という意味。3の requirement「必要なこと」が最も近い。

(e)　正解は　1 ──────────────────────────

discord「不一致，異論」

1　disagreement「意見の不一致」　2　disaster「災害」

3　discovery「発見」　　　　　　　4　disrespect「無礼，失礼」

　　discord は「不一致，異論」という意味なので，1の disagreement「意見の不一致」が正解。

(f)　正解は　2 ──────────────────────────

exposure to ～「～にさらされること」

1　expectation of ～「～に対する期待」

2　experience of ～「～の経験」

3　question about ～「～についての質問」

4　surprise at ～「～に対する驚き」

　　直後の the earlier misidentification が表す内容は，直前の段落の第4文（In the experimental …）の内容。一つ目の実験でサクラが青いカードを緑と呼んだことと，their exposure との関係から推測する。exposure to ～ は「～にさらされること」という意味なので，2の experience of ～「～の経験」が最も近い。

(g)　正解は　4 ──────────────────────────

expertise「技能」

1　certification「証明」　　　　　2　doubt「疑い」

3　enterprise「事業，企画」　　　　4　skill「技能，技術」

　　expertise は「技能」という意味なので，4の skill「技能，技術」が正解。

(h)　正解は　3 ──────────────────────────

grateful「感謝している」

1　careful「慎重な」　　　　　　　2　successful「成功した」

3　**thankful「感謝している」**　　　　4　wonderful「すばらしい」

　grateful は「感謝している」という意味なので，3の thankful「感謝している」
が正解。

C．同意表現

㋐　**正解は 3**

「同じ罠に陥ってしまったかもしれない」

1　「同じ人にだまされたかもしれない」

2　「同じ穴に落ちてけがをしたかもしれない」

3　**「同じ立場にいることに気づいたかもしれない」**

4　「同じ踏みならされていない道を選んだかもしれない」

　直後の文，および第3段（Typically, the subjects …）の内容より，「同じ罠に
陥ってしまったかもしれない」という波線部の意味・内容は，心理学者が与えた課
題に対して被験者がその解決策を考え出すことができなかった状況のことを表して
いる。したがって，正解は3の「同じ立場にいることに気づいたかもしれない」。
may have＋過去分詞は「～したかもしれない」という意味。

㋑　**正解は 3**

「入れ物という通常の箱の役割の向こう側にあるものに目をやる」

1　「入れ物としての箱の美しさを評価する」

2　「注意深く箱を見て，どうやってその箱を入れ物として使うかを理解する」

3　**「箱を入れ物以外のものとして使うことを考える」**

4　「入れ物として使うことができる別の箱を見つけようとする」

　「通常の箱の役割の向こう側にあるものに目をやる」とは箱を箱としてではなく，
本来の用途以外で使えるものとしてみなすことを意味している。よって，正解は3
の「箱を入れ物以外のものとして使うことを考える」で，波線部が表す内容を具体
的に述べた選択肢であると考えることができる。本文の look beyond ～ は「～よ
り向こうを見る」，as は前置詞で「～として」という意味。

㋒　**正解は 2**

「身近にある問題に関して私たち（の考え）を動かす」

1　「私たちに手をつながせることで結びつける」

2　**「現在の事柄に関して私たちに影響を与える」**

3　「解決すべき問題があるときに私たちの判断を誤らせる」

4　「よく知らない概念について私たちにたくさんのことを教える」

　sway は「（意見などを変えるよう）～を揺さぶる，動かす」，with regard to ～
は「～に関して」，at hand は「身近な」という意味。前置詞句 at hand は issue

を修飾している。波線部は「身近にある問題に関して私たち（の考え）を動かす」
という意味になる。つまり身近な問題に対する私たちの見方，考え方に影響を与え
るということ。最も近いのは2の「現在の事柄に関して私たちに影響を与える」。
with regard to が concerning に，the issue at hand が the present matter に言
い換えられている。concerning は前置詞で「～に関して」という意味。

㊂　正解は　2 ─────────────────────────────
「自らが情報を吸収するようになる」
1　「私たちを，情報に対してより批判的にする」
2　「私たちに情報を取り込む準備をさせる」
3　「私たちに情報の洪水を受けやすくする」
4　「私たちが情報を開示したがるようにする」

　　open *oneself* to ～ は「～に心を開く」，absorb は「～を吸収する」という意味。
波線部の直訳は「自らの心を，情報を吸収するように開く」。つまり「情報を吸収
できるように準備する」ということ。よって，正解は2の「私たちに情報を取り込
む準備をさせる」。take in ～ は「～を取り込む」という意味で absorb の言い換え
表現になっている。

D．語句整序
正解は　㋑4　㋱2 ─────────────────────────────
　　完成した文は次の通り。

<u>What</u> this all meant is <u>that</u>, as difficult <u>as</u> it can sometimes <u>be</u>, talking to
people <u>who</u> disagree with you is good for your brain.

「このすべてが意味するのは，ときに難しい場合はありうるが，意見が一致しない
人と話すのは，脳にとって良いということである」

　　this は直前の「意見の違いは，身近にある問題に関して私たち（の考え）を動か
すだけでなく，本来の議論と関係がない状況においても，一般的な凍結思考（凝り
固まった考え，すなわち機能的固着のこと）を溶かすこともできること」を指して
おり，これが意味することを考えながら並べ換える。

①　㋑の直前に is があるので，この前までが主語を形成していると考え，㋐に
「こと」という意味を表す関係代名詞 what を入れると，what this all meant が名
詞節となり，この文の主語になる。

②　㋑は is の直後にあるので，補語になる名詞要素が入ると判断できる。途中に
副詞節をはさんでいるが，接続詞の that を入れると，この文の補語になる名詞節
ができる。これ以降は what this all meant が表す内容に当たる。

③　㋒の前にある as difficult と㋱の前にある it can sometimes に着目し，(as)
～ as S be「～ではあるが」という形で，譲歩の意味になる接続詞の as を㋒に入

れ，動詞の be を(え)に入れると，「ときに難しい場合があるが」という意味の副詞節ができる。

④　good の直前の is が that 節内の動詞であると考えると，talking to people (お) disagree with you が主部になるので，(お)には people を先行詞とする主格の関係代名詞 who を入れて，文を完成させる。

> **ポイント**　接続詞の as について
>
> 　S V…as S' V'，または As S' V'…，S V の形になっている場合，この as の品詞は接続詞である。接続詞の as にはたくさんの意味（「時」，「理由」，「様態」など）があり文脈を踏まえて意味を決定するのが基本であるが，形式や使われている語句などである程度，意味がわかるものを挙げる。
>
> 　①　譲歩「～だけれども」
>
> 　　例(1)：Young as she is, Olivia knows a lot of things.
>
> 　　　　「オリビアは若いけれども，たくさんのことを知っている」
>
> 　　　is の後にあった young が文頭に移動し，倒置の形になっている。
>
> 　　例(2)：As young as she is, Olivia knows a lot of things.
>
> 　　　　本問の**D**で出題されているこの形式は例(1)と同意だが，文語調である。
>
> 　②　比例「～するにつれて」
>
> 　　例：As she grew older, she became more confident.
>
> 　　　　「彼女は年を重ねるにつれて，自信を持つようになった」
>
> 　　　この用法では as が導く副詞節内に比較級（older）や変化を含意する動詞（grow, develop, become など）がある場合が多い。
>
> 　これら2つの用法を理解しておけば，「文脈から意味を決める」という負担を軽減できる。

E．内容真偽

正解は **2・4・6**

1―×　「画びょうの箱とマッチを使って壁にロウソクを取り付けるように言われると，人はたいていロウソクを立てるためにその箱を使うという考えを思い浮かべる」

　　第3段第1文（Typically, the subjects …）に，「一般的に，被験者は壁に（画びょうで）ロウソクを取り付けようとしたり，溶けたロウでロウソクを取り付けるために火をつけようとしたりする」と述べられているので誤りである。選択肢の When と asked の間には they are が省略されている。

2―○　「機能的固着とは，私たちがより良い選択肢があるときでも，慣れている古いやり方にこだわる傾向があることを指している」

　　第1段第2文（What's sad is …）に「たとえそれ（進んでいる道）が悪いものであったとしても，私たちはとにかくそれを受け入れることが多い。というのも私たちはあるがままの状態に慣れているので，それが異なるものになるだろうとは思

いもしないからだ」とあり，これを受けて第2段第1文（This is a …）に「これを心理学者は機能的固着と呼ぶ」とあるので，正解になる。本文の are so accustomed to the way things are は stick to the old ways we are used to に言い換えられている。stick to ～「～に固執する」

3―×　「ハンナ゠アーレントによれば，知的な人々は証拠を精査する能力があるので，より柔軟な思考法を持っている」

　　　第5段第4・5文（Frozen thinking has…highly intelligent people."）より，知的な人々にも「凍った思考」，つまり「機能的固着」が見られることが述べられているので誤りである。選択肢の as は接続詞で「理由」を表している。

4―○　「ハンナ゠アーレントにとって，ナチスドイツは凍った考え方の結果の極端な例であり，批判的に考えることは私たちの大切な義務であると彼女は考えていた」

　　　第5段最終文（Arendt was particularly …）より，ハンナ゠アーレントは「批判的な思考は道徳的に必要なもので，それがなければ，社会はナチスドイツへの道を歩むことになるだろう」と考えているので，正解となる。in *one's* absence「～が（い）ない間」 選択肢の deem は deem O C で「O を C だと考える」という意味で，ここでは O に仮目的語の it が入っており，真の目的語は to 以下である。ここは consider *A* to be ～「*A* を～と考える」の言い換え表現となっている。

5―×　「心理学者によれば，私たちの思考法は次第に固定され，その場合，私たちが新しい考えに心を開くようになる方法はない」

　　　第6段（Fortunately, psychologists have …）以降で，機能的固着にとらわれないようにするための具体的な方法が述べられているので，一致しない。

6―○　「ある実験において，想定外の答えが，人々がより柔軟になり，新しい方法で物事を見るのに役立つとわかった」

　　　第9段（Other experiments have …）に，「意見の違いは本来の議論と関係がない状況においてでも，一般的な凍結思考を溶かし，意見が一致しない人と話すのは，脳にとって良い」という趣旨の内容が述べられているので，正解となる。本文の thaw frozen thinking をわかりやすく言うと，become more flexible and look at things in new ways だと考える。

7―×　「日常生活において環境を変えることは，私たちが考え方を変えたいときは役に立つが，大きな変化は，私たちのことをあまりにも動揺させてしまうので，決して望ましくない」

　　　第10段項目1に，「日常生活における小さな変化が役に立つ人もいれば，大きな変化が必要となる人もいる」という趣旨の内容が述べられているので誤り。選択肢の as は接続詞で「理由」を表す。

8―×　「禅宗は『初心者の心』を持つことの重要性を強調しているが，このおかげで私たちは，自分が働くどんな分野でも専門家になれる」

　　第10段項目2の前半部分において，初心者の心構えの役割についての説明はされているが，「どんな分野でも専門家になれる」とは述べられていないので誤り。

9─✕　「歯磨き粉の味を楽しみ，良い口内健康を維持するために，気をつけて歯を磨くように筆者は助言している」

　　第10段項目2最終文（Think about the …）に，歯磨き粉の味や，歯ブラシを動かしたときにどう感じるかということについての言及はあるが，口内健康や磨き方については述べられていないので誤り。

F．英文和訳

● A disruption が S，前置詞句 in your everyday life は S を修飾し，provide が V，the force が O で，needed 以下は the force を修飾する過去分詞の形容詞的用法。

● need to *do* を「〜することを必要する」と考えると文意が通らなくなるので注意が必要。ここでの不定詞は「〜するために」という意味を表す副詞的用法である。need to *do* を見たら，①「〜することを必要とする（名詞的用法）」②「〜するために必要である（副詞的用法）」という2つの選択肢を念頭に置いておきたい。

● disruption「崩壊，混乱」

● force「力」

● alter「〜を変える」

● direction「方向」

A．(Y)─3　(Z)─3

B．(a)─2　(b)─2　(c)─1　(d)─3　(e)─1　(f)─2　(g)─4　(h)─3

C．(ア)─3　(イ)─3　(ウ)─2　(エ)─2

D．(い)─4　(え)─2

E．2・4・6

F．日常生活における混乱が，人の思考の方向を変えるのに必要となる力を与えてくれるかもしれない。

6 2019年度　政策・文化情報(文・理)・生命医科・スポーツ健康科(文・理)学部

目標解答時間 30分　**目標正答数** 17/19問（和訳除く）

次の文章を読んで設問に答えなさい。［＊印のついた語句は注を参照しなさい。］(79点)

When I went on Terry Gross's radio show last year, the very first question she asked me was one I get asked during my work as a doctor all the time:

"Can I ask how old you are?"

"Twenty-nine."

"So when family members or loved ones see you," she went on, "do they ever look at you and go, 'You're so young, how can I trust you?'"

In many professions, a premium is placed on experience, with age often a surrogate* for expertise — but probably no profession places more primacy on age than medicine. Nothing is more reassuring to patients than seeing a silver-haired doctor walk up to their bedside. (X), medicine is largely an apprenticeship*, with young physicians huddling* around older physicians, straining to catch every word, so as to not lose a nugget* of wisdom. Experience is even written into our dress codes: Students in many medical schools cannot wear long white coats, unlike their seniors; in some, even medical residents* can't have coats that extend much below the waist.

Yet, as the field evolves into one where data and evidence are beginning to outweigh* anecdotes* and opinions, one thing is becoming increasingly clear: In medicine, a lack of experience may not actually be a bad thing.

A paper published last year by researchers at Harvard showed something very striking — patients being taken care of by younger doctors were less likely to die. Younger, less experienced physicians are also less likely to order unnecessary tests in both men and women, to face disciplinary action from state medical boards or be cited for improper prescription of opioid* painkillers and other controlled substances. These findings are far (Y) isolated: The majority of research shows a consistent, positive relationship between lack of experience and better quality of clinical care.

How can this be? For one, younger doctors are more likely to adopt innovative practices, such as prescribing newer medications with fewer side effects, or learning new ways of doing procedures, such as performing cardiac catheterization* from the wrist rather than the groin*, which is safer for patients.

Their inexperience also allows them to be free of malignant relics* from the past. Having not trained in an era steeped in medical paternalism*, younger physicians are more likely to place the patient on the pedestal* rather than themselves. Nowhere is this truer than at the end of life. Research shows that younger doctors are more likely to discuss important but difficult issues with critically ill patients such as prognosis*, preferences for life-sustaining treatments, hospice* and the place where patients may want to die.

For all their qualities, though, young physicians are finding that opportunities to succeed are actually dwindling* in medicine, which is getting more crowded at the top as doctors delay retirement. A fifth of American doctors are older than 65, a proportion expected to rise to a third by 2021. That leaves little room for young physicians to step into leadership positions.

To move forward, recognition is needed not just for the traditional model of learning in medicine — the young learning from the old — but also for the fact that there is much that more experienced physicians can learn from young doctors. Mentorship* is a two-way street, with the most successful academics also being the greatest champions of their trainees. To encourage it, mentorship needs to be formally considered a factor in academic promotions.

Positions for younger physicians ought to be allocated on committees that write medical guidelines, state medical boards and editorial boards for medical journals. Models also need to be developed to shorten training time, which is far too long given that the average age of physicians completing training is the early to mid-30s.

As a young doctor, I constantly look to my mentors for guidance. Yet, at the same time, I also believe that experienced physicians need to look to younger doctors to bring a fresh perspective to health care's most
(f)
vexing questions, like developing new patient-focused models of care, disentangling* the role corporate interests play in the development of medical norms and guidelines, and incorporating patients' values in medical treatment.

Over time, I have begun to see my lack of experience as a strength. Feeling like I have (あ) to learn forces (い)(う)(え) (お)(か) and ears (き) as I hope to learn from all those around me — from the seasoned clinicians who have seen medicine evolve
(g)
from a cottage industry to an industrialized behemoth*, from the patients who share their lives with us and, finally, from the medical students, interns and residents who are even younger than I am.

A few days ago, I was having coffee with a friend who had just finished medical school and was helping me develop a machine-learning model that could predict which patients in the hospital were (Z) the
(h)
highest risk of dying. There was so much I had to learn from him, and yet he told me that those who inspired him were even younger than he was. "There are 19- and 20-year-olds I work with who will blow your mind," he told me.

Young doctors are ready to make health care both more innovative and patient-centric. But are the senior doctors they work with, and the
(エ)
patients they take care of, ready for them?

(By Haider Javed Warraich, writing for *The New York Times*,

January 8, 2018) © The New York Times

[注] surrogate 代わりのもの、代理

apprenticeship 見習い制度

huddling （huddle 群がる、集まる）

nugget かたまり、価値あるもの

medical residents （medical resident 病院勤務研修医）

outweigh ～より価値がある、重要である

anecdotes （anecdote 逸話、秘話）

opioid オピオイド（強力な鎮痛剤）

cardiac catheterization 心臓カテーテル法（カテーテルにより心臓の検査や治療を行うこと）

groin 股の付け根

malignant relics （malignant relic 悪習の残存）

medical paternalism 医療父権主義（医師が中心になって治療方針などを判断・決定するという考え方）

pedestal 重要な地位

prognosis 治療後の経過の予想

hospice ホスピス（末期患者用の看護療養施設）

dwindling （dwindle 徐々に減少する）

Mentorship 指導すること、指導制度

disentangling （disentangle 解放する）

industrialized behemoth 巨大企業

A　空所(X)～(Z)に入るもっとも適切なものを次の1～4の中からそれぞれ一つ選び、その番号を解答欄に記入しなさい。

(X)　1　Afterwards　　　　　　2　However

　　　3　Not long ago　　　　　4　To this day

(Y)　1　away　　2　from　　3　more　　4　too

(Z)　1　at　　　2　for　　　3　on　　　4　to

B　下線部 (a)～(h) の意味・内容にもっとも近いものを次の1～4の中からそれぞれ一つ選び、その番号を解答欄に記入しなさい。

(a)　straining

　　1　demanding　　2　failing　　　　3　rushing　　　　4　striving

(b)　striking

　　1　astonishing　　　　　　　2　imposing

　　3　pressing　　　　　　　　4　upsetting

(c)　innovative

　　1　conservative　　　　　　2　familiar

　　3　progressive　　　　　　4　unrealistic

(d)　performing

　　1　conducting　　2　curing　　　　3　eliminating　4　repeating

(e)　recognition

　　1　acknowledgment　　　　2　condemnation

　　3　judgment　　　　　　　4　rejection

(f)　perspective

　　1　cycle　　　　2　memory　　　3　puzzle　　　　4　viewpoint

(g)　seasoned

　　1　associated　　　　　　　2　concerned

　　3　experienced　　　　　　4　interested

(h)　predict

　　1　exclude　　　2　forecast　　3　program　　　4　restrict

C　波線部 (ア)〜(エ) の意味・内容をもっとも的確に示すものを次の1〜4の中から
　それぞれ一つ選び、その番号を解答欄に記入しなさい。

(ア)　a premium is placed on experience

　　1　experience can make a professional too expensive to hire

　　2　experience is considered to be particularly valuable

　　3　experience leads to eventual success

　　4　experience may prevent some professionals from attaining jobs

(イ)　face disciplinary action from

　　1　receive an award from

　　2　be publicly assisted by

   3   exercise individual rights through

   4   be professionally punished by

(ウ) a two-way street

   1   a situation that has both positive and negative consequences

   2   a situation in which both sides gain from each other's efforts

   3   a situation that leads to two opposing arguments

   4   a situation in which two explanations are needed

(エ) patient-centric

   1   logical about where to place patients in a medical facility

   2   efficient while registering the patients in a hospital

   3   responsive to the needs and preferences of patients

   4   careful about where to store patients' medical data sets

D 二重下線部の空所(あ)～(き)に次の1～8から選んだ語を入れて文を完成させたとき、(い)と(か)に入る語の番号を解答欄に記入しなさい。同じ語を二度使ってはいけません。選択肢の中には使われないものが一つ含まれています。

Feeling like I have (あ) to learn forces (い)(う)(え)(お)(か) and ears (き) as I hope to learn from all those around me

1 my	2 as	3 to	4 me
5 more	6 eyes	7 open	8 keep

E 本文の意味・内容に合致するものを次の1～8から三つ選び、その番号を解答欄に記入しなさい。

   1   As doctors become more experienced, they tend not to wear long white coats.

   2   Less experienced physicians do not know how to decide which tests are necessary for patients, which can lead to various problems.

   3   According to the author, some of the procedures and medications recommended by younger doctors increase risks to patients.

   4   Research into the patient-doctor relationship shows that young

physicians tend to pay more respect to patients' preferences compared to older physicians.

5　According to the author, senior doctors have a tendency to explain medical treatment more sympathetically to patients.

6　Since many senior physicians do not retire at the age of 65, young doctors confront the reality that it is difficult to be promoted to higher positions.

7　The author believes that giving young doctors opportunities to work on medical boards and with academic journals would be beneficial for the medical profession as a whole.

8　According to the author, corporate interests should play a crucial role in the development of medical norms and patient-focused models of care.

F　本文中の太い下線部を日本語に訳しなさい。

A fifth of American doctors are older than 65, a proportion expected to rise to a third by 2021.

≪医師の若さや経験の少なさは悪いことなのか≫

全訳

　昨年私がテリー゠グロスのラジオ番組に出演したとき，彼女が私に尋ねた最初の問いこそ，私が医師として働いている間にいつも尋ねられるものだった。

「おいくつかうかがってもいいですか？」

「29 です」

　彼女はこう続けた。「では，（患者の）ご家族や愛する方があなたに会い，彼らがあなたを見て，『あなたはとても若いから，どうやって私はあなたを信頼できるのか？』と言われることがありますか？」

　多くの職業で，経験というものはとても大切だと考えられており，年齢が専門知識の代わりとなることがよくある。しかし，おそらく医療ほど年齢により大きな重要性が置かれる仕事は他にないだろう。患者にとって白髪の医師が自分のベッドのそばに歩み寄るのを目にするほど安心することはない。今でも医療は概して見習い制度で，若い医師は年長の医師の周りに集まり，役立つ知恵を逃さないように一語一語を必死に聞き取ろうとする。経験は服装規定の中にも示されている。多くの医学校の学生たちは，上級生とは違って，長い白衣を着用することができない。一部の学校では研修医ですら腰よりもかなり下まで伸びる白衣を着られない。

　しかし，この分野が進化して，データと根拠が逸話や意見よりも価値をもち始めるものになるにつれ，ある一つのことがますます明白になりつつある。それは医療では，経験不足は実は悪いことではないかもしれないということだ。

　ハーバード大学の研究者たちによって昨年発表されたある論文で，とても驚くべきことが示された。若い医師が担当している患者のほうが死亡する確率が低かったのだ。また，より若く，未熟な医師のほうが男性にも女性にも不必要な検査の指示を出したり，州の医療委員会の処罰を受けたり，オピオイド鎮痛剤やその他の規制薬物を不適切に処方した容疑で召喚されたりする確率が低かった。こうした発見はまったく珍しいことではない。研究の大多数が，経験不足とよりよい臨床医療の間に，一貫した肯定的な関係があることを示しているのだ。

　どうしてこんなことになるのか？　一つには，若い医師のほうが革新的なやり方を取り入れる可能性が高いということが挙げられる。それはたとえば，副作用のより少ない新薬を処方したり，心臓カテーテル法を股の付け根からではなく手首から行うなど，患者にとってより安全な処置をする新しい方法を学んだりすることである。

　彼らの未熟さは，また，過去の悪習の残存にも縛られない。医療父権主義に染まった時代に訓練を積まなかったので，若い医師は自分自身よりも患者を重要な地位に置く傾向が高い。死を迎えるときほどこのことがよく当てはまるところはない。研究が示すところによると，若い医師のほうが，たとえば治療後の経過の予想，延命治療の希望，ホスピスや患者が死を望む場所といった，重要だが難しい問題について，重病患者と議論する傾向が高い。

　だが，彼らの資質にもかかわらず，若い医師たちは医療において成功する可能性が実際には徐々に減少しつつあるということに気づき始めている。というのも，医師が退職を遅らせているので，医療はトップがさらに混みあいつつあるからだ。アメリカの医師の 5 分の 1 が 65 歳を超えているが，この割合は 2021 年までに 3 分の

1にまで上昇すると予想されている。そのせいで，若い医師たちがリーダーシップを発揮できる地位を手に入れる余地はほとんど残されていないのである。

　より良い方向に進むには，若者が年長者から学ぶという医療における学習の伝統的なモデルだけでなく，より経験を積んだ医師が若い医師から学べることがたくさんあるという事実も認める必要がある。指導制度は双方向の道であり，最も成功した研究者は，研修医の最も偉大な擁護者でもある。それを促すためには，指導制度が学術的な昇進の一つの要素であると公認される必要がある。

　医療の指針を記す委員会，州の医療委員会，そして医療雑誌の編集委員会に若い医師のための職が割り当てられるべきである。制度も，研修時間を短縮するように発展すべきで，というのも，研修を終える医師の平均年齢が30代前半から半ばであるということを考慮すると，研修時間はあまりにも長すぎるからだ。

　若い医師として，私は常に指導員に助言を求めている。しかし，私はまた，熟練した医師が若い医師に頼る必要があるとも思っている。それは患者中心の新たな医療モデルを開発すること，医療の規範や指針の発展において組織の利害関係が果たしている役割を解放すること，そして患者の価値観を治療に組みこむことといった，医療の最も悩ましい問題に新たな視点をもたらすことを期待するからである。

　次第に私は自分の経験不足を強みだとみなし始めていた。学ぶべきことがたくさんあると感じることによって，私は目と耳を開けたままにしておかねばならなくなる。というのも，私は自分の周りにいるすべての人々——医療が小さな産業から巨大企業へと進化するのを目撃してきたベテランの臨床医たち，自分たちの命を私たちと共有している患者たち，そして最後に，私よりさらに若い医学生，インターン，研修医たち——から学びたいからだ。

　数日前，私は友人とコーヒーを飲んでいた。その友人は医学校を卒業したてで，病院の中のどの患者が死亡するリスクが最も高いかを予測できる機械学習モデルを私が開発するのを手伝ってくれていた。私が彼から学ぶべきことはたくさんあったが，彼が私に教えてくれたのは，自分に影響を与えた人々は自身よりさらに若かったということだった。「ぼくが一緒に働く人の中には，君を圧倒するような19歳や20歳の人がいるよ」と彼は私に教えてくれた。

　若い医師たちは，医療をより革新的で患者中心のものにする心構えができている。しかし，彼らが一緒に働いている年長の医師たち，そして彼らが担当している患者たちは，若い医師に対する心構えができているだろうか？

解　説

A．空所補充

(X)　正解は　4

1　Afterwards「その後」
2　However「しかしながら」
3　Not long ago「少し昔」
4　**To this day「今でも，今日に至るまで」**

　空所の直前で「患者にとって白髪の医師が自分のベッドのそばに歩み寄るのを目にするほど安心することはない」と述べられ，空所の直後で「医療は概して見習い制度で，若い医師は年長の医師の周りに集まり，役立つ知恵を逃さないように一語一語を必死に聞き取ろうとする」と書かれている。「白髪の医師」は「年長の医師」のことで，この2つの文には現在形が使われており，順接的な関係なので4が正解。

(Y)　正解は　2

　空所の直前の These findings とは，若く，経験不足の医師のほうが実際には患者の死亡率が低かったり，不正行為の処罰を受けたりすることは少ないという内容を指している。空所の直後にあるコロン以下では，他の研究でも経験不足とよりよい臨床医療の間に，一貫した肯定的な関係があることが示されているので，「こうした発見」が isolated「孤立した，1回だけの，例外的な」ではない，と否定しなくてはならない。far from ～ は「～どころではない（むしろ逆だ），まったく～ではない」という意味で，文意が通るので2が正解となる。

(Z)　正解は　1

　at the risk of ～ は「～の危険性がある」という意味の熟語で，文意に合うので1が正解となる。

B．同意語句

(a)　正解は　4

straining「全力を尽くす」
1　demanding「求める」　　　　　2　failing「失敗する，できない」
3　rushing「突進する」　　　　　4　striving「努力する」

　直前・直後の文より，若い医師たちが年上の医師のまわりに集まり，一語一語を聞きとろうとしていることが推測できる。strain to *do* で「～しようと全力を尽くす」の意味になるので，4が最も近い。

(b)　正解は　1

striking「驚くべき，目立った，際立った」
1　astonishing「びっくりさせるような」　2　imposing「堂々とした」

　3　pressing「差し迫った」　　　　4　upsetting「動揺させるような」

　striking は「驚くべき, 目立った, 際立った」という意味の形容詞なので, 1 が正解となる。動詞 strike は「〜を驚かせる, 〜に感銘を与える」という意味がある。

(c)　正解は 3 ――――――――――――――――――――――――――――――――

innovative「革新的な」

　1　conservative「保守的な」　　　　2　familiar「なじみ深い, 慣れ親しんだ」

　3　progressive「進歩的な」　　　　4　unrealistic「非現実的な」

　直後の具体例の中の learning new ways of doing procedures を参考に推測する。innovative は「革新的な」という意味なので, 3 が最も近い。

(d)　正解は 1 ――――――――――――――――――――――――――――――――

performing「〜を行うこと」

　1　conducting「〜を行うこと」　　　2　curing「〜を治療すること」

　3　eliminating「〜を除去すること」　　4　repeating「〜を繰り返すこと」

　performing は「〜を行うこと」の意味なので, 1 が正解となる。

(e)　正解は 1 ――――――――――――――――――――――――――――――――

recognition「認めること, 承認」

　1　acknowledgment「承認」　　　　2　condemnation「非難, 有罪の判決」

　3　judgment「判断」　　　　　　　4　rejection「拒絶」

　直後の for 以下の文より, 経験を積んだ医師が若い医師から学べることがたくさんあるという事実のための recognition が必要であると考える。recognition は「認めること, 承認」の意味なので, 1 が正解となる。

(f)　正解は 4 ――――――――――――――――――――――――――――――――

perspective「視点, 観点」

　1　cycle「周期」　　　　　　　　　2　memory「記憶」

　3　puzzle「難問」　　　　　　　　**4　viewpoint「視点」**

　perspective は「視点, 観点」という意味なので, 4 が正解となる。

(g)　正解は 3 ――――――――――――――――――――――――――――――――

seasoned「ベテランの」

　1　associated「関連づけられた」

　2　concerned「心配そうな, かかわっている」

　3　experienced「経験をもった」

　4　interested「興味がある」

　医療が小さな産業から巨大企業へと進化するのを見てきたのは, どんな医師かと考える。seasoned は「ベテランの」の意味なので, 3 が正解となる。

(h)　**正解は　2** ───────────────────────────

predict「～を予測する」

1　exclude「～を排除する」　　　　2　**forecast「～を予想する」**

3　program「～のプログラムを作る」　4　restrict「～を制約する」

　predict は「～を予測する」という意味なので，2 が正解となる。接頭辞 fore- は「前もって」という意味。

C. 同意表現

(ア)　**正解は　2** ───────────────────────────

「高い評価が経験に置かれる」

1　「経験のせいで専門家は雇うのにあまりにも高額になりうる」

2　**「経験が特に価値があるとみなされている」**

3　「経験が最終的な成功につながる」

4　「経験のせいで一部の専門家は仕事が得られない可能性がある」

　premium には「高い評価」という意味がある。よって 2 の「経験が特に価値があるとみなされている」が正解。attain は「獲得する，成し遂げる」という意味。

(イ)　**正解は　4** ───────────────────────────

「～から処罰を受ける」

1　「～から賞を受ける」

2　「～によって公に支持される」

3　「～を通じて個人の権利を行使する」

4　**「～によって職業的に罰せられる」**

　disciplinary action の意味がわからなくても，後ろに書かれている同じ具体例の be cited for improper prescription の内容から何か悪いことであることが読み取れたかどうかがポイントとなる。face は「～に直面する」，disciplinary action は「処罰」という意味。最も近いのは 4 である。

(ウ)　**正解は　2** ───────────────────────────

「双方向の道」

1　「肯定的な結果と否定的な結果の両方をもつ状況」

2　**「双方が互いの努力から利益を得る状況」**

3　「2 つの対立した主張に至る状況」

4　「2 つの説明が必要とされる状況」

　直前の文の「若者が年長者から学ぶという医療における学習の伝統的なモデルだけでなく，より経験を積んだ医師が若い医師から学べることがたくさんあるという事実も認める必要がある」という内容をふまえ，指導制度は若者と年長者が相互に努力し，学び合うことであると解釈できる。よって，2 が正解となる。

(エ)　正解は 3

「患者中心の」
1　「患者を医療施設のどこに置くべきかについて論理的な」
2　「患者を病院に登録するのに効率的な」
3　**「患者の要求や好みに反応する」**
4　「患者の医療データのセットをどこに保管すべきかについて慎重な」

　　patient-centric は「患者中心の」という意味で，ここでは「患者に寄り添った」と解釈できるので，3 が最も近い。-centric は「～を中心にした」という意味。波線部を含む文は「若い医師は医療をより革新的で patient-centric なものにする心構えができている」という意味で，ここから若い医師が患者に今後どのように対応していくのかを推測する。

D．語句整序

正解は　(い)4　(か)6

　　完成した文は次の通り。

Feeling like I have <u>more</u> to learn forces **me** <u>to</u> <u>keep</u> **my** **eyes** and ears <u>open</u> as I hope to learn from all those around me

「学ぶべきことがたくさんあると感じることによって，私は目と耳を開けたままにしておかねばならなくなる。というのも，私は自分の周りにいるすべての人々から学びたいからだ」

　　直前に「次第に私は自分の経験不足を強みだとみなし始めていた」とあるので，これをふまえて文意を推測しながら並べ換える。

①　to learn は直前の have の目的語に当たる(あ)を修飾していると考えられる。よって，(あ)には more「より多くのこと」を入れると，「学ぶべきより多くのことがある」という意味になり，文意が通る。

②　この文の主節の主語は Feeling，述語動詞は三人称単数形になっている forces である。force には force A to do「A に～させる」という語法があるので，forces の目的語として(い)に me を入れ，(う)に to を入れる。

③　(か) and ears となっていることを利用し，and が同質のものをつなぐ接続詞だと考えると，eyes が入る。

④　(え)には動詞の原形が入るので，open か keep を入れることになる。どちらを入れたとしても(お)は eyes and ears という名詞句の前なので，所有格の my が入る。ここで(え)に open を入れると，(き)に keep が入ることになり文意が通らなくなる。そこで，keep O C「O を C の状態に保つ」を利用することを考え，(え)に keep，(き)に open を入れれば文が完成する。open はここでは「開いている」という意味の形容詞である。

E．内容真偽
正解は 4・6・7

1—✕ 「医師は熟練するにつれて長い白衣を着ない傾向がある」

第2段最終文（Experience is even …）に「多くの医学校の学生たちは，上級生とは違って，長い白衣を着用することができない。一部の学校では研修医ですら腰よりもずっと下まで伸びる白衣を着られない」とあることと反対なので誤りである。as は接続詞で「〜するにつれて」という意味。

2—✕ 「経験の浅い医師はどの検査が患者にとって必要かを決めるやり方がわからず，そのことがさまざまな問題につながりうる」

第4段第2文（Younger, less experienced …）に「より若く，未熟な医師のほうが男性にも女性にも不必要な検査の指示を出す確率が低かった」と書かれているので誤りである。

3—✕ 「筆者によると，若い医師が勧める処置や治療の一部は患者にとってのリスクを高める」

第5段第2文（For one, younger …）に「若い医師のほうが革新的なやり方を取り入れる可能性が高い」「副作用のより少ない新薬を処方したり，心臓カテーテル法を股の付け根からではなく手首から行うなど，患者にとってより安全な処置をする新しい方法を学んだりする」と書かれているので誤りである。本文の1つ目の sush as は innovative practices を，2つ目の such as は new ways of doing procedures を具体化する働きをしている。

4—〇 「患者と医師との関係についての研究が示すのは，若い医師は年配の医師に比べて患者の希望により多くの敬意を払う傾向があるということだ」

第6段最終文（Research shows that …）に「若い医師のほうが，たとえば治療後の経過の予想，延命治療の希望，ホスピスや患者が死を望む場所といった，重要だが難しい問題について，重病患者と議論する傾向が高い」とあるので，正解である。that 以下に書かれている具体的内容が，選択肢では young physicians tend to pay more respect to … と抽象化されている。

5—✕ 「筆者によると，年配の医師は患者に対して治療法をより同情的に説明する傾向がある」

本文にこのような記述はない。

6—〇 「多くの年配の医師たちが 65 歳で退職しないので，若い医師はより高い地位に昇進するのが難しいという現実に直面している」

第7段第2・3文（A fifth of…into leadership positions.）に「アメリカの医師の5分の1が65歳を超えているが，この割合は2021年までに3分の1にまで上昇すると予想されている。そのせいで，若い医師たちがリーダーシップを発揮できる地位を手に入れる余地はほとんど残されていない」とあるので正解である。第7段

の最終文が，選択肢の doctors confront the reality that … に言い換えられている。選択肢の that は同格を表す。

7―○　「若い医師に医療委員会で働いたり学術誌と協働したりする機会を与えることは，医療の職全体にとって利益となるであろうと筆者は信じている」

　　第9段第1文（Positions for younger …）に「医療の指針を記す委員会，州の医療委員会，そして医療雑誌の編集委員会に若い医師のための職が割り当てられるべきである」とあるので正解である。第9段第1文の Positions for younger physicians ought to be allocated が，giving young doctors opportunities to … と beneficial に言い換えられている。選択肢の and は，work on medical boards と（work）with academic journals をつないでいる。

8―×　「筆者によると，組織の利害関係は医療の規範や患者中心の治療モデルの開発において重要な役割を果たすべきである」

　　第10段第2文（Yet, at the same …）から「医療の規範や指針の発展において組織の利害関係が果たしている役割を解放すること」を筆者が期待していると読み取れるので誤りである。

F．英文和訳

●主語は A fifth「5分の1」，述語動詞は are で，older が補語である。

●a proportion は A fifth of American doctors are older than 65 という文を言い換えた同格的な働きをしている名詞である。このように〈S V, 名詞…〉の形で名詞が SV の内容をまとめて言い換えたものである場合，訳すときに「S は V である。この〈名詞〉は…だ」というように言葉を補って訳すとよい。

●expected は a proportion を修飾する過去分詞で，expect A to do「A が〜することを予想する」という形が使われているので，直訳すると「これは2021年までに3分の1に上昇すると予想されている割合である」となる。これをもう少しこなれた日本語にすると，「この割合は2021年までに3分の1にまで上昇すると予想されている」となる。

ポイント　論文や研究結果を示す理由について

　英文を読んでいると Research shows … とか A paper published by 〜 showed … とか，これに類する表現に出くわすことが何度もある。筆者はどのような目的で論文や研究結果を引用するのだろうか。

　例えば，「火星には生物がいる可能性がある」と主張するとしよう。「テレビでそう言っていたから火星には生物がいるんだ」といった脆弱な根拠では誰も耳を傾けてくれない。ではこの主張を裏付け，読者に納得してもらえるように伝えるにはどのような方法があるのだろうか。そう，火星に詳しい研究者の意見，宇宙に関する論文などから自分の主張を支持する研究結果や意見を引用するといった方法を考えつくだろう。

　すなわち，Research shows … といった英文を見たら，筆者が自分の主張を，論文や研究結果を使って裏付けようとしているんだなという視点から英文を読むことが大切なのである。本問でもいくつか論文や研究結果が提示されているが，「若い医師は年配の医師より新しい治療に積極的に取り組み，医療事故を起こす確率が低い。経験不足でも質の高い医療を提供できる」という主張を読者に伝えるために様々な文献から引用しているのである。

A．(X)―4　(Y)―2　(Z)―1
B．(a)―4　(b)―1　(c)―3　(d)―1　(e)―1　(f)―4　(g)―3　(h)―2
C．(ア)―2　(イ)―4　(ウ)―2　(エ)―3
D．(い)―4　(か)―6
E．4・6・7
F．アメリカの医師の5分の1が65歳を超えているが，この割合は2021年までに3分の1にまで上昇すると予想されている。

7

目標解答時間　35分　**目標正答数**　16/20問（和訳除く）

次の文章を読んで設問に答えなさい。[＊印のついた語句は注を参照しなさい。]（81点）

Humans use mirrors so reflexively that we'll often use shop windows or phone screens to preen* ourselves without a second thought. But it didn't always come so easy. Before the age of about two, kids don't see themselves when they look in the mirror — they have to develop that ability over time. Until they do, they just think they're looking at another baby. And new evidence suggests the same might be true for some monkeys.

Great apes* and humans have long been amongst the few species to pass the mirror test, also known as the mark test. When researchers put an ink mark on a great ape's forehead without the ape realizing, then put it in front of a mirror, the ape can recognize that it's looking at its own reflection and will reach up to touch the unfamiliar mark. There's some evidence that dolphins, killer whales, Asian elephants, and magpies* can do similar things, though some scientists contest the issue. Most primates* can't even pass the test. And what that has told primatologists* for years is that many species aren't self-aware. If you can't recognize yourself in a mirror, that means you don't have a sense of self. But what (X) we just weren't testing those primates properly?

A new study in the *Proceedings of the National Academy of Sciences** suggests just that: we weren't doing a thorough enough test. If you teach monkeys how to use a mirror well enough, they can demonstrate an understanding of self. "I've never seen a monkey do that before," says Annika Paukner, a staff scientist at the National Institutes of Health who wasn't involved in the new study. "We've never known why they don't do it when great apes and humans do. No one had any idea.

This is the most convincing paper I've seen so far (中略)."
_(b)
The really impressive part wasn't the main experiment, (Y).
The main experiment involved training the monkeys to touch a point of light projected onto their faces (another form of the mark test), which
_(c)
they were able to do after a few weeks of training. But rhesus monkeys* can do a lot of things if you train them. Even pigeons can peck at spots on their own bodies via a mirror image if you train them with food rewards. Rhesus monkeys will even inspect their genital* areas in a mirror, though there's some debate about whether that's truly a sign of self-awareness. Paukner argues it probably isn't (or that it's at least up
_(イ)
for debate), while Abigail Rajala, a neuroscientist* at the University of Wisconsin-Madison (who also wasn't involved in the new study) argues that it is a sign of self-awareness. Both agreed that what the rhesus monkeys demonstrated went above and beyond. They inspected their faces in their mirrors on their own time — as if the light experiment had taught them to appreciate the fundamental nature of a mirror and its potential uses.

"That's what I would expect to see from a great ape," says Paukner. When these monkeys went back to their cages, they weren't preening with their mirrors because someone trained them to do so. They'd generalized the knowledge they'd accumulated over time, explains Rajala. The rhesus
_(d)
monkeys she's worked with have exhibited similar learning. Her lab puts mirrors into the cages when the monkeys are just infants, giving them ample time to learn and understand how the surfaces work. And in 2010,
_(e)
she published a paper showing that rhesus monkeys use the mirrors to examine their own bodies, arguing that it was a clear sign of self-awareness — regardless (Z) the mark test results. "Monkey subjects
_(f)
are used to being trained to do stuff," she says, "that's how they make
_(ウ)
their living. They do whatever they realize is going to get their reward, but eventually you make these connections. It's the same thing that happens with infants."

These rhesus monkeys aren't just doing what they're told. They're using the mirror to their own, self-motivated ends. It's possible that the extra training these monkeys got helped them to understand something more fundamental about mirrors. Most studies train monkeys to get to 100 percent accuracy on whatever test they're doing, explains Paukner, but these neuroscientists went beyond that. After the monkeys could perform with 100 percent accuracy on multiple tests, the researchers trained them for another two weeks or so. That over-training may have taught the monkeys not just to locate a spot on their face, but how to actually use a mirror. Paukner says she's not sure that the monkeys have a different sense of themselves, but rather that the monkey's understanding of how a mirror works has changed.

It's not unreasonable to think that monkeys don't inherently (エ) understand what a mirror is, even if they are self-aware. Children as old as six in non-Western countries struggle to pass the mark test, but probably not because they have no sense of self. It's just not something they've encountered before, so they don't behave (あ) the (い) we (う)(え)(お). Western infants are around mirrors all the time — we show babies their reflection and say "Who's that? It's you!" over and over again until everyone but the parent is bored. If you grew up without all that, it would make sense that you wouldn't immediately know how to react to your own reflection. (中略)

It's not that the mark test doesn't tell us anything useful; it's that it's just one piece of the puzzle. It's a starting point. Self-awareness (オ) doesn't boil down to a yes or no question; it's more of a continuum*. We (カ) can't know unequivocally* whether another being is self-aware or not. All we have are test results and interpretations. Welcome to science.

(By Sara Chodosh, The test used to see if animals are self-aware might not actually work, *Popular Science* 電子版, February 14, 2017)

［注］　preen　身なりを整える

　　　Great apes　（great ape　大型の類人猿）

　　　magpies　（magpie　カササギ）

　　　primates　（primate　霊長類の動物）

　　　primatologists　（primatologist　霊長類学者）

　　　Proceedings of the National Academy of Sciences　米国科学アカデミー
　　　　　の機関誌

　　　rhesus monkeys　（rhesus monkey　アカゲザル）

　　　genital　生殖器の

　　　neuroscientist　神経科学者

　　　continuum　連続体

　　　unequivocally　明瞭に

A　空所(X)〜(Z)に入るもっとも適切なものを次の1〜4の中からそれぞれ一つ
　選び、その番号を解答欄に記入しなさい。

（X）　1　about　　　　2　as　　　　　3　if　　　　　4　of

（Y）　1　also　　　　　2　neither　　　3　though　　　4　too

（Z）　1　as　　　　　　2　for　　　　　3　of　　　　　4　to

B　下線部 (a)〜(g) の意味・内容にもっとも近いものを次の1〜4の中からそれぞ
　れ一つ選び、その番号を解答欄に記入しなさい。

(a)　contest

　　1　approve　　　2　dispute　　　3　neglect　　　4　support

(b)　so far

　　1　at a distance　　　　　　2　every now and then

　　3　to some extent　　　　　4　up to this point

(c)　projected

　　1　fired　　　2　planned　　　3　shone　　　4　written

(d)　accumulated

　　1　gathered　　　　　　　2　given

　　3　looked into　　　　　4　lost

(e) ample

   1 important   2 limited   3 sufficient   4 valuable

(f) subjects

   1 fields   2 instructors

   3 participants   4 topics

(g) ends

   1 actions   2 bottoms   3 purposes   4 terminals

C　波線部 (ア)〜(カ) の意味・内容をもっとも的確に示すものを次の 1 〜 4 の中から
それぞれ一つ選び、その番号を解答欄に記入しなさい。

(ア)　without a second thought

   1 carefully

   2 generally

   3 instinctively

   4 secondarily

(イ)　up for debate

   1 beyond discussion

   2 far from perfect

   3 open to question

   4 without explanation

(ウ)　do stuff

   1 complete an activity or task

   2 complete something otherwise forgotten

   3 take care of something postponed

   4 take care of something risky

(エ)　not unreasonable

   1 fairly logical

   2 hardly acceptable

   3 scarcely possible

   4 significantly different

(オ) one piece of the puzzle

   1 a part of the solution to the question

   2 an unnecessary part of solving a problem

   3 one of the most important jigsaw pieces

   4 one piece of useful information in a puzzle game

(カ) doesn't boil down to

   1 cannot be cooked with

   2 cannot be included in

   3 cannot be reduced to

   4 cannot be replaced by

D　二重下線部の空所(あ)～(お)に次の1～7から選んだ語を入れて文を完成させ、(あ)～(お)に入る語の番号を解答欄に記入しなさい。同じ語を二度使ってはいけません。選択肢の中には使われないものが二つ含まれています。

It's just not something they've encountered before, so they don't behave (あ) the (い) we (う)(え)(お).

1　expect　　2　in　　3　reason　　4　that

5　them　　6　to　　7　way

E　本文の意味・内容に合致するものを次の1～8の中から三つ選び、その番号を解答欄に記入しなさい。

1　Like infants, some monkeys are able to use a mirror once they learn, over a long period, how it works.

2　Great apes, observing their reflections in a mirror, touch spots of light projected onto their backs.

3　By earning food in mark tests, pigeons learn to direct their beaks to spots on their bodies that they see in a mirror.

4　In the new study praised by Paukner, the rhesus monkeys inspected their faces in mirrors only during mark tests.

5　The rhesus monkeys Rajala worked with learned the basic functions of a mirror, even when no mirror was present in their cages.

6 Because they cannot train monkeys, most neuroscientists do not seek 100 percent accuracy in the tests they conduct on them.

7 Young children unfamiliar with mirrors often do not recognize their reflections as their own.

8 On the evidence of mark tests alone, we may conclude that monkeys are self-aware.

F 本文中の太い下線部を日本語に訳しなさい。

It's possible that the extra training these monkeys got helped them to understand something more fundamental about mirrors.

≪鏡を使えることは自己意識の現れなのか≫

全訳

　人間は鏡をとても反射的に使うので，私たちはあまりよく考えずにショーウィンドーや携帯電話の画面を使って身なりを整えることがよくある。しかし，このようなことはいつもそれほど簡単だったわけではない。2歳ごろになる前には，子どもは鏡を見たときに自分の姿が見えていないのであり，その能力は時間とともに発達させねばならない。そうするまでずっと，彼らは他の赤ちゃんを見ているのだと思っているのだ。そして新たな証拠が示しているのは，同じことが一部のサルにも言えるかもしれないということだ。

　大型類人猿と人間は長い間，マークテストとしても知られる鏡を使った実験に合格した数少ない種の一部であった。研究者たちがある大型類人猿のおでこに，その類人猿が気づかぬうちにインクで印をつけ，鏡の前にその類人猿を置いたとき，その類人猿は自分が，自分自身の鏡に映った姿を見ているのだと認識できて，その見知らぬ印に触れようと手を伸ばす。イルカ，シャチ，アジアゾウ，カササギも同様のことができるという証拠もある。もっとも，一部の科学者はその論点に異議を唱えてはいるが。大半の霊長類はそのテストに合格さえできない。そして，そのことが何年もの間霊長類学者たちに伝えてきたことは，多くの種は自己意識がないということだ。もしあなたが鏡の中の自分を認識できなければ，それが意味しているのは，あなたに自己についての意識がないということである。しかし，私たちがその霊長類を適切にテストしていなかっただけだとしたらどうなるだろうか？

　『米国科学アカデミー紀要』のある新しい研究が示しているのはまさにそのようなことである。つまり，私たちは十分に徹底したテストをしていなかったということだ。もしあなたがサルに十分に鏡の使い方を教えれば，彼らは自己についての理解を示すことができる。「私は今までサルがそのようなことをするのを一度も見たことがありません」とその新しい研究には参加しなかった，アメリカ国立衛生研究所のスタッフ科学者であるアニカ＝ポークナーは語っている。「私たちは大型類人猿と人間がそれをする一方，なぜサルたちがそうしないのかわかっていません。誰にもわからなかったのです。これはこれまで私が見た中で最も説得力のある論文です。（中略）」

　しかし，本当に印象的な部分は主要な実験ではなかった。主要な実験の中には，サルを訓練して顔に映し出された光の点に触れるようにさせること（マークテストの別のかたち）が含まれていた。それを彼らは数週間の訓練の後にできるようになった。しかし，アカゲザルは訓練すれば多くのことができるのである。ハトですら，餌のご褒美を使って訓練すれば鏡像を通して自分自身の体の（光の）点をつつくことができる。アカゲザルは鏡の中に映った自分たちの生殖器の部分を調べようともする。もっとも，それが本当に自己意識のしるしであるかどうかについては異論もあるが。ポークナーは，おそらくそれは違う（あるいは少なくとも議論の余地がある）と主張する。一方，ウィスコンシン大学マディソン校の神経科学者であるアビゲイル＝ラジャラ（彼女もその新しい研究には参加していなかった）の主張では，それは自己意識のしるしであるということだ。両者が合意しているのは，そのアカゲザルが行ったことは予想をはるかに超えているということだった。アカゲザルた

ちは暇なときに鏡に映る自分の顔を詳しく調べた。まるで光によるその実験が彼らに鏡の根本的な性質とその潜在的な用途を理解するよう教えたかのように。

「それは私が大型類人猿からならば目にするであろうと期待していたものです」とポークナーは述べる。このサルたちが檻に戻ったとき，彼らは誰かがそうするように教えたために鏡で身なりを整えていたわけではなかった。彼らは時間の経過とともに蓄積した知識を一般化したのだ，とラジャラは説明する。彼女が研究していたアカゲザルは同様の学習を示した。彼女の研究所は，そのサルたちがまだ幼児の頃に鏡を檻の中に置き，鏡の表面がどのように機能するかを学習し理解する十分な時間を彼らに与えた。そして2010年に彼女はある論文を発表し，アカゲザルが鏡を使って自分自身の体を調べることを示し，それはマークテストの結果に関係なく，自己意識のはっきりしたしるしであると主張した。「実験台となったサルたちは物事を成し遂げるように訓練されることに慣れています」と彼女は言う。「そうやって彼らは生きているのですから。彼らはご褒美をもらえると気づいたことは何でもしますが，結局はあなた方（人間）もこうしたつながりを作り出しています。それは（人間の）幼児に起きているのと同じことなのです」

このアカゲザルたちは言われたことをただしているだけではない。彼らは自分自身の，自分で動機づけた目的のために鏡を使っているのだ。ひょっとしたら，このサルたちが受けた特別な訓練のおかげで，サルたちは鏡についてもっと根本的なことを理解しやすくなったのかもしれない。大半の研究では，研究中に行われるどんな実験でもサルが100％の正確さに達するまで訓練を行う，とポークナーは説明する。しかし，この神経科学者たちはそれ以上のことをしたのだ。サルが多様な実験で100％の正確さを達成した後，その研究者たちはもう2週間程度彼らを訓練した。その特別な訓練のおかげでサルたちは自分の顔の点の位置を特定するだけでなく，実際の鏡の使い方もわかったのかもしれない。ポークナーによれば，彼女はサルが自分自身についての異なる感覚を持っているという確信は持てないが，鏡の働き方に関するサルの理解は変化したということだ。

たとえサルに自己意識があっても，はじめから鏡とは何であるかを理解しているわけではないと考えるのは妥当だ。非西欧諸国の6歳にもなる子どもがマークテストに合格するのに苦労するとしても，それはおそらく彼らに自己についての意識がまったくないからというわけではない。それは単に，彼らがこれまでに出会ったことがあるものではないからであり，それゆえに彼らは，私たちが彼らに期待するようには行動しないのだ。欧米の幼児は常に鏡の周りにいる。私たちは赤ん坊に鏡に映った彼らの姿を見せて「あれはだれ？　君だよ！」と何度も何度も言う。親以外のすべての人がうんざりするまでだ。もしあなたがそうしたことなしで成長したとしたら，自分自身が鏡に映った姿にどう反応していいかすぐにはわからなかったとしても仕方がないことであろう。（中略）

それはマークテストが私たちに何ら役立つことを教えてくれないということではない。マークテストはパズルの1つのピースに過ぎないということだ。それは出発点なのである。自己意識は突き詰めればイエスかノーかの問いになるというわけではない。それはむしろ連続体なのだ。私たちは他の存在が自己意識を持つかどうか

を明瞭に知ることはできない。私たちが持っているのはテストの結果と解釈だけなのだ。科学へようこそ。

解 説

A．空所補充

(X) 正解は 3

what if S V ? で「S が V したらどうなる？」という意味の表現なので 3 が正解。空所のあとが節になっているので前置詞は入れられない。what about 〜 ?「〜はどうなの？」という表現もあるが，about のあとに来るのは名詞や動名詞。

(Y) 正解は 3

1 also「〜もまた」　　　　　　　　2 neither「〜もまた…ない」
3 though「〜だけれど」　　　　　　4 too「〜もまた」

　空所を含む文は「本当に印象的な部分は主要な実験ではなかった」という意味で，前の段落で述べられた実験について称賛されてはいる「が」，本当に印象的な部分はその主要な実験ではなく他のところにあったと述べているので，逆接の意味を表す 3 の though が正解となる。though は本来，従属接続詞だが，このようにコンマで区切られて単独で用いられた場合は逆接の副詞の however と同じような働きになることに注意。

(Z) 正解は 3

regardless of 〜「〜に関係なく」という熟語なので，3 が正解。

B．同意語句

(a) 正解は 2

contest「〜に異議を唱える」

1 approve「〜に賛成する」　　　　2 dispute「〜に反論する」
3 neglect「〜を無視する」　　　　4 support「〜を支持する」

　contest は「〜に異議を唱える」という意味なので，2 の dispute「〜に反論する」が正解。

(b) 正解は 4

so far「今までに」

1 at a distance「距離を置いて」　2 every now and then「時々」
3 to some extent「ある程度」　　4 up to this point「現時点まで」

　so far は「今までに」という意味なので，4 の up to this point「現時点まで」が正解。

(c) **正解は 3**

projected「投影された」

1 fired「燃やされた」　　　　　　2 planned「計画された」

3 shone「(光などが) 当てられた」　4 written「書かれた」

　projected は「投影された」という意味なので，ここでは3の shone「光が当て
られた」が最も近い。

(d) **正解は 1**

accumulated「～を蓄積した」

1 gathered「～を集めた」　　　　2 given「～を与えた」

3 looked into「～を調べた」　　　4 lost「～を失った」

　accumulated は「～を蓄積した」という意味なので，1の gathered「～を集め
た」が最も近い。

(e) **正解は 3**

ample「十分な」

1 important「重要な」　　　　　　2 limited「限られた」

3 sufficient「十分な」　　　　　　4 valuable「価値のある」

　ample は「十分な」という意味なので，3の sufficient「十分な」が正解。

(f) **正解は 3**

subjects「被験者」

1 fields「分野」　　　　　　　　　2 instructors「指導者」

3 participants「参加者」　　　　　4 topics「話題，主題」

　subjects は「科目，主題」の意味で覚えているかもしれないが，「被験者」の意
味でもよく使われる。ここでは「被験者，実験台」の意味なので，3の participants
「参加者」が最も近い。

(g) **正解は 3**

ends「目的」

1 actions「動作，行動」　　　　　2 bottoms「底，一番下」

3 purposes「目的」　　　　　　　4 terminals「終着点，末端」

　ends はここでは「目的」の意味なので，3の purposes「目的」が正解。

C．同意表現

(ア) **正解は 3**

without a second thought「あまりよく考えずに」

1 carefully「注意深く」　　　　　2 generally「一般的に」

3 instinctively「直感的に」　　　　4 secondarily「二次的に」

波線部は「あまりよく考えずに」の意味なので，3の instinctively「直感的に」
がここでは最も近い。

㈑ 正解は 3

up for debate「議論に上って，議論の余地がある」
1　beyond discussion「論をまたない，議論するまでもない」
2　far from perfect「完璧とはほど遠い」
3　open to question「疑問の余地がある」
4　without explanation「説明なしに」
　　波線部は「議論に上って，議論の余地がある」の意味なので，3の open to question
「疑問の余地がある」が最も近い。

㈒ 正解は 1

「物事を成し遂げる（行う）」
1　「ある活動や作業を完遂する」
2　「さもなくば忘れられるようなことを完遂する」
3　「先延ばしにしていたことに対処する」
4　「危険なことに対処する」
　　波線部は「物事を成し遂げる（行う）」の意味なので，1の complete an activity
or task「ある活動や作業を完遂する」が最も近い。

㈓ 正解は 1

not unreasonable「理にかなっている，妥当な」
1　fairly logical「かなり論理的である」
2　hardly acceptable「ほとんど受け入れられない」
3　scarcely possible「めったに可能ではない」
4　significantly different「非常に異なっている」
　　波線部は「理にかなっている，妥当な」の意味。unreasonable は「合理的ではな
い，理にかなっていない」の意味で，それを not で否定している。よって1の fairly
logical「かなり論理的である」が正解。

㈔ 正解は 1

「パズルの1つのピース」
1　「問いへの解決の一部」
2　「問題を解決するうえで不必要な部分」
3　「ジグソーパズルの非常に重要なピースの1つ」
4　「パズルゲームの有益な情報の1つ」
　　波線部は「パズルの1つのピース」の意味で，比喩になっている。波線部直後に
「それは出発点だ」とあるので，この文脈では1の a part of the solution to the
question「問いへの解決の一部」が最も相応しい。

㈎　正解は　3 ────────────────────────

「つまるところ～になるということはない」

1　「～で料理することはできない」

2　「～に含めることはできない」

3　「～には還元できない，～と要約することはできない」

4　「～で置き換えることはできない」

　　波線部は，boil down to ～「つまるところ～になる」の否定形なので「つまるところ～になるということはない」の意味。よって，3の「～には還元できない」が正解。直後の最終段第4文に「他の生物が自己意識を持っているかどうかについてははっきりとはわからない」とあることからも，波線部を含む文は「自己意識はyes / no で答えられるような問題ではない」ということを述べているとわかるだろう。

D．語句整序

正解は　㋐2　㋑7　㋒1　㋓5　㋔6 ────────────────────────

　　完成した文は次の通り。

It's just not something they've encountered before, so they don't behave in the way we expect them to.

「それは単に，彼らがそれまでに出会ったことがあるものではないというだけで，それゆえに彼らは，私たちが期待するようには行動しないのだ」

　　まず，in the way S V「～が…するように」という表現を知っていれば早い。これで空所㋐㋑を埋めて in the way we …とする。次に主語 we に対する動詞が必要だが，expect は expect A to do「A が～すると予想する，期待する」という形で用いる動詞なので expect them to とすれば空所にきれいに収まる。to のあとの動詞の原形は前に使われた動詞と重なる場合は書かれず，ここでは前出のbehave が省略されている。よって（they don't behave）in the way we expect them to「彼らは私たちが期待するようには行動しない」となる。

E．内容真偽

正解は　1・3・7 ────────────────────────

1─○　「（人間の）幼児のように，サルの中には長期間にわたって鏡の働きを学習してしまえば鏡が使えるようになるものもいる」

　　まず，第1段最終文に「同じことが一部のサルにも当てはまるかもしれない」とあるが，「同じこと」とは，人間でも鏡を使えるようになるためには時間をかけてその能力を身につけなくてはならないということ（同段第3文）である。ここでは同じことが言えるかどうか断定されていないが，第5段第5文で，アカゲザルがま

だ幼いうちに檻に鏡を入れ，十分な学習期間を与えると鏡の表面の機能について理解した，とある。続く第6文でアカゲザルが鏡を使って自分の体を調べるようになったとある。よってこの選択肢は内容に合っている。

2 ―× 「大型類人猿は鏡に映る自分たちの姿を見て，自分たちの背中に映し出された光の点に触れる」

　　　great apes の実験については第2段第2文に記述があるが，ここで説明されている実験では「インクでおでこに」印がつけられていた。「背中に映し出された」という記述はどこにもない。よって誤り。

3 ―〇 **「マークテストで餌を獲得することによって，ハトは鏡の中で見えている自分の体の点にくちばしを向けるようになる」**

　　　pigeons については第4段第4文に「餌の褒美で訓練すれば鏡に映った自分の体の点をつつくことができる」とあるので合っている。選択肢の beak「くちばし」，direct「〜を向ける」がわからないと，判断できないだろう。learn to *do* は「〜の仕方を学ぶ」という意味だけでなく「〜できるようになる」という，習得の意味を表すことも覚えておきたい。

4 ―× 「ポークナーが称賛した新しい研究では，アカゲザルはマークテストの間だけ鏡の中の自分たちの顔を詳しく調べた」

　　　選択肢に only があるので要注意。「実験の間だけ」となっているが，the rhesus monkeys の実験については第4段最終文で They inspected their faces in their mirrors on their own time とある。on *one's* own time「暇なときに」なので，「実験の間だけ」ではない。よって誤り。

5 ―× 「ラジャラが研究したアカゲザルは，たとえ檻の中に鏡がなくても，鏡の基本的な機能を学習した」

　　　Rajala の実験については第5段。第5文に「鏡を檻の中に入れた」場合の記述があるだけで，鏡を入れなかった場合については何も書かれていない。よって誤り。

6 ―× 「大半の神経科学者はサルを訓練できないので，彼らがサルに対して行う実験では100％の正確さを求めてはいない」

　　　100％という語から，第6段が該当箇所。第4文に「サルが100％の正確さに到達するまで訓練する」とあるので誤り。

7 ―〇 **「鏡に慣れていない幼い子どもは鏡に映った自分の姿を自分自身だと認識していないことが多い」**

　　　人間の子どもについては第7段に記述がある。この最終文では西洋で鏡が常に周囲にある状況で育つ子どもたちと，非西洋諸国の鏡になじみのない子どもたちを比べ，「もし鏡がない状態で育ったなら，鏡に映った自分の姿にどう反応してよいかすぐにはわからないだろう」と述べているので合っている。

8 ―× 「マークテストの証拠だけで，私たちはサルに自己意識があると結論づけら

れるかもしれない」

　マークテストに対する判断は，最終段に述べられている。第1～3文で「マーク
テストは出発点に過ぎず，これで明確に自己意識があるかないかがわかるわけでは
ない」といった内容のことが書かれており，誤り。

ポイント　正解を探しにいくな！

　内容真偽問題を解くにあたって，通常は正解選択肢はどれかと探しにいくだろう。しか
し，下手をすると，どれも正解に見えてきたり，あるいはどれも正解には見えなかったり
するために，この問題が苦手だという人も多いだろう。選択肢は正解選択肢のほうがかな
り精巧に作られていて，相当の読解力がなければ，正解であるとわからないようにできて
いる。だから，正解でない選択肢をどんどん消去していき，残ったものが正解と考える消
去法で取り組もう。正解の選択肢は漠然としていてよくわからないように作られているこ
とが多いが，間違いのほうは必ず，はっきりと本文に矛盾するか，あるいは本文に一切記
述がない部分を含む。そうした選択肢を丁寧に消していけばよい。

F．英文和訳

●It は形式主語，that 以下が真の主語。
●it's possible that S V は「S が V ということが考えられる（ありうる）／ひょっと
　したら S は V かもしれない」の意味。
●training と these の間に目的格の関係代名詞が省略されている。つまり，that the
　extra training {these monkeys got} helped …となっていることに注意。
●help A (to) do は「A が～する手助けをする」の意味。
●them は these monkeys を指す。

A. (X)―3　(Y)―3　(Z)―3
B. (a)―2　(b)―4　(c)―3　(d)―1　(e)―3　(f)―3　(g)―3
C. (ア)―3　(イ)―3　(ウ)―1　(エ)―1　(オ)―1　(カ)―3
D. (あ)―2　(い)―7　(う)―1　(え)―5　(お)―6
E. 1・3・7
F. ひょっとしたら，このサルたちが受けた特別な訓練のおかげで，サルたちは
　　鏡についてもっと根本的なことを理解しやすくなったのかもしれない。

8

2016年度　神・商・心理・グローバル地域文化学部

目標解答時間 40分　**目標正答数** 18/22問（和訳除く）

次の文章を読んで設問に答えなさい。［＊印のついた語句は注を参照しなさい。］（88点）

　　The annual transformation of Todalp mountain in Davos is under
way. Snow is burying the rocks and filling the hollows on the slopes,
painting the grey-browns a fetching white. The landscape is being changed
into what Thomas Mann* called "the towering marble statuary* of the
high Alps in full snow", in his novel *The Magic Mountain*.

　　The snow doesn't simply prettify the landscape, it increases its
value: skiers pay hundreds of dollars for a six-day lift pass, while the
(　あ　) winter visitors will (　い　) several thousands to (　う　) for a
week in the town's (　え　)(　お　) hotels.

　　Mann came to Davos in the early 20th century, when the winter
transformation was entirely nature's work. These days, it is Florian
Grimm's job to give nature a hand. Grimm（中略）is the Parsenn ski
area's head of snow management. When I met him, in the autumn, at the
bottom of the funicular*, together with Frederic Petignat, the Swiss
resort's communications director, he was busy (　①　) the giant effort of
snow production.

　　Giant yellow snow cannons spray out millions of litres* of cold
water mixed (　V　) air, which freeze and drop to the ground as
manmade snow. Grimm will cover two high, north-facing pistes* first,
building up a base layer that will help to prevent the natural snowfall
(　W　) melting. When the snow is deep enough, the machines switch to
making a lighter, drier top layer that will feel to the skier (　X　) new-
fallen natural snow. As the snow piles up, snow tractors will move in to
sculpt the ice particles and create the optimal* snow sports experience,
and as winter progresses and temperatures cool, Grimm will edge snow

production down the mountain.

Climate change is not something many ski resorts want to talk about. In a multibillion-dollar business where snow reputations are crucial, it is easy to see why. Grimm and Petignat are keen to point out that (イ) climate change has barely affected Davos-Klosters, one of the highest and most snow-sure resorts in the Alps. There is no question, however, that warming has begun to hit the world of winter sports, and a 2007 poll found that the industry believes artificial snow is its best defence*. (ウ) Capacity around the world has massively expanded (Y) then: manmade snow production in Switzerland grew from less than 10% of piste area in 2000 to 36% in 2010, while Austria reached 62% at the end of the same period.

In the north-eastern US, according to Elizabeth Burakowski, a researcher at the National Center for Atmospheric Research in Boulder, Colorado, around 98% of resorts now rely (Z) artificial snow. Without it they can no longer be certain of opening during the crucial Christmas and New Year period, when they earn 20% of their revenue.

The Institute for Snow and Avalanche* Research (SLF*) is arguably (d) the leading snow science institute in the world. Christoph Marty, a tall, 46-year-old, is the SLF's expert in snow and climate change: in 2008 he published a research paper that found evidence of a step change* in the rate of decline of snow coverage in the winter of 1988-89. Recently, however, northern Europe has seen several very snowy winters, while the scientific community has debated an apparent slowdown in the rate of warming in the past 15 years. Is it possible, I ask, that climate change may end up giving northern Europe more snow?

"There is no doubt in my mind that it will get warmer and we will have less snow," says Marty. "I can say that as long as I live at this altitude* I will have snow. But I have three kids, and they will have kids too. (②) mind the grandchildren, my kids will experience a time when it is not normal that you can ski, when it is not normal you will have snow. For them it's really a frightening thing to think about."

The easiest way to express the rate of decline of natural snow, he says, is in terms of altitude. Assuming a rising temperature trend of 3.5℃
(e)
over 100 years (the Alps are warming faster than the European average), by mid-century the snowline will have risen between 150 metres* and 200 metres, and by 2100 it will have moved upwards 300 metres to 400 metres. Perennial* ice in Europe then will be a rare commodity: forecasts for Switzerland show that 90% of the country's glaciers will have disappeared by the end of the century. As for the longevity of winter
(エ)
sports, "it really depends what exactly you are asking for," says Marty. "For snowshoeing or building a snowman you don't need that much snow, whereas if you are a ski manager you have to groom* the rough mountain slopes. The natural variability of snow cover is also really large, so even in the past we had winters with very little snow and winters with huge amounts and we will still have that, but it will be shifted so that we will have fewer winters with lots of snow and more and more with little snow."

Several small low-lying Swiss resorts have already become unviable,
(f)
and for others it is just a matter of time. The ski areas with the best chances of surviving will be those that are highest, and Switzerland and France are better placed in that regard than Austria or Germany. Marty also warns that warming will not necessarily happen in the linear way people expect, and there are social factors to consider: "Do the people still want to go skiing if the village like Davos and Chamonix is totally green and warm, when you don't have the winter feeling?"

There are, of course, greater reasons to lament the loss of snow
(g)
than the demise* of a sport, even if its roots go back at least 10,000 years. Synte Peacock of the atmospheric research centre* in Boulder reels off* a long list of benefits that the planet's large expanses of snow and ice provide. Among the most significant is the albedo effect: snow reflects the sun's radiation back into space and helps to keep the Earth cool. The

reduction in global snow cover, which is particularly serious in the Arctic, is part of a dangerous positive feedback loop* in which higher temperatures mean less snow, less reflected energy and therefore increasing temperatures. Scientists believe this is part of the reason why the Alps and the Arctic are warming more quickly than average.

(From Charlie English, *The Guardian Weekly*, January 9, 2015)

[注]　Thomas Mann　ドイツの小説家

　　　statuary　彫像

　　　funicular　ケーブルカー

　　　litres　(litre liter の英国綴り)

　　　pistes　(piste　スキーの滑走コース)

　　　optimal　最適な

　　　defence　(defense の英国綴り)

　　　Avalanche　(avalanche　雪崩[なだれ])

　　　SLF　雪・雪崩・調査を意味するドイツ語の頭文字の略

　　　step change　階段状変化(突然おきる不連続な変化)

　　　altitude　高さ、高度

　　　metres　(metre meter の英国綴り)

　　　Perennial　(perennial　長期間続く)

　　　groom　〜の手入れをする

　　　demise　終わり

　　　centre　(center の英国綴り)

　　　reels off　(reel off　〜をすらすらと述べる)

　　　feedback loop　2つの因子が互いに働いて、それぞれの作用を高めあって
　　　　　　　　　　　いるサイクル

A　空所(V)〜(Z)に入るもっとも適切なものを次の1〜7の中からそれぞれ一つ
　　選び、その番号を解答欄に記入しなさい。同じ語を二度使ってはいけません。選
　　択肢の中には使われないものが二つ含まれています。

1　at　　　　　2　from　　　　3　like　　　　4　on

5　since　　　 6　to　　　　　7　with

B 空所(①)および(②)に入るもっとも適切なものを次の1〜4の中からそれぞれ一つ選び、その番号を解答欄に記入しなさい。

(①) 　1　of organizing 　　　　　　2　organized

　　　3　organizing 　　　　　　　4　to organize

(②) 　1　Clearly 　　　　　　　　　2　Never

　　　3　Really 　　　　　　　　　 4　Superficially

C 下線部 (a)〜(g) の意味・内容にもっとも近いものを次の1〜4の中からそれぞれ一つ選び、その番号を解答欄に記入しなさい。

(a) under way

　　1　in progress 　　　　　　　　2　in question

　　3　in sight 　　　　　　　　　 4　in the air

(b) burying

　　1　climbing 　　2　crushing 　　3　hiding 　　4　striking

(c) sculpt

　　1　carve 　　　2　collect 　　　3　discover 　　4　trap

(d) arguably

　　1　astonishingly 　　　　　　　2　ideally

　　3　originally 　　　　　　　　 4　probably

(e) Assuming

　　1　Fighting 　　2　Setting 　　3　Starting 　　4　Supposing

(f) become unviable

　　1　been fully satisfied 　　　　2　experienced good times

　　3　risen from despair 　　　　 4　stopped functioning well

(g) lament

　　1　bring about 　　　　　　　　2　cover up

　　3　get over 　　　　　　　　　 4　grieve over

D 波線部 (ア)〜(エ) の意味・内容をもっとも的確に示すものを次の1〜4の中からそれぞれ一つ選び、その番号を解答欄に記入しなさい。

(ア) give nature a hand

   1   assist snow in quickly melting

   2   encourage snow to fall naturally

   3   have good relations with snowmen

   4   use artificial snow to cover the slopes

(イ) to see why

   1   to see why Grimm will cover the mountain slope with man-made snow

   2   to see why many ski businesses don't want to mention climate change

   3   to see why we can earn millions of dollars from snow production

   4   to see why we can have the best spots for winter sports on the Alps

(ウ) artificial snow is its best defence

   1   artificial snow is at its most splendid

   2   artificial snow keeps most professional skiers away

   3   artificial snow lies thicker than ever before

   4   artificial snow protects the ski resort industry most effectively

(エ) As for the longevity of winter sports

   1   Concerning whether everyone will watch winter sports in the decades ahead

   2   Concerning whether people will be able to continue doing winter sports

   3   Regarding whether people will take up winter sports once more

   4   Regarding whether winter sports will cost a fortune in the future

E   二重下線部(あ)～(お)に入る次の1～6の語を入れ文を完成させたとき、(あ)と(う)に入る語の番号を解答欄に記入しなさい。同じ語を二度使ってはいけません。選択肢の中には使われないものが一つ含まれています。

the (あ) winter visitors will (い) several thousands to (う) for a week in the town's (え)(お) hotels

   1   expensive   2   more   3   poorest

4 spend 5 stay 6 wealthiest

F 本文の意味・内容に合致するものを次の1～8の中から三つ選び、その番号を解答欄に記入しなさい。

1 Even in a ski resort like Davos in the Alps, snow is produced artificially.

2 Before winter advances and temperatures are cold, Florian Grimm will move the snow he made down the slope.

3 During the Christmas and New Year periods, ski resorts get half of their yearly income in the north-eastern US.

4 Weather researchers have ignored the decline in the pace of warming in the past decades.

5 Some experts predict that most of Switzerland's glaciers will have vanished by the end of the twenty-first century.

6 It is believed that the ski areas in Switzerland and France will face a better future than Austria and Germany.

7 Many people will still go skiing in the famous ski areas which don't have much snow, according to an expert.

8 Scientists state that global warming increases the albedo effect.

G it が何を指すかを明示して、本文中の太い下線部を日本語に訳しなさい。

it will be shifted so that we will have fewer winters with lots of snow and more and more with little snow

≪温暖化によるスキー場の苦境≫

全訳

　ダボスのトダルプ山では毎年の変化が進行中である。雪が岩を覆い，斜面のくぼみを埋め，灰色がかった茶色を素敵な白に色づけている。その風景は，トーマス＝マンが小説『魔の山』で「雪深く，高いアルプスにそびえ立つ大理石の彫像」と呼んだものへと変わりつつある。

　この雪は単にこの風景を美しく飾りたてるだけでなく，その価値を高めている。スキーヤーは 6 日間のリフト券のために何百ドルも払っているが，最も裕福な冬の訪問者たちは，この町のもっと高価なホテルに 1 週間滞在するために，数千ドルを費やすことになるだろう。

　マンがダボスにやって来たのは 20 世紀初頭で，当時，この冬の変化はまったく自然の所作であった。最近では，自然に手を貸すことがフロリアン＝グリムの仕事である。グリムは（中略）パーセンスキー場の雪を管理する責任者である。私が秋に，スイスリゾート連絡会の代表であるフレデリック＝ペティグナットと一緒に，ケーブルカーの下で彼に会ったとき，彼は雪を生産するためにかなり苦労して忙しく働いていた。

　巨大な黄色の雪の大砲が，空気と混ぜ合わせた冷水を何百万リットルも散布し，それが氷結し，人工雪となって地面に落ちる。グリムは最初に 2 カ所の北を向いた高い滑走コースに散布し，天然の降雪を解けにくくするのに役立つ基礎となる層を作り上げる。雪が十分に深くなると，この機械はスキーヤーにとって天然の新雪のように感じられる，より軽くてサラサラに乾いた表面の層を作るよう切り替わる。この雪が積もるにつれて，スノートラクターが入ってきて，氷の粒を整え，最適なスノースポーツの経験を作り出すことになり，そして冬が深まり気温が下がるにつれて，グリムは雪の生産を少しずつ山の麓へと移していく。

　気候の変化は多くのスキーリゾートが話題にしたいことではない。雪質の評判が重要となる何十億ドルにもなるビジネスにおいては，なぜそうなのか理解するのは容易である。気候の変化は，アルプスで最も高い場所にあり，最も積雪が確実なリゾートの 1 つであるダボス＝クロスタースにはほとんど影響を与えてこなかったとグリムとペティグナットは強く指摘している。しかし，温暖化がウィンタースポーツの世界に影響を与え始めているのは疑いなく，人工雪が最善の対応策だとこの産業が考えていることが 2007 年のアンケート調査で判明した。世界中の人工雪の容積はそのとき以来，大規模に増大している。スイスにおける人工雪の生産は，2000 年の滑走コース域では 10%未満だったが，2010 年には 36%に増加し，オーストリアでは同じ期間の末期に 62%に達した。

　コロラド州ボールダーの国立大気研究センターの研究員であるエリザベス＝ブラコウスキーによると，合衆国北東部では，現在リゾート地の約 98%が人工雪に依存している。人工雪がなければ，総収益の 20%を稼ぐクリスマスと新年という重要な期間に，リゾート地が開業することはもはや確実ではなくなるのだ。

　雪と雪崩の研究所（SLF）は，おそらく世界で最先端の雪に関する科学研究所である。長身で 46 歳のクリストフ＝マーティは，SLF の雪と気候変動に関する専門家である。2008 年，彼は 1988 年から 89 年の冬の降雪範囲の減少比率における階

段状変化の証拠を見つけた研究報告書を発表した。しかしながら，最近，北部ヨーロッパで非常に雪が多い冬が数回あり，その間科学界は過去15年で温暖化の速度が明確に下がったことについて議論してきた。気候変動は結局，北部ヨーロッパにより多くの雪をもたらすことになる可能性があるのだろうかと私は問いかける。

　「私の考えでは，より暖かくなって，降雪量は少なくなるということに疑いはありません」とマーティは述べている。「私がこの高度で生活している限り，雪は降るだろうと言えます。しかし，私には3人の子どもがいて，彼らにもまた子どもができるでしょう。孫はもちろん，私の子どもたちは，スキーができることが当たり前ではなく，雪が降ることが普通ではない時代を経験することになるでしょう。彼らにとってそれは本当に考えるのも恐ろしいことなのです」

　自然の降雪量の減少速度を最も簡単に表現するには，高度という観点を用いることだと彼は述べている。100年の間に，気温が3.5℃上昇する傾向がある（アルプスはヨーロッパの平均より速く温暖化している）と仮定すると，雪線は世紀半ばまでに150メートルから200メートルの間で上昇し，2100年までには300メートルから400メートル上昇してしまうだろう。そのとき，ヨーロッパの万年氷は珍しいものになるだろう。スイスに関する予測では，この国の氷河の90%は今世紀の終わりには消滅してしまうようだ。ウィンタースポーツがどれくらい生き残れるかに関しては，「これはあなたがまさしく何を求めているかによって決まる」とマーティは述べている。「雪靴を履いて歩いたり雪だるまを作ったりするためなら，それほど多くの雪を必要としないが，もしあなたがスキー場の経営者ならば，山の粗い斜面の手入れをしなければならない。天然の積雪は，ばらつきもまた本当に大きいので，過去においても非常に降雪が少ない冬もあれば，降雪が非常に多い冬もあった。そしてこれからも積雪は多かったり少なかったりするだろう。しかし，たくさんの雪が降る冬が少なくなり，ほとんど雪が降らない冬がますます多くなるように推移していくだろう」

　低地に位置する一部の小さなスイスのリゾート地はもうすでにやっていけなくなっており，他のリゾート地にとってもこれは時間の問題にすぎない。生き残る可能性が最も高いスキー場は最も高い場所にあるスキー場であり，この点において，スイスやフランスは，オーストリアやドイツよりも良い場所にある。マーティはまた，温暖化は必ずしも人々が思っているように直線的に起こるわけではなく，考慮すべき社会的な要因がいくつかあると警告している。「もしダボスやシャモニーのような村が緑に覆われ（まったく雪が降らなく），暖かくなり，冬の気分がもてないときに，人々はそれでもスキーに行きたいと思うでしょうか？」

　もちろん，スキーの起源が少なくとも10,000年さかのぼるとしても，このスポーツが終わってしまうこと以上に雪がなくなることを嘆く大きな理由がいくつかある。ボールダーにある大気研究センターのシンテ゠ピーコックは，雪や氷が地球上の広範囲にあることによる数多くの利点をすらすらと述べている。最も重要なもののひとつに，アルベド（反射能）効果がある。雪は太陽の放射エネルギーを宇宙へと反射し，地球を涼しい状態に保つ助けとなるのである。世界中の積雪の減少は，特に北極地方において深刻なのだが，危険な正のフィードバック・ループの一部で

あり，そこでは気温が高く，雪が少なくなり，反射するエネルギーも少なくなり，その結果気温が上昇するのだ。これがアルプスや北極地方が平均よりも急速に温暖化している理由の一部であると科学者たちは信じている。

解 説

A．空所補充

(V)　正解は **7**

mix *A* with *B* で「*A* を *B* と混ぜる」という意味。ここでは過去分詞句となって，cold water を修飾している。

(W)　正解は **2**

prevent *A* from *doing* で「*A* が～するのを妨げる」という意味で必須表現。

(X)　正解は **3**

feel to the skier（　　）new-fallen natural snow から修飾句である to the skier を除外して，feel と空所が関係していることを見抜く。feel like ～ で「～のように感じられる」という意味で，新しく降った天然の雪のように感じられる人工雪を降らせることを述べている。

(Y)　正解は **5**

時制が現在完了であることに着目。空所の直後が then という過去の一時点を指す語なので，since と組み合わせて since then「そのとき以来ずっと」とし，全体で継続の意味を表す現在完了にする。継続を表す現在完了は since や for と組み合わせて使用することが多い。

(Z)　正解は **4**

rely on ～ で「～に依存する」という意味。

B．空所補充

①　正解は　**3**

be busy *doing* で「～するのに忙しい」という意味。

②　正解は　**2**

1	Clearly「明らかに」	2	Never「決して～ない」
3	Really「本当に」	4	Superficially「表面的に」

never mind（＝let alone）～ で「～はもちろん，～は言うまでもなく」という意味。

C. 同意語句

(a) 正解は 1 ───────────

under way「進行中で」

1　in progress「進行中の」　　　　2　in question「問題の」
3　in sight「見える範囲の」　　　　4　in the air「検討中の」
　下線部は「進行中で」という意味。よって，1が同意。

(b) 正解は 3 ───────────

burying「〜を埋めている，埋もれさせている」

1　climbing「〜を登っている」　　　2　crushing「〜を押しつぶしている」
3　hiding「〜を隠している」　　　　4　striking「〜を打っている」
　下線部は「〜を埋める，埋もれさせる」という意味。よって，3が同意。

(c) 正解は 1 ───────────

sculpt「〜を彫刻する，〜の形を整える」

1　carve「〜を彫る，刻む」　　　　2　collect「〜を集める」
3　discover「〜を発見する」　　　　4　trap「〜をわなで捕らえる」
　下線部はsculptureと同意で「〜を彫刻する，〜の形を整える」という意味。よって，1が同意。

(d) 正解は 4 ───────────

arguably「おそらく」

1　astonishingly「驚いたことには」　2　ideally「理想的に」
3　originally「もとは，元来」　　　4　probably「おそらく，たぶん」
　下線部は「おそらく」という意味。よって，4が同意。

(e) 正解は 4 ───────────

Assuming「〜を仮定すると」

1　Fighting「〜と戦うと」　　　　　2　Setting「〜を配置すると」
3　Starting「〜を始めると」　　　　4　Supposing「〜を想定すると」
　下線部は「〜を仮定すると」という意味。分詞構文を用いた表現。よって，4が同意。

(f) 正解は 4 ───────────

become unviable「成長できなくなった」

1　been fully satisfied「十分満足していた」
2　experienced good times「よい時代を経験した」
3　risen from despair「絶望から立ち上がった」
4　stopped functioning well「うまく機能しなくなった」
　下線部を含む文の直後で，リゾート地が「生き残る可能性」について言及している。そこから，下線部はsurviveできなかったリゾート地に言及しているというこ

とを見抜くのがポイント。よって，4の「うまく機能しなくなった」が正解。

⒢ **正解は 4** ――――――――――――――――――――――――

lament「～を嘆く」

1 bring about「～を引き起こす」　　2 cover up「～を覆う」

3 get over「～に打ち勝つ」　　　　4 grieve over「～を深く悲しむ」

　下線部は「～を嘆く」という意味。よって，4が同意。

D. 同意表現

㋐ **正解は 4** ――――――――――――――――――――――――

「自然に手を貸す」

1 「雪がすぐに解けるよう手助けをする」

2 「雪が自然に降るように促す」

3 「雪だるまと良い関係をもつ」

4 「斜面を覆うために人工雪を用いる」

　波線部は「自然に手を貸す」という意味。ここでは温暖化で天然の雪が少なくなったために，人工雪を用いることを表している。よって，4の「斜面を覆うために人工雪を用いる」が正解。

㋑ **正解は 2** ――――――――――――――――――――――――

「なぜかを理解すること」

1 「なぜグリムは山の斜面を人工雪で覆うのかを理解すること」

2 「なぜ多くのスキービジネスは気候の変化に言及したくないのかを理解すること」

3 「なぜ私たちは雪の生産から何百万ドルも稼ぐことができるのかを理解すること」

4 「なぜ私たちはウィンタースポーツに最適な場所をアルプスにもつことができるのかを理解すること」

　why の後ろに直前の第5段第1文の内容が省略されていると考える。したがって，波線部は「なぜ（気候の変化は多くのスキーリゾートが話題にしたいことではないの）かを理解すること」という意味。よって，2の「なぜ多くのスキービジネスは気候の変化に言及したくないのかを理解すること」が正解。

㋒ **正解は 4** ――――――――――――――――――――――――

「人工雪が最善の防衛策である」

1 「人工雪は最も素晴らしい状態である」

2 「人工雪は最も上級のスキーヤーを遠ざけてしまう」

3 「人工雪はかつてないほど深く積もっている」

4 「人工雪は最も効果的にスキーリゾート産業を守る」

　　波線部は「人工雪が最善の防衛策である」という意味。ここでは，地球温暖化で降雪量が少なくなっている冬のリゾート地が，人工雪を用いることで危機を乗り越えようとしていることが述べられている。よって，4の「人工雪は最も効果的にスキーリゾート産業を守る」が正解。

(エ)　正解は　2 ───────────────────────────────

「ウィンタースポーツの寿命に関しては」
　1　「数十年先にすべての人がウィンタースポーツを見るかどうかについて」
　2　「人々がウィンタースポーツを行い続けることができるかどうかについて」
　3　「人々がウィンタースポーツをもう一度始めるかどうかについて」
　4　「ウィンタースポーツが将来高い費用がかかるかどうかについて」

　　longevity は「長寿，寿命」という意味。よって波線部を直訳すると「ウィンタースポーツの寿命に関しては」となる。ここでの長寿とは，ウィンタースポーツが将来生き残っていくことを表している。as for ～ は「～に関して」という意味。よって，2の「人々がウィンタースポーツを行い続けることができるかどうかについて」が正解。

E．語句整序

正解は　(あ)6　(う)5 ──────────────────────────────

　　完成した文は次の通り。

the **wealthiest** winter visitors will <u>spend</u> several thousands to **stay** for a week in the town's <u>more</u> <u>expensive</u> hotels

「最も裕福な冬の訪問者たちは，この町のもっと高価なホテルに1週間滞在するのに数千ドルを費やすことになるだろう」

　　winter visitors が主語になると考え，(あ)にはこれを修飾する形容詞が入る。(い)の直前に will があることから，ここには動詞の原形が入ると考え，直後の several thousands が目的語となっていることから spend が入るとわかる。(う)は直前の to に着目し，stay を入れることで副詞用法の不定詞句ができる。(え)(お)には直後の hotels を修飾する形容詞が入ると考え，比較級となった more expensive を入れればよい。文意から高価なホテルに滞在するのは裕福な訪問者であると考えられるので，(あ)には wealthiest が入り，3の poorest が不要となる。

F．内容真偽

正解は　1・5・6 ──────────────────────────────

1─○　「アルプスにあるダボスのようなスキーリゾートでさえ，人工的に雪が作られている」
　　第3・4段の内容と一致する。

2―× 「冬が深まり，気温が低くなる前に，フロリアン＝グリムは，自分が作った雪を斜面に沿って動かすだろう」

　　選択肢は before の部分がまちがい。第4段最終文では，before ではなく as を用いて「冬が深まり気温が低くなるにつれて」と述べているので，内容と一致しない。

3―× 「クリスマスと新年の期間，合衆国北東部ではスキーリゾートが年間収益の半分を得る」

　　half「半分」ではなく「20%を得る」と第6段第2文にある。revenue「収入，歳入」

4―× 「天候の研究者たちは，過去数十年における温暖化の速度の低下を無視してきた」

　　第7段第3文に研究者たちが速度の低下について議論してきたとあり，内容と一致しない。

5―○ 「スイスの氷河の大半は 21 世紀の末までには消滅してしまうだろうと予測する専門家もいる」

　　第9段第3文の内容と一致する。

6―○ 「スイスやフランスのスキー場はオーストリアやドイツ（のスキー場）よりも明るい将来に向かっていると信じられている」

　　第10段第2文の内容と一致する。

7―× 「専門家によると，多くの人があまり雪の降らない有名なスキー場に依然としてスキーに行くことになるだろう」

　　第10段最終文の内容と一致しない。

8―× 「地球温暖化はアルベド効果を増加させていると科学者は述べている」

　　最終段第3・4文の内容と一致しない。

G．英文和訳

●it は but より前の部分の主語 The natural variability of snow cover「積雪の自然のばらつき，天然の積雪のばらつき」を指している。

●so that S V には「～するために」という目的の意味と「その結果～」という結果の意味があるが，ここでは「～するように」と様態で訳すとわかりやすい日本語になる。

●with lots of snow は fewer winters を修飾する形容詞句。

●with little snow は more and more を修飾する形容詞句だが，more and more の後には winters が省略されている。

●shift は「～を移す」という意味の他動詞で，ここでは受動態で用いられているが，〔解答〕のように自動詞的に和訳するとよいだろう。

ポイント so that 構文を整理しよう

so と that がくっついている場合

① 「〜するように」 目的を表す。この場合 that 以下に will / can / may など助動詞が入る。

　例：Talk lauder so that I may hear you.
　　　「聞こえるようにもっと大きな声で話してください」

② 「〜だ，その結果…」 結果を表す。通常 so that の前にコンマがある。

　例：She overslept, so that she missed the train.
　　　「彼女は寝過ごしたので，電車に乗り遅れた」

so と that の間に形容詞や副詞が入っている場合

③ 「非常に〜なので…」 結果を表す。

　例：He was so weak that he could not walk.
　　　「彼はあまりに弱っていたので歩けなかった」

④ 「〜するくらい…」 程度を表す。

　例：He was not so weak that he could not walk.
　　　「彼は歩けないほど弱ってはいなかった」

⑤ 「〜するように」 様態を表す。この場合は so＋過去分詞＋that S V となることが多い。

　例：The article is so written that it gives a wrong idea of the facts.
　　　「その記事は誤解を招くように書かれている」

A. (V)—7　(W)—2　(X)—3　(Y)—5　(Z)—4

B. ①—3　②—2

C. (a)—1　(b)—3　(c)—1　(d)—4　(e)—4　(f)—4　(g)—4

D. (ア)—4　(イ)—2　(ウ)—4　(エ)—2

E. (あ)—6　(う)—5

F. 1・5・6

G. 天然の積雪のばらつきは，たくさんの雪が降る冬が少なくなり，ほとんど雪が降らない冬がますます多くなるように推移していくだろう。

9

目標解答時間　30 分　**目標正答数**　16/19 問（和訳除く）

次の文章を読んで設問に答えなさい。［＊印のついた語句は注を参照しなさ
い。］（81点）

　　Bakery items were the most common choice for a worker who
wanted cheap ready-to-eat food, such as the family's daily bread or pies
and cakes for a quick snack or lunch. Most urban workers, in fact,
depended on baker's bread as the staple of their diet, a pattern that dates
to the earliest years of the Industrial Revolution in England. Commercial
bakeries had, of course, existed in Europe before the Industrial Revolution,
but wage workers in the new factories worked long hours away from home
　　(a)
and therefore ate more baker's bread than homemade bread. Sidney Mintz
has argued that white baker's bread, along with jam, tea, and sugar, was
　　the fuel that largely sustained the urban British working class from the
(ア)
eighteenth century onward. Mintz evoked the critical place of bread in
　　　　　　　　　　　　　　　(イ)
nineteenth-century British working-class diets in his description of jute*
workers in the Scottish city of Dundee: "When the mother is at work
there is not time to prepare porridge* or broth.* （中略）Usually breakfast
and dinner become bread and butter meals and the children have to
unlock the house and get 'pieces' for themselves." Buying bread freed
women from the work, time, and fuel expenditure of baking it themselves
　　　　　　　　　　　　　　　　(b)
or preparing other traditional foods, such as porridge or broth (both of
which required time, attention, and fuel to simmer*). Bread and butter
was also easier to serve; unlike porridge or broth, children could serve
themselves bread without having to heat it. Bread could not be spilled like
　　　　　　　　　　　　　　　　　　　　　　　　　　　　　　(c)
porridge, and it required no bowl or spoon. Mintz argued that bread
became a more important staple food as more working-class women traded
housework (　X　) wage work. The availability of baker's bread was
therefore a crucial factor in British women's decisions to work outside the

home. They could not have done so without a replacement for their work
(ウ)
at home producing and serving food.

Urban working-class Americans of varying ethnic backgrounds similarly depended on baker's bread as a basic food in the late nineteenth century. Although Americans in rural areas continued to bake their own bread well into the twentieth century, in towns and cities families depended on daily bread from the baker and often enjoyed pies, cakes, and other bakery treats as well. Like the working women of Scotland, American women found that buying bread from the baker relieved them of a significant amount of food preparation and serving work. Home bread baking was also particularly difficult in cramped* urban kitchens. Home-baked bread was considered a luxury as baker's bread became the norm for busy working-class women and their families.

As Americans moved into towns and cities, they had more opportunities to walk to a neighborhood baker and buy bread rather than baking it themselves. The American baking industry expanded along with American industrial cities. In 1879 there were 6,396 bakeries in the United States, roughly one for every 7,800 Americans. In 1899 there was
(d)
one for every 5,100 Americans. By 1909 there were 23,926 bakeries in the United States, or one for every 3,800 people. In other words, there were twice as many bakeries per capita* in 1910 (Y) there had been in 1880. Population density per square mile nearly doubled in the same years,
(e)
meaning that more people lived in cities and towns, close to bakeries.

Home baking was gradually superseded* in towns and cities by commercially baked bread. (Z) one estimate, in 1901 bakers made a third of all the bread eaten in cities, and by 1918 they made two-thirds. In the Lynds' study of Muncie, Indiana, a local baker estimated that only 25 percent of the bread eaten in the city in 1890 had been commercially baked. By the 1920s, 55 to 70 percent of bread was commercially baked. As truck transportation expanded the delivery areas for large bakeries, loaves of baked bread appeared in groceries even in smaller towns. In

1930 more than 60 percent of all bread consumed in the United States ―
in both urban and rural areas ― was baker's bread.

Most of the growth was in relatively small local bakeries. In 1899,
78 percent of bakeries had four or fewer employees. Small bakeries with
no hired employees ― "one-man" or family operations ― served their own
neighborhoods and small towns. Some neighborhood bakeries were almost
microscopic. In Boston in the 1890s, a tiny bakery, "about six feet by six,
opening out of Mrs. Flanagan's kitchen," served the occupants of one
working-class street. Larger bakeries that mass-produced bread that was
advertised and sold regionally appeared in the 1920s.

Bread was consistently cheap. The baking industry benefited as the
flour and sugar industries grew and the prices of these staples dropped by
more than half between 1872 and 1898. Bakers were able to pass these
lower prices on to consumers, keeping the retail price of bread low. In
Pittsburgh in 1894, Isabel Bevier recorded the price of the cheapest kind
of bread as two and a half cents per pound. The cheapest bread was sold
at the same price in New York City a year later. In 1902, Abraham
Cahan reported that Jewish housewives on the Lower East Side bought
white bread for four or five cents a loaf, and "black" or dark wheat bread
for two cents a pound. In 1909, Robert Chapin's budgetary studies among
New York City workers (who, he wrote, "universally buy bread") revealed
a range of prices paid for bread: from two and half cents a loaf for stale
bread, to an average of five cents a loaf for "regular" bread, and up to
eight cents per loaf. Cakes cost ten cents; rolls cost ten cents per dozen.
Pittsburgh workers (あ) by Margaret Byington (い) the (う)
time bought (え) for five cents a loaf. Pie cost ten or twelve cents.
And according to Department of Labor budget studies, in 1918 families in
New York, Pittsburgh, and Chicago paid between five and ten cents per
pound for bread.

The five-cent loaf of bread was consistent between about 1890 and
1920; its price equates to about two or three dollars today. It is hard to

know whether a five-cent loaf in New York was equivalent to a five-cent loaf in Chicago or Pittsburgh or anywhere else, either in size or in quality.

(From Katherine Leonard Turner, *How the Other Half Ate,* University of California Press, 2014)

[注] jute　インド麻（繊維）

porridge　かゆ

broth　（肉、魚、野菜から作る）スープ

simmer　（とろ火で）ぐつぐつ煮る

cramped　狭い

per capita　一人当たり

superseded　（supersede　～に代わる）

A　空所(X)～(Z)に入るもっとも適切なものを次の1～4の中からそれぞれ一つ選び、その番号を解答欄に記入しなさい。

(X)　1　at　　　　　　2　for　　　　　　3　from　　　　　4　in

(Y)　1　although　　　2　as　　　　　　3　because　　　4　if

(Z)　1　Beyond　　　2　By　　　　　　3　Over　　　　　4　To

B　下線部 (a)～(i) の意味・内容にもっとも近いものを次の1～4の中からそれぞれ一つ選び、その番号を解答欄に記入しなさい。

(a)　wage workers

1　people who were self-employed

2　people who worked for money

3　workers who improved people's welfare

4　workers who stopped working temporarily

(b)　fuel expenditure

1　cell containing fuel　　　　　　2　economy based on fuel

3　material used for fuel　　　　　4　money spent on fuel

(c)　spilled

1　eaten　　　2　overturned　　　3　reduced　　　4　sliced

(d)　roughly

　　1　accurately　　2　around　　　3　over　　　　4　violently

(e)　density

　　1　concentration　　　　　　2　control

　　3　decline　　　　　　　　　4　drift

(f)　consumed

　　1　broken　　　2　cut　　　3　earned　　　4　eaten

(g)　operations

　　1　affections　　2　audiences　　3　businesses　　4　treatments

(h)　mass-produced

　　1　produced in huge quantities

　　2　produced in limited quantities

　　3　produced in minute quantities

　　4　produced in varying quantities

(i)　budget

　　1　development plan　　　　　2　financial plan

　　3　meal plan　　　　　　　　4　work plan

C　波線部 (ア)～(ウ) の意味・内容をもっとも的確に示すものを次の1～4の中から
　　それぞれ一つ選び、その番号を解答欄に記入しなさい。

(ア)　the fuel that largely sustained the urban British working class

　　1　the burnable matter that the urban British working class worked
　　　hard to get

　　2　the energy source that chiefly supported the urban British working
　　　class

　　3　the material that mainly warmed the homes of the urban British
　　　working class

　　4　the means by which the urban British working class hoped to get
　　　wealthy

(イ)　Mintz evoked the critical place of bread

　　1　Mintz reminded people that some critics passed harsh judgment on bread

  2 Mintz suggested that bread played a very significant role

  3 Mintz supported the idea that bread was unpopular

  4 Mintz was against the idea that bread had a very important position

(ウ)　They could not have done so

  1 They could not have baked their own bread

  2 They could not have been satisfied

  3 They could not have gone out to work

  4 They could not have served porridge or broth

D　二重下線部(あ)～(え)に入る次の1～6の語を入れ文を完成させたとき、(あ)と(う)に入る語の番号を解答欄に記入しなさい。同じ語を二度使ってはいけません。選択肢の中には使われないものが二つ含まれています。

Pittsburgh workers（　あ　）by Margaret Byington（　い　）the（　う　）time bought（　え　）for five cents a loaf.

  1 around   2 bread   3 different

  4 same   5 sold   6 studied

E　本文の意味・内容に合致するものを次の1～8の中から三つ選び、その番号を解答欄に記入しなさい。

  1 One important reason why British women were able to work outside the home was that they were able to buy baker's bread.

  2 From the eighteenth century onward in England, urban working women continued to feel that baker's bread did not taste as good as they expected.

  3 Americans in rural areas stopped baking their own bread in the late nineteenth century because they got busier and busier with their work.

  4 Home-made bread was thought of as something special in urban America in the late nineteenth century.

  5 The development of air transportation in the USA in the early

twentieth century enabled loaves of baked bread from larger bakeries to appear in groceries even in smaller towns.

6   In Boston in the 1890s, a very small bakery provided bread for those working-class people who lived in a business district.

7   The price of baker's bread in the USA generally did not increase between about 1890 and 1920.

8   The author of this article is sure that a five-cent loaf had the same size and quality in New York, Chicago, Pittsburgh, or anywhere else in the USA between about 1890 and 1920.

F   本文中の太い下線部を日本語に訳しなさい。

Most urban workers, in fact, depended on baker's bread as the staple of their diet, a pattern that dates to the earliest years of the Industrial Revolution in England.

全訳

≪19世紀後半以降の製パン所の発展≫

　安価ですぐ食べることのできる食べ物，たとえば，さっとすませる軽食や昼食のための家族の日々のパンやパイやケーキのような食べ物を求める労働者にとって，製パン所の品々は最もありふれた選択肢であった。ほとんどの都市労働者たちは，実際，食事の主食として製パン業者のパンに依存していて，そのことは，イングランドの産業革命の最も初期の時代にさかのぼる基本的な型であった。もちろん，商業的な製パン所は，産業革命以前からヨーロッパに存在していたが，新しい工場の賃金労働者たちは，家を離れて長時間働いていたので，自家製のパンよりも製パン業者のパンを多く食べた。シドニー＝ミンツは，ジャムや紅茶，砂糖とともに食べる製パン業者の白パンは，18世紀以降のイギリスの都市労働者階級を主に支えた食料であったと主張した。ミンツは，ダンディーというスコットランドの都市におけるインド麻の労働者に関する記述の中で，19世紀のイギリスの労働者階級の食事においてパンが重要な位置を占めていたことを思い起こさせた。「母親が働いているとき，かゆやスープを準備する暇がない。（中略）通常，朝食と夕食はバターつきパンという食事になり，子供たちは家の鍵を開けて，自分たちのために〈食べ物〉を手に入れなければならない」パンを買うことによって，女性たちは，自分でパンを焼いたり，かゆやスープ（その両方とも，ぐつぐつ煮るための時間や注意や燃料を必要とした）のような他の伝統的な食べ物を料理したりするための労働や時間や燃料費から解放された。また，バターつきパンは食事として出すのがより簡単だった。つまり，かゆやスープと異なり，子供たちは，温める必要なく自分たちにパンを用意することができた。パンは，かゆのようにこぼれることはなく，お椀やスプーンを必要としなかった。家事をする代わりに賃金労働をする労働者階級の女性が増えてくると，パンはより重要な主食になったとミンツは主張した。それゆえ，製パン業者のパンがすぐに手に入ることが，家庭の外で働こうというイギリスの女性たちの決断において重要な要素であった。家庭で食べ物を生産し食卓に出すという仕事に取って代わるものがなかったならば，女性たちはそうすることができなかっただろう。

　さまざまな民族的背景を持つ都会の労働者階級のアメリカ人は，同様に，19世紀後半には基本的な食べ物として製パン業者のパンに頼っていた。田舎に住むアメリカ人たちは20世紀に入ってからもしばらく自分自身のパンを焼き続けていたけれども，町や都市では，家族は製パン業者に日々のパンを頼り，また，しばしば，パイやケーキや製パン業者が作る他のおいしいものも楽しんでいた。スコットランドの働く女性と同様に，アメリカの女性たちは，製パン業者からパンを買えば，食事の用意と食事を提供する仕事から相当解放されることを知ったのである。また，家でパンを焼くことは，都会の狭い台所では特に難しかった。製パン業者のパンが，労働者階級の多忙な女性やその家庭にとって普通のことになると，家で焼いたパンはぜいたく品だと考えられるようになった。

　アメリカ人は町や都市に移動していくにつれて，自分たちでパンを焼くよりはむしろ，近所の製パン業者のところに歩いて行ってパンを買う機会が増えていった。アメリカの製パン産業は，アメリカの工業都市とともに拡大していった。1879年

に，アメリカ合衆国には 6396 軒の製パン所があり，だいたい 7800 人のアメリカ人に 1 つの製パン所があった。1899 年には，5100 人のアメリカ人に 1 つの製パン所があった。1909 年までには，アメリカ合衆国に 23926 軒の製パン所が，すなわち，3800 人に 1 つの製パン所があった。言い換えるなら，1910 年には，1 人当たりの製パン所の数が 1880 年の 2 倍になったということだ。1 平方マイル当たりの人口密度は同じ期間でほぼ 2 倍になり，都市や町に，製パン所の近くに住む人が増えたことを意味する。

　町や都市では，家庭でパンを焼くことが，業者が焼いたパンによってしだいに取って代わられた。ある見積もりでは，1901 年に，製パン業者は都市で消費されるすべてのパンの 3 分の 1 を作り，1918 年までには 3 分の 2 のパンを作ったのである。インディアナ州のマンシーに関するリンズの研究では，地元の製パン業者の見積もりによると，1890 年には，その都市で食べられたパンのたった 25 パーセントが業者が焼いたものであった。1920 年代までには，パンの 55 パーセントから 70 パーセントを業者が焼いたのである。トラック輸送が大きな製パン所の配達地域を拡大したので，焼いたパンの塊が，もっと小さな町でさえ食料雑貨店に並べられたのである。1930 年には，都会でも田舎でもアメリカで消費されたすべてのパンの 60 パーセント以上が，製パン業者のパンであった。

　そうした増加の大半は比較的小さな地元の製パン所で生じたのである。1899 年には，製パン所の 78 パーセントは従業員が 4 人以下であった。従業員を雇っていない，「1 人の仕事」あるいは家族経営の小さな製パン所が，その近隣や小さな町にパンを用立てた。近隣の製パン所にはほとんど極小のものもあった。1890 年代のボストンでは，「縦横およそ 6 フィートで，フラナガン夫人の台所からはじめたような」小さな製パン所が，労働者階級の人々が住む通りのパンをまかなっていた。広告を出しその地域で売れるパンを大量生産したもっと大きな製パン所は，1920 年代に現れた。

　パンは一貫して安かった。小麦粉と砂糖の産業が成長し，これらの主要産物の価格が 1872 年から 1898 年の間に半分以上上下がったので，製パン産業は利益を得た。製パン業者は，これらの下がった価格を消費者に回すことができ，パンの小売価格を安く保っていた。1894 年のピッツバーグでは，イザベル＝ベビヤーが，最も安価な種類のパンの価格を 1 ポンド当たり 2.5 セントだと記録した。1 年後に，最も安いパンがニューヨーク市で同じ価格で売られていた。1902 年に，エイブラハム＝カーハンは，ローワーイーストサイドのユダヤ人の主婦が白パン 1 斤を 4，5 セントで買い，「黒」パンや黒みがかった小麦パンを 1 ポンド当たり 2 セントで買ったと報告していた。1909 年に，ニューヨーク市の労働者（彼らは「一般的にパンを買う」と彼は書いていた）に関して行ったロバート＝チャピンの予算に関する研究は，パンに支払われた価格の範囲を明らかにした。つまり，常食用のパン 1 斤当たり 2.5 セントから，「通常の」パン 1 斤で平均して 5 セント，そして，1 斤 8 セントにいたるまで，いろいろある。ケーキには 10 セントかかり，ロールパンは，1 ダース当たり 10 セントかかった。マーガレット＝バイントンが研究したほぼ同時代のピッツバーグの労働者は，パン 1 斤に 5 セントを支払った。パイには 10 セン

トか 12 セントが必要だった。そして，労働省の予算の研究によると，1918 年には，ニューヨークやピッツバーグやシカゴの家庭は，パンに関して 1 ポンド当たり 5 セントから 10 セントを支払った。

1斤 5 セントのパンは，だいたい 1890 年から 1920 年にかけて一定していた。その価格は現在の 2，3 ドルに相当している。ニューヨークの 5 セントのパン 1 斤が，大きさであれ品質であれ，シカゴやピッツバーグや他のどこの場所でも 5 セントのパン 1 斤と同等であったかどうかを知ることは難しい。

解 説

A．空所補充

⊗ 正解は 2 ─────────────────────────────

trade *A* for *B*「*A* と *B* を交換する，*A* を *B* に交換する」という定型表現。

⊗ 正解は 2 ─────────────────────────────

1　although「〜だけれども」　　　2　as「〜と同じくらい」
3　because「〜なので」　　　　　4　if「もし〜なら」

空所を含む文の意味を考えると，1880 年と 1910 年における製パン所の数を比較していると推測できる。twice as many 〜 as …「…の 2 倍の〜」という定型表現であると見抜く。

⊗ 正解は 2 ─────────────────────────────

by one estimate「ある見積もりでは」という定型表現。

B．同意語句

⒜ 正解は 2 ─────────────────────────────

wage workers「賃金労働者」

1　people who were self-employed「自営業の人々」
2　**people who worked for money「お金のために働いた人々」**
3　workers who improved people's welfare「人々の福祉を向上させた労働者」
4　workers who stopped working temporarily「一時的に働くのをやめた労働者」

wage workers「賃金労働者」という意味には，2 の people who worked for money「お金のために働いた人々」が最も近い。

⒝ 正解は 4 ─────────────────────────────

fuel expenditure「燃料の経費」

1　cell containing fuel「燃料を含む細胞」
2　economy based on fuel「燃料に基づいた経済」
3　material used for fuel「燃料に使われる素材」
4　**money spent on fuel「燃料に費やされるお金」**

fuel expenditure は「燃料の経費」という意味。4の money spent on fuel「燃料に費やされるお金」が最も近い。

(c)　**正解は 2**

spilled「こぼれて」

1　eaten「食べられて」　　　　　2　**overturned「ひっくり返されて」**

3　reduced「減らされて」　　　　4　sliced「薄く切られて」

　spilled は spill「～をこぼす」の過去分詞で，2の overturn「～をひっくり返す」という動詞の過去分詞が最も近い。

(d)　**正解は 2**

roughly「おおよそ，だいたい」

1　accurately「正確に」　　　　　2　**around「約～」**

3　over「～を超えて」　　　　　4　violently「激しく」

　roughly は「おおよそ，だいたい」という意の副詞であり，2の around「約～」という副詞が最も近い。

(e)　**正解は 1**

density「濃度」

1　**concentration「濃度」**　　　2　control「制御」

3　decline「減少」　　　　　　4　drift「漂うこと」

　density「濃度」という名詞の意味に最も近いのは，1の concentration「濃度」である。

(f)　**正解は 4**

consumed「消費されて」

1　broken「壊されて」　　　　　2　cut「切られて，破壊されて」

3　earned「稼がれて」　　　　　4　**eaten「食べられて」**

　consumed は「消費されて」の意で，4の eaten「食べられて」が最も近い。

(g)　**正解は 3**

operations「経営」

1　affections「愛情」　　　　　2　audiences「聴衆」

3　**businesses「仕事，経営」**　　4　treatments「扱い，治療」

　operations は「経営」という意の名詞であり，3の business「仕事，経営」という名詞が最も近い。

(h)　**正解は 1**

mass-produced「～を大量に生産した」

1　**produced in huge quantities「～を大量に生み出した」**

2　produced in limited quantities「～を限られた量で生産した」

3　produced in minute quantities「～をわずかな量で生産した」

4　produced in varying quantities「～をさまざまな量で生産した」

　mass-produced「～を大量に生産した」という動詞の意味に最も近いのは，1 の produced in huge quantities「～を大量に生み出した」である。

(i)　正解は 2

budget「予算」

1　development plan「開発計画」　　　2　**financial plan「金銭上の計画」**

3　meal plan「食事の計画」　　　　　4　work plan「労働計画」

　budget は「予算」という意の名詞であり，2 の financial plan「金銭上の計画」という表現が最も近い。

C．同意表現

(ア)　正解は 2

「イギリスの都市労働者階級を主に支えた食料」

1　「イギリスの都市労働者階級が手に入れるために一生懸命働いた可燃性の物質」

2　「イギリスの都市労働者階級を主に支えたエネルギー源」

3　「イギリスの都市労働者階級の家庭を主に暖めた物質」

4　「イギリスの都市労働者階級が豊かになるために望んでいた手段」

　「イギリスの都市労働者階級を主に維持した燃料」という波線部の意味・内容を最も的確に示すのは，2 の「イギリスの都市労働者階級を主に支えたエネルギー源」である。working class「労働者階級」 sustain「～を支える，扶養する」 fuel は「燃料」の他に「(エネルギー源としての) 食料」の意味もある。

(イ)　正解は 2

「ミンツはパンが重要な位置を占めていたことを思い起こさせた」

1　「ミンツは，パンに厳しい評価をした批評家もいたと人々に思い出させた」

2　「ミンツは，パンが非常に重要な役割を演じたと提唱した」

3　「ミンツは，パンが人気がなかったという考えを支持した」

4　「ミンツは，パンが非常に重要な位置を占めていたという考えに反対であった」

　直訳すると「ミンツはパンの占める重要な位置を喚起した」となる波線部の意味に最も近いのは，2 の「ミンツは，パンが非常に重要な役割を演じたと提唱した」である。evoke「～を喚起する」と critical「重大な」はどちらも必須単語。play a role「役割を演じる」 pass judgment on ～「～に評価を下す」 the idea that ～は「～という考え」で，that は同格の接続詞である。

(ウ)　正解は 3

「女性たちはそうすることができなかっただろう」

1　「女性たちは自分自身のパンを焼くことができなかっただろう」

2　「女性たちは満足することができなかっただろう」

3 「女性たちは仕事に行くことができなかっただろう」

4 「女性たちはかゆやスープを食卓に出すことができなかっただろう」

　波線部は「女性たちはそうすることができなかっただろう」という意味。この so は直前の文の内容を受け，done so で worked outside the home を指す。したがって，この内容を最も的確に示しているのは，3の「女性たちは仕事に行くことができなかっただろう」である。

D．語句整序

正解は　㋐6　㋒4 ─────────────────────────────

　完成した文は次の通り。

Pittsburgh workers <u>studied</u> by Margaret Byington <u>around</u> the **same** time bought <u>bread</u> for five cents a loaf.

「マーガレット゠バイントンが研究したほぼ同時代のピッツバーグの労働者は，パン1斤に5セントを支払った」

　ここまでの内容は，パンの値段の幅についてのものであることを押さえる。2文前の第6段第7文に New York City workers という主語があり，この問題文の主語が Pittsburgh workers であることから，パンの値段についてニューヨークとピッツバーグを比較して述べようとしていると考える。「ピッツバーグの労働者」が主語だから，選択肢の sold，studied はいずれも動詞として意味が合わない。よって動詞は文中の bought と考える。その目的語が入る㋓は当然 bread になる。㋐の直後に by Margaret Byington「マーガレット゠バイントンによって」とあるので，この空所に studied「調査された」を表す過去分詞を入れると「マーガレット゠バイントンが調査したピッツバーグの労働者は」というフレーズが完成する。残った選択肢のうち time の前に入れられる形容詞は different か same であるが，ニューヨークとピッツバーグでパンの値段を比較しているので，比較時期は同じでなければおかしい。よって㋒には same が入る。残る㋑には前置詞 at を入れて at the same time としたいが，選択肢に at がない。選択肢の中で at に代わる前置詞は around しかない。

E．内容真偽

正解は　1・4・7 ─────────────────────────────

1─〇 「イギリスの女性たちが家の外で働くことができた1つの重要な理由は，女性たちが製パン業者のパンを買うことができたということであった」

　第1段最後から2番目の文に一致する。

2─× 「18世紀以降，イングランドでは，都会の働く女性たちは，製パン業者のパンが期待したほどおいしくないと感じ続けた」

このような記述は本文にない。

3—×　「田舎に住むアメリカ人たちは，自分たちの仕事でますます忙しくなったので，19世紀後半に自分自身でパンを焼くのをやめた」

　　第2段第2文に Americans in rural areas とあり，該当箇所だとすぐわかる。この文の前半部分に田舎に住むアメリカ人は20世紀に入ってからもしばらくパンを焼いていたとあるのと矛盾する。busier and busier「ますます忙しい」

4—〇　「自家製のパンは，19世紀後半のアメリカの都会では何か特別なものと考えられていた」

　　第2段最終文に「家で焼いたパンはぜいたく品とみなされた」とあるのと一致する。think of A as B「A を B と考える」

5—×　「20世紀の初期に，アメリカでは飛行機輸送の発達のおかげで，もっと大きな製パン所で焼いた多くのパンが，もっと小さな町の食料雑貨店にさえ現れるようになった」

　　transportation「輸送」に着目すると第4段第5文が該当する。ここにトラック輸送の記述はあるが，飛行機輸送の記述はない。

6—×　「1890年代のボストンでは，非常に小さな製パン所が，ビジネス地区に住んでいる労働者階級の人々にパンを提供した」

　　第5段第5文の内容と矛盾する。provide A for B「B に A を与える，提供する」

7—〇　「アメリカでの製パン業者のパンの価格は一般的に，だいたい1890年から1920年にかけて上がらなかった」

　　第6段第1文「パンの値段は一貫して安かった」および，最終段第1文「だいたい1890年から1920年までパンが1斤5セントというのは変わらなかった」に合致。第6段で示された数字に着目すると1894年1ポンド当たり2.5セント，1918年では1ポンド当たり5セントから10セントとあるので，単純にみれば2倍以上だから内容に合っていないと悩んだ人もいるだろう。しかし，すでに述べた本文の該当箇所から，本文の主旨は「パンの値段はずっと安かった」ことであるとわかる。値段が倍になったといっても，ここではあくまでも「安い」の例として述べられたということ。よって選択肢は内容に一致。

8—×　「だいたい1890年から1920年にかけて，1斤5セントのパンが，ニューヨークやシカゴやピッツバーグやアメリカの他のどこでも，同じ大きさと品質を持っていたことをこの記事の筆者は確信している」

　　最終段第2文と矛盾する。

ポイント　数値データは，筆者が伝えたいことを示すために用いられる！

　たとえば「A君の身長は170センチだ」という文に対してどう思うだろう。自分が155センチなら「背が高い」ことを示す情報だととるだろうし，自分が180センチなら「低

い」と感じるだろう。しかし，A君の170センチという身長が高いか低いかは，読み手の身長で変わるようなものではない。当然文脈で決まる。もしこの前に別の情報があり，たとえば「A君のクラスの平均身長は165センチですが，A君は170センチです」であれば，「背が高い例」としてA君が挙げられていることになる。よって読み手は，A君は背が高いと認識しなければならない。逆に，「A君はバレーボールの選手ですが，身長は170センチです」であれば，A君は「背が低い例」ということになるだろう。

　このように，示された数字に対し，それがどういう意味なのかは文脈で判断すべきであって，読み手の感覚で解釈してはならない。本問でも，「2.5セントが5セントなら倍だから，値段が変わっていないとはいえない」と思った人はぜひ文脈を考えてほしい。筆者は第6・最終段で，それぞれ「パンの値段は安かった」と述べているのだ。例を挙げると，「子供用のテキストは薄くなければならない。たとえば国語は50ページ，写真や図などの資料が多い理科でも100ページほどだ」という場合では，国語と理科では倍もの差があるが「薄い」の範囲内ということを表しているのであって，理科のテキストが倍だから厚いということではない。数値をみて自分の感覚で判断してはいけない。

F．英文和訳

- ●depend on ～「～に依存する」
- ●a pattern that ～は直前の内容と同格。
- ●date to ～「～にさかのぼる」
- ●the Industrial Revolution「産業革命」

A．(X)—2　(Y)—2　(Z)—2

B．(a)—2　(b)—4　(c)—2　(d)—2　(e)—1　(f)—4　(g)—3　(h)—1
　　(i)—2

C．(ア)—2　(イ)—2　(ウ)—3

D．(あ)—6　(う)—4

E．1・4・7

F．ほとんどの都市労働者たちは，実際，食事の主食として製パン業者のパンに依存していて，そのことは，イングランドの産業革命の最も初期の時代にさかのぼる基本的な型であった。

10

次の文章を読んで設問に答えなさい。［＊印のついた語句は注を参照しなさ
い。］（83点）

By land or by sea? That's the question scientists have been
pondering for decades when it comes to the bottle gourd*, a plant with a
hard-skinned fruit that's used by cultures all over the world to make
lightweight containers and other tools. Archaeologists know that people
were using domesticated bottle gourds in the Americas* as early as 10,000
　　　　　　(a)
years ago. But how did the plant make the jump from its original home
in Africa to the New World with an ocean in the way?（中略）

Humans rarely eat the bottle gourd, but rather dry out its fruit and
fashion it into containers, tools like fishing floats or pipes, or even musical
(b)
instruments. The plant comes in two subspecies linked to their geography:
one from Africa, where the plant first evolved, and one from Asia.
Researchers have long wondered whether the New World bottle gourds are
more closely related to the African or Asian subspecies. If they could build
a bottle gourd family tree, they thought, they might be able to figure out
　　　　　　　　　　　　　　　　　　　　　　　　　　　　　　　(c)
how the plant reached the Americas in the first place. Did it float over on
ocean currents from Africa, the prevailing assumption until about 10 years
ago, or did humans carry the plant with them when they walked across
the Bering land bridge* from Asia?

"It was a real puzzle," says Bruce Smith, an archaeologist at the
Smithsonian Institution's National Museum of Natural History in
Washington, D.C.

Then, in 2005, a study was published that seemed to solve the
mystery once and for all. In a paper published in the *Proceedings of the*
　　　　　(d)
National Academy of Sciences, researchers analyzed the genetics of bottle
gourds for the first time and found that pre-Columbian* bottle gourds in

the Americas appeared to be more closely related to the Asian subspecies than the African one. They concluded that the ancestors of New World bottle gourds must have been carried by people as they made their way (ア) across Asia, over the Bering land bridge, and down into the Americas.

But many scientists — including several of the study's authors — had "lingering questions" about that hypothesis, says Andrew Clarke, a plant (e) biologist at the University of Warwick in Coventry, U.K., and an author of the 2005 study. Most glaringly, how could the bottle gourd, a tropical plant, make it through years of traveling across the Arctic? And if humans carried it with them across the Bering land bridge, why is there no archaeological evidence of bottle gourds in Siberia, Alaska, or the Pacific Northwest?

Logan Kistler, an anthropologist at Pennsylvania State University, University Park, thought the question of bottle gourd dispersal was due (イ) for another look. Technology for studying ancient DNA has "really come a (ウ) long way" since the 2005 study was done, he says. "We thought, since we had these updated technologies, it could be worth revisiting that paper's conclusions," he says. (中略)

The expanded genetic analysis revealed that pre-Columbian bottle gourds in the Americas were more closely related to African gourds after all, the team reports online in the *Proceedings of the National Academy of Sciences*. Using updated models of how objects drift on Atlantic currents, Kistler's team concludes that the ancestors of New World bottle gourds probably floated to the West African coast by river, embarked on their (エ) Atlantic voyage at latitudes between 0° and 20° south or between 10° and 20° north, and landed on the coast of Brazil an average of 9 months later. So (X) bringing bottle gourds with them, the first human settlers of the Americas likely found a wild population of the useful plant waiting for them and eventually domesticated it, just as people on other continents did.

The new result is "a real relief," says Smith, who was involved in

both studies. "It just makes so much more sense" than the 2005 conclusion,
(オ)
he says. Clarke agrees: "Now, it's really quite clear that the bottle gourd
reached the New World under its own steam."
(f)

(　Y　), not all the questions about the bottle gourd have been
answered. Scientists don't know how it got to Asia, for example, and the
scarcity of wild bottle gourds the world over begs the question of why
uncultivated varieties of the plant disappeared. Kistler suggests that wild
populations may have declined after megafaunal mammals* like the
mastodon* went extinct and could no longer help disperse bottle gourd
seeds in their dung*. But for now, these pieces of the bottle gourd's past
remain mysterious.

From Scientists Solve Mystery of World-Traveling Plant by Lizzie Wade,
Science (2014/02/10), American Association for the Advancement of Science

[注]　bottle gourd　ヒョウタン

the Americas　南北アメリカ大陸

Bering land bridge　ベーリング陸橋（シベリアとアラスカが陸続きだっ
た時代、両者の間をつないでいた陸地部分）

pre-Columbian　コロンブスのアメリカ大陸到達以前の

megafaunal mammals　大型ほ乳動物

mastodon　マストドン（絶滅したゾウの一種）

dung　糞（ふん）

A　空所（X）および（Y）に入るもっとも適切なものを次の1～4の中からそれぞれ
一つ選び、その番号を解答欄に記入しなさい。

（X）　1　as a result of　　　　　　　2　in view of

　　　3　rather than　　　　　　　　4　in addition to

（Y）　1　On that account　　　　　　2　For instance

　　　3　Therefore　　　　　　　　　4　Still

B　下線部 (a)～(f) の意味・内容にもっとも近いものを次の1～4の中からそれぞ
れ一つ選び、その番号を解答欄に記入しなさい。

(a) domesticated

　1　cultivated　　　　　　　2　fast-growing

　3　genetically modified　　4　ornamental

(b) fashion

　1　pour　　　2　craft　　　3　throw　　　4　carry

(c) figure out

　1　discuss　　2　determine　　3　ask　　　4　experience

(d) once and for all

　1　easily　　　　　　　　2　partially

　3　independently　　　　4　finally

(e) lingering

　1　unresolved　　　　　2　unpleasant

　3　unsatisfactory　　　4　unknown

(f) under its own steam

　1　without assistance　　2　by boat

　3　in safety　　　　　　4　with much trouble

C　波線部 (ア)〜(オ) の意味・内容をもっとも的確に示すものを次の1〜4の中から
　それぞれ一つ選び、その番号を解答欄に記入しなさい。

(ア)　they made their way across Asia

　　1　African bottle gourds became dominant across Asia

　　2　ancient bottle gourds started to grow wild across Asia

　　3　humans migrated across Asia

　　4　researchers' assumptions spread across Asia

(イ)　the question of bottle gourd dispersal was due for another look

　　1　it was time to investigate again how bottle gourds spread

　　2　renewed efforts were needed to find out where the ancestors of
　　　African bottle gourds originated

　　3　scientists should be allowed more time to discover archaeological
　　　evidence of bottle gourds in the Arctic region

　　4　there was little need to bring up the issue of the widespread distribution of bottle gourds again

(ウ) come a long way

1　become available to many researchers

2　failed to meet expectations

3　made great progress

4　reached a degree of destructive power

(エ) embarked on their Atlantic voyage

1　were smoothed and polished in the Atlantic Ocean

2　started breeding in the warm Atlantic currents

3　were collected on Atlantic ships

4　set out on a journey across the Atlantic

(オ) It just makes so much more sense

1　It is just so much less coherent

2　It is just so much less ingenious

3　It is just so much more logical

4　It is just so much more mysterious

D　本文の意味・内容に合致するものを次の1～8の中から三つ選び、その番号を解答欄に記入しなさい。

1　For many years, scientists have been puzzled as to how the lightweight seeds of the African bottle gourd were blown over the ocean.

2　In North and South America, bottle gourds have been used exclusively to carry and store water.

3　Before the first genetic analysis conducted about ten years ago, bottle gourds were widely assumed to have been carried from the African continent to the Americas by ocean currents.

4　The first genetic tests of bottle gourds revealed that those identified as "New World bottle gourds" appeared to be more closely linked to the Asian subspecies than the African one.

5　One of the questions that remained unsolved after the 2005 study was how bottle gourds withstood the hot and humid weather of Asia before their arrival in the Americas.

6　Advances in genetic analysis enabled Logan Kistler's team to discover that the ancestors of bottle gourds in the Americas originated from the African subspecies rather than from the Asian one.

7　The new research conducted by Logan Kistler's team concludes that the ancestors of New World bottle gourds probably reached the West African coast after an average of nine months of drifting in the water.

8　Because of the extinction of the mastodon, wild populations of the bottle gourd started to thrive.

E　本文中の太い下線部を日本語に訳しなさい。

We thought, since we had these updated technologies, it could be worth revisiting that paper's conclusions

≪アメリカ大陸に渡ったヒョウタン≫

全訳

　陸路か海路か？　これは，軽量の容器やその他の道具を作るために世界中の文化によって使われる固い皮の果実を持つ植物であるヒョウタンというものについて，科学者が何十年も考えている問題である。早くも 10,000 年前に，栽培したヒョウタンを南北アメリカ大陸で人々が使っていたということを考古学者は知っている。しかし，その植物がその原産地であるアフリカから新世界まで，途中に海があるのにどうやって伝わったのだろうか。（中略）

　人がヒョウタンを食べることはめったにないが，その果実を乾燥させ，容器，釣りの浮きや筒といった道具，さらには楽器にまでそれを加工している。この植物は，地理に関連した 2 つの亜種で伝わっている。1 つはこの植物が最初に進化したアフリカからで，もう 1 つはアジアからである。新世界のヒョウタンは，アフリカとアジアのどちらの亜種により近い関係があるのか，研究者は長く疑問に思ってきた。もしヒョウタンの系譜を作ることができるなら，まずこの植物が南北アメリカ大陸にどうやって到達したかがわかるかもしれないと彼らは考えた。およそ 10 年前まで広まっていた想定だが，それはアフリカからの潮流に浮かんで来たのだろうか，それともアジアからベーリング陸橋を歩いて渡れた時代に，人がヒョウタンを運んだのだろうか。

　「これは本当に謎でした」と，ワシントン D.C. にあるスミソニアン協会の国立自然史博物館の考古学者であるブルース＝スミスは述べている。

　そして 2005 年，この謎をきっぱりと解決すると思われた 1 つの研究が発表された。『アメリカ科学アカデミー紀要』で発表された研究論文で，研究者はヒョウタンの遺伝子を初めて分析し，コロンブスがアメリカ大陸に到達した以前の南北アメリカ大陸のヒョウタンは，アフリカの亜種よりもアジアの亜種により近い関係があるようだということを発見した。人々がアジアを横切って，ベーリング陸橋を越え，南北アメリカ大陸に至る際に，新世界のヒョウタンの原種は人々によって運ばれたに違いないと彼らは結論付けた。

　しかし，この研究論文の執筆者の数人を含む多くの研究者が，この仮説について「なかなか消えない疑問」を持っていたと，イギリス，コヴェントリーのウォーリック大学の植物生物学者で，2005 年の研究論文の著者でもあるアンドリュー＝クラークは述べている。きわめて明白なことだが，熱帯の植物であるヒョウタンが，どうやって何年間にもわたって北極を横断することができたのだろうか。そしてもし人間がベーリング陸橋を通ってヒョウタンを運んだのなら，なぜシベリア，アラスカ，太平洋北西部にヒョウタンの考古学的な証拠が残っていないのだろうか。

　ユニバーシティ・パークにあるペンシルベニア州立大学の考古学者であるローガン＝キスラーは，このヒョウタンの伝播の問題は別の見方をする時期であると考えた。2005 年の研究が行われて以来，古代の DNA を研究する技術は「まさに大きな発展を遂げました」と彼は述べている。「こういった最新の技術を手に入れたので，その論文の結論を見直す価値があるだろうと私たちは考えました」と彼は述べている。（中略）

　拡大された遺伝子分析によって，コロンブスがアメリカ大陸に到達した以前の南

北アメリカ大陸のヒョウタンは，結局アフリカのヒョウタンに近い関係があるということが明らかになったと，『アメリカ科学アカデミー紀要』の電子版でこのチームが報告している。物体が大西洋の潮流をどのように漂流するのかという最新のモデルを使用して，新世界のヒョウタンの原種はおそらく河川から西アフリカ海岸へと流れて行き，南緯 0 度から 20 度の間か北緯 10 度から 20 度の間で，大西洋の航海へと乗り出し，平均して 9 カ月後にブラジルの海岸に到達したと，キスラーのチームは結論付けた。だから，南北アメリカ大陸の最初の入植者がヒョウタンを持ち込んだのではなく，彼らは自分たちを待ち構えていたこの役に立つ植物の野生の個体群を見つけ，他の大陸の人々が行っていたように結果的にそれを栽培したのであろう。

その新しい結果は「本当に安心できるもの」ですと両方の研究に関わったスミスは述べている。2005 年の結論よりも「これはずっと理にかなっています」と彼は述べている。「今では，ヒョウタンが自分自身で新世界に到達したというのは全く明らかなことです」とクラークは同意している。

だが，ヒョウタンに関するすべての問題に答えが出た訳ではない。例えば，ヒョウタンがどうやってアジアに到達したか科学者はわかっていないし，世界中で自生のヒョウタンが少ないことは，なぜこの植物の栽培されていない種が消滅したかという問題に向き合っていない。マストドンのような大型ほ乳動物が絶滅し，その糞の中に入ったヒョウタンの種が伝播する手助けができなくなった後，野生の個体群は減少してしまったのかもしれないとキスラーは示唆している。しかし今のところ，こういったヒョウタンの過去は謎のままである。

解　説

A．空所補充

(X)　正解は　3

1　as a result of ～「～の結果として」

2　in view of ～「～から考えて」

3　rather than ～「～よりはむしろ，～ではなく」

4　in addition to ～「～に加えて」

　空所の前文で，アフリカのヒョウタンが川から海へ出て，大西洋を横断し，アメリカ大陸に到達したことが判明したと述べられている。一方，空所の直後には，「南北アメリカ大陸の最初の入植者がヒョウタンを持ち込んだ」という，後に判明した事実に反することが述べられているので，3 を入れると文脈に合う。

(Y)　正解は　4

1　On that account「その理由で」　　　2　For instance「例えば」

3　Therefore「それゆえに」　　　　　　**4　Still「しかし」**

　第 7 ・ 8 段ではヒョウタンがアフリカから海流に乗ってアメリカ大陸まで到達し

たことが明らかになったと述べられているが，最終段ではヒョウタンに関するさまざまな謎が依然として残っていることが述べられている。よって，前の2つの段落とは対立の関係にあることがわかるので，4が正解。

B．同意語句

(a)　正解は　1 ────────────────────────

domesticated「栽培された」

1　cultivated「栽培された」
2　fast-growing「急速に成長する」
3　genetically modified「遺伝子組み換えの」
4　ornamental「装飾用の」

domesticated に最も意味が近いのは，1である。

(b)　正解は　2 ────────────────────────

fashion「〜を加工して作る」

1　pour「〜を注ぐ」　　　　　　2　craft「〜を精巧に作る」
3　throw「〜を投げる」　　　　　4　carry「〜を運ぶ」

fashion に最も意味が近いのは，2である。fashion が動詞で使われており，通常の意味でないのは明らか。よって空所補充問題と考え，文脈に合うものを選べば2となる。

(c)　正解は　2 ────────────────────────

figure out「〜を理解する，〜を解決する」

1　discuss「〜を議論する」
2　determine「〜を決定する，〜を判断する」
3　ask「〜を尋ねる」
4　experience「〜を経験する」

figure out に最も意味が近いのは，2である。

(d)　正解は　4 ────────────────────────

once and for all「これを最後に，きっぱりと」

1　easily「容易に」
2　partially「部分的に」
3　independently「自立して，独立して」
4　finally「最後に，最終的に」

once and for all に最も意味が近いのは，4である。

(e)　正解は　1 ────────────────────────

lingering「なかなか消えない」

1　unresolved「未解決の」　　　　2　unpleasant「不愉快な」

3　unsatisfactory「満足のいかない」　　4　unknown「未知の，不明な」

lingering は「なかなか消えない」という意味だが，ここでは questions を修飾しているので，「なかなか解決できない」という意味で用いられている。よって，1が同意。

(f)　正解は　1

under its own steam「自力で」

1　without assistance「手助けなしに」

2　by boat「船で」

3　in safety「安全に，無事に」

4　with much trouble「非常に苦労して」

under *one's* own steam は「自力で」という意味。ここではヒョウタンが海流に乗ってアフリカからアメリカ大陸まで到達したことを述べている。よって，1が同意。

C．同意表現

(ア)　正解は　3

「彼らはアジアを横切って進んだ」

1　「アフリカのヒョウタンはアジアの至るところで優勢となった」

2　「古代のヒョウタンはアジアの至るところで自生し始めた」

3　「人間はアジアを横切って移住した」

4　「研究者の想定はアジア中に広まった」

make *one's* way は「進む」という意味。よって，3が正解。

(イ)　正解は　1

「このヒョウタンの拡散の問題は別の見方をする時期であった」

1　「どのようにしてヒョウタンが広まったのかを再び調査する時であった」

2　「アフリカのヒョウタンの原種がどこで生まれたのかを知るために，新たなる努力が必要とされた」

3　「北極地域でのヒョウタンの考古学的な証拠を発見するために，科学者はより多くの時間を与えられるべきである」

4　「ヒョウタンの広範囲な伝播の問題を再び持ち出す必要性はほとんどなかった」

dispersal は「拡散」，be due for 〜 は「〜の時期である」という意味。よって，1が正解。

(ウ)　正解は　3

「大きな進歩を遂げた」

1　「多くの研究者にとって利用できるものとなった」

2　「期待に応えなかった」

　3　「大きく進歩した」

　4　「破壊的な程度の力にまで達した」

　　come a long way は「長距離をはるばるやって来る，大きな進歩を遂げる」という意味。よって，3が正解。

㈥　正解は　4 ────────────────────────────

「大西洋の航海へと乗り出した」

　1　「大西洋で平らにされ，磨かれた」

　2　「暖かい大西洋の潮流で繁殖し始めた」

　3　「大西洋上の船で回収された」

　4　「大西洋を横断する旅に出発した」

　　embark は「船出する，乗り出す」という意味。よって，4が正解。

㈤　正解は　3 ────────────────────────────

「これはずっと理にかなっています」

　1　「それはずっと首尾一貫していません」

　2　「それはずっと独創的ではありません」

　3　「それはずっと論理的です」

　4　「それはずっと神秘的です」

　　make sense は「意味をなす，理にかなう」という意味。よって，3が正解。

D. 内容真偽

正解は　3・4・6 ────────────────────────────

1―×　「アフリカのヒョウタンの軽い種がどうやって海を越えて飛ばされていったのかについて，科学者は長年にわたり頭を悩ませてきた」

　　第1段第1・2文に反する。科学者が頭を悩ませたのは，「どうやってヒョウタンが海を越えて飛ばされたか」ではなく，「ヒョウタンが来たのは陸路からか海路からか」ということ。blown は「(風に) 吹き飛ばされた」という意味。本文のどこにもヒョウタンが風に吹き飛ばされて海を越えたと断定しているところはない。

2―×　「南北アメリカ大陸で，ヒョウタンは水を運んだり貯えたりするためだけに用いられてきた」

　　選択肢の exclusively「もっぱら，全く〜だけ」を知っているかどうかがポイント。第2段第1文にヒョウタンのさまざまな用途が書かれており，選択肢にあるように水を運んだり貯えたりするためだけに用いられるわけではないことがかわる。

3―〇　**「およそ10年前に最初の遺伝子分析が行われる前，ヒョウタンはアフリカ大陸から南北アメリカ大陸へ海流によって運ばれたと広く想定されていた」**

　　選択肢の assume は「(証拠はなくても) 〜を本当だと思う，〜と想定する」という意味。第2段最終文にこの名詞形 assumption があり該当箇所とわかる。本文

の the prevailing assumption は直前の「アフリカから潮流に乗って来たのか」を言い換えたもので，これが10年前までの一般的想定だったとある。よって合致。

4－○ 「ヒョウタンの最初の遺伝子検査によって，『新世界のヒョウタン』と特定されたものは，アフリカの亜種よりもアジアの亜種により近い関係があるようだということが明らかになった」

　　第4段第2文に「研究者は初めてヒョウタンの遺伝子を分析し，コロンブスが到達する以前の南北アメリカ大陸のヒョウタンは，アフリカの亜種よりアジアの亜種により近い関係があるようだと発見した」とあり，続く第3文では，アジアのヒョウタンを「新世界のヒョウタンの原種」と表現している。合致。

5－× 「2005年の研究後に解決されていないままの問題の1つは，ヒョウタンが南北アメリカ大陸に到達する前に，どうやってアジアの暑く，湿度の高い天候に耐えたのかということである」

　　2005年の研究について述べられているのは第4段。したがって，続く第5段第1文にある "lingering questions" about that hypothesis「この仮説についての『なかなか消えない疑問』」における「仮説」とは2005年の仮説のこと。よって，この段落が該当するが，第2・3文で述べられる「なかなか消えない疑問」に選択肢の「ヒョウタンがどうやってアジアの気候に耐えたのか」は含まれないので，偽。

6－○ 「遺伝子分析の進歩によって，ローガン＝キスラーのチームは，南北アメリカ大陸のヒョウタンの原種がアジアの亜種ではなく，アフリカの亜種から発生したことを発見できた」

　　第7段第1文の内容と一致する。

7－× 「ローガン＝キスラーのチームによって行われた新しい研究は，新世界のヒョウタンの原種は，おそらく海を平均して9カ月間漂流した後で西アフリカ海岸に到達したと結論付けた」

　　第7段第2文から，海を漂流して9カ月後に到着するのはブラジルだとわかる。なお，西アフリカ海岸に到達するのは，河川を流れていった後である。

8－× 「マストドンの絶滅のために，野生のヒョウタンの個体群は繁殖し始めた」

　　最終段第3文に反する。disperse は「～を分散させる，広める」で，ここで述べられているのは，マストドンが絶滅して，ヒョウタンの種が拡散されなくなったということ。

ポイント 「唯一」や「100％」を表す限定的表現には注意

　内容真偽問題で選択肢を丁寧に読まず，全体のイメージだけで真偽を判断してしまう人がいる。しかし，選択肢こそ丁寧に読むべきである。選択肢にたった一つ内容に反する語が入っているだけで偽となることがあるからだ。特に only「～だけ（唯一）」や always「常に（100％）」を表す語は用心しよう。only なら選択肢の内容が当てはまるものが一つしかないということになるし，always なら常にそれが当てはまるということになり，本

文の内容を限定しすぎて偽となってしまうからだ。例えば「冬場は風邪を引く人が多い」というのを「冬場に風を引くのは○○だけだ」とか「冬場はすべての人が風邪を引く」とすれば間違いになるのと同じだ。

　本問では選択肢2の exclusively「もっぱら」がこれにあたる。ヒョウタンの用途は本文中にたくさん述べられているにもかかわらず，一つに限定してしまっている。こうした選択肢は偽であることが多い。

E．英文和訳
●since we had these updated technologies は副詞節で，since は「〜なので」という意味の接続詞。
●updated「最新の」
●be worth *doing*「〜する価値がある」
●revisit「〜を再検討する」
●conclusion「結論」

A．(X)—3　(Y)—4
B．(a)—1　(b)—2　(c)—2　(d)—4　(e)—1　(f)—1
C．(ア)—3　(イ)—1　(ウ)—3　(エ)—4　(オ)—3
D．3・4・6
E．こういった最新の技術を手に入れたので，その論文の結論を見直す価値があるだろうと私たちは考えました。

11

目標解答時間 35 分　**目標正答数** 11/17 問（和訳除く）

次の文章を読んで設問に答えなさい。〔＊印のついた語句は注を参照しなさ
い。〕（78点）

　　Candy is celebratory. Almost every culture celebrates with sweets,
but in the United States, candy and its holiday packaging is central in the
celebration of holidays such as Easter*, Halloween, Valentine's Day,
Christmas, and New Year's; a box of chocolates is often considered the
perfect gift for the person who is "hard to buy for". Candy is also big
　　　　　　　　　(a)
business. Much of the candy industry's total sales of around $28 billion
per year are sold around the holidays. According to the National
Confectioner Association*, of the $92.91 spent on candy per person in the
United States, $20.39 is spent on Halloween candy （　T　）.

　　All of this celebrating results （　イ　）a punishing amount of
material being sent into the waste stream. Waste and Resources Action
Program (WRAP), the United Kingdom's waste management program,
estimates that 3,000 tons of waste are generated by the packaging of
Easter candy bought in the United Kingdom. In 2009, WRAP worked with
confectionary manufacturers, who then significantly reduced the
environmental impact of their Easter products.

　　Not all of candy's packaging is based on marketing strategy; much
of it is driven by science. A candy dish is still seen as a form of
hospitality, （　U　）it is sitting on a grandmother's coffee table or on a
hostess counter at a restaurant. Historically, people would simply reach in
with fingers to grab a few unwrapped candies, but people now want after-
dinner mints to be individually wrapped so that they are germ-free.
Keeping germs out of foodstuffs requires packaging.

　　Some design is （　V　）with keeping candy （　ロ　）breaking;
people want to open candy and find it intact to have the pleasure of

breaking it, dividing it up, unraveling* or stretching it into bite-size pieces. Keeping candy intact during shipping and storing requires packaging. (中略)

According to an Environmental Protection Agency 2008 report, containers and packaging generate 30.8 percent of municipal solid waste, representing the largest portion of the total amount. Food scraps made up 12.7 percent of the total municipal solid waste that year, but candy is really not a major offender in this category. Candy is not highly perishable, and for most people, candy is a prized food, meaning the candy is (W) to be consumed. (X), most candy packaging ends up in landfills*. It is also present as litter: on the street, in waterways, and along roads. The packaging consists (ハ) some paper, aluminum foil, and plastic. The mixed polymers that compose the plastic film used in candy packing do not lend it to recycling; it can be incinerated*, but most of this waste (Y) finds its way into a landfill.

Bulk candy, some of which is not individually wrapped, is sold in some venues, and is the best choice for anyone (V) about unnecessary packaging entering the waste stream. As in other product categories, there has been some effort to use biodegradable* packaging, and there is a small industry that uses recycled juice bags and some brands of candy wrappers to create tote bags, jewelry, and other accessories. But these efforts are small in proportion to the problem.
(b)

Maybe the worst offenders are products that are both candy and toys, such as lollipops* that have flashing lights, lollipops attached to a battery-powered motor that (あ) them spin, and plastic covers that (い) them (う)(え) microphones.

Although it seems a large part of candy marketing is aimed at children, it may be more correct to say it is directed at childhood. Adults buy candy for children as a means of vicarious pleasure, remembering how
(c)
much candy meant to them as children. Part of the pleasure of candy is nostalgia, not just of the candy itself, but also of the packaging. One

development in the candy industry is marketing of nostalgia candy;
consumers want the candy of their childhood, and this demand is （　Z　）
met primarily through Internet sales. The home delivery of products has
some increased impact on the waste stream if consumers do not make the
effort to recycle the cardboard boxes, plastic bags, and the other packaging
required to get the product to them intact.

（From Carl A. Zimring and William L. Rathje, ed., *Encyclopedia of Consumption
and Waste*, Sage Publications, 2012）

［注］　Easter　イースター、復活祭

National Confectioner Association　全米菓子製造者組合

unraveling　ほぐす

landfills　ごみ埋め立て地

incinerated　incinerate（焼却する）の過去分詞

biodegradable　微生物によって分解される

lollipops　ロリポップ（棒つきアメ）

A　空所(T)～(Z)に入るもっとも適切なものを次の1～4の中からそれぞれ一つ
選び、その番号を解答欄に記入しなさい。ただし、(V)は本文中に二か所あり、
同じ単語が入ります。

（T）　1　alone　　　　2　even　　　　3　ever　　　　4　together

（U）　1　however　　　2　where　　　3　whereas　　4　whether

（V）　1　associated　2　charged　　3　concerned　4　worried

（W）　1　about　　　　2　likely　　　3　never　　　4　used

（X）　1　Besides　　　2　However　　3　Otherwise　4　Similarly

（Y）　1　eventually　2　hardly　　　3　officially　4　willingly

（Z）　1　been　　　　2　being　　　　3　have　　　　4　having

B　空所 (イ)～(ハ) に入るもっとも適切なものを次の1～4の中からそれぞれ一つ選
び、その番号を解答欄に記入しなさい。同じ語を二度使ってはいけません。選択
肢の中には使われないものが一つ含まれています。

1 for   2 from   3 in   4 of

C 波線部 (a)〜(c) の意味・内容をもっとも的確に示すものを次の 1 〜 4 の中から
それぞれ一つ選び、その番号を解答欄に記入しなさい。

(a) the person who is "hard to buy for"

1 someone for whom a gift is very meaningful

2 someone for whom it is difficult to choose a gift

3 someone who cannot afford to buy any gift

4 someone who hardly accepts any gift

(b) these efforts are small in proportion to the problem

1 only small efforts are necessary to solve the problem

2 small efforts are sufficient to solve the problem

3 the problem has little connection with these efforts

4 the problem is too big for these efforts to be really effective

(c) as a means of vicarious pleasure

1 in order that adults get satisfaction from eating candy only by
themselves

2 in order that adults teach children how to buy candy

3 so as to let children enjoy candy on adults' behalf

4 so as to show how the meaning of candy has changed

D 二重下線部の空所(あ)〜(え)に次の 1 〜 6 の語を入れて文を完成させたとき、
(あ)〜(え)に入る語の番号を解答欄に記入しなさい。同じ語を二度使ってはいけ
ません。選択肢の中には使われないものが二つ含まれています。

such as lollipops that have flashing lights, lollipops attached to a
battery-powered motor that（ あ ）them spin, and plastic covers that
（ い ）them（ う ）（ え ）microphones

1 like   2 likes   3 look

4 looks   5 make   6 makes

E 本文の意味・内容に合致するものを次の 1 〜 8 の中から三つ選び、その番号を

178 第1章

解答欄に記入しなさい。

1 Candy is celebratory in almost every culture, but the United States is a rare exception.

2 Of the annual candy sales in the United States, about two-thirds are spent on Halloween candy.

3 In the United Kingdom, 3,000 tons of Easter candy is wasted every year.

4 In the past, people preferred wrapped candies as a form of hospitality.

5 Packaging is necessary to keep candies untouched and undamaged while they are shipped and stored.

6 According to the 2008 report, the containers and packaging of candy formed the biggest part of municipal solid waste, which made up 30.8%.

7 Candy itself does not contribute much to food scraps, because it is rarely thrown away.

8 Nostalgia candy is a growing market, in which the packaging as well as the candy itself matters.

F　本文中の太い下線部を日本語に訳しなさい。

people now want after-dinner mints to be individually wrapped so that they are germ-free

≪お菓子の包装に関するゴミ問題≫

全訳

　お菓子はお祝い用である。ほとんどすべての文化はお菓子でお祝いをするが，アメリカでは，お菓子とその華やかな包装は，イースター，ハロウィーン，バレンタインデー，クリスマス，新年のような祝祭日を祝う際に中心的なものである。つまり，1箱のチョコレートは，しばしば，「その人に何を買ったらよいか難しい」人への完璧な贈り物だと考えられている。またお菓子は大きなビジネスである。1年に約280億ドルというお菓子産業の全売り上げの多くは，祝祭日の前後で売られている。全米菓子製造者組合によると，アメリカで1人当たりのお菓子に使われる92ドル91セントのうち，20ドル39セントがハロウィーンのお菓子だけに使われている。

　このようなお祝いのすべては，結果としてものすごい量の物が廃棄物の流れに送られるということになる。イギリスの廃棄物管理計画である廃棄物と資源の行動計画（WRAP）は，3000トンの廃棄物がイギリスで買われたイースターのお菓子の包装によって生み出されると見積もっている。2009年に，WRAPはお菓子の製造業者と協力した。すると，お菓子の製造業者はイースターのお菓子が環境に与える影響を相当減らした。

　お菓子の包装すべてがマーケティング戦略に基づいているというわけではない。その多くは，科学によって動かされているのである。お菓子を盛ったお皿は，祖母のコーヒーテーブルの上にあろうが，レストランのホステスカウンターの上にあろうが，親切なもてなしの形の1つといまだに考えられている。歴史的には，人々はただ手を伸ばして指でいくつかの包装されていないお菓子をつかんだものであったが，今日の人々は，病原菌がつかないように，夕食後のミント菓子が個々に包装されていることを望んでいる。食品に病原菌を寄せつけないためには包装が必要である。

　お菓子が割れないように気を配ったデザインもある。人々はお菓子の包装を開けてみて，お菓子が完全なままであることを知り，お菓子を割ったり，分けたり，一口サイズにほぐしたり，伸ばしたりする楽しみを持ちたいのである。出荷や保管の間にお菓子が割れないようにしておくために，包装が必要なのだ。（中略）

　環境保護庁の2008年の報告によると，容器や包装材料が自治体の固形廃棄物の30.8パーセントを生み出し，すべての量の最大部分を占めている。生ゴミは，その年のすべての自治体の固形廃棄物の12.7パーセントを占めたが，実際，お菓子はこの範疇における主要な厄介物ではない。お菓子はあまり腐りやすくはなく，ほとんどの人たちにとって，お菓子は大事な食べ物である。つまりそのことは，おそらく消費されるだろうということを意味している。だが，ほとんどのお菓子の包装は最後にはゴミ埋め立て地に行くのだ。また，お菓子の包装は，通りや水路や道端にゴミとしても存在している。包装は，紙やアルミ箔やプラスチックからなっている。お菓子の包装に使われるプラスチックフィルムを構成する混合ポリマーはリサイクルに役立たず，焼却することもできるが，この廃棄物のほとんどは最終的にゴミ埋め立て地に向かうこととなる。

　まとめ売りのお菓子は，個々に包装されていないものもあり，いくつかの場所で

売られているが，廃棄物の流れに入り込む不必要な包装について憂えている人にとっては最高の選択である。他の製品区分のように，微生物によって分解される包装を使おうとする努力もいくらか行われてきた。トートバッグや宝飾品や他のアクセサリーを作るために，リサイクルされたジュースのパックやいくらかの種類のお菓子の包装紙を利用している小さな産業がある。だが，これらの努力は問題と比較すると小さい。

　おそらく最悪に厄介なものはお菓子でもありおもちゃでもある品物であろう。たとえば，点滅光を発するロリポップ，電池式モーターが取りつけられた回転するロリポップ，マイクロフォンのように見えるプラスチックカバーである。

　大部分のお菓子のマーケティングは子どもたちを対象にしていると思われるけれども，子ども時代に向けられていると言うほうがもっと正しいかもしれない。大人は，子どもの頃お菓子がいかに重要であったかを思い出して，自分のことのように感じる楽しみの手段として，子どもたちにお菓子を買ってあげる。お菓子の楽しみの一部は，お菓子それ自体に対するノスタルジアであるばかりでなく，その包装に対するノスタルジアでもある。お菓子産業における1つの発展は，ノスタルジアを誘うお菓子のマーケティングである。消費者は子ども時代のお菓子を求めていて，この要求は主にインターネットの販売を通じてかなえられている。もし品物を完全なまま届けるのに必要な段ボール箱，ビニール袋，他の包装材料をリサイクルしようとする努力を消費者がしなければ，自宅への品物の配達は廃棄物の流れに与える影響を増すことになる。

解 説

A．空所補充

(T)　正解は　1 ────────────────

　「アメリカでは1人当たりのお菓子の消費額 92 ドル 91 セントのうち，20 ドル 39 セントがハロウィーンのお菓子（　　　　）に使われている」　この文の空所に，1の alone「〜だけ」を入れると，文の意味が通じる。他の選択肢では意味をなさない。

(U)　正解は　4 ────────────────

　空所の後の or という単語に注目して，whether A or B「A であろうが B であろうが」という定型表現であると考える。

(V)　正解は　3 ────────────────

　1　associated「結びついて」　　　　　2　charged「責任がある」
　3　concerned「〜に関する，憂えて」　　4　worried「心配して」

　意味的には，第4段では1，3が，第6段では3，4がそれぞれ入りそうだとわかれば，共通して入れられるのが3しかないとわかる。第4段では空所の後が with なので4．worried を除外でき，第6段では空所の後が about なので1．associated を除外することができる。concerned には「〜に関係がある」という意味と，「心

配して，憂えて」の意味があり，それぞれ with，about とつながることを知っているかが問われた問題である。

(W)　正解は　2 ────────────────────────

　空所の前に「お菓子はあまり腐りやすくなく，ほとんどの人たちにとって，お菓子は大事な食べ物である」という記述がある。これをもとにして 2 の likely を空所に入れれば，捨てられるのではなく食べられるということになり，論理が通る。be likely to *do* は「～する可能性が高い」という定型表現。

(X)　正解は　2 ────────────────────────

1　Besides「その上」
2　**However「しかしながら」**
3　Otherwise「さもなければ，その他の点では」
4　Similarly「同様に」

　空所の前文で，お菓子は貴重な食べ物で消費されるという記述がある。一方，空所直後は，「ほとんどのお菓子の包装は最後にはゴミ埋め立て地に行くのだ」という内容となっている。空所の前後の記述が対照を示しているので，2 を選ぶ。end up in ～「最終的に～に至る」

(Y)　正解は　1 ────────────────────────

1　**eventually「最終的に」**　　　　2　hardly「ほとんど～ない」
3　officially「公的には」　　　　　　4　willingly「喜んで」

　「混合ポリマーはリサイクルには役立たず，焼却することもできるが，この廃棄物のほとんどはゴミ埋め立て地に向かう」という空所を含む文の内容を考えて，1 の eventually を選ぶ。空所(X)直後の most candy … landfills を具体化している箇所なので end up in ～「最終的に～に至る」と同義語を選べばよい。lend it to ～ は lend itself to ～「～に役立つ」という定型表現の変形と考えればよい。find *one's* way into ～「～に向かって行く」

(Z)　正解は　2 ────────────────────────

　空所直前の is と直後の met をもとに，進行形の受動態だと考えて，2 の being を選ぶ。他の選択肢では文法的に意味をなさない。

B．空所補充

(イ)　正解は　3 ────────────────────────

result in ～「結果として～になる」という定型表現。

(ロ)　正解は　2 ────────────────────────

keep *A* from *doing*「*A* が～しないようにする」という定型表現。

(ハ)　正解は　4 ────────────────────────

consist of ～「～からなる」という定型表現。

C．同意表現

(a)　正解は　2

「『その人に何を買ったらよいか難しい』人」

1　「その人にとっては贈り物がとても意味を持つ人」

2　「その人への贈り物を選ぶのが難しい人」

3　「贈り物を買う余裕がない人」

4　「ほとんど贈り物を受け取らない人」

　　S is hard to *do*「Sは〜するのが難しい」は重要構文。Sは to *do* の目的語という関係で to buy for the person とつなげることができ，「その人のために買うのが難しい」＝「その人に何を買ったらよいか難しい」となる。波線部に意味が最も近いのは，2である。

(b)　正解は　4

「これらの努力は問題と比較すると小さい」

1　「問題を解決するのにわずかな努力しか必要ない」

2　「問題を解決するのにわずかな努力で十分である」

3　「その問題はこれらの努力とはほとんど関係がない」

4　「問題があまりに大きいので，これらの努力は実際効果的ではない」

　　波線部に意味が最も近いのは，4である。in proportion to 〜「〜と比較すると」　too 〜 to *do*「あまりに〜なので…できない」　sufficient to *do*「〜するに十分な」　have connection with 〜「〜と関係がある」

(c)　正解は　3

「自分のことのように感じる楽しみの手段として」

1　「大人が自分たちだけでお菓子を食べることから満足を得るために」

2　「大人が子どもたちにお菓子の買い方を教えるために」

3　「大人にかわって子どもたちにお菓子を楽しませるために」

4　「お菓子の意味がどのように変わってきたかを示すために」

　　vicarious は知らなくても無理のない単語であり，本問はこの語の意味を推測させる問題であることを見抜こう。であれば，必ずヒントがどこかにある。下線部のヒントは近いところ（前後の文）から探していくのが鉄則。ここでは直後の remembering 以下に「子どもの時にお菓子が自分たちにとってどれだけ重要だったかを思い出しながら」とあるので，大人が子ども時代を懐かしんで子どもにお菓子を買い与える，という文脈を押さえよう。選択肢2に「お菓子の買い方を教える」，選択肢4に「お菓子の意味がどう変化したかを示すため」とあるが，いずれもこの段落で全く言及がないので除外。1か3に絞られる。ここで重要なのはどちらが正解かを考えるのではなく，どちらが間違いかを見抜くこと。選択肢1のように「自分たちだけでお菓子を食べる」なら，子どもに買ってやる必要がなく偽とな

る。よって正解は3となる。なお，vicarious は「他人の経験をつうじて自分のことのように感じられる」という意味。また，選択肢3の on *one's* behalf「～にかわって」を知らなければ正解するのは難しいだろうという点でも，消去法が有効だと言える。

D．語句整序

正解は　㊐6　㋑5　㋒3　㋓1

完成した文は次の通り。

such as lollipops that have flashing lights, lollipops attached to a battery-powered motor that **makes** them spin, and plastic covers that **make** them **look like** microphones

「たとえば，点滅光を発するロリポップ，電池式モーターが取りつけられた回転するロリポップ，マイクロフォンのように見えるプラスチックカバーである」

㊐の直前の that は関係代名詞だと見当をつけ，先行詞 a battery-powered motor が単数形なので，単数形の動詞を探す。likes と looks と makes の3つの動詞から，㊐の直後の them spin をもとに VOC 構造なのではないかと考え，使役動詞 makes が入ると確定する。同様に，㋑の直前の that の先行詞 plastic covers が複数形であり，that 以下が VOC 構造だと考え，複数形の動詞の中から使役動詞 make を選ぶ。残った選択肢の中から look like という定型表現を見つければ，完成する。

> **［ポイント］** 関係代名詞節の動詞の形について
>
> 本問の正解は
>
> such as lollipops that have flashing lights, lollipops attached to a battery-powered motor that (makes) them spin, and plastic covers that (make) them (look) (like) microphones
>
> であるが，選択肢に like, look, make がそれぞれ三単現の s が付く形と付かない形で示されていることに着目しよう。関係代名詞の後の動詞の形（単数形か複数形か）は，先行詞（関係代名詞節が修飾する名詞）の単数・複数に合わせなければならないが，これをきちんと理解できている受験生は意外に少ない。本問では，空所㊐を含む関係代名詞節の先行詞が a battery-powered motor で単数，残りの空所を含む節の先行詞は plastic covers で複数であることからそれぞれ makes と make が対応する。主語と動詞の一致（単数，複数が合うこと）はこうした問題に限らず，他大学でも，誤り指摘や空所補充などの問題でねらわれやすいところなのでしっかり理解しておこう。

E．内容真偽

正解は　5・7・8

1—×　「お菓子は，ほとんどあらゆる文化においてお祝い用であるが，アメリカは珍しい例外である」

　　選択肢を正しく理解しよう。「アメリカは例外」というのだから，アメリカではお菓子でお祝いしないというのが選択肢の意味。さらに，candy というと「飴」が思い浮かぶが，甘いお菓子一般をさすことを押さえよう。選択肢の celebratory という語に着目すると，第1段第1文に見つかる。続く第2文の冒頭では，candy → sweets，be celebratory → celebrate と言い換えられているので，この部分が第1文を補足して言い換えたものとわかる。ここで述べられた内容は「ほとんどすべての文化が甘いものでお祝いする」であるので，ここまでは選択肢と同じである。しかし，同文 but 以下で「アメリカではお菓子と華やかな包装が祝日のお祝いの中心だ」と続くので，アメリカでもお菓子でお祝いするということになり，この選択肢は偽。

2—×　「アメリカにおけるお菓子の年間売り上げ高のうち，およそ3分の2がハロウィーンのお菓子に使われる」

　　the annual candy sales「お菓子の年間売り上げ」という語に着目すると，第1段第4文に the candy industry's total sales…per year「お菓子産業の1年当たりの全売り上げ」という似た内容の表現があり，該当箇所であるとわかる。続く最終文に「アメリカではお菓子に使われる1人当たり（の費用）92ドル91セントのうち20ドル39セント（つまり約22パーセント）はハロウィーンのお菓子に使われる」とあるのでハロウィーンに使われるのは約3分の2ではなく約5分の1となる。よって偽。この最終文の of the $92.91 の of は，前に名詞がないことに注目しよう。この場合は「～の」という意味ではなく，「～のうち」という意味である。

3—×　「イギリスでは，3000トンのイースターのお菓子が毎年むだになっている」

　　3000 という数字に着目すると第2段第2文に「イギリスで購入されるイースターのお菓子の包装で3000トンのゴミが生み出されている」とあり，むだになっているのはお菓子ではなく，包装の方だとわかる。よってこの選択肢は偽。

4—×　「昔，人々は，包装されたお菓子を親切なもてなしの形の1つとして好んだ」

　　第3段第2文に as a form of hospitality「もてなしの形として」とあるのでこの部分が該当するとわかる。これ以下の内容を整理すると，「お菓子を盛った皿は今でももてなしの形の1つであるが，昔は包装されていないお菓子に人々は手を伸ばしていた。今では衛生面から包装された菓子を人々は好む」となり，昔は，包装されたお菓子を出すことがもてなしだったのではなく，包装されていないお菓子を皿に盛って出すことがもてなしだったと考えられるので，この選択肢は偽。

5—〇　「お菓子が出荷され保管されている間，お菓子に触らず無傷にしておくために，包装は必要である」

第4段最終文の内容と合致する。untouched and undamaged「触らず無傷に」という表現のかわりに，最終文では intact「完全なままに」という形容詞が使われている。

6—× 「2008年の報告によると，お菓子の容器と包装材料は，自治体の固形廃棄物の最大の部分を形成し，それは30.8パーセントを占めた」

the 2008 report から，該当箇所が第5段とすぐわかる。第1文にほぼ同じことが書かれているので，この選択肢を正解に選びたくなる人が多いと思われるが，細部を見ていこう。本文は単に containers and packaging generate 30.8 percent of municipal solid waste「容器と包装が自治体の固形ゴミの30.8パーセントを生み出している」となっているが，選択肢では containers and packaging of candy と「お菓子の容器と包装材」に限定している。よって本文と合わない。

7—○ 「お菓子それ自体はあまり生ゴミにはならない。なぜならば，お菓子はめったに捨てられないからだ」

第5段第2・3文の内容と合致する。

8—○ 「ノスタルジアを誘うお菓子は，成長する市場であり，そこでは，お菓子それ自体ばかりでなく包装も重要である」

最終段第3文と第4文の前半部分と合致する。not just *A* but also *B*「*A* ばかりでなく *B* も」

F．英文和訳

● この文は want *A* to be *done*「*A* が〜されることを望む」という文構造である。
● individually「個々に」
● so that they are germ-free は so that they can be germ-free と考えればよい。いわゆる so that S can〔could〕*do*「S が〜するために」というおなじみの構造である。can〔could〕のかわりに will や may が使われるが，直説法現在形が用いられることもある。
● germ-free「無菌の，病原菌がつかない」の free は「〜がない」という意味である。

A. (T)—1　(U)—4　(V)—3　(W)—2　(X)—2　(Y)—1　(Z)—2
B. (イ)—3　(ロ)—2　(ハ)—4
C. (a)—2　(b)—4　(c)—3
D. (あ)—6　(い)—5　(う)—3　(え)—1
E. 5・7・8
F. 今日の人々は，病原菌がつかないように，夕食後のミント菓子が個々に包装されていることを望んでいる。

解答

第2章

長文読解②

英文和訳を含まないもの

次の文章を読んで設問に答えなさい。[＊印のついた語句は注を参照しなさい。](65点)

You can improve learning — and potentially remember more — by handwriting your class notes. Although computer technology is often necessary today, using a pen or pencil activates more areas of your brain than a keyboard does. These are findings of a new study.

As digital devices have taken over society, "keyboard activity is now (a) often recommended as a substitute for early handwriting," a new study notes. The idea is that typing may be easier for young children.

"Some schools in Norway have become completely digital," notes Audrey van der Meer, the new study's leader. The human brain has evolved to interact (W) the world in as many ways as possible, she notes. She believes that "young children should learn to write by hand successfully, and, at the same time learn to manage a keyboard." (b)

Van der Meer is a neuropsychologist*, someone who measures brain activity to better understand learning and behaviors. She works at the Norwegian University of Science and Technology in Trondheim.

Using a pen, or a digital stylus*, involves more of the brain than using a keyboard, her new findings show. This is because writing and printing involve intricate movements that activate more areas of the brain. (c) The increased brain activity "gives the brain more 'hooks' to hang your (ア) memories on," she explains.

Think about it. The same movement is required to type each letter on a keyboard. (X) contrast, when we write, our brain needs to think about and retrieve memories of the shape of each letter. We also need to use our eyes to watch what shapes we're writing. And we need to control our hands to press a pen or pencil to shape the different letters. All of this uses and connects more areas of the brain.

Along the way, these processes appear to "open the brain up for learning," says Van der Meer. So learning (Y) only one format — digital — could be harmful, she worries.

Van der Meer also points out that taking notes by hand stimulates "visual notetaking." Rather than typing blindly, the visual notetaker has to think about what is important to write down. Then, key words can be "interlinked* by boxes, and arrows, and supplemented by small drawings."

The potential benefits of handwriting for learning and memory have been debated for some time. The new study set out to answer two
(d)
questions. How (あ) handwriting (い)(う) using a keyboard or (え) when it (お) to (か) new information? And how similar are handwriting and drawing?

In all, 12 adults and 12 seventh-graders* took part. All were used to writing in cursive*. Researchers asked each of them to write and draw with a digital pen. Each was also asked to type on a keyboard. While performing these tasks, each volunteer wore a cap that held electrodes* next to their head. It looked somewhat like a hair net fitted with 256 sensors.

Those sensors recorded the recruits' brainwaves, a type of electrical activity, as EEGs. That's short for electroencephalograms*. The electrodes noted which parts of the brain turned on during each task. And they showed that the brain activity was about the same in both the kids and the adults.

Writing turned on memory areas in the brain. Typing didn't. Drawing images and writing also turned on parts of the brain involved with learning. Writing even activated language areas.

This suggests, Van der Meer says, that when we write by hand, "we both learn better and remember better." Her team described its findings July 28 in *Frontiers in Psychology*. Her team now suggests "that children, from an early age, must be exposed to handwriting and drawing activities
(イ)

in school."

　　This study does not recommend <u>banning</u> digital devices. In fact, its
(e)
authors point out, computers and other devices with keyboards have
become essential in many modern classrooms. Keyboarding also can be
especially helpful for students with certain special needs (such as if they
have trouble using their hands). But nearly all students will benefit
(　Z　) learning handwriting and drawing at an early age, the
researchers now conclude.

　　Based on her data, Van der Meer now says "I would use a keyboard
to write an essay, but I'd take notes by hand [in class]."

　　These new findings <u>back up</u> other studies showing potential benefits
(f)
of handwriting, says Joshua Weiner. He noted that "different parts of the
brain might work together during writing versus typing." Weiner works at
the Iowa Neuroscience Institute in Iowa City. This institute is part of the
University of Iowa's Carver College of Medicine. Although Weiner was not
involved with the new study, his own research focuses on the formation of
brain circuits.

　　His own students type faster than they can write, he finds. Slowing
down seems to require them to "think more" when taking notes, he says.
He adds that this could "improve memory and <u>enhance</u> learning." Weiner
(g)
concludes that "writing may be beneficial" as it involves more of a "brain
response."

　　Van der Meer recognizes that learning to write by hand is a slower
process. She also is aware that it requires fine motor skills*. But, she
adds, that's good: "If we don't challenge our brain, it can't reach its full
potential."

(By Diane Lincoln, writing for Science News for Students,

November 11, 2020)

[注]　neuropsychologist　神経心理学者

　　　digital stylus　タッチペン、ペン型入力機器

interlinked （interlink　繋げる、関連づける）

seventh-graders　米国における 7 年生（日本の中学 1 年生に相当する）

cursive　筆記体

electrodes　電極

electroencephalograms　脳波図

motor skills　運動技能

A　空所(W)～(Z)に入るもっとも適切なものを次の 1 ～ 4 の中からそれぞれ一つ
　選び、その番号を解答欄に記入しなさい。

(W)　1　among　　　2　from　　　　3　toward　　　4　with

(X)　1　In　　　　　2　On　　　　　3　To　　　　　4　With

(Y)　1　against　　　2　around　　　3　behind　　　4　through

(Z)　1　before　　　2　from　　　　3　of　　　　　4　with

B　下線部 (a)～(g) の意味・内容にもっとも近いものを次の 1 ～ 4 の中からそれぞ
　れ一つ選び、その番号を解答欄に記入しなさい。

(a)　taken over

　　1　conquered　　　　　　　　2　defeated

　　3　emerged from　　　　　　4　succeeded to

(b)　manage

　　1　avoid　　　2　employ　　　3　examine　　　4　oversee

(c)　intricate

　　1　complex　　　　　　　　　2　exciting

　　3　linear　　　　　　　　　　4　unsophisticated

(d)　debated

　　1　attacked　　　2　discussed　　　3　overlooked　　　4　proved

(e)　banning

　　1　advertising　　　2　forbidding　　　3　ignoring　　　4　upgrading

(f)　back up

　　1　challenge　　　2　copy　　　3　store　　　4　support

(g) enhance

    1 boost   2 complicate

    3 set aside   4 slow down

C 波線部 (ア)と(イ) の意味・内容をもっとも的確に表しているものを次の1〜4 の中からそれぞれ一つ選び、その番号を解答欄に記入しなさい。

(ア) gives the brain more 'hooks' to hang your memories on

    1 enables the brain to focus on what you are learning

    2 helps you write more clearly so you can remember things

    3 makes it easier for the brain to memorize things

    4 supplies the brain with nutrients necessary to memory

(イ) be exposed to

    1 be encouraged to forget about

    2 be given opportunities to engage in

    3 be made to understand the importance of

    4 be taught to fully concentrate on

D 二重下線部の空所(あ)〜(か)に次の1〜8の中から選んだ語を入れて文を完成 させたとき、(あ)と(う)と(か)に入る語の番号を解答欄に記入しなさい。同じ語 を二度使ってはいけません。選択肢の中には使われないものが二つ含まれていま す。

How (あ) handwriting (い)(う) using a keyboard or (え) when it (お) to (か) new information?

    1 by   2 comes   3 compare   4 does

    5 drawing   6 learning   7 to   8 we

E 本文の意味・内容に合致するものを次の1〜8の中から三つ選び、その番号を
解答欄に記入しなさい。

1 A new study shows that students should stop using computers since
using a pen or a pencil stimulates more areas of one's brain than a
keyboard does.

2 A recent study points out that in our digital age young people might
find typing easier than writing by hand.

3 According to Van der Meer, taking notes by hand strengthens one's
visual memory and helps one to type without looking at the keyboard.

4 Van der Meer indicates that, though writing can turn on parts of
the brain associated with learning, neither drawing images nor typing
can do so.

5 A new study suggests that learning handwriting and drawing at an
early age is beneficial for most students.

6 Although Weiner was not involved with Van der Meer's research, he
also claims that handwriting could be beneficial and could improve
memory.

7 Weiner encourages his students to type faster than they can write
since typing fast activates more areas of the brain than writing does.

8 Van der Meer admits that, since learning to write by hand is more
challenging than learning to type, it is more realistic for students to
master typing first.

全訳

≪手書きが脳を活性化させる≫

　あなたは学習効果を高めることができる——そして，もしかすると，記憶力をより高めることができる——授業中のメモを手書きすることによって。コンピュータ技術は今日しばしば必要であるけれども，ペンや鉛筆を使う方が，キーボードを使うよりも脳のより多くの領域を活性化する。これらは新しい研究の結果である。

　デジタル機器は社会を支配してきたので，「キーボードを使うことは，現在，初期の手書きの代わりとして，推奨されることが多い」と，新しい研究は指摘している。その意図は，タイピングの方が幼い子どもたちには簡単かもしれないということだ。

　「ノルウェーの学校の中には完全にデジタル化している所もある」と，その新しい研究のリーダーのオードリー゠ファン・デル・ミーアは述べている。人間の脳はできるだけ多くの方法で世界と交流するために進化してきたと，彼女は言っている。「幼い子どもたちはうまく手で書くことを学ぶべきであり，それと同時に，キーボードを使いこなせるようになるべきだ」と彼女は考えている。

　ファン・デル・ミーアは神経心理学者で，学習と行動をよりよく理解するために脳の活動を測定している人物である。彼女は，トロンハイムにあるノルウェー科学技術大学で働いている。

　ペンやタッチペンを使うことは，キーボードを使うことよりも脳の多くの領域に関係していることを，彼女の新しい研究結果は示している。これは，筆記体や活字体で書くことの方が多くの脳の領域を活性化させる複雑な運動を伴うからである。脳の活動が活発になることで，「記憶をつなぎとめるためのより多くの『留め金』が脳に増える」と彼女は説明する。

　では考えてみよう。キーボードでそれぞれの文字を打つためには，同じ運動が求められる。対照的に，私たちが文字を書くとき，脳はそれぞれの文字の形について考え，その形の記憶を呼び戻す必要がある。私たちはまた，どんな形を書いているのかを見るために目を使う必要がある。そして，ペンや鉛筆を押し当てて異なる文字を作るために手を操る必要がある。こういったすべてのことは，より多くの脳の領域を使い，その領域を連結するのだ。

　その途中で，これらの過程は「学習に対して脳を開放する」ように思われると，ファン・デル・ミーアは言う。だから，デジタルというたった1つの方式による学習は害になりえるだろうと，彼女は懸念している。

　ファン・デル・ミーアはまた，手書きでメモを取ることは「目視によるメモ取り」を活性化すると指摘する。やみくもにタイプすることよりもむしろ，目視によってメモを取る人は，何が大切なのかを考えて書き留めなければならない。それから，キーワードを「四角や矢印によって関連づけ，小さな線画によって補定する」ことができる。

　学習と記憶のための手書きの潜在的な利点は，以前から議論されてきた。この新しい研究は2つの質問に答えるために行われた。新たな情報を学習するということになると，手書きはキーボードを使うことや線画を描くことと比較してどうなのか？　そして，手書きと線画を描くことはどのように似ているのか？

　全部で，12名の大人と12名の米国における7年生（日本の中学1年生）が参加した。参加者全員が筆記体で書くことに慣れていた。研究者たちは，彼らの一人一人にデジタルペンで文字を書き，加えて線画を描くように求めた。さらにその一人一人がキーボードでタイプするように求められた。これらの課題を行っている間，そのボランティアは全員，頭の横に電極がついた帽子をかぶっていた。それは少し，256個のセンサーが取り付けられたヘアネットのように見えた。

　それらのセンサーは，このボランティアの脳波，つまり一種の電気活動をEEGsとして記録した。EEGsとは脳波図を略したものである。電極は，それぞれの課題の間に脳のどの部分が活性化しているかを記録していた。そして，電極は，脳活動は子どもと大人の両方でだいたい同じであることを示した。

　文字を書くことは，脳の記憶野を活性化させた。タイピングは活性化させなかった。イメージを線画で描くことと文字を書くことは，学習と関係のある脳の部分も活性化させた。文字を書くことは言語領域も活性化させた。

　これは，私たちが手で文字を書くとき「私たちはよりよく学び，よりよく覚える」ことを示していると，ファン・デル・ミーアは言っている。彼女のチームは『心理学のフロンティア』7月28日号で研究結果を説明した。彼女のチームは今，「子どもたちは，幼い年齢から，学校で手書きと線画の活動に触れなければならない」ということを示している。

　この研究はデジタル機器を禁止することを推奨しているのではない。実際，研究の執筆者たちは，コンピュータやキーボードがついた他の機器は現代の教室の多くで必要不可欠になっていると指摘している。キーボード入力はまた，（手を使うのに苦労する場合のように）特別な支援が必要な生徒にとって特に役に立つ可能性もある。だが，ほぼ全ての生徒たちは，幼少期に手書きと線画を学ぶことから恩恵を受けるだろうと，研究者たちは今結論づけている。

　データに基づいて，ファン・デル・ミーアは，目下「私はエッセイを書くためにキーボードを使うだろうが，（授業では）手書きでメモを取るだろう」と述べている。

　これらの新しい研究結果は，手書きの潜在的な利点を示す他の研究を裏付けていると，ジョシュア=ワイナーは述べている。彼は「タイピングに対して手書きをすると，脳のさまざまな部分が協力し合うだろう」と述べた。ワイナーはアイオワ市にあるアイオワ神経科学研究所で働いている。この研究所は，アイオワ大学のカーバー医学部の一部である。ワイナーはその新しい研究に関わっていなかったけれども，彼自身の研究は脳の回路の形成に焦点を当てている。

　彼が教えている学生たちが手書きより文字を速くタイプすることに，ワイナーは気づいている。メモを取っているときに，速度を落とすことによって，学生たちは「もっと考える」必要があるように思えると，彼は言っている。彼は，これが「記憶力を改善し学習能力を高める」だろうと付け加えている。ワイナーは，より多くの「脳の反応」を伴うので，「手で書くことは有益であろう」と結論づけている。

　ファン・デル・ミーアは，手書きを身につけるには時間を要することを認めている。彼女は，手書きは繊細な運動技能が必要であることも知っている。だが，彼女

は，それは良いことなのだと付け加える。「もし私たちが脳に挑戦しなければ，脳はその潜在能力を十分に発揮できない」

解　説

A．空所補充

(W)　正解は　4

　　空所の前に interact があるので，空所に with を入れると，interact with 〜「〜と交流する」という意味になる。通常，with の後にくる名詞は「人」を表す語が多い。

(X)　正解は　1

　　空所に In を入れると，in contrast「対照的に」という意味の熟語になり，直前のキーボードと直後の手書きの内容を対比させることができ，文意が通る。

(Y)　正解は　4

　　空所の後の only one format は digital と同格関係で「デジタルというたった1つの方式」という意味。手段を表す前置詞 through「〜を通じて，〜によって」を空所に入れて，「たった1つの方式による学習」とすると文意が通る。

(Z)　正解は　2

　　空所の前に benefit があるので，空所に from を入れると，benefit from 〜「〜から恩恵を受ける」という意味の熟語になる。

B．同意語句

(a)　正解は　1

taken over「〜を支配した」

　1　conquered「〜を征服した」　　　2　defeated「〜を打ち負かした」

　3　emerged from「〜から現れた」　 4　succeeded to「〜の跡を継いだ」

　　taken over は take over 〜「〜を支配する」の過去分詞形で，「デジタル機器は社会を支配してきた」となっている。これに最も意味が近いのは1である。

(b)　正解は　2

manage「〜をうまく使う，操る」

　1　avoid「〜を避ける，回避する」　 2　employ「〜を使う」

　3　examine「〜を調べる，検査する」　4　oversee「〜を監督する」

　　manage は「〜をうまく使う，操る」という意味の他動詞で，「キーボードを使いこなす」となっている。この意味に最も近いのは，2である。

(c)　正解は　1

intricate「複雑な」

1　complex「複雑な」　　　　　　2　exciting「わくわくさせる」
3　linear「線の，直線的な」　　　　4　unsophisticated「洗練されていない」
　intricate は「複雑な」という意味の形容詞で，これに最も意味が近いのは，1
である。前文でペンやタッチペンを使うことは，より多くの脳の領域と関係してい
ると述べられており，その理由には「intricate な動き」が関わっていると考えて
推測することもできる。

(d)　正解は　2

debated「議論された」
1　attacked「攻撃された」　　　　2　discussed「議論された」
3　overlooked「見過ごされた」　　4　proved「証明された」
　debated は debate「～を議論する」という意味で，ここでは受動態で使われて
いる。debated に最も意味が近いのは，2である。

(e)　正解は　2

banning「～を禁止すること」
1　advertising「～を宣伝すること」　2　forbidding「～を禁じること」
3　ignoring「～を無視すること」　　4　upgrading「～を高めること」
　banning は動詞 recommend の目的語になっているので，「～を禁止すること」
という意味の動名詞である。この意味に最も近いのは，2である。

(f)　正解は　4

back up「～を裏付ける，支える」
1　challenge「～に挑戦する」　　　2　copy「～をコピーする」
3　store「～を蓄える」　　　　　　4　support「～を支援する」
　back up は「～を裏付ける，支える」という意味の熟語である。これに最も意味
が近いのは，4である。

(g)　正解は　1

enhance「～を高める」
1　boost「～を促進する，持ち上げる」
2　complicate「～を複雑にする」
3　set aside「～をわきに置く，取っておく」
4　slow down「～の速度を落とす」
　enhance は「～を高める」という意の他動詞で，「学習能力を高める」という意
味。これに最も近いのは，1である。これは第1段第1文の improve learning の
言い換えになっている。

> **ポイント** 単語の語義を選ぶ問題について①
>
> 　本問Bの同意語句を選ぶ問題は，難単語の場合は文脈などを手がかりに答えを選ぶことになるが，本問の場合はどれも単語帳や「どこかで見たことのある単語」であろう。極端に言うと，本文がなくても単語の意味を知っていれば答えを選ぶことができてしまうのだ。このような問題は該当の単語を見てすぐに意味を思い浮かべ，解答したいところである。時間をかけて文脈から単語の意味を推測する問題と，その単語を見てすぐに解答が導ける問題とを「嗅ぎ分ける」能力も受験テクニックとして必要である。

C．同意表現

⑦　正解は　3

「記憶をつなぎとめるためのより多くの『留め金』が脳に増える」

1　「脳が学習していることに集中することを可能にする」
2　「いろいろなことを覚えられるようにあなたがもっと明確に書くのに役立つ」
3　「脳がいろいろなことを記憶することをより簡単にする」
4　「記憶に必要な栄養素を脳に提供する」

　波線部は give の直接目的語が the brain，間接目的語が more 'hooks' で，直訳は「記憶をつなぎとめるためのより多くの『留め金』を脳に与える」，すなわち「記憶をつなぎとめるためのより多くの『留め金』が脳に増える」という意味である。よって，3の「脳がいろいろなことを記憶することをより簡単にする」が正解である。it は形式目的語で，真の目的語は to memorize things「いろいろなことを記憶すること」である。for the brain「脳が」は不定詞 to memorize の意味上の主語。

④　正解は　2

「～に触れる，経験する」

1　「～について忘れるよう奨励される」
2　「～に関わる機会を与えられる」
3　「～の重要性を理解させられる」
4　「～に十二分に集中するよう教えられる」

　波線部は「～に触れる，経験する」という意味である。よって，波線部の意味を最も的確に表しているのは，2である。

D．語句整序

正解は　⑤4　⑦7　⑨6

　完成した文は以下の通り。

How (does) handwriting (compare) (to) using a keyboard or (drawing) when it（comes）to（learning）new information?

「新たな情報を学習するということになると，手書きはキーボードを使うことや線画を描くことと比較してどうなのか？」

① 文末にクエスチョンマークがあり疑問文なので，空所㈠に does が入る。

② handwriting を主語だと仮定すれば，空所㈠には述語動詞が入るので，選択肢の中で入る可能性のある単語は原形の compare のみである。

③ 空所㈠に入る単語として，compare と共起する前置詞 to を選ぶ。compare to ～ は「～と比較する」という意味。

④ 空所㈠の前に or があり，A or B「A それとも B」という形だと想定でき，A には using a keyboard が入っているので，同じ動名詞の形をしている drawing「線画を描くこと」を入れる。

⑤ 空所㈠に comes を入れると，when it comes to ～「～ということになると」という定型表現ができる。この場合 to は前置詞で後には名詞がくるので，空所㈠に動名詞 learning を入れると，when it comes to learning new information で「新たな情報を学習するということになると」となり，うまく意味が通じる。

E．内容真偽

正解は 2・5・6 ────────────────────

1―× 「ペンや鉛筆を使うことはキーボードより人の脳のもっと多くの領域を刺激するので，生徒たちはコンピュータの利用をやめるべきだと新しい研究が示す」

第1段第2文（Although computer technology …）において，「コンピュータ技術は，今日しばしば必要であるけれども，ペンや鉛筆を使う方が，キーボードを使うよりも脳のより多くの領域を活性化する」と述べられており，「コンピュータの利用をやめるべき」という主張は書かれていないので誤り。

2―〇 「デジタル時代では，若い人たちは手で文字を書くことよりタイピングの方が簡単だと思うだろうと，最近の研究は指摘している」

第2段（As digital devices …）と一致する。同段最終文（The idea is …）で，タイピングの方が幼い子どもたちには簡単かもしれないという研究の意図が明示されている。point out ～「～を指摘する」

3―× 「ファン・デル・ミーアによると，手書きでメモを取ることは目視による記憶を強化し，人がキーボードを見ないで打つのに役立つ」

「目視による記憶を強化」については，第6段第4文（We also need …）および同段最終文（All of this …）に述べられているが，「人がキーボードを見ないで打つのに役立つ」という記述は本文中にない。

4―× 「ファン・デル・ミーアは，文字を書くことは脳の学習に関係する部分を活性化させるけれども，イメージを線画で描くこともタイピングもどちらもそうする

ことはできないことを示す」

　第12段（Writing turned on …）に，線画で描くことも脳の学習に関係する部分を活性化させたと書かれているので，矛盾する。do so は turn on parts of the brain associated with learning を指している。

5－〇　「手書きと線画を描くことを幼い年齢で学習することはほとんどの生徒にとって有益であると新しい研究は示唆する」

　第14段最終文（But nearly all …）において，ほぼ全ての生徒たちは，幼少期に手書きと線画を学ぶことから恩恵を受けるだろうという研究者の意見が書かれており，これに一致する。benefit from が beneficial に，nearly all students が most students に言い換えられている。

6－〇　「ワイナーはファン・デル・ミーアの研究に関わっていなかったけれども，彼もまた手で書くことは利点があり，記憶力を高めるだろうと主張する」

　第16段最終文（Although Weiner was …）より，ワイナーがファン・デル・ミーアの研究に参加していなかったことがわかり，さらに第17段最終2文（He adds that … a "brain response."）において，手書きが記憶力を改善し学習能力を高めると述べているので，これらに一致する。

7－×　「ワイナーは学生たちに手で書くより速くタイプするように奨励している。なぜならば速くタイプすることは文字を書くより脳のより多くの領域を活性化させるからだ」

　第16段（These new findings …），第17段（His own students …）でワイナーの研究やその考察が示されているが，「学生たちに手で書くより速くタイプするように奨励している」とは書かれていないので，誤りである。

8－×　「ファン・デル・ミーアは，手書きを身につけることはタイプすることを学ぶよりもっと難しいので，生徒たちが最初にタイピングを習得することがより現実的であると認めている」

　ファン・デル・ミーアは最終段（Van der Meer …）で手書きを身につけるには時間を要し，手書きは繊細な運動技能が必要であると述べているものの，最初にタイピングを習得するように言っているわけではないので，誤りである。

A. (W)－4　(X)－1　(Y)－4　(Z)－2
B. (a)－1　(b)－2　(c)－1　(d)－2　(e)－2　(f)－4　(g)－1
C. (ア)－3　(イ)－2
D. (あ)－4　(う)－7　(か)－6
E. 2・5・6

13

目標解答時間 35 分　**目標正答数** 15/18 問

次の文章を読んで設問に答えなさい。[＊印のついた語句は注を参照しなさい。文中の〔　　〕は原文にあるもので、この文章の著者による補足を表しています。]（63点）

4 October 1957 became one of the most important dates in space exploration when the Soviet Union successfully launched Sputnik. It was the day the Space Age officially began, but an otherwise glorious technological achievement brought with it an unfortunate consequence — the mission left behind the first space debris in history.

Over the last six decades space traffic has increased massively. That's <u>inevitably</u> meant that the volume of space debris — defined as
(a)
nonfunctioning human-made objects either in Earth orbit or re-entering the atmosphere — has grown with it. It's the problematic downside* of our expanding ambitions in space.

The desirable low-Earth orbits — altitudes* up （　X　） around 2,000 kilometres （1,243 miles） — are the most crowded areas and are only going to get busier as more countries and private companies vie for a foothold* in the final frontier. There are over 8,400 tonnes* of human-made material orbiting our planet. That includes well over 100 million individual pieces of debris, and while the vast majority are less than a centimetre （　Y　） diameter, some 900,000 pieces are in the one to ten centimetre （0.4 to four inch） range, and 34,000 are larger. There are also several thousand defunct* satellites.

"Space is big and we took it for granted, especially early in the space programme when we were launching so few things so <u>infrequently</u>,"
(b)
says Laura Forczyk, founder of Atlanta-based space analysis and consulting firm Astralytical. "But now we have things like mega-constellations* going up we have to look at space in an entirely new light."

"[The idea that space was 'out of sight, out of mind'] was certainly
　　　　　　　　　　　　　　(ア)
the notion in the beginning of the Space Age," adds Holger Krag, head of
the European Space Agency's Space Debris Office. "However, since the
1990s there has been sufficient awareness in the international community,
and debris prevention measures have been defined jointly. The problem of
　　　　　　　　　　　　　　　　　　　　　　(c)
space debris is, today, well understood, and I don't think any space-faring*
nations would still tend to ignore it."

Space debris isn't simply an environmental problem. It's a very real
threat to any spacecraft operating in orbit, as all those rogue* objects
travelling at speeds of 27,400 kilometres (17,000 miles) per hour or more
can lead to serious damage, and the more that's (　あ　) there, (　い　)
(　う　) the chance (　え　) some kind of catastrophic (　お　). While
not every impact is going to cause the sort of cataclysmic* damage that
gave Sandra Bullock* a very bad time in the 2013 film Gravity, all that
floating junk is a clear and present danger. Indeed, colliding with an
object of just one-millimetre diameter has the potential to destroy a
satellite's subsystems, something one-centimetre (0.4-inches) across will
probably disable a spacecraft and a ten-centimetre (four-inch) body could
be a full-on* satellite killer with the potential to cause it to disintegrate.

Imagine the ramifications* of that happening to a crucial GPS or
communications satellite and it's easy to see why we can't simply stick our
　　　　　　　　　　　　　　　　　　　　　　　　　　　　　　(イ)
heads in the sand and pretend it's not an issue, especially as the space
debris problem would get worse even if every government and company
operating in orbit decided to cease operations tomorrow. "We have passed
　　　　　　　　　　　　　　(d)
a tipping point* in the sense that the number of artificial objects in orbit
will grow even without further human influence," explains Krag. "This is
because the self-production [of additional debris] in orbit due to collisions
and the resulting fragments supersedes* the 'sink', which is the natural
　　　　　　　　　　　(e)
decay [of satellites falling into the atmosphere]."

It's an inconvenient truth that space debris has the potential to
create more space debris. While most of the material in orbit originated as

a satellite, a mission payload* or as discarded sections of a launch vehicle,
(f)
further collisions can cause these to break up into smaller particles — some
65 per cent of the space debris objects that have been catalogued
originated from the break-up of larger bodies.

This isn't something that's taken us by surprise — as far (Z) as
1978, NASA's Donald Kessler proposed the idea of so-called 'Kessler
syndrome', a scenario where low-Earth orbits become so densely packed
with material that it creates a cascade of collisions, with one impact
leading to another, to another and so on.

When that happens, the quantity of rogue bodies floating in space
increases exponentially*, and the region becomes unsustainable for future
spacecraft operations. When it comes to fixing the problem for future
missions, however, prevention may be better than a cure...

"The main factor [in dealing with space debris] is our future
behaviour," Krag points out, "and the degree to which we manage to
implement debris prevention successfully. Today we find debris prevention
measures in international standards and also in many national space laws.
They are applied in practically every new space mission."

This means that rather than merely focusing on clearing up the
mess that's already in orbit — though that is on the agenda — we need to
(g)
minimise the amount of new debris we create. That places the
responsibility on operators to manage their satellites into a safe retirement.
(ウ)
For example, it's now recommended that satellites in low-Earth orbit be
directed to burn up safely in the Earth's atmosphere within 25 years of
the completion of their mission. It's also important that a defunct
spacecraft's energy reserves, be it fuel or batteries, are run down to reduce
(h)
the risk of explosions that create new debris.

Krag says, however, that there is some distance between the theory
and the reality: "The success rate in applying [these prevention measures]
is not satisfactory at all. Only about half of the missions in the most
critical [orbital] regions manage to implement them so far. The reason for

this is technical reliability and a tendency to operate spacecraft too long, with the risk of losing them before debris-prevention action is implemented."

(By Richard Edwards, writing for *All About Space*, January 30, 2020, Future plc.)

[注]　downside　負の側面

altitudes　高度

vie for a foothold　足掛りを競い合って求める

tonnes　重量のトン

defunct　廃れた、機能していない

mega-constellations　大星座、大集団

space-faring　宇宙事業に参加している

rogue　厄介な

cataclysmic　大変動の、破滅的な

Sandra Bullock　宇宙を舞台とした映画『Gravity』の主演女優

full-on　完全な

ramifications　派生した結果

tipping point　限界点

supersedes　（supersede　〜に取って代わる）

payload　積み荷

exponentially　急激に

A　空所(X)〜(Z)に入るもっとも適切なものを次の1〜4の中からそれぞれ一つ選び、その番号を解答欄に記入しなさい。

(X)　1　in　　　　2　on　　　　3　to　　　　4　with

(Y)　1　around　　2　in　　　　3　off　　　　4　on

(Z)　1　back　　　2　down　　　3　long　　　4　over

B　下線部 (a)〜(h) の意味・内容にもっとも近いものを次の1〜4の中からそれぞれ一つ選び、その番号を解答欄に記入しなさい。

(a)　inevitably

　　1　incredibly　　2　naturally　　3　possibly　　4　repeatedly

(b)　infrequently

　　1　constantly　　2　hastily　　3　occasionally　　4　roughly

(c)　defined

　　1　blocked　　2　outlined　　3　weakened　　4　welcomed

(d)　cease

　　1　alter　　2　improve　　3　stop　　4　undergo

(e)　fragments

　　1　chemical weapons　　　　　　2　isolated pieces

　　3　objects not operating in orbit　　4　whole satellites

(f)　discarded

　　1　abandoned　　2　constructed　　3　instructed　　4　reorganized

(g)　on the agenda

　　1　known as an excellent operation

　　2　one of many fantastic imaginations

　　3　one of the things to be dealt with

　　4　regarded as the only available solution

(h)　run down

　　1　decreased　　2　protected　　3　replaced　　4　saved

C　波線部 (ア)〜(ウ) の意味・内容をもっとも的確に示すものを次の 1 〜 4 の中から
　それぞれ一つ選び、その番号を解答欄に記入しなさい。

(ア)　out of sight, out of mind

　　1　far away from Earth, therefore out of control

　　2　not visible, therefore not thought of

　　3　outside Earth, therefore dangerous

　　4　taken for granted, therefore not an issue

(イ)　stick our heads in the sand

　　1　interfere in every space operation

　　2　protect ourselves from any possible accident

3　stay far from any dangerous piece of debris

4　try to ignore what is going on

(ウ)　manage their satellites into a safe retirement

1　appreciate NASA's safe retirement plan

2　ensure the removal of satellites after the completed mission

3　retire after the completion of their space mission

4　send satellites away from the Earth's atmosphere

D　二重下線部の空所(あ)～(お)に次の1～7の中から選んだ語を入れて文を完成
させたとき、(あ)と(え)に入る語の番号を解答欄に記入しなさい。同じ語を二度
使ってはいけません。選択肢の中には使われないものが二つ含まれています。

the more that's (　あ　) there, (　い　)(　う　) the chance (　え　)
some kind of catastrophic (　お　)

1　collision　　2　greater　　3　less　　4　of

5　orbit　　6　the　　7　up

E　本文の意味・内容に合致するものを次の1～8の中から三つ選び、その番号を
解答欄に記入しなさい。

1　When Sputnik was launched in the late 1950s, officials of the Soviet
Union warned the world of the dangers of the new Space Age.

2　Among the more than 8,000 tonnes of artificial material going
around Earth, individual pieces of debris count well over 100 million.

3　According to Laura Forczyk, who founded a firm called Astralytical
in Atlanta, it is necessary to think about space without taking its
bigness for granted any more.

4　Although the problem of space debris is not an environmental issue,
it is definitely threatening the operation of spacecraft in orbit.

5　The author says that it is inconvenient that human influence has to
be involved in the production of space debris.

6　NASA's Donald Kessler thought a scenario in which a series of
debris collisions occur could happen only in the movies.

7 According to Holger Krag, it is a waste of time to try any prevention measures because there are no international standards for spacecraft operation.

8 According to Holger Krag, who finds the situation of debris prevention unsatisfactory, about 50% of the missions in the most critical orbital regions do not successfully carry out prevention measures so far.

≪スペースデブリ≫

　ソビエト連邦がスプートニク号の発射に成功した 1957 年 10 月 4 日は宇宙開発において最も重要な日の一つになった。宇宙時代が公式に始まった日であったが，しかし，それ以外では栄誉に満ちた技術的偉業は不幸な結果をもたらすことになった。このミッションは歴史上最初のスペースデブリ（宇宙ゴミ）を宇宙に残していったのだ。

　この 60 年間，宇宙の交通量は飛躍的に増えた。それは，スペースデブリ——地球の軌道上にある，または大気圏に再突入する際の機能しなくなった人工物と定義される——の量が増えたことを必然的に意味する。それは宇宙への野望を膨らませる際に問題となる負の側面である。

　よく使われる地球低軌道——高度およそ 2,000 キロ（1,243 マイル）まで——は，最も混み合った場所で，最後の未開の地に足掛かりを作ろうと競い合っている国や民間企業が増えるにつれて，ますます混雑していく一方だろう。8,400 トン以上の人工物が地球の軌道上を回っている。そこには，1 億個をはるかに超える大きさがばらばらのデブリがあり，その大部分が直径 1 センチ未満である一方，1 センチから 10 センチ（0.4 インチから 4 インチ）のものがおよそ 90 万個，それ以上のものが 34,000 個もある。数千もの機能していない人工衛星もある。

　「宇宙は大きく，私たちはそのことを当たり前だと思っていた。特に，宇宙開発計画の初期段階において，打ち上げる物が少なく，打ち上げ頻度が低かったときはそう考えていた」とアトランタにある宇宙分析コンサルティング会社アストラリティィカルの創業者ローラ゠フォーセックは言う。「しかし今や私たちは大星座に等しい物を打ち上げているのだから，宇宙を全く新しい観点で見なければならない」

　「［去る者は日々に疎しという考え］は確かに宇宙時代の初期にあった」と欧州宇宙機関のスペースデブリ局の局長ホルガー゠クラッグは付け加えた。「しかしながら，1990 年代以来，国際社会において十分に認識されるようになり，デブリを防ぐ対策が共同で明確に示されてきた。今日スペースデブリの問題はよく理解され，宇宙事業に参加している国の中でいまだそれを無視する傾向にある国はないと思う」

　スペースデブリは単なる環境問題ではない。軌道上で活動するいかなる宇宙船にとっても非常に現実味を帯びた脅威である。というのは，時速 27,400 キロ（17,000 マイル）以上で飛んでいるこの厄介な物すべてが深刻な被害を引き起こす可能性があり，軌道上に浮遊している物が多ければ多いほど，衝突すれば壊滅的な被害をもたらす可能性が高くなるのだ。すべての衝突が，2013 年の映画『ゼロ・グラビティ』でサンドラ゠ブロックをひどく苦しめた破滅的なダメージのようなものを引き起こすというわけではないが，すべての浮遊しているゴミは現在，明らかに危険である。実際，ほんの直径 1 ミリの物体と衝突すれば人工衛星のサブシステムを破壊する可能性があり，直径 1 センチ（0.4 インチ）の物体ではおそらく宇宙船を航行不能にし，10 センチ（4 インチ）の物体では人工衛星をばらばらにする潜在能力を持つ完全な衛星キラーとなりうるのだ。

　きわめて重要な GPS 衛星や通信衛星に衝突したことによって起こる結果を想像

してみよう。そうすれば，現実を直視するのを避け，それが重大ではないと言い張ることができない理由が簡単にわかるだろう。特に，たとえ軌道上で活動しているすべての政府や企業が明日その活動を止めることを決心したとしても，スペースデブリの問題が悪化するにつれてそう実感するであろう。「軌道上の人工物の数は，人間がこれ以上影響を及ぼさなくても増えていくという意味で，私たちは限界点を超えてしまった」とクラッグは説明する。「衝突とその結果生じる破片が原因で起こる軌道上の［デブリが増える］自己増殖が，［衛星が大気圏に落ちるという］自然消滅を意味する『シンク』に取って代わるからだ」

　スペースデブリがさらに多くのスペースデブリを作る可能性があるということは不都合な真実である。軌道上にある物体のほとんどが人工衛星や積載飛行任務や打ち上げ機の捨てられた部分から生じたものだが，これらはさらに衝突を重ねることで，より小さな小片に分解される可能性がある——分類されているスペースデブリの約 65 パーセントは，それより大きな物体が分解して生じたものなのだが。

　このことは私たちを驚かせるものではない。なぜならすでに 1978 年に NASA のドナルド゠ケスラーが，地球低軌道上に物体が密集し，結果として 1 つの衝突が別の衝突を引き起こし，それがまた別の衝突を引き起こし続けるという衝突の連鎖が引き起こされるというシナリオ，いわゆる「ケスラーシンドローム」という考えを提唱しているからである。

　それが起きれば，宇宙に浮遊している厄介な物の量は急激に増え，その区域では将来の宇宙船活動が持続できなくなる。しかしながら，将来の宇宙飛行計画のために問題を解決するということになると，取り除くよりも予防の方が良いかもしれない…

　「［スペースデブリに取り組むための］主要な要因は，私たちの将来の行動，そして，どの程度デブリ予防を実行できるか，にかかっている」とクラッグは指摘する。「今日，国際基準や多くの国内宇宙法にもデブリ予防対策がみられる。それらはこれから出てくる，ほとんどすべての宇宙飛行計画で適用されている」

　これは，すでに軌道上に存在しているゴミを単にきれいにすることに焦点をあわせるよりも——それも検討課題だが——新たに出るデブリの量を最小限にする必要があるということを意味する。それは，人工衛星を安全に引退させるように事業者に責任を負わせることである。たとえば，地球低軌道上にある人工衛星は，任務の完了後 25 年以内に地球の大気圏で安全に燃え尽きるようにすることが現在推奨されている。また，機能していない宇宙船の燃料源は，燃料であろうがバッテリーであろうが，新たなデブリを作り出す爆発の危険性を減らすために使い切ることも重要である。

　しかしながら，理論と現実の間にはいくらかの距離があるとクラッグは言う。「［こうした予防策］を適用する成功率は，まったく満足のいくものではない。最も重要な［軌道］区域における宇宙飛行任務のおよそ半分でしか今のところそれらを実行できていない。その理由は，技術的信頼性と，宇宙船を長く使いすぎる傾向にあって，デブリ予防策を実行する前に宇宙船を失う危険性があるからだ」

解　説

Ａ．空所補充

(X) 正解は　3

　直前に up, 直後に 2,000 kilometres という数値があることから，to を入れる。
up to ～（数値表現）「（最高）～まで」という意味を表す。

(Y) 正解は　2

　～（数値表現）in diameter で「直径～」という意味。

(Z) 正解は　1

　as far back as ～（年代）で「早くも～に，～という昔に」という意味。直訳は
「早くも 1978 年には」で，「すでに 1978 年に」と意訳することもできる。

Ｂ．同意語句

(a) 正解は　2

inevitably「必然的に」

1　incredibly「信じられないほど」

2　naturally「当然ながら，言うまでもなく」

3　possibly「おそらく」

4　repeatedly「何度も」

　inevitably は「必然的に」という意味を表す。これに最も意味が近いのは 2 である。

(b) 正解は　3

infrequently「まれに，たまに」

1　constantly「絶えず」　　　　　　　　2　hastily「急いで」

3　occasionally「時々」　　　　　　　4　roughly「おおよそ」

　infrequently は「まれに，たまに」という意味を表す。これに最も意味が近いの
は 3 である。接頭語の in- は「～の中へ」の他に「～でない」という意味を持って
いる。ここでは frequently「頻繁に」という語に in がつき，「頻繁でない」，すな
わち「まれに」という意味を表している。

(c) 正解は　2

defined「明確な，定義された」

1　blocked「妨げられた」　　　　　　　**2　outlined「～の要点が述べられた」**

3　weakened「弱められた」　　　　　　4　welcomed「歓迎された」

　直前で国際社会においてスペースデブリの問題が十分に認識されるようになった
とあり，順接の接続詞 and の後に続く文は，その問題に対して肯定的な内容がく
るはずなので，解答は 2 か 4 に絞ることができる。ここでは define は受動態で用

いられているが，動詞で「明確にする，定義する」という意味。よって2が最も近い。要点が述べられるということは，物事がはっきりすると考えられる。

(d) **正解は 3**

cease「止める」

1 alter「変える」   2 improve「改良する」

3 stop「止める」   4 undergo「経験する」

 cease は「止める」という意味なので，3が最も近い。

(e) **正解は 2**

fragments「破片」

1 chemical weapons「化学兵器」

2 isolated pieces「分離された部分」

3 objects not operating in orbit「軌道上で作動していない物」

4 whole satellites「すべての人工衛星」

 前に due to ～「～が原因で」があり，その結果として生じる物が何かと考えて選択肢を検討する。fragments は「破片」という意味なので，2が最も近い。frag- や frac- は「割る，壊す，砕く」を表す語根で，同語源に fragile「壊れやすい」，fraction「断片，割合」などがある。

(f) **正解は 1**

discarded「捨てられた」

1 abandoned「捨てられた」 2 constructed「組み立てられた」

3 instructed「指示された」 4 reorganized「再編成された」

 discarded は「捨てられた」という意味なので，最も近いのは1である。

(g) **正解は 3**

on the agenda「検討課題の，協議事項で」

1 known as an excellent operation「優れた活動として知られている」

2 one of many fantastic imaginations「多くの素晴らしい想像の一つ」

3 one of the things to be dealt with「対応すべき事柄の一つ」

4 regarded as the only available solution「唯一の利用できる解決策と見なされる」

 on the agenda「検討課題の，協議事項で」という意味なので，3が最も近い。

(h) **正解は 1**

run down「使い果たされる」

1 decreased「減らされる」 2 protected「守られる」

3 replaced「取り替えられる」 4 saved「節約される」

 下線部を含む are run down に対する主語は a defunct spacecraft's energy reserves「動いていない宇宙船の燃料源」。直後の to reduce は副詞的用法で「新

しいデブリを作り出す爆発の危険性を減らすために」という意味。つまり危険性を減らすために燃料源をどうすべきなのかを考えて，意味を推測することになる。run down は「使い果たされる」という意味で，1が最も近い。

C．同意表現

(ア)　正解は 2

「去る者日々に疎し（目に見えないものは忘れ去られる）」
1　「地球から遠い。それゆえに制御できない」
2　**「目に見えない。それゆえに考えない」**
3　「地球外である。それゆえに危険だ」
4　「当たり前のことだと思われる。それゆえに問題ではない」

　out of sight, out of mind はことわざで「去る者日々に疎し（目に見えないものは忘れ去られる）」という意味。よって2の not visible, therefore not thought of 「目に見えない。それゆえに考えない」が最も近い。

> **ポイント**　基本語句の意味とその広がり
>
> 　本問のようなことわざは，前後の文脈をしっかり読んで答えることが重要である。ただし，該当箇所の英語から意味を推測できる場合もある。本問の out of ～ は単に out のイメージから「外」と考えるより，「～の中から外へ」という意味で捉えた方がわかりやすい。ここでは「視界の中から外へ行くと，頭（心）の中から外へ行ってしまう」と解釈し文脈と合わせて考えれば，かなり正解に近づくことができたのではないか。蛇足ではあるが，mind という単語の意味は多くの受験生が「心」と覚えていると思うが，知性が宿る場所が心というところから，「頭脳，知性」という意味がある。論説文などで mind が出てきた場合は，この意味で解釈しないと文意が通らない場合が多いので注意しよう。例を挙げると，She has a brilliant mind. 「彼女は頭脳明晰である」などがある。

(イ)　正解は 4

「現実を直視するのを避ける」
1　「あらゆる宇宙活動を妨げる」
2　「いかなる起こりうる事故からも自分自身を守る」
3　「あらゆる危険なデブリから離れている」
4　**「今起きていることを無視しようとする」**

　波線部の直前と直後で「GPS 衛星や通信衛星に衝突したことによって起こる結果が重大ではないと言い張ることはできない」と書かれていることから，意味を推測する。can't が stick と pretend の両方にかかることにも注意する。stick our heads in the sand 「現実を直視するのを避ける」という意味なので，4の try to ignore what is going on 「今起きていることを無視しようとする」が最も近い。

(ウ) 正解は 2 ────────────────────────

「人工衛星を安全に引退させる」

1 「NASA の安全な引退計画を高く評価する」

2 「ミッション完了後，確実に人工衛星を取り除く」

3 「宇宙でのミッション完了後引退する」

4 「地球の大気圏から人工衛星を追い払う」

前の the responsibility は「人工衛星を管理する事業者の責任」を表し，その具体的内容が波線部で述べられていることを踏まえて，意味を推測する。manage their satellites into a safe retirement は直訳で「人工衛星を安全に引退させる」という意味なので，最も近いのは 2 の ensure the removal of satellites after the completed mission「ミッション完了後，確実に人工衛星を取り除く」である。

D. 語句整序

正解は ⓐ7 ⓔ4 ────────────────────────

完成した文は以下の通り。

the more that's (up) there, (the) (greater) the chance (of) some kind of catastrophic (collision)

「軌道上に浮遊している物が多ければ多いほど，衝突すれば壊滅的な被害をもたらす可能性が高くなるのだ」

① the more で始まっているので，the + 比較級 + S V, the + 比較級 + S V「〜すればするほどますます…」の構文だと考える。

② that は the more から始まる節がその構文の従属節であることを示す主語である。ⓐには up が入り，up there「あそこで，あの高いところに（ある）」という意味になる。there はここでは「宇宙空間」を示す。

③ ①より，ⓘには the が入り，次に入る比較級は less と greater があるので，意味の上からどちらが適切か判断する。

④ ⓔは the chance of 〜「〜という可能性」より同格の of が入る。

⑤ ⓞには形容詞 catastrophic「破滅的な」が修飾する名詞 collision「衝突」を入れる。

⑥ 宇宙空間にある物が多ければ多いほど破滅的な衝突は「大きくなる」ので，ⓤは greater になる。catastrophic collision の後に is が省略されている。

E. 内容真偽

正解は 2・3・8 ────────────────────────

1 ─× 「スプートニク号が 1950 年代後半に発射されたとき，ソビエト連邦当局は新しい宇宙時代の危険性について世界に警告した」

第1段第1文（4 October 1957 …）に「ソビエト連邦がスプートニク号の発射に成功した1957年10月4日は宇宙開発において最も重要な日の一つになった」という記述はあるが「ソビエトが危険性を警告した」という記述はないので，誤りである。

2―〇　「地球を回っている8,000トン以上の人工物の中で，個々のデブリの数は1億個をはるかに超える」

　　第3段第2・3文（There are … are larger.）「8,400トン以上の人工物が地球の軌道上を回っている。そこには，1億個をはるかに超える大きさがばらばらのデブリがある」に一致。選択肢の count は自動詞で「～の数になる」，well は強調を表す副詞で「はるかに」という意味。

3―〇　「アトランタにあるアストラリティカルという会社の創業者ローラ＝フォーセックによると，宇宙について，もうこれ以上その大きさを当たり前のものと思わずに考えることが必要である」

　　第4段第1文（"Space is big …）「宇宙は大きく，私たちはそのことを当たり前だと思っていた」，および同段最終文（"But now we …）「しかし今や私たちは大星座に等しい物を打ち上げているのだから，宇宙を全く新しい観点で見なければならない」に一致する。本文の look at space in an entirely new light が，選択肢では具体的に言い換えられている。light は名詞で「観点，物の見方」という意味。

4―×　「スペースデブリの問題は環境問題ではないが，軌道上の宇宙船の活動を確かに脅かしている」

　　第6段第1文（Space debris isn't …）に「スペースデブリは単なる環境問題ではない」とあることから，スペースデブリが環境問題であるのと同時に，それ以上のものだとわかるので，これに不一致。not simply ～ ＝ not only ～「単なる～だけではなく」に注意。

5―×　「人間の影響がスペースデブリを作り出すことに関わっているにちがいないということは不都合だと著者は述べている」

　　第8段第1文（It's an inconvenient …）「スペースデブリがさらに多くのスペースデブリを作る可能性があるということは不都合な真実である」に一致しない。

6―×　「デブリの衝突が連続して発生するというシナリオは映画の中でしか起こらないとNASAのドナルド＝ケスラーは考えていた」

　　第9段（This isn't something …）に「NASAのドナルド＝ケスラーが…衝突の連鎖がそれにより引き起こされるというシナリオ…を提唱している」とあるが，「映画の中でしか起こらない」とは述べていない。

7―×　「ホルガー＝クラッグによると，宇宙船による活動には国際基準がないので，いかなる防止策を試みても時間の無駄である」

　　第11段第2文（Today we find …）「今日，国際基準や多くの国内宇宙法にも

デブリ予防対策がみられる」に一致しない。a waste of time は仮主語構文を取り，it is a waste of time to *do* の形で，「～することは時間の無駄である」という意味を表す。

8 － ○ 「デブリ防止の状況が十分でないと考えるホルガー＝クラッグによると，最も重要な軌道区域における宇宙飛行任務のおよそ 50 パーセントは，これまで防止策の実行に成功していない」

　　最終段第 1 ・ 2 文（Krag says, … so far.）「[こうした予防策] を適用する成功率は，まったく満足のいくものではない。最も重要な [軌道] 区域における宇宙飛行任務のおよそ半分でしか今のところそれらを実行できていない」に一致する。本文中の not satisfactory が unsatisfactory に，only about half of ～ が about 50% of ～ に言い換えられている。

A. (X)―3　(Y)―2　(Z)―1
B. (a)―2　(b)―3　(c)―2　(d)―3　(e)―2　(f)―1　(g)―3　(h)―1
C. (ア)―2　(イ)―4　(ウ)―2
D. (あ)―7　(え)―4
E. 2・3・8

解　答

14

目標解答時間　40分　**目標正答数**　19/23問

次の文章を読んで設問に答えなさい。[＊印のついた語句は注を参照しなさ
い。](77点)

When the French entrepreneur Jacques Mouflier visited the remote
Alpine village of Val d'Isère in 1935, he saw the future before him. "A
miracle is going to happen," Mouflier told his young son, as he gestured
towards the mountains encircling the village. "Ski champions from every
country will come to compete where we're standing right now."

He was right. In 1948 Val d'Isère produced France's first Olympic
ski champion, and ever since, professional athletes have flocked to the
village, which <u>sits</u> 1,850 metres above sea level, to train and compete.
_(a)
They are joined by tens of thousands of amateurs. Last year the resort
sold 1.3m ski "days"* to tourists, and more Britons visit Val d'Isère each
year than any other ski resort in the world. ≪①≫

For a long time, the source of Val d'Isère's enduring attraction ―
aside （　W　） its almost oppressively <u>picturesque</u> surroundings, five-star
_(b)
hotels and 300km of pistes*, each one as groomed* as a Surrey garden* ―
has been that it is, in the parlance* of the skiing industry, "snow certain".
≪②≫ In 1955, when the resort began hosting an annual ski competition
called the Critérium de la Première Neige ("the competition of the first
snow"), its organisers boasted that Val d'Isère was the only French resort
able to guarantee snow throughout December.

Villagers claim to be able to <u>predict</u> the year's coming snowfall by
_(c)
the berries on the local rowan trees*. Plump clumps* in summer promise
deep snow in winter. For decades, the branches drooped under the berries'
weight. But in the mid-1980s, locals began to notice a change. The date of
the first snowfall began to <u>drift</u> later. ≪③≫ Patches of bare ground
_(d)
appeared on slopes that, in previous years, had been covered in an

uninterrupted white drift. Some ski seasons would have an abundance of snow; (X), a scarcity. More consistent was the retreat of the Pissaillas glacier, whose run-off* water feeds the surrounding forests; each
(e)
year it withdrew a little farther up the Pointe du Montet mountain, which dominates the jagged* horizon. By 2014, snow was arriving (Y) late to Val d'Isère that, for the first time in its history, the Critérium de la Première Neige was relocated, to a more snow-reliable resort in Sweden.

For reasons scientists don't fully understand, the Alps are warming faster than the global average. The 1.4C rise in the average global temperature since the end of the 19th century has translated into a 2C
(f)
rise in the Alps. In the past hundred years, the number of hours that sunshine hits the mountains each year has increased by 20%. The heat and light (あ) snow (い) melt, (う)(え) to fall (お) all. In 2017 the Swiss Federal Institute for Snow and Avalanche Research recorded that less snow fell in the Alps during the winter months than in any year since 1874. ≪④≫ In April a report by the European Geosciences Union showed that 90% of glacier volume in the Alps — an essential source of drinking water, crop irrigation* and ski runs — could be lost by the end of this century.

For the Alpine ski industry, which hosts 35% of the world's ski resorts across eight countries, and serves an estimated 120 million tourists each year, this is potentially an extinction-level event. Val d'Isère is one of
(ア)
the mountain range's highest resorts, so it will be one of the last to feel the full effects of the climate catastrophe. But farther down the mountains, the disappearance of snow has already begun to devastate the ski industry,
(g)
as well as the communities that rely on it.

Since 1960, the average snow season has shortened by 38 days, while "seasonal drift" has pushed the coldest weather from December to the early months of the year, throwing the ski season out of sync with*
(h)
the lucrative* Christmas holidays. In November 2017 the EU launched the Prosnow project, whereby scientists advise Alpine resorts on how to

"maintain the same season duration with 30% less snow". Such efforts have not been entirely successful. According to some reports, as many as
(イ)
200 ski resorts now stand abandoned across the Alps, where bankrupt hotels have been left unoccupied, and forsaken* ski lifts dangle* in the wind.

　The disaster encroaching on* Val d'Isère has been obvious to Olivier Simonin, the director of tourism at the resort, since the infamous* 2006-7 season, when a scarcity of snow caused a 7% decline in revenues across Alpine resorts. This September, for the first time, the French ski industry's main union, Domaines Skiables de France, held an emergency meeting of directors from France's most important resorts to discuss the existential challenges they face. Twenty-five directors attended the meeting,
(i)
which was held in the valley of Chambéry. The mood, according to Simonin, was sombre*. "This is now the main topic of conversation among us," said Simonin. "Nobody wants to die."
(ウ)
　(Z) the islanders of Kiribati, whose homes will be swallowed by the Pacific Ocean in the coming years, or the farmers of rural Bangladesh, whose crops fail whenever their fields are flooded by saltwater, the Alpine ski industry, which turns over billions of euros every year, is disproportionately* well-equipped to fight for its survival. And resorts like
(j)
Val d'Isère have invested tens of millions of euros in the most
(エ)
straightforward solution imaginable: when the snow stops falling, it's time to make your own.

（By Simon Parkin, writing for *The Guardian*, 電子版, December 19, 2019）

［注］　1.3m ski "days"　スキー場の一日利用券130万日分
　　　　pistes　雪を固めた滑降コース
　　　　groomed　（groom　手入れをする）
　　　　Surrey garden　代表的英国式庭園
　　　　parlance　用語
　　　　rowan trees　ナナカマドの木

plump clumps　たわわな実り

run-off　流れ出る

jagged　ぎざぎざの

crop irrigation　作物用の灌漑（かんがい）

out of sync with　〜と噛み合わない

lucrative　かき入れ時の

forsaken　（forsake　見捨てる）

dangle　ぶらぶら揺れる

encroaching on　（encroach on　徐々に侵食する）

infamous　悪名高い

sombre　陰気な

disproportionately　不釣り合いに

A　空所(W)〜(Z)に入るもっとも適切なものを次の1〜4の中からそれぞれ一つ選び、その番号を解答欄に記入しなさい。

(W)　1　by　　　　　　2　from　　　　　3　into　　　　　4　over

(X)　1　for example　　　　　　　　　　2　others

　　　3　previously　　　　　　　　　　4　therefore

(Y)　1　as　　　　　2　much　　　　　3　so　　　　　4　this

(Z)　1　As　　　　　2　Because　　　　3　Only　　　　4　Unlike

B　下線部(a)〜(j)の意味・内容にもっとも近いものを次の1〜4の中からそれぞれ一つ選び、その番号を解答欄に記入しなさい。

(a)　sits

　　　1　disappears　　2　feels　　　　3　lies　　　　　4　runs

(b)　picturesque

　　　1　comfortable　2　immediate　　3　mild　　　　4　scenic

(c)　predict

　　　1　avoid　　　　2　forecast　　　3　record　　　4　tolerate

(d)　drift

　　　1　cease　　　　2　fade　　　　　3　return　　　4　shift

(e) feeds

    1 clears   2 consumes   3 replaces   4 sustains

(f) translated

    1 broke   2 crowded   3 looked   4 turned

(g) devastate

    1 attract   2 expand   3 harm   4 practice

(h) throwing

    1 closing   2 extending   3 neglecting   4 pushing

(i) existential

    1 critical   2 numerous   3 unrealistic   4 vague

(j) well-equipped

    1 well-behaved   2 well-intentioned

    3 well-known   4 well-prepared

C　波線部 (ア)〜(エ) の意味・内容をもっとも的確に示すものを次の 1 〜 4 の中から
それぞれ一つ選び、その番号を解答欄に記入しなさい。

(ア) an extinction-level event

    1 a condition that scares the tourists away

    2 a demand that ignores the harsh reality

    3 a proposal that covers several countries

    4 a situation that threatens the industry's future

(イ) have not been entirely successful

    1 have completely failed

    2 have only had limited effects

    3 have proven very useful

    4 have widely been accepted

(ウ) Nobody wants to die.

    1 The directors are not on the verge of losing their jobs.

    2 There is no resort that wants to go out of business.

    3 Villagers in the region are willing to locate to another place.

    4 Visitors do not want to risk their lives on the snowless Alps.

㈡ the most straightforward solution imaginable

1 the least expensive way to handle the situation

2 the most creative method that proceeds from ignorance

3 the simplest way out of their plight

4 the surprising failure that avoids the problem

D 二重下線部の空所(あ)～(お)に次の1～7から語を入れて文を完成させたとき、(い)と(え)に入る語の番号を解答欄に記入しなさい。同じ語を二度使ってはいけません。選択肢の中には使われないものが二つ含まれています。

The heat and light （ あ ） snow （ い ） melt, （ う ）（ え ） to fall （ お ） all.

1 at   2 cause   3 for   4 not

5 or   6 to   7 wet

E 二重括弧≪①≫～≪④≫のいずれかに、以下の文を挿入するとすれば、文脈に照らしてもっとも適切な場所はどこか。次の1～4の中から一つ選び、その番号を解答欄に記入しなさい。

Year in and year out, the arrival of the first snowfall, in mid-November, was as reliable as a Swiss watch.

1 ≪①≫   2 ≪②≫   3 ≪③≫   4 ≪④≫

F 本文の意味・内容に合致するものを次の1～8の中から三つ選び、その番号を解答欄に記入しなさい。

1 Since the resort at Val d'Isère opened in 1948, the number of British visitors has been increasing every year.

2 It was widely accepted for a long time that Val d'Isère was the ideal place to hold a ski competition in France in December.

3 After the mid-1980s, the snowfall has become more irregular in the Pointe du Montet mountain than in the village of Val d'Isère.

4 Despite the short hours of sunshine, the rise of temperature in the Alps remains lower than the global average, which puzzles scientists.

5 The expected loss of glacier would lead to the loss of 35% of the ski resorts and 120 million tourists in the Alps region.

6 It is in the places lower than Val d'Isère that the impact of climate change has been clearly seen.

7 To Olivier Simonin, who went through the hardships in the 2006-7 season, the coming problems in the region seem insignificant.

8 The resourceful Alpine resorts are planning to deal with the climate change by using artificial snow instead of relying on natural snowfall.

≪気候変動がアルペン産業に与える影響≫

全訳

　フランス人の起業家の Jacques Mouflier は，1935 年，アルプスの人里離れたヴァル・ディゼールという村を訪れたとき，目の前で将来起こることを目にした。「奇跡が起こるよ」と Mouflier はその村を取り囲む山脈を指差しながら幼い息子に言った。「各国のスキー大会のチャンピオンが，たった今僕たちが立っている場所で競い合うようになるよ」

　彼は正しかった。1948 年，ヴァル・ディゼールはフランス初のオリンピックスキーチャンピオンを出し，それ以来，プロのアスリートたちが，トレーニングと競技に参加するために，海抜 1,850 メートルにあるその村にこぞってやってくるようになった。何万人ものスキー愛好家もやって来た。昨年，そのリゾート地はスキー場の 1 日利用券 130 万日分を旅行客に売り，世界のどのスキーリゾート地よりもヴァル・ディゼールを毎年訪れる英国人の数は増えている。

　長い間，永久的に人を引きつけるヴァル・ディゼールの魅力の源――絵に描いたような圧倒的に美しい環境，五つ星ホテル，300 km に及ぶ雪を固めた滑降コースは言うまでもなく（それら一つ一つは代表的英国式庭園と同じくらい手入れが行き届いている）――はスキー業界の用語を借りれば，「snow certain（雪は必ず降る）」である。毎年決まって 11 月中旬に初雪が降るのは，スイス製の時計と同じくらい信頼できるものだった。1955 年，そのリゾート地が Critérium de la Première Neige（「初雪スキー大会」）と呼ばれる年一回のスキー大会を始めたとき，ヴァル・ディゼールは 12 月中ずっと雪が積もると保証することができる唯一のフランスのリゾート地だと主催者たちは自慢した。

　村人たちは地元にあるナナカマドの木になる果実で，その年の降雪を予測することができるという。夏にたわわな実りがあると，冬に雪がたくさん降る可能性がある。何十年もの間，その枝は実の重みで垂れ下がっていたのだ。しかし，1980 年代中頃，地元の人たちはある変化に気づき始めた。初雪の日付が遅くなり始めたのだ。山肌の一部分が，以前までは途切れることがない雪の吹きだまりに覆われていた斜面に現れ始めた。たくさん雪が降るシーズンもあったが，ほとんど降らないシーズンもあった。周囲の森林を支える流出水を出す Pissaillas 氷河の後退が進み続けた。毎年，氷河はぎざぎざの地平線が見える Pointe du Montet 山の少し上まで引き始めた。2014 年頃には，ヴァル・ディゼールに降る雪がとても遅くなったので，歴史上初めて，Critérium de la Première Neige の開催場所が，そこより降雪が見込めるスウェーデンのリゾート地に移された。

　科学者が十分把握していない理由で，アルプス山脈は世界平均より早く温暖化している。世界の平均気温が 19 世紀の終わりから 1.4℃ 上昇した結果，アルプスでは 2℃ 上がった。過去数百年の間に，毎年日差しが山に当たる時間が 20% 増えた。熱と光が原因で，雪が解けたり，まったく降らなくなったりしている。2017 年，スイス連邦雪・雪崩研究所によると，1874 年以降のどの年よりも，冬のアルプス山脈の積雪量は少なかったという記録が残っている。4 月に欧州地球科学連合によって発表された報告において，アルプス山脈にある氷河の体積の 90%（飲み水，作物用の灌漑，スキーの滑走路の重要な源）が今世紀終わりまでに失われる可能性

があることが示された。

　8カ国にまたがって世界のスキーリゾート地の35%を運営し，毎年およそ1億2000万人の旅行者の応対を行っているアルペンスキー産業にとって，この状況は絶滅レベルの出来事となる可能性があるのだ。ヴァル・ディゼールはアルプス山脈の一番高い所にあるリゾート地の一つなので，気候大変動の影響を最も受けにくいリゾート地となるだろう。しかし，山脈の麓では，雪がなくなったことによって，すでにスキー産業やそれに依存する市町村が大打撃を受け始めている。

　1960年以降，積雪期が平均で38日間短くなり，その一方で，「季節の変わり目のずれ」によって，12月よりも年初が一番寒くなることになり，かき入れ時のクリスマス休暇からスキーシーズンがずれることになるのだ。2017年の11月に，EUはProsnow計画を始め，「30%少ない積雪で以前と同じ長さのシーズン期間を維持する」方法について科学者がアルプス山脈のリゾート地にアドバイスをした。そのような取り組みは完全に成功してきたわけではない。いくつかの報告によると，アルプス山脈にある200カ所ものスキーリゾート地が今では廃墟と化し，破産したホテルが空き家となり，放置されたスキー用のリフトが風にぶらぶら揺れている。

　ヴァル・ディゼールの観光局長を務めるOlivier Simonin氏は，悪名高い2006年から2007年のシーズン（雪不足により，アルペンリゾート全体で7%の減益だったシーズン）以来，この災難がヴァル・ディゼールを徐々に侵食し始めていることを目の当たりにしてきた。この9月，フランスのスキー産業の中心的な労働組合であるDomaines Skiables de Franceは直面している生存に関わる難題について話し合うために，初めてフランスで最も重要なリゾート地の支配人を招集して緊急会議を開いた。25人の支配人がシャンベリーの谷で開かれた会議に出席した。Simonin氏によると，会議の雰囲気は陰気なものだった。「今，これは我々の話し合いでの重要な議題だ」とSimonin氏は述べた。「会社を破産させたいと思っている人は誰もいない」

　今後数年で家屋が太平洋によって飲み込まれるかもしれないキリバスの島民や，海水によって農地が水浸しになるたびに作物が採れなくなるバングラデシュの田舎で暮らす農家と違って，毎年数十億ユーロを超える収益を出すアルペンスキー産業は，生き残りに向けて彼らとは不釣り合いなほど準備が整っている。ヴァル・ディゼールのようなリゾート地は，考えられる最も単純な解決策に数千万ユーロをつぎ込んできた。つまり，雪が降らなくなれば，自分たちで雪を作る時が来ているということなのだ。

解　説

A．空所補充

⒲　正解は　2 ────────────────────────────

　aside from ～ は「～に加えて，～は別として」という意味の熟語なので，2のfromが正解。他の前置詞では文意が通らない。

Ⓧ　正解は 2 ─────────────────────────

　直前で，「たくさん雪が降るシーズンもあった」と述べられ，空所の直後に scarcity「欠乏」という語があり，対比になっていることを踏まえ，文が Some から始まっていることから，2 の others を空所に入れると文意が通る。some 〜 others … は「〜するもの（人）もいれば…するもの（人）もいる」という意味で，この場合は，空所の直後に would have が，scarcity の後ろには of snow が省略されている。

Ⓨ　正解は 3 ─────────────────────────

　空所の直後に副詞 late，さらにその後ろに that があることから判断し，3 の so を入れる。so 〜 that …「とても〜なので…」

Ⓩ　正解は 4 ─────────────────────────

　空所を含む文の主語は the Alpine ski industry で，動詞は is であり，空所の直後に the islanders 〜，or the farmers … という名詞があることから，空所に前置詞を入れて前置詞句を作る。選択肢の中で前置詞は 1 と 4 だが，文の流れから，4 の Unlike「〜と違って」が正解となる。

B．同意語句

⒜　正解は 3 ─────────────────────────

sits「位置する，ある」

1	disappears「消える」	2	feels「感じる」
3	**lies「ある，置かれてある」**	4	runs「走る」

　sits の主語は the village なので，ここでは「位置する，ある」という意味。したがって，3 が最も近い。

⒝　正解は 4 ─────────────────────────

picturesque「絵のように美しい，風景のよい」

1	comfortable「快適な」	2	immediate「即座の」
3	mild「穏やかな」	**4**	**scenic「景色のすばらしい」**

　picturesque は「絵のように美しい，風景のよい」とう意味なので，4 が最も近い。

⒞　正解は 2 ─────────────────────────

predict「予測する」

1	avoid「避ける」	**2**	**forecast「予想する」**
3	record「記録する」	4	tolerate「許す」

　predict は「予測する」という意味なので，2 が最も近い。

⒟　正解は 4 ─────────────────────────

drift「移動する」

1	cease「終える」	2	fade「消える」

3　return「戻る」　　　　　　　　4　shift「移す，転じる」
drift はここでは「移動する」という意味なので，4が正解となる。

(e)　正解は 4 ───────────────────────────────

feeds「食べ物を与える」
1　clears「取り除く」　　　　　　　2　consumes「消費する」
3　replaces「取って代わる」　　　　4　sustains「支える，持続させる」
feed は「食べ物を与える」という意味で，run-off water feeds the surrounding forests は「流れ出る水が周りの森林に食べ物を与える」が直訳。よって，4が最も近い。

(f)　正解は 4 ───────────────────────────────

translated into「結果として〜になった」
1　broke into「〜に押し入った」
2　crowded into「〜に押し寄せた」
3　looked into「〜を調べた」
4　turned into「〜になった，〜に変わった」
直後の into に注目する。translate into 〜 は「結果として〜になる」という意味の熟語。4の turn into 〜 は A turn into B で「A によって B になる，A が B に変わる」という意味なので，これが最も近い。

(g)　正解は 3 ───────────────────────────────

devastate「大打撃を与える」
1　attract「引きつける」　　　　　　2　expand「広げる」
3　harm「傷つける」　　　　　　　　4　practice「実践する」
下線部の主語 the disappearance of snow「雪がなくなったこと」が直後のスキー産業に与える影響がどのようなものかを考えて意味を推測する。devastate はここでは「大打撃を与える」という意味なので，3が最も近い。

(h)　正解は 4 ───────────────────────────────

throwing「投げる」
1　closing「閉める」　　　　　　　　2　extending「拡大する」
3　neglecting「怠る」　　　　　　　4　pushing「追い出す」
throw は後ろの out of と結びついて throw A out of B「B から A を追い出す」という意味なので，4が最も近い。

(i)　正解は 1 ───────────────────────────────

existential「存在（生存）に関わる」
1　critical「重大な」　　　　　　　　2　numerous「多数の」
3　unrealistic「非現実的な」　　　　4　vague「曖昧な」
existential は「存在（生存）に関わる」，existential challenges とは「生存に関

わる難題」という意味を表し，具体的には降雪量の減少のこと。したがって，1が最も近い。

> **ポイント** 単語の語義を選ぶ問題について②
> existential は多くの受験生が動詞 exist から意味を想像するだろう。そう考えて選択肢を見ると，exist に近い意味のものがない。そこで existential challenges とは具体的に何かと考えるところから始め，「降雪量の減少」＝「危機的な課題」という関係を踏まえて，1の critical を選ぶことになる。辞書を調べても，existential には「重大な」という意味は掲載されていない。これは文脈依存型の語義選択問題で，文脈を踏まえて選ぶか，消去法で選ぶかで対処したいところである。同志社大学で出題される語義選択問題は，受験生が覚えている単語の意味を言い換えたものが解答であることも多いが，中には中心となる語義からややずれた選択肢が解答である場合や，本問のような文脈に依存する場合があることを覚えておきたい。

⒥ **正解は 4**

well-equipped「十分装備された」

1 well-behaved「行儀がよい」　　2 well-intentioned「悪気はない」
3 well-known「よく知られている」　**4 well-prepared「よく準備された」**

equipped は「装備された」，well- は直後に過去分詞を伴って形容詞を作り，「よく，十分に」の意味。つまり well-equipped は「十分装備された」という意味で，4の well-prepared「よく準備された」が最も近い。

C．同意表現

㋐ **正解は 4**

「絶滅レベルの出来事」

1 「旅行者を追い払う状況」
2 「厳しい現実を無視する要求」
3 「いくつかの国を対象とする提案」
4 「その産業の将来を脅かす状況」

主語 this＝an extinction-level event であることを踏まえて解答する。主語の this は第5段最終文（In April a …）に書かれている「アルプス山脈にある氷河の体積の90％が今世紀終わりまでに失われる可能性がある」ことを指していることから，アルペンスキー産業に大打撃を与えることが読み取れるので，4の「その産業の将来を脅かす状況」が正解となる。

㋑ **正解は 2**

「完全に成功してきたわけではない」

1 「完全に失敗した」
2 「限られた効果しかない」

3 「とても役立つと証明された」

4 「幅広く受け入れられてきた」

not entirely は部分否定を表し，「完全に～というわけではない」という意味。すなわち，Such efforts have not been entirely successful. は「そのような取り組み（30%少ない積雪で以前と同じ長さのシーズン期間を維持すること）が完全に成功してきたわけではない」という意味なので，2の「限られた効果しかない」が最も近い。

(ウ) 正解は 2

「誰も死にたくない」

1 「支配人たちは失業しそうになってはいない」

2 「破産したいと思っているリゾートはない」

3 「その地域の村人は別の場所へ嫌がらずに移住する」

4 「観光客は雪のないアルプスで自分たちの命を危険にさらしたくない」

Nobody wants to die. は文字通り訳せば「誰も死にたくない」の意味だが，これを発言しているヴァル・ディゼールの観光局長の Simonin 氏が既存の難題について話し合うために，フランスで最も重要なリゾート地で緊急会議を設けたことから判断して，2の「破産したいと思っているリゾートはない」が最も近い。

(エ) 正解は 3

「考えられる最も単純な解決策」

1 「その状況に対処する一番お金のかからない方法」

2 「無知に起因する最も創造的な方法」

3 「苦境から逃れる一番簡単な方法」

4 「その問題を避ける驚くべき失敗」

the most straightforward solution imaginable は「考えられる最も単純な解決策」という意味で imaginable は solution を後置修飾しており，この具体的な内容は，直後のコロン以下に書かれている。この意味に一番近いのは3の「苦境から逃れる一番簡単な方法」。straightforward は「わかりやすい，単純な」という意味で，the simplest に言い換えられている。

D．語句整序

正解は (い)6 (え)4

完成した文は以下の通り。

The heat and light (cause) snow (to) melt, (or) (not) to fall (at) all.

「熱と光が原因で，雪が解けたり，まったく降らなくなったりしている」

① The heat and light を主語と考えると，空所(あ)には動詞 cause が入る。

② 空所(い)の後ろに動詞 melt があり，さらに空所(え)の後ろに to があることから，

cause *A* to *do*「*A* に〜させる」という熟語を考え，空所㈠にも to を入れる。

③　空所㈠に入る to と後ろの to をつなぐ接続詞 or を空所㈢に入れる。

④　空所㈣には，to の直前に不定詞を否定する not を置く。

⑤　not 〜 at all で「まったく〜ない」という意味になるので空所㈤に at を入れる。

E．欠文挿入箇所
正解は　2 ―――――――――――

　　挿入する文の意味：「毎年決まって 11 月中旬に初雪が降るのは，スイス製の時計と同じくらい信頼できるものだった」

　　挿入する文は雪が降る確率がきわめて高いことを比喩的に述べたもので，これを踏まえて解答する。第 3 段≪②≫の次文（In 1955, when …）で，ヴァル・ディゼールのことを「12 月中の降雪を保証することができる唯一のフランスのリゾート地」と表しており，この内容が挿入する文を言い換えていると考えて，2 が正解となる。

F．内容真偽
正解は　2・6・8 ―――――――――――――――――――――

1 ―× 「ヴァル・ディゼールのリゾート地が 1948 年に開業して以来，英国の観光客の数が毎年増えている」

　　第 2 段第 2 文（In 1948 …）より，「リゾート地が開業して以来」ではなく，「ヴァル・ディゼールがフランス初のオリンピックスキーチャンピオンを出して以来」なので，誤りである。

2 ―○ 「**ヴァル・ディゼールが 12 月にフランスでスキー競技大会を開催するのに理想的な場所だということは，長い間広く受け入れられていた**」

　　第 3 段（For a long …）より，ヴァル・ディゼールが長い間人を引きつけてきた理由は雪が必ず降ることで，さらに 1955 年，ヴァル・ディゼールが「初雪スキー大会」と呼ばれる年一回の大会を始めたとき，12 月中の降雪を保証することができる唯一のフランスのリゾート地だという内容の記述があるので，正解である。

3 ―× 「1980 年代中頃以降，降雪はヴァル・ディゼールにある村より，Pointe du Montet 山の方が不規則だった」

　　第 4 段の下線部㈎の少し後で Pointe du Montet 山について言及されているが，降雪の不規則さを比べる内容は書かれていないので誤り。

4 ―× 「日照時間が短いにもかかわらず，アルプスの温度は地球の平均気温に比べて上昇せず，それが科学者を混乱させている」

　　第 5 段第 1 文（For reasons scientists …）で「科学者が十分把握していない理由で，アルプス山脈は世界平均より早く温暖化している」と述べられているので誤

り。

5 ― × 「予測通りに氷河がなくなれば，アルプス地帯にあるスキーリゾート地の 35 ％と 1 億 2000 万人の旅行者を失うことになるだろう」

　　第 6 段第 1 文（For the Alpine …）に「8 カ国にまたがって世界のスキーリゾート地の 35 ％を運営し，毎年およそ 1 億 2000 万人の旅行者の応対を行っている」というアルペンスキー産業に関する記述はあるが，氷河の損失が原因でそれらのリゾート地や旅行者を失うという因果関係は書かれていないので誤り。

6 ― ○ 「気候の変化の影響がはっきりと見てとれるのは，ヴァル・ディゼールより低地にある場所である」

　　第 6 段最終文（But farther down …）に「山脈の麓では，雪がなくなったことによって，すでにスキー産業やそれに依存する市町村が大打撃を受け始めている」とあり，ここでの山脈はヴァル・ディゼールがあるアルプス山脈を指しているので正しいと言える。

7 ― × 「2006 年から 2007 年のシーズンの苦難を乗り越えた Olivier Simonin 氏にとって，その地域でこれから生じる問題は重要ではないようだ」

　　第 8 段第 1 文（The disaster encroaching …）に「ヴァル・ディゼールの観光局長を務める Olivier Simonin 氏は，悪名高い 2006 年から 2007 年のシーズン（雪不足により，アルペンリゾート全体で 7 ％の減益だったシーズン）以来，この災難がヴァル・ディゼールを徐々に侵食し始めていることを目の当たりにしてきた」とあり，Olivier Simonin 氏にとって重要でないとは言えないので誤り。

8 ― ○ 「資金が豊富なアルペンリゾートは天然の雪に頼るのではなく，人工雪を使うことによって，気候の変動に対処する計画である」

　　最終段最終文（And resorts like …）に「ヴァル・ディゼールのようなリゾート地は，考えられる最も単純な解決策に数千万ユーロをつぎ込んできた。つまり，雪が降らなくなれば，自分たちで雪を作る時が来ているということなのだ」とあるので，正解となる。本文中の your own の後には snow が省略されており，your own snow が artificial snow に言い換えられている。

A. (W)― 2　(X)― 2　(Y)― 3　(Z)― 4
B. (a)― 3　(b)― 4　(c)― 2　(d)― 4　(e)― 4　(f)― 4　(g)― 3　(h)― 4
　 (i)― 1　(j)― 4
C. (ア)― 4　(イ)― 2　(ウ)― 2　(エ)― 3
D. (い)― 6　(え)― 4
E. 2
F. 2・6・8

15

目標解答時間 35分　**目標正答数** 15/18問

次の文章を読んで設問に答えなさい。[＊印のついた語句は注を参照しなさ
い。](68点)

Picture an apple. What color is it? What about calling to mind your
mother's face? What is her expression? How about your last holiday? Can
you picture where you stayed? For people with aphantasia, this is
impossible. They cannot recall images of familiar objects or people to their
"mind's eye." In effect they don't have one. This crucial difference in the
　　　　　　　　　　(ア)　　　　　　　　　　(a)
way people see the world has only started to be researched in the last few
years. How have we gone for so long ignoring this variation in how we
experience our internal worlds?

　　　Aphantasia is the name given to the inability to call an image to
mind. The name was coined in 2015 by Professor Adam Zeman, a
cognitive and behavioral neurologist* at the University of Exeter. Zeman
first became aware of the phenomenon when he was referred* a patient
who had "lost" his visual imagery after a heart operation. "He had vivid
　　　　　　　　　　　　　　　　　　　　　　　(b)
imagery previously," recalls Zeman. "He used to get himself to sleep by
imagining friends and family. Following the cardiac* procedure, he couldn't
visualize anything, his dreams became avisual, he said that reading was
different because previously he used to enter a visual world and that no
　　　　　　　　　　　　　(イ)
longer happened. We were intrigued*."

　　　Zeman searched the literature on visual imagery loss and found
there was little out there. "It's weird, it's just a sort of gap," he says.
　　　　　　　　　　　　　　　　(c)
Back in the 1880s, Victorian polymath* Francis Galton had published a
paper on mental imagery, (Y) he reported that a small number of
people couldn't visualize. Since then, researchers have continued to study
visual imagery but haven't paid attention to the extreme ends of the
visualization spectrum. Before Zeman started studying it, there wasn't

even a name for the experience. Zeman and a classicist friend came up
(d)
with "aphantasia," based on Aristotle's* term for the "mind's eye."

　　Zeman's assessment of his patient raised more questions than
(e)
answers. The man could describe a castle, and could say whether grass or
a pine tree was darker green, but he reported knowing these answers, not
imagining the objects. Functional brain imaging suggested he couldn't
access visual areas when he tried to imagine or remember images.

　　Zeman's case study about his patient was written about in *Discover*
magazine by science journalist Carl Zimmer. Over the next couple of years,
20 people got in touch with Zeman to say they'd read the article and had
the same absence of imagery, but they had experienced it for their entire
lives. As more was written about the findings, more people got in touch.
Zeman now has 12,000 aphantasic volunteers. He estimates that about 2
percent of the population have little or no visual imagery. Yet not all
experiences of aphantasia are alike. Many people have had aphantasia
since birth, but others have acquired it following a brain injury, or
sometimes after periods of depression or psychosis*. Some individuals don't
dream in images, like Zeman's first patient, but others can, even though
they are unable to visualize while they're awake. (中略)

　　But what's going on in the brains of people with lifelong
aphantasia? There have not yet been any published studies, but scientists
are hoping to have some answers soon. Zeman's team has just finished
studying 20 people with high visual imagery, 20 people with no visual
imagery and 20 people in the middle, using neuropsychological* tests and
brain imaging. "So in a few months' time we might have an answer,"
Zeman says. Whatever is happening neurally, it does seem to be heritable
(f)
to some degree, with people with aphantasia more likely to have a close
relative (parent, sibling or child) who also struggles to visualize.
(g)
　　One reason aphantasia may have gone nameless and unstudied for
so long is because it isn't necessarily a problem. While it makes drawing
objects from imagination impossible, and visualization strategies cannot be

used for memorizing, there are other ways to mentally represent information. Some people use words or symbols, others report having a good "mind's ear" or "mind's nose" instead of a "mind's eye," or say that they have kinesthetic (movement-based) imagery.

While there are individuals with aphantasia who report memory difficulties, this is not true for everyone. There is a trend for people with aphantasia to work in academic and computer-related careers, and for those at the other end of the spectrum to work creatively. But there are exceptions. There are aphantasic artists, who either depict objects they see, or use images they make on the paper as a stimulus to engage with. "It's
(ウ)
perfectly possible to be creative and imaginative without visualization," says Zeman.

Zeman doesn't think aphantasia needs diagnosis and treatment. "It's
(h)
an intriguing variation in human experience, not a disorder," he says. Indeed, the scientist Craig Venter, the first person to decode the human
(i)
genome*, has described his aphantasia as useful in helping him to concentrate on scientific problems.

The presence of a large and previously hidden aphantasic community reveals how it is possible for all of us to be seeing the world differently (Z) even realizing. Brain imaging can help us understand neurodiversity* of all sorts, but we'll only know there's difference to be investigated if we don't assume that you see (あ)(い)(う), and (え) we (お) curious (か).

(By Lucy Maddox, Aphantasia: life with no mind's eye, *BBC Science Focus*, November 14, 2019, Immediate Media Company)

[注] neurologist 神経学者
　　 referred （refer 紹介する）
　　 cardiac 心臓の
　　 intrigued （intrigue 興味をそそる）
　　 Victorian polymath ヴィクトリア女王時代の博識家

Aristotle's　アリストテレスの

psychosis　精神病

neuropsychological　神経心理学の

genome　ゲノム

neurodiversity　神経学からみた多様性

A　空所(Y)と(Z)に入るもっとも適切なものを次の１～４の中からそれぞれ一つ
選び、その番号を解答欄に記入しなさい。

(Y)　1　what　　　　2　where　　　　3　which　　　　4　who

(Z)　1　by　　　　　2　for　　　　　3　in　　　　　　4　without

B　下線部 (a)～(i) の意味・内容にもっとも近いものを次の１～４の中からそれぞ
れ一つ選び、その番号を解答欄に記入しなさい。

(a)　crucial

　　1　curious　　　2　important　　3　slight　　　　4　specific

(b)　operation

　　1　activity　　　2　attack　　　3　experiment　　4　surgery

(c)　weird

　　1　amazing　　　2　interesting　　3　natural　　　4　strange

(d)　came up with

　　1　imposed　　　2　opposed　　　3　proposed　　　4　supposed

(e)　assessment of

　　1　dislike of　　　　　　　　　　2　evaluation of

　　3　problem with　　　　　　　　　4　relationship with

(f)　heritable

　　1　chronic　　　2　curable　　　3　genetic　　　4　infectious

(g)　struggles

　　1　finds it difficult　　　　　　2　finds it enjoyable

　　3　has a skill　　　　　　　　　4　has a tendency

(h)　treatment

　　1　generous reward　　　　　　　2　immediate reaction

3 medical attention   4 thorough investigation

(i) decode

1 carry on an experiment with   2 correctly interpret

3 make a partial change to   4 succeed in synthesizing

C 波線部 (ア)～(ウ) の意味・内容をもっとも的確に示すものを次の 1 ～ 4 の中から
それぞれ一つ選び、その番号を解答欄に記入しなさい。

(ア) they don't have one

1 they do not have mental images

2 they do not have lasting memories

3 they are unable to see objects

4 they are not creative

(イ) he used to enter a visual world

1 he had found words unnecessary

2 he usually selected picture books

3 he could picture the contents of his reading

4 he chose to read in colorful places

(ウ) as a stimulus to engage with

1 as a certificate of marriage

2 as an encouragement to create problems

3 as a trigger to other career possibilities

4 as an inspiration for further creativity

D 二重下線部の空所(あ)～(か)に次の 1 ～ 7 の中から選んだ語を入れて文を完成
させたとき、(あ)と(え)に入る語の番号を解答欄に記入しなさい。同じ語を二度
使ってはいけません。選択肢の中には使われないものが一つ含まれています。

if we don't assume that you see (あ)(い)(う), and (え)
we (お) curious (か)

1 ask   2 I   3 instead   4 questions

5 see   6 what   7 which

E 本文の意味・内容に合致するものを次の1〜8の中から三つ選び、その番号を
解答欄に記入しなさい。

1 Adam Zeman's first aphantasia patient acquired the symptoms after
   he had a cardiac procedure and found it difficult to read because he
   was unable to process and understand words.

2 Many doctors have conducted studies of aphantasia since the 1880s,
   when one researcher noticed that a few people could not visualize,
   even though the condition was not named until 2015.

3 Zeman's examination of his patient demonstrated that although the
   patient could describe the objects he had seen, it did not necessarily
   mean that he had visual images in his mind.

4 After Zeman's case study of aphantasia became widely known
   through an article in *Discover*, 20 people contacted Zeman to let him
   know that they had had the same symptoms since they had an
   operation.

5 It is estimated that 2 percent of the population have the symptoms
   of aphantasia to some degree, and there are both people who were
   born with them and those who have acquired them.

6 Aphantasia has attracted attention for a long time because the
   coping mechanisms that people with this symptom use are very
   interesting to researchers.

7 Not having the ability to call an image to mind does not necessarily
   prevent people from working in a variety of fields including art.

8 The genome of aphantasia was decoded by the scientist Craig Venter
   for the first time while he himself was being treated for that condition.

≪アファンタジアとは≫

全訳

　リンゴを思い浮かべてみよう。それは何色？　母親の顔を思い出してみよう。彼女はどんな表情をしている？　前回の休日のことを思い出してみよう。泊まった場所を思い浮かべることができる？　アファンタジアの人にとって，これらを実行するのは不可能なことだ。彼らは馴染みのあるものや知り合いの映像を「心の目」に思い浮かべることができない。実際，彼らには心の目がないのだ。人の世界の見方におけるこの重要な違いについての研究が行われ始めたのは，ほんのここ数年のことである。どれほど長い間，こういった内面世界の経験の仕方の違いを無視してきたのだろうか？

　アファンタジアは，心に映像を浮かべることができないことを表すための名前である。その名前は 2015 年に，エクセター大学の認知行動神経学者であるアダム＝ゼーマン教授によって造られた。ゼーマン教授がその現象に最初に気付いたのは，心臓手術後に視覚心像を「喪失した」患者を紹介された時のことだった。「以前，彼にははっきりした心像があった。この患者は，以前は友達や家族を思い浮かべて眠ることができていた。だが，心臓手術後，彼は何も心に思い浮かべることができなくなり，夢は視覚的でなくなり，さらに読書が以前とは異なるものになったと語った。というのも以前は読書が作り出す視覚的世界に入ることができたのだが，それがもはやできなくなったからだ。私たちはこの症状にとても興味をもった」とゼーマン教授は振り返る。

　ゼーマン教授は視覚心像の喪失に関する文献を探したが，ほとんど情報がなかった。「おかしい。これは，いわば一種の空白だ」と彼は述べている。1880 年代に遡ると，ヴィクトリア女王時代の博識家，フランシス＝ゴルトンが心像に関する論文を発表し，心の中で像を描けない人が少数いることを報告した。それ以降，研究者たちは視覚心像を調べ続けたが，視覚化できる範囲（スペクトラム）の両極（完全に視覚化できる人とまったくできない人）には注目してこなかった。ゼーマン教授が研究を始める前には，その体験を表す名前すら存在していなかった。ゼーマン教授と古典学者をしている友人とで，「心の目」を表すアリストテレスの言葉を基に，「アファンタジア」という名前を思いついた。

　ゼーマン教授が自分の患者を診断してみると，答えよりも疑問のほうが多く生まれた。その男性は城を描写でき，さらに芝生の緑と松の緑のどちらのほうが濃いかを答えることができたが，実はそれらを想像しているのではなく，答えをあらかじめ知っていたからだと彼は述べた。脳機能イメージング研究により，この男性は像を思い浮かべたり，それを思い出そうとした時に，視覚野にアクセスできなかったことが示唆された。

　ゼーマン教授が行った患者の症例研究について，科学ジャーナリストのカール＝ジンマーが書いた記事が『ディスカバー』という雑誌に掲載された。それから 2，3 年の間に，その記事を読んだという 20 人の人が，同じ心像喪失があることを伝えるためにゼーマン教授と連絡をとったが，実は彼らは生まれてからずっとそれを感じていたのだ。その研究結果に関してさらに多くのことが書かれるにつれ，連絡をくれる人の数も増えた。今ではゼーマン教授のもとにアファンタジア研究に協力

する 12,000 人のボランティアが集まっている。人口の約 2 ％を占める人々には視覚心像がほとんど，あるいはまったくないと彼は推測している。しかし，すべてのアファンタジアに伴う経験が同じわけではない。多くの人は生まれた時からアファンタジアであるが，脳の損傷の後や時には何度か鬱病や精神病を繰り返し患った後にアファンタジアになった人もいる。ゼーマン教授の最初の患者のように視覚的な夢を見ない人もいるが，起きている間は像を視覚化できなくても夢では視覚化できる人もいる。(中略)

　　しかし，生涯にわたってアファンタジアの人々の脳内では何が起こっているのだろうか。今のところ，それに関する研究は発表されていないが，科学者たちは近いうちに何らかの答えを出したいと思っている。ゼーマン教授のチームは神経心理学のテストと脳イメージングを使って，鮮明な視覚心像がある 20 人とまったくない 20 人，そして中間に位置する 20 人を調べ終えたばかりだ。「おそらく数カ月後には答えが出るだろう」とゼーマン教授は述べている。神経系統に何が起きていようとも，ある程度は遺伝するようで，アファンタジアの人には，自分たち同様に像を視覚化するのが困難な近親者（親，兄弟姉妹，子ども）がいる可能性が高い。

　　アファンタジアが長い間世に知られず，研究対象とならなかった理由の一つは，それが必ずしも問題であるわけではないからだ。想像して物体の絵を描くのは不可能であり，記憶するために視覚化という戦略を用いることはできないが，情報を心の中で表す方法は他にもある。言葉や記号を使う人もいれば，「心の目」の代わりに優秀な「心の耳」や「心の鼻」をもっていると言う人もいるし，運動感覚的イメージ（動きに基づくイメージ）を描くと言う人もいるのだ。

　　記憶障害のあるアファンタジアの人はいるが，これは全員に当てはまるわけではない。アファンタジアの人は学術職に就いたり，コンピュータ関連の仕事をしたりすることが多く，その領域の反対側にいる人はクリエイティブな仕事をする傾向がある。しかし例外もある。目に見えるものを描いたり，あるいはさらに紙の上に描いた像を，そこから着想を得るものとして使うアファンタジアの芸術家がいる。「心の中で視覚化することができなくても，独創性や創造力をもつことは十分ありうる」とゼーマン教授は語っている。

　　ゼーマン教授は，アファンタジアに診断や治療が必要だとは考えていない。「これは人間の感じ方がおもしろいほど多様であることを示しており，障害ではない」と彼は述べている。実際，人間のゲノムを最初に解読した科学者のクレイグ＝ヴェンターは自身のアファンタジアを，科学の問題を集中して解く際に役立つものだと説明している。

　　以前は知られていなかったアファンタジアの人たちの大きな集団が存在しているおかげで，私たちが気付かないうちに，どれだけ世界を異なった方法で見ることができるのかが明らかになっている。脳イメージングは神経学から見たあらゆる種類の多様性を理解するのに役立つかもしれないが，自分に見えているものが人にも見えていると想定するのではなく，むしろ相手に根掘り葉掘り質問をしてみるならば，そこで初めて私たちは調べるべき違いがあるということを知るのだろう。

解　説

A．空所補充

(Y)　正解は　2 ────────────────────────

空所の直後の he reported から始まる文は第3文型で完全な文となっている。よって，paper を先行詞とする関係副詞の非制限用法と考え，空所には where が入る。なお，関係代名詞の直後には不完全文（文を成り立たせるための主語や目的語といった要素が欠けた文）がくることを覚えておきたい。

(Z)　正解は　4 ────────────────────────

without realizing は「意識せずに，気付かないうちに」という意味の熟語で文脈に合う。他の選択肢を入れても文脈に合わない。

B．同意語句

(a)　正解は　2 ────────────────────────

crucial「きわめて重要な」

1　curious「好奇心が強い」　　　　　　2　important「重要な」
3　slight「わずかな」　　　　　　　　4　specific「特定の，明確な」

crucial は「きわめて重要な」という意味なので，2の important「重要な」が最も近い。

(b)　正解は　4 ────────────────────────

operation「手術，操作」

1　activity「活動」　　　　　　　　　2　attack「攻撃」
3　experiment「実験」　　　　　　　　4　surgery「手術」

operation は直前に heart「心臓」があることから「手術」の意味なので，4の surgery「手術」が正解。

(c)　正解は　4 ────────────────────────

weird「変な，奇妙な」

1　amazing「びっくりするような」　　2　interesting「興味深い」
3　natural「自然の，当たり前の」　　　4　strange「変な，奇妙な」

直前の文より，視覚心像の喪失に関する文献がほとんどなく，直後の文より一種の空白だと述べられていることから，このような状況をどう表すか推測する。weird は「変な，奇妙な」という意味なので，4の strange「変な，奇妙な」が正解。

(d)　正解は　3 ────────────────────────

came up with ～「～を思いついた」

1　imposed「（規則・税・罰金など）を課した，負わせた」

2　opposed「～に反対した」

3　proposed「～を提案した」

4　supposed「～だと考えた」

　came up with ～ は「～を思いついた」という意味。文脈から，3 の proposed「～を提案した」が最も近い。

⒠　正解は 2 ─────────────────────────

assessment of ～「～に対する評価」

1　dislike of ～「～に対する嫌悪感」　　2　evaluation of ～「～に対する評価」

3　problem with ～「～に関する問題」　4　relationship with ～「～との関係」

　assessment of ～ は「～に対する評価」という意味なので，2 の evaluation of ～「～に対する評価」が正解。

⒡　正解は 3 ─────────────────────────

heritable「遺伝性の」

1　chronic「慢性の」　　　　　　　　2　curable「治療できる」

3　genetic「遺伝の，遺伝子の」　　　4　infectious「感染性の」

　直後の with 以下に，近親者にアファンタジアをもつ人がいる可能性が高いと述べられていることから推測する。heritable は「遺伝性の」という意味なので，3 の genetic「遺伝の，遺伝子の」が最も近い。

⒢　正解は 1 ─────────────────────────

struggles「～しようと奮闘する，もがく」

1　finds it difficult「難しいとわかる」　2　finds it enjoyable「楽しいと思う」

3　has a skill「技術がある」　　　　　4　has a tendency「傾向がある」

　struggles は主格の関係代名詞 who の後ろにあるので，ここでは動詞で「～しようと奮闘する，もがく」の意味。1 の finds it difficult「難しいとわかる」が最も近い。

⒣　正解は 3 ─────────────────────────

treatment「治療」

1　generous reward「割りのいい報酬」

2　immediate reaction「即座の反応」

3　medical attention「治療」

4　thorough investigation「徹底的な調査」

　直前の diagnosis と順接を表す and で結ばれているので，treatment はここでは「治療」という意味。よって3 の medical attention「治療」が正解。

⒤　正解は 2 ─────────────────────────

decode「～を解読する」

1　carry on an experiment with ～「～に対する実験を行う」

2 correctly interpret「～を正確に解釈する」

3 make a partial change to ～「～にわずかな変化を起こす」

4 succeed in synthesizing「～を合成することに成功する」

　decode は「～を解読する」という意味なので，2 の correctly interpret「～を正確に解釈する」が一番近い。

ポイント　接頭語について

　decode という単語を分解すると，de＋code になる。このラテン語に由来する de- はたくさんの意味をもっているが，その後に続く語幹を否定する反対の意味がその中の一つにある。code は「暗号化する」という意味の動詞なので，decode は「暗号化しない」，すなわち「解読する」という意味を表す。他に decompose は「構成しない」，すなわち「分解する，腐る」という意味になる。

　さらに第 2 段の後半に出てきた avisual にも注目してみたい。avisual を分解すると a＋visual で，a- は not，without の意味を表すので，avisual は「視覚化しない，見えない」といった意味になる。類例として atypical があるが，これも typical が「典型的な」という意味で，atypical は「典型的でない，型破りの」という意味になる。

　このように接頭語や語幹の意味を知っていると単語の意味を推測するときの手がかりになるので，手持ちの単語帳に載っている語源に関する説明には必ず目を通すようにしよう。

C．同意表現

(ア)　正解は　1 ─────────────────────

「彼らには心の目がない」

1 「彼らには心像（を見るための心の目）がない」

2 「彼らには長期記憶はない」

3 「彼らは物体を見ることができない」

4 「彼らには創造力がない」

　one は代名詞で，前文の "mind's eye" を指すので，「彼らには心の目がない」という意味になる。最も的確に表しているのは，mind's eye を mental images に言い換えている 1 の「彼らには心像（を見るための心の目）がない」になる。

(イ)　正解は　3 ─────────────────────

「以前，彼は読書が作り出す視覚的世界に入ることができた」

1 「彼は言葉が不要だとわかった」

2 「彼はたいてい絵本を選んだ」

3 「彼は読書の内容を思い浮かべることができた」

4 「彼は色鮮やかな場所で読書をすることを選んだ」

　直前に「読書が以前とは異なるものになった」とあり，その理由を波線部が表しているので，world は本が作り出す世界と言える。波線部の意味は「以前，彼は読

書が作り出す視覚的世界に入ることができた」，つまり「本が作り出す世界を思い
浮かべることができた」と考える。よって，正解は3の「彼は読書の内容を思い浮
かべることができた」となる。picture は動詞で「～を心に描く」という意味。

(ウ)　正解は　4 ─────────────────────────────

「新しいものを作る着想を得るものとして」
　1　「結婚の証明書として」
　2　「問題を引き起こそうと思って」
　3　「ほかのキャリアへの可能性のきっかけとして」
　4　「さらなる創造力のための着想として」
　engage with ～ は「～と関わる」という意味。use images they make on the
paper as a stimulus to engage with は，images と they の間に関係詞 that の省
略があることと，use A as B で「A を B として使う」という意味であることを踏
まえ，文字通り訳すと，「紙に書いた像を，関わるための刺激として使う」という
意味になる。ここでの a stimulus は「刺激」，すなわち「芸術家としての着想」と
いう意味で，波線部は「新しいものを作る着想を得るものとして」と解釈できる。
したがって，4 の「さらなる創造力のための着想として」が正解となる。a
stimulus は an inspiration に言い換えられている。

D．語句整序

正解は　(あ)6　(え)3 ─────────────────────────

if we don't assume that you see what I see, and instead we ask curious
questions
「自分に見えているものが人にも見えていると想定するのではなく，むしろ相手に
根掘り葉掘り質問をしてみるならば」
　that から空所(う)までは assume の目的語になっており，完全な文がくる。you
see の see は，ここでは他動詞で目的語をとる。目的語は名詞（句）でなければな
らないので，関係代名詞 what を使って what I see が目的語になると考えられる。
後半の we から始まる文の前にくる語は副詞相当語句だと判断し，instead を入れ
る。we の後ろには動詞がくると考えられるので ask が入る。curious は形容詞で，
直後には名詞がくるので questions が入る。

E．内容真偽

正解は　3・5・7 ─────────────────────────────
1―×　「アダム＝ゼーマン教授の最初のアファンタジアの患者は心臓の手術を受け
　　た後にその症状が出て，言葉を処理したり理解ができなくなったので読書が難しい
　　と思った」

第2段第6文（Following the cardiac …）の後半に読書が以前と違うと感じた理由として，「以前は読書が作り出す視覚的世界に入ることができたのだが，それがもはやできなくなったから」と述べられているので，誤りである。「難しい」とは述べられていない。

2 ― × 「その症状は 2015 年まで名前がつけられなかったのだが，多くの医師が1880 年代からアファンタジア研究を行ってきた。それは一人の研究者が心の中で像を描けない人が少数いるということに気付いた時からだった」

第3段第3文（Back in the 1880s, …）より，心の中で像を描けない人が少数いるということに気付いたのは，研究者ではなく，フランシス＝ゴルトンというヴィクトリア女王時代の博識家である。さらに同段第4文（Since then, researchers …）には，「視覚化できる範囲（スペクトラム）の両極には注目してこなかった」とあるのでアファンタジア研究はあまりされていなかったことがわかる。本文の内容とは一致しない。

3 ― ○ 「ゼーマン教授が患者を調べてわかったのは，患者は自分が見たものを描写できるが，それが必ずしも心の中に像が描けるということを意味しないということだった」

第4段第2文（The man could …）に，「城を描写でき，さらに芝生の緑と松の緑のどちらのほうが濃いかを答えることができた」とあり，それは想像しているのではなく，「答えを知っていた」，つまり見たことがあったためと考えられるので，正解となる。選択肢の not necessarily ～ は部分否定で「必ずしも～ない」という意味。

4 ― × 「ゼーマン教授のアファンタジアの症例研究が雑誌『ディスカバー』の記事に掲載され，広く知られるようになった後，20 人の人がゼーマン教授に，手術を受けてから，自分たちに同じ症状が出たことを知らせるために連絡した」

第5段第2文（Over the next …）には，確かにアファンタジアの症状がある20 人の人がゼーマン教授に連絡をしたと述べられているが，「彼らは生まれてからずっとそれを感じていた」とあり，手術後にその症状が出たわけではないので誤り。選択肢の let は使役動詞で let O＋動詞の原形で「O に～させる」という意味。

5 ― ○ 「人口の2％の人に多かれ少なかれアファンタジアの症状が見られると推定されるが，生まれもっている人と後天的に発症する人がいる」

第5段第5文（He estimates …）に「人口の約2％は視覚心像がほとんどまたはまったくない」とあり，同段第7文（Many people have …）に「多くの人は生まれた時からアファンタジアであるが，脳の損傷の後や時には何度か鬱病や精神病を繰り返し患った後にアファンタジアになった人もいる」とあるので，正解となる。選択肢の to some degree は「ある程度まで」という意味。acquire「（後天的に）～を身につける」は，were born と対比的に用いられている。第7文の since birth は were born に言い換えられている。

6—× 「アファンタジアの症状がある人々が使う対処機構が研究者にとって非常に
興味深いので，アファンタジアは長い間，注目を集めてきた」

　本文にこのような記述はないので誤りである。

7—○ 「心に像を浮かべる能力がないということが，必ずしも芸術のような様々な
分野において人々が仕事をする妨げになるとは限らない」

　第8段最終2文（There are aphantasic … says Zeman.）に，見たものを描くア
ファンタジアの芸術家がいるとあり，さらにゼーマン教授が「心の中で視覚化する
ことができなくても，独創性や創造力をもつことは十分ありうる」と述べているこ
とから，正解となる。部分否定を表す not necessarily が第8段の後半部分を言い
換えている。

8—× 「科学者のクレイグ゠ヴェンターは自分がアファンタジアの治療を受けてい
る際に，アファンタジアのゲノムを初めて解読した」

　第9段第3文（Indeed, the scientist …）に，科学者のクレイグ゠ヴェンターが
初めて解読したのは人間のゲノムであると書かれており，さらにクレイグ自身がア
ファンタジアの治療を受けていたという記述はないので誤りである。選択肢の再帰
代名詞 himself は he を強調するために置かれている。

A. (Y)—2　(Z)—4
B. (a)—2　(b)—4　(c)—4　(d)—3　(e)—2　(f)—3　(g)—1　(h)—3
　(i)—2
C. (ア)—1　(イ)—3　(ウ)—4
D. (あ)—6　(え)—3
E. 3・5・7

16

目標解答時間 40分　**目標正答数** 16/20問

次の文章を読んで設問に答えなさい。[＊印のついた語句は注を参照しなさい。]（75点）

You may have seen a recent viral* video that showed a polar bear in the throes* of suffering. The beast seems to be in the final hours of its life — its legs wobbling* under its weight, its pupils widened in pain, its yellow fur hanging loosely off its bones — as it gnaws* on trash, lays down, and shuts its eyes. Paul Nicklen, the conservationist who shot the video, said he hoped the haggard* bear would reveal the true face of climate change. "When scientists say bears are going extinct, I want people to
(ア)
realize what it looks like," he told *National Geographic*. "Bears are going to starve to death. This is what a starving bear looks like."

Millions of people saw the clip — and polar-bear researchers added some caveats*. "It is what a starving bear looks like for sure, because I've seen some," Ian Stirling, a research scientist emeritus* with the Canadian government, told me. "Now, we don't know if that bear was starving to death, or if it was suffering from something else, without doing a proper necropsy*. But it certainly looked like it was starving."

Whatever the fate of that one bear, many more will soon look much like it. New research, published this week in the journal *Science*, shows that bears are even more vulnerable to undernourishment than once
(a)
thought. Polar bears have higher daily energy demands than other apex carnivores*, the paper finds, and they may need to eat every few days to
(イ)
avoid burning into muscle mass*.

Fittingly, this new research comes with some startling video of its own. (X) the study, scientists recorded hundreds of hours of footage* from small cameras strapped to polar bears, giving the team a unique "bear's-eye view" into the animals' lives. They witnessed solitary bears in
(b)

the wild as they are rarely seen: hunting, swimming, mating, and just having fun. The new video provides a trove* of useful data for scientists even as the research confirms （　Y　） they have long known: As global warming steadily reduces the amount of sea ice in the Arctic, bears will miss opportunities to snag* their favorite prey — fatty, calorie-rich ringed seals* — and many will weaken and starve. （中略）

Most importantly, these observations let scientists count how many seals each bear was able to catch. They paired this information with other data: the bears' blood test data, their starting and ending weight, and their movement as recorded by GPS and accelerometer*. By comparing all those figures with data from a captive polar bear at the San Diego Zoo,
(c)
they could measure the bears' metabolism* rate — how fast the bears burn through energy.

The bears burn calories *fast*, and everything comes down to how many seals a bear can catch. The most successful bears were able to snag a seal every day or two. Over the week and a half they wore the cameras, those bears gained up to 44 pounds, or 10 percent of their pre-experiment body mass. But bears that missed out on seals were equally punished.
(ウ)
Four of the nine bears shed up to 40 pounds of body mass during the
(エ)
same length of time — and at least one had started burning away its lean muscle.

"This highlights the feast-or-famine lifestyle of these animals," said
(オ)
Pagano, who estimates that Beaufort bears in the springtime must eat an adult ringed seal every three days to maintain a healthy weight. "They're highly dependent on being able to catch seals to meet energy demands.
(d)
And since the ice is breaking up earlier every year, it's reducing their opportunities to catch these seals."

Polar bears, the study found, have a higher metabolic rate than apex predators that live on land, like lions, hyenas, or black bears. They burn energy at the highest end of the range scientists had previously simulated* — especially when "sitting and waiting" for seals to surface at a
(カ)

gap in the ice. The research also reinforces the general principle that
(e)
marine mammals, like polar bears, burn energy faster than their terrestrial brethren*. This suggests something about how polar bears became *marine* in the first place: Their evolutionary predecessors （ あ ） （ い ）（ う ） seals （ え ） be so efficient (or delicious)（ お ） eating them was （ か ） the high caloric costs of living on the sea ice.

This new data will help scientists better track polar-bear populations. "You can build better [population] models knowing what the feeding requirements are for these animals," said Oivind Toien, a research scientist at the Institute of Arctic Biology who was not involved in the study. "It provides very solid data for the management of the polar bears.
(f)
That's important." He thought that the number of animals observed — nine bears, over three years — allowed for a robust* finding. He praised the arduousness* and robustness of the study. "You can't just walk up to a wild polar bear and say, 'Okay, I'd like to inject you with deuterium*,'" he
(キ)
said. "And then you really can't come back a few days later and say, 'Okay, I'd like to take a blood test now.'"

One of the few scientists who had last observed polar bears this closely is Stirling, the retired Canadian government ecologist. In the 1970s and 1980s, he found ways to successfully observe polar bears on Hudson Bay. Some of his studies were the first to warn that climate change could endanger polar bears across the Arctic.
(g)
"I think the study itself is very interesting," he told me of the new paper. "It doesn't give us anything new on the big picture, because we've had good data now for 20 or more years that the loss of sea ice is causing lots of problems for polar bears. But the understanding they have of some of the physiological* mechanisms are very interesting and valuable, particularly to physiologists."

(By Robinson Meyer, What Scientists Learned From Strapping a Camera to a Polar Bear, *The Atlantic* 電子版, February 1, 2018)

［注］　viral　（情報がSNSなどで）拡散する

　　　　throes　（throe　激痛、断末魔の苦しみ）

　　　　wobbling　（wobble　ぐらぐらする、よたよた歩く）

　　　　gnaws　（gnaw　がりがりかじる）

　　　　haggard　やつれた、やせこけた

　　　　caveats　（caveat　警告）

　　　　research scientist emeritus　（退職した）名誉科学研究者

　　　　necropsy　検視、剖検

　　　　apex carnivores　（apex carnivore　頂点捕食者）

　　　　muscle mass　筋肉

　　　　footage　撮影したフィルム、動画

　　　　trove　貴重な発見物

　　　　snag　さっとつかむ、ひっつかむ

　　　　ringed seals　（ringed seal　ワモンアザラシ）

　　　　accelerometer　加速度計

　　　　metabolism　新陳代謝

　　　　simulated　（simulate　模擬実験をする）

　　　　terrestrial brethren　陸生の仲間

　　　　robust　断固とした、確固とした

　　　　arduousness　困難さ、苦労

　　　　deuterium　重水素

　　　　physiological　生理学的な、生理的な

A　空所(X)および(Y)に入るもっとも適切なものを次の1〜4の中からそれぞれ
　一つ選び、その番号を解答欄に記入しなさい。

　（X）　1　As part of　　　　　　　2　Aside from

　　　　　3　In spite of　　　　　　　4　Doing away with

　（Y）　1　for which　　2　on which　　3　what　　　4　when

B　下線部 (a)〜(g) の意味・内容にもっとも近いものを次の1〜4の中からそれぞ
　れ一つ選び、その番号を解答欄に記入しなさい。

(a) vulnerable

 1 sensitive   2 solitary

 3 superior   4 sustainable

(b) witnessed

 1 encouraged 2 observed 3 produced 4 protested

(c) captive

 1 confined 2 trained 3 vigorous 4 wild

(d) demands

 1 needs 2 outlets 3 resources 4 supplies

(e) reinforces

 1 creates 2 denies 3 questions 4 supports

(f) solid

 1 expensive   2 extravagant

 3 primitive   4 reliable

(g) endanger

 1 discourage 2 enliven 3 scatter 4 threaten

C 波線部 (ア)〜(キ) の意味・内容をもっとも的確に示すものを次の 1 〜 4 の中から それぞれ一つ選び、その番号を解答欄に記入しなさい。

(ア) going extinct

 1 becoming wild

 2 finding prey

 3 leaving quickly

 4 vanishing completely

(イ) to avoid burning into muscle mass

 1 to increase the volume of muscle mass

 2 to keep consuming muscle mass

 3 to maintain the volume of muscle mass

 4 to store energy from muscle mass

(ウ) were equally punished

 1 engaged in similar conflict

 2 underwent comparable isolation

　　3　began a period of imprisonment

　　4　suffered proportional weight loss

(エ)　shed up to

　　1　gained no more than

　　2　kept at most

　　3　lost a maximum of

　　4　maintained a minimum of

(オ)　the feast-or-famine lifestyle of these animals

　　1　the bears' levels of social interaction

　　2　the bears' hunting strategies

　　3　the bears' irregular levels of food intake

　　4　the bears' natural exercise routine

(カ)　to surface at

　　1　to dive into

　　2　to emerge from

　　3　to swim away from

　　4　to feed at

(キ)　inject you with

　　1　feed you well with

　　2　give you a shot of

　　3　protect you from

　　4　put you to death with

D　二重下線部の空所(あ)～(か)に次の1～8から選んだ語を入れて文を完成させ
　　たとき、(い)と(か)に入る語の番号を解答欄に記入しなさい。同じ語を二度使っ
　　てはいけません。選択肢の中には使われないものが二つ含まれています。

　　Their evolutionary predecessors (　あ　)(　い　)(　う　) seals (　え　)
　　be so efficient (or delicious)(　お　) eating them was (　か　) the high
　　caloric costs of living on the sea ice.

　　1　as　　　　　2　found　　　　3　have　　　　4　live

　　5　must　　　　6　that　　　　 7　to　　　　　8　worth

E　本文の意味・内容に合致するものを次の1～8から三つ選び、その番号を解答欄に記入しなさい。

1　People may have recently seen a polar bear enduring physical pain caused by a previously undiscovered virus.

2　An experienced Canadian scientist was confident enough to determine through mere observation that the bear was suffering from something other than a lack of food.

3　As the bears' metabolic rates are high, whether they can maintain a healthy weight depends on them sustaining consumption of an ample amount of calories.

4　Beaufort bears need to eat fully-grown prey every few days to sustain adequate body mass.

5　Compared with polar bears, other predators have higher metabolic rates and burn energy faster.

6　According to a research scientist at the Institute of Arctic Biology, taking data from nine bears is insufficient for the study to be valid.

7　A Canadian scientist managed to monitor the lives of polar bears on Hudson Bay thirty or more years ago.

8　A retired ecologist found the polar bear study interesting and felt it provides important new data about climate change.

全訳

≪絶滅の恐れのあるホッキョクグマの現状≫

あなたは，断末魔の苦しみの中にいるホッキョクグマを映した最近拡散している動画を見たことがあるかもしれない。ゴミをがりがりかじり，横になり，目を閉じるとき，その獣は生涯の最後の数時間を迎えているように思える——脚は体の重さでよたよたし，瞳孔は苦痛で広がり，黄色い毛皮は骨からだらりと垂れ下がっている。その動画を撮った環境保護論者のポール＝ニックレンは，このやせこけたホッキョクグマが気候変動の真の様相を暴露してくれるといいのにと言った。「科学者たちがホッキョクグマは絶滅しつつあると言うとき，私はそのことがどのように見えるのかを人々に認識してもらいたい」と，彼は『ナショナル・ジオグラフィック』誌に語った。「クマは飢え死にしようとしている。これが，飢えているクマの姿なのだ」

何百万という人たちがその映像を見た——そしてホッキョクグマの研究者たちはいくつかの警告を付け加えた。「それはまちがいなく飢えているクマの姿なのだ。なぜならば私は数頭のそのようなクマを見たことがあるからだ」とカナダ政府の名誉科学研究者のイアン＝スターリングは私に言った。「適切な検視をしなければ，そのクマが飢え死にしかかっていたのかどうか，あるいはそのクマが何か他のことで苦しんでいたのかどうか，今のところ私たちはわからない。だが，そのクマは確かに飢えているように見えたのだ」

その1頭のクマの運命がどうなろうとも，もっと多くのクマが近いうちにそれと同じように見えることになるだろう。『サイエンス』という研究誌に今週掲載された新しい研究によると，ホッキョクグマはかつて考えられていたよりも栄養不足にはるかに弱いことがわかった。その論文によると，ホッキョクグマは他の頂点捕食者よりも日々のエネルギー需要が高く，それゆえ筋肉が燃焼するのを避けるために，数日おきに食べる必要があるのかもしれない。

この新しい研究はそれにふさわしい驚くべき動画とともに公表されている。研究の一部として，科学者たちは，ホッキョクグマに取り付けられた小型カメラで何百時間もの動画を記録した。動画は，その動物たちの生活をのぞくユニークな「クマの目から見た映像」をそのチームに提供してくれた。彼らは，荒野にいる連れのいないホッキョクグマのめったに見られない様子——狩り，泳ぎ，交尾，ただ遊んでいる様子——を目撃した。その研究は科学者たちがずっと以前から知っていたことを裏付けると同時に，その新しい映像は科学者に役立つデータという貴重な発見物をもたらしてくれる。地球温暖化が着実に北極圏内の海の氷の量を減らしているので，クマは大好きな獲物——太っていてカロリーが豊富なワモンアザラシ——を捕まえる機会を失い，多くは弱り，飢え死にするだろう。(中略)

最も重要なことには，これらの観察によって，それぞれのホッキョクグマが何頭のアザラシを捕まえることができるかを科学者たちは数えることができた。彼らは，この情報を他のデータ，たとえば，ホッキョクグマの血液検査のデータ，実験開始時の体重と終了時の体重，GPSと加速度計によって記録されるクマの動きと組み合わせた。サンディエゴ動物園で飼われているホッキョクグマのデータとそういったすべての数字を比較することによって，科学者たちはホッキョクグマの新陳代謝

率——どのくらい速くホッキョクグマがエネルギーを消費するのか——を測定することができたのだ。

　ホッキョクグマはカロリーを消費するのが速く，結果大事なのは，1頭のホッキョクグマが何頭のアザラシを捕まえることができるかということにつきる。最も腕のいいホッキョクグマは1日，あるいは2日ごとにアザラシ1頭をさっと捕まえることができた。カメラを装着していた1.5週にわたって，そういったホッキョクグマは，最大44ポンド，すなわち，実験前の体重の10パーセント体重が増加した。だが，アザラシを逃したホッキョクグマは同じ分だけ罰を受けた。9頭のクマのうち4頭は，同じ長さの期間に体重を最大40ポンド落とした——そして，少なくとも1頭がやせた筋肉を燃焼させ始めていた。

　「このことは，これらの動物のごちそうを食べるか飢えるかというライフスタイルを際立たせている」とパガノは言った。彼は，春の時期にボーフォートのホッキョクグマは，健康的な体重を維持するために，3日ごとにおとなのワモンアザラシを1頭食べなければならないと推測する。「クマは，エネルギー需要を満たすために，アザラシの捕獲に非常に依存している。そして，氷が毎年，以前より早く崩れるので，これらのアザラシを捕まえる機会を減らしている」

　ホッキョクグマは，ライオン，ハイエナ，クロクマのような陸地にすむ頂点捕食者よりも高い新陳代謝率をもっていることが研究でわかった。ホッキョクグマは科学者たちが以前に模擬実験をしたうち，能力を発揮する最も高い点，特に氷の割れ目にアザラシが浮かび上がってくるのを「座って待っている」とき，エネルギーを消費する。その研究はまた，ホッキョクグマのような海洋哺乳類は彼らの陸生の仲間よりも速くエネルギーを消費するという一般原則も補強する。このことは，そもそもホッキョクグマがどのようにして「海洋生物」になったのかについてあることを示唆する。すなわち，彼らの進化上の祖先はアザラシがたいへん効率がよい（あるいは，おいしい）と気づいたに違いないので，アザラシを食べることは海の氷の上で生きるという高カロリーを要する代償を払う価値があったのだ。

　この新しいデータは，科学者たちがホッキョクグマの個体数をよりよく探知するのに役立つだろう。「これらの動物にとって給餌の必要条件が何であるかを知れば，もっとよい〔個体数〕モデルを作ることができる」とオイビンド＝トイエンは言った。彼は北極生物学研究所の，その研究には関係していなかった研究科学者である。「それは，ホッキョクグマの管理のための，とても信頼できるデータを提供している。これが重要なのだ」　彼は，観察している動物——9頭のホッキョクグマを3年にわたって——の数は，確固たる研究結果を示すのに十分であると考えた。彼はその研究の困難さと確実さを称賛した。「野生のホッキョクグマの所まで歩いて行って，『よし，私はあなたに重水素を注射したい』なんて言えないし，それから数日後に戻って来て，『じゃあ，今から私は血液検査をしたい』なんてとても言えない」と彼は語った。

　これ以前にこのように詳しくホッキョクグマを観察していた数少ない科学者たちの一人がスターリングで，彼は退職したカナダ政府の生態学者である。1970年代と1980年代に，彼はハドソン湾でホッキョクグマをうまく観察する方法を見つけ

た。彼の研究のいくつかは，気候変動が北極圏一帯のホッキョクグマを危険にさらす恐れがあると警告した最初のものだった。

　「研究それ自体はとてもおもしろいと私は思う」と，彼はその新しい論文について私に語った。「大局的には，その研究は何も新しいものを私たちに与えない。なぜならば海の氷の消失はホッキョクグマにとって多くの問題を引き起こしているという十分なデータを，私たちは20年以上にわたって集めてきたからだ。だが，生理的なメカニズムについて彼らが得ている理解は，特に生理学者にとって，とても興味深く価値があるね」

解　説

A．空所補充

⒳　正解は　1

1　As part of ～「～の一部として」　　2　Aside from ～「～は別として」

3　In spite of ～「～にもかかわらず」　4　Doing away with ～「～を廃止して」

　空所の直後に「科学者たちは，ホッキョクグマに取り付けられた小型カメラで何百時間もの動画を記録した」と述べられており，これは the study を具体的に述べていると考えて，1の As part of ～「～の一部として」を入れると文意が通る。

⒴　正解は　3

　空所の直後に they have long known「科学者たちがずっと以前から知っていた」があるので，3の「こと」という意味をもつ関係代名詞 what を空所に入れると，意味が通る。1の for which や2の on which は空所の前に先行詞がないので，間違い。4の when では意味の上でつながらない。なお，空所の直前の部分の even as the research confirms は，「～を裏付けると同時に」といった訳になる。as は接続詞で，「～と同時に」という意味で，even は as 以下を強調している。

> **ポイント**　関係詞の空所補充問題について
> 　空所に関係詞を入れる問題は頻出であることは言うまでもない。だが受験生が適切な理由をもって正答にたどり着けているかどうか，解答するのに時間がかかりすぎているのではないか，といった懸念がある。関係詞を入れる際に考慮すべきポイントは以下の通り。
> 　①　先行詞の有無
> 　②　先行詞の種類（場所，時，理由など）
> 　③　関係詞の直後の文が完全文か不完全文か
> 　これらは関係詞を補充する際の王道の考え方である。ここで注目したいのは①である。これは「こと」という意味をもち，先行詞が不要な関係代名詞 what とその他の関係詞を区別するために挙げた項目である。what は先行詞となる名詞 the thing(s) を含むため，先行詞が不要で，the thing(s) which〔that〕と書き換えることができる。これは名詞節を作り，主語，目的語，補語，前置詞の目的語になる。⒴の前にある confirms は他動詞

なので直後に名詞（句・節）が必要である。よって，先行詞となる名詞を含む what 以外の関係詞は入らない。まさか confirms を先行詞と考える受験生はいないだろう。このように文意はもちろん大事であるが，構文的な視点ですばやく解ける関係詞の問題があることを覚えておこう。

B．同意語句

(a) 正解は 1 ────────────────────────

vulnerable「弱い，もろい」

1 **sensitive「傷つきやすい, 敏感な」**　2　solitary「孤独な，一人の」

3　superior「優れた」　　　　　　　　4　sustainable「維持可能な」

　　第1段最終文に「クマが飢え死にしつつある」と述べられており，これを裏付ける研究内容が発表されたと考える。さらに，直後に「栄養不足」とあることから推測する。vulnerable に最も意味が近いのは，1である。vulnerable も sensitive も前置詞 to を後ろに従える。

(b) 正解は 2 ────────────────────────

witnessed「～を目撃した」

1　encouraged「～を奨励した，～を勧めた」

2　**observed「～を目にした，～を観察した」**

3　produced「～を生産した」

4　protested「～に抗議した」

　　witnessed は動詞 witness の過去形で，「～を目撃した」という意味。この意味に最も近いのは，2である。

(c) 正解は 1 ────────────────────────

captive「捕らわれの」

1　**confined「閉じ込められた」**　　　2　trained「訓練された」

3　vigorous「元気な」　　　　　　　4　wild「野性的な，乱暴な」

　　at the San Diego Zoo は a captive polar bear を修飾しており，動物園にいるクマがどのような状態かを考える。captive に最も意味が近いのは，1である。

(d) 正解は 1 ────────────────────────

demands「需要」

1　**needs「必要性」**　　　　　　　　2　outlets「出口，コンセント」

3　resources「資源」　　　　　　　　4　supplies「供給品」

　　demands に最も意味が近いのは，1である。

(e) 正解は 4 ────────────────────────

reinforces「～を補強する，強固にする」

1　creates「～を創造する」　　　　　2　denies「～を否定する」

3　questions「～を疑問視する」　　　4　supports「～を支援する」

　主語の The research が表す内容は，直前の文の「ホッキョクグマがアザラシが氷の割れ目に浮き上がってくるのを待つ時，エネルギーを消費する」である。これを also を使って受け，直後の that 以下の内容とどう関係があるのかを考えながら，推測する。reinforces に最も意味が近いのは，4 である。

(f)　正解は 4

solid「信頼できる」

1　expensive「高価な」　　　　　　　2　extravagant「贅沢な，法外な」

3　primitive「原始的な」　　　　　　**4　reliable「信頼できる」**

　solid は形容詞で，「強固な」という意味だが，本文中では直後に data があることから「信頼できる」という意味である。これに最も意味が近いのは，4 である。

(g)　正解は 4

endanger「～を危険にさらす」

1　discourage「～を落胆させる」

2　enliven「～を生き生きさせる，～に活気を与える」

3　scatter「～を散乱させる，～をばらまく」

4　threaten「～に脅威を与える」

　endanger に最も意味が近いのは，4 である。

C．同意表現

(ア)　正解は 4

「絶滅しつつある」

1　「乱暴になっている」　　　　　　　2　「獲物を見つけている」

3　「急いで立ち去っている」　　　　　**4　「完全に消えている」**

　第1段最終文に「クマが飢え死にしつつある」と述べられていることから推測する。go＋形容詞で「～という状態になる」という意味になるので go extinct は「絶滅する」という意味。よって，波線部の意味を最も的確に示すものは，4 である。

(イ)　正解は 3

「筋肉が燃焼するのを避けるために」

1　「筋肉の量を増やすために」　　　　2　「筋肉を消費し続けるために」

3　「筋肉の量を維持するために」　　4　「筋肉からエネルギーを蓄えるために」

　波線部に意味が最も近いのは，3 である。avoid *doing*「～することを避ける」to 不定詞は目的を表す副詞的用法。

(ウ)　正解は 4

「同じ分だけ罰を受けた」

1　「同様の闘争に関わった」

2　「類似した孤立を経験した」

3　「投獄期間を開始した」

4　「それに相応する体重の減少を受けた」

　「同じ分」というのは前文の「最大 44 ポンド」を指しており，「罰」は直後の「体重が落ちた」という内容を表している。よって，波線部に意味が最も近いのは，4 の「それに相応する体重の減少を受けた」である。undergo「(不快なこと・苦難など) を受ける」 imprisonment「投獄」 proportional「相応の，比例した」

㈗　**正解は 3** ─────────────────────

「(最大) ～まで落とした」

1　「ほんの～だけを得た」　　　　2　「せいぜい～を保った」

3　「最大～を失った」　　　　4　「最小～を維持した」

　up to ～ は「最大～，～まで」，shed は「～ (体重) を落とす」という意味。波線部は「(最大) ～まで落とした」という意味になり，最も近いのは 3 である。no more than ～「～だけ」 at most「せいぜい」

㈗　**正解は 3** ─────────────────────

「これらの動物のごちそうを食べるか飢えるかというライフスタイル」

1　「ホッキョクグマの社会的交流のレベル」

2　「ホッキョクグマの狩猟戦略」

3　「ホッキョクグマの食物摂取の不規則な水準」

4　「ホッキョクグマの生まれつきの運動ルーティン」

　主語の This は直前の段落の内容を指し，エサであるアザラシを捕まえられるかどうかでホッキョクグマの体重が増減するということを表しており，これが何を際立たせるのかと考える。波線部の「食べるか飢えるかというライフスタイル」という意味に最も近いのは，3 である。

㈗　**正解は 2** ─────────────────────

「～に浮かび上がってくるのを」

1　「～に潜るのを」　　　　　　2　「～から現れるのを」

3　「～から泳いで去っていくのを」　4　「～で餌を食べるのを」

　surface は「表面」という意の名詞ではなく，ここでは to 不定詞で，「浮上する，現れる」という意の動詞であることに注意する。波線部を含む部分 … waiting" for seals to surface at a gap in the ice は wait for *A* to *do*「*A* が～するのを待つ」という形で「氷の割れ目にアザラシが浮かび上がってくるのを待つ」という意味である。よって，波線部に意味が最も近いのは，2 である。

㈗　**正解は 2** ─────────────────────

「あなたに～を注射する」

1　「あなたに～を十分与える」　　2　「あなたに～の注射をする」

　　3　「～からあなたを守る」　　　　　　4　「あなたを～で殺す」

　　波線部に意味が最も近いのは，2である。shot はここでは「注射」という意味。
feed *A* with *B*「*A* に *B*（食料）を与える」

D．語句整序

正解は　(い)3　(か)8 ────────────────────────────

完成した文は次の通り。

Their evolutionary predecessors <u>must</u> **have** <u>found</u> seals <u>to</u> be so efficient (or delicious) <u>that</u> eating them was **worth** the high caloric costs of living on the sea ice.

「彼らの進化上の祖先はアザラシがたいへん効率がよい（あるいは，おいしい）と
気づいたに違いないので，アザラシを食べることは海の氷の上で生きるという高カ
ロリーを要する代償を払う価値があったのだ」

　　直前に「ホッキョクグマがどのようにして『海洋生物』になったのかについてあ
ることを示唆する」と書かれており，something を具体的に表した内容が本問であ
ると考えて並べ換える。

①　Their evolutionary predecessors が主語だと想定し，空所(あ)(い)(う)には述語動
詞が入るのではないかと見当をつける。選択肢から must have found が入ると仮
定する。must have＋過去分詞は「～だったにちがいない」という意味。

②　文中に so があるので，so ～ that …「たいへん～なので…」という定型表現で
はないかと考えて，空所(お)に that を入れる。

③　costs は「費用」という意味ではなく「代償」という意味だと仮定して，(か)に
worth「～の価値があって」を入れると意味が通じる。

④　最後に(え)に to を入れると完成する。find O C は「O が C だと思う」という意
味で，ここでは C の前に不定詞を補った形になっている。

E．内容真偽

正解は　3・4・7 ────────────────────────────

1—×　「人々は，以前は発見されていなかったウイルスによって引き起こされた肉
体的な苦痛にホッキョクグマが耐えているのを最近目にしたかもしれない」

　　第1段の最後の2文（"Bears are going to…a starving bear looks like."）より，
ホッキョクグマは「以前は発見されていなかったウイルス」ではなく，「飢餓」で
苦しんでいたので誤りである。

2—×　「経験豊かなカナダ人の科学者は，単なる観察を通して，そのホッキョクグ
マは食料の不足以外の何かで苦しんでいたと結論づけるほど自信があった」

　　第2段の最後の2文（"Now, we don't know…it was starving."）より，適切な

検視をしなければ，ホッキョクグマが死にかけている原因ははっきりわからないとあるので誤り。enough to *do*「〜するほど十分」 suffer from 〜「〜で苦しむ」 other than 〜「〜以外」

3—○　「ホッキョクグマの新陳代謝率は高いので，健康的な体重を維持できるかどうかは，彼らが十分な量のカロリーの摂取を維持することに依存する」

　　第6段第1文（The bears burn …）よりホッキョクグマのカロリーの消費スピードが速いことがわかり，第7段第1・2文（"This highlights the feast-or-famine … meet energy demands.）より，アザラシを食べることで健康的な体重を維持できることがわかるので，正しいと言える。depend on 〜「〜に依存する」 them sustaining consumption of 〜「ホッキョクグマが〜の摂取を維持すること」 them は sustaining の意味上の主語。consumption は「消費」という意味で使われることが多いが，ここでは「食物を食べること，摂取」という意味。ample「十分な」

4—○　「ボーフォートのホッキョクグマは，適切な体重を維持するために数日おきに十二分に成長した獲物を食べる必要がある」

　　第7段第1文（"This highlights the feast-or-famine …）の後半部分が表す内容に一致する。「十二分に成長した獲物」とは「おとなのアザラシ」のことである。本文の maintain a healthy weight が sustain adequate body mass に言い換えられている。

5—×　「ホッキョクグマと比較すると，他の捕食者はより高い新陳代謝率をもち，エネルギーをより速く消費する」

　　第8段第1・2文（Polar bears, … in the ice.）より，ホッキョクグマのほうが他の捕食者より高い新陳代謝率をもっていることがわかるので，誤りである。

6—×　「北極生物学研究所の研究科学者によると，9頭のホッキョクグマからデータを取ることは，その研究が妥当であるには不十分である」

　　第9段第3〜5文（"It provides very solid … for a robust finding.）より，北極生物学研究所の研究科学者であるオイビンド＝トイエンは9頭のホッキョクグマを3年にわたって観察すれば，確固たる研究結果を示すと考えていたので誤りである。be insufficient to *do*「〜するには不十分である」 for the study は不定詞句 to be valid の意味上の主語であることに注意。

7—○　「一人のカナダ人科学者は，30年以上前にハドソン湾のホッキョクグマの生活をどうにか監視することができた」

　　第10段第1・2文（One of the few scientists … on Hudson Bay.）が表す内容に一致する。第2文の observe が monitor に言い換えられている。manage to *do*「どうにか〜する」

8—×　「ある退職した生態学者はホッキョクグマの研究をおもしろいと思い，それは気候変動についての重要な新しいデータを提供すると感じた」

最終段第1・2文（"I think the…for polar bears.）と矛盾する。イアン＝スターリング（前段で退職したことが言及されている）は，ホッキョクグマに関する新たな研究について「大局的には何か新しい知見を示すものではない」と言っている。

17

目標解答時間 30分　**目標正答数** 14/18問

次の文章を読んで設問に答えなさい。[＊印のついた語句は注を参照しなさい。]（67点）

　　A car is approaching a street crossing when its brakes fail. Three elderly pedestrians, a man and two women, are walking on a red signal. Inside the car are a man, a woman and a young girl. What should the driver do? Continue ahead and likely kill the pedestrians, or steer into a concrete barrier and kill the passengers? That is a difficult enough quandary*, but what if the driver is a robot? That is the world we are entering — autonomous cars* of the future will need to make decisions in the case of emergencies. And while brake failure like this will be almost unheard of, the algorithms* to deal with such cases need to be written.
（中略）

　　Driverless cars are already on the streets. In south Perth, a driverless bus is being trialed. The trial is limited and the vehicle will travel on a pre-programed route. Driverless cars will be traveling on Melbourne's CityLink and Monash and Tullamarine freeways later this year. In these situations a driver will be sitting (　W　) the wheel, able to take over in a split second. This situation will continue (　X　) some
(ア)
time, said Amnon Shashua, the founder of Israeli company Mobileye,
(a)
which is developing technologies to enable fully autonomous vehicles. Professor Shashua was in Australia in November hosted by the Israel Trade Commission. "It's not all going to be introduced in one day," he said. "You'll see self-driving cars with a human behind the steering wheel for a number of years until you can prove the fatality* rate or accident rate has dropped by several orders of magnitude*." He said academics should be looking at algorithms that deal with moral decisions, "but from the point of view of launching self-driving cars, this is a side issue." "The big
(イ)

challenge in making decisions is trying to control a robotic car in a way that mimics human decision-making but, on the other hand, should also be very safe."

Jean-Francois Bonnefon at the Toulouse School of Economics has been studying this matter with Iyad Rahwan at MIT*. Professor Bonnefon said the car industry was working well to address safety. However, he
(b)
said: "The car industry is not as well equipped to address this ethical dilemma, which leads them to the temptation to dismiss it as irrelevant.
(ウ)
This position is untenable*: people care (Y) the ethical issues, and they need to see them addressed if they are to embrace self-driving cars."

Regulators are unlikely to ignore this matter. The US Department of Transportation's recent policy release on automated vehicles says: "Manufacturers . . . should address situations to ensure that ethical judgments and decisions are made consciously and intentionally." While not referring
(c)
to ethical considerations, the Australian National Transport Commission in November released its guidelines for automated vehicle trials. (中略)

The push, however, to bring driverless cars to our streets seems inevitable. Professor Shashua and his company, Mobileye, say it will
(d)
transform the way we live. He predicted that his company, with BMW* and Intel*, would have monitored driverless cars on the streets of Jerusalem and Munich by 2021. "If you ask me whether autonomous vehicles will become commonplace, my unequivocal* answer is 'Yes'; there's no question about it," he said. "The technology is almost there, the world is almost there, there's an economic motive for getting there, and drivers will slowly start to get (あ) to the idea (い) you can get (う) of the (え) task of (お)."

Projections suggest that the more autonomy machines have to drive cars, the fewer accidents and fatalities. But technology will never be able to reduce fatalities (Z) zero. So, how many deaths by robot can society accept? In 2015, there were about 35,000 road fatalities in the US. Professor Shashua said robotic cars could reduce that number considerably.
(e)

"If you drop 35,000 fatalities down to 10,000 — even though from a rational point of view it sounds like a good thing, society will not live with that many people killed by a computer." Even so, you don't have to show there will be zero accidents, as "this will never happen." "What you need to show is that the probability of an accident drops by two to three orders of magnitude," he said. "If you drop 35,000 fatalities down to 200, and those 200 are because of computer errors, then society will accept these robotic cars." A similar proportional reduction in Australia would mean fewer than 10 deaths a year on the roads.

This dilemma is at the heart of the MIT research. In a paper, "The social dilemma of autonomous vehicles," Bonnefon, Rahwan and their colleague Azim Shariff accept that autonomous vehicles will reduce fatalities. However, they also point out that humans will want to wait until there is an acceptable threshold for death by robot. They write: "Regulating for utilitarian* algorithms may paradoxically increase casualties by postponing the adoption of a safer technology." "Most people want to live in a world where cars will minimize casualties," said Dr. Rahwan, an associate professor in the MIT Media Lab. "But everybody wants their own car to protect them at all costs." This is a big social dilemma. Who will buy a car that is programed to kill them in some instances? Who will insure such a car? (中略)

Dr. Rahwan said the ethical issues could not be put to one side. "If
(エ)
people do not have a clear idea of how cars will behave, or how manufacturers will be accountable if the car misbehaves, then people may
(f)
not buy those cars in the first place," he said. "Understanding those psychological barriers is crucial." Just like people might give more weight to shark attacks than is rational, Dr. Rahwan says people will overweigh safety "in their perception of autonomous cars." "The psychological barriers cannot be set aside because they impact adoption, and because they may influence crucial design decisions we make today, both to the cars themselves as well as the regulatory environment."

（By Marcus Strom, Driverless cars: if a robot driver is given a choice, who will die in a car crash?, *The Sydney Morning Herald,* January 7, 2017）

［注］　quandary　板ばさみの状況、ジレンマ

　　　　autonomous cars　（autonomous car　自動運転車）

　　　　algorithms　（algorithm　アルゴリズム、問題解決のためのプログラム）

　　　　fatality　死、死亡者

　　　　orders of magnitude　（order of magnitude　桁）

　　　　MIT　（Massachusetts Institute of Technology　マサチューセッツ工科大学）

　　　　untenable　擁護できない

　　　　BMW　ドイツの自動車メーカー

　　　　Intel　アメリカの半導体メーカー

　　　　unequivocal　明確な

　　　　utilitarian　実益を重んじる

A　空所(W)～(Z)に入るもっとも適切なものを次の1～4の中からそれぞれ一つ選び、その番号を解答欄に記入しなさい。

(W)	1	after	2	at	3	in	4	on
(X)	1	about	2	before	3	for	4	with
(Y)	1	about	2	for	3	over	4	without
(Z)	1	by	2	on	3	than	4	to

B　下線部 (a)～(f) の意味・内容にもっとも近いものを次の1～4の中からそれぞれ一つ選び、その番号を解答欄に記入しなさい。

(a)　founder

　　1　creator　　　2　discoverer　　3　employee　　4　successor

(b)　address

　　1　copy　　　　2　deal with　　3　locate　　　4　write about

(c)　referring to

　　1　delaying　　2　forgetting　　3　mentioning　4　repeating

(d)　inevitable

1 beneficial   2 innovative

3 unavoidable   4 unimaginable

(e) considerably

1 quickly   2 significantly

3 slightly   4 worryingly

(f) accountable

1 available   2 prepared

3 responsible   4 useful

C 波線部 (ア)〜(エ) の意味・内容をもっとも的確に示すものを次の 1 〜 4 の中から
それぞれ一つ選び、その番号を解答欄に記入しなさい。

(ア) take over in a split second

1 instantly take control of the vehicle

2 quickly turn at the second corner

3 reprogram the car to slow down

4 speed up the car within a second

(イ) a side issue

1 a complex issue

2 a controversial issue

3 a minor issue

4 an unrealistic issue

(ウ) dismiss it as irrelevant

1 disregard it because they think it is beside the point

2 fail to notice it because it is insignificant

3 forget it because it is not impressive enough

4 reject it because it conflicts with their beliefs

(エ) put to one side

1 determined by one party

2 gathered into one corner

3 left undiscussed

4 linked to other issues

D　二重下線部の空所(あ)〜(お)に次の1〜7から選んだ語を入れて文を完成させ、(あ)〜(お)に入る語の番号を解答欄に記入しなさい。同じ語を二度使ってはいけません。選択肢の中には使われないものが二つ含まれています。

drivers will slowly start to get (　あ　) to the idea (　い　) you can get (　う　) of the (　え　) task of (　お　)

1	away	2	boring	3	driving	4	rid
5	that	6	used	7	which		

E　本文の意味・内容に合致するものを次の1〜8の中から三つ選び、その番号を解答欄に記入しなさい。

1　The author is critical of self-driving cars since they will result in numerous cases of brake failure.

2　Amnon Shashua expects that driverless cars will always need human drivers.

3　Jean-Francois Bonnefon believes that the car industry is eager to discuss ethical issues in order to guarantee the safety of autonomous cars.

4　Shashua predicts that driverless cars will be deployed in Jerusalem and Munich by 2021.

5　According to Shashua, advanced technology will one day eliminate accidents and fatalities on the roads.

6　Iyad Rahwan is one of a number of researchers who believe that driverless cars will help to reduce road accidents.

7　Rahwan predicts that people will not buy self-driving cars unless they understand how those cars perform on the road.

8　Rahwan points out that people are less concerned with the safety of autonomous cars than with the risk of shark attacks.

≪自動運転車と倫理上のジレンマ≫

全訳

　1台の車が交差点に近づいており，ブレーキは壊れている。3人の年配の歩行者，男性1人と女性2人が赤信号で歩いている。車の中には男女が1人ずつと幼い女の子が1人いる。運転手はどうすべきだろうか？　そのまま前進しおそらくは歩行者たちを殺してしまうべきなのか，あるいはハンドルを切ってコンクリートの壁にぶつかり，同乗者を殺してしまうべきなのだろうか？　これは極めて難しいジレンマであるが，もしも運転手がロボットだとしたらどうだろう？　それこそ私たちが足を踏み入れようとしている世界なのである。未来の自動運転車は緊急の場合に判断を下す必要があるだろう。そして，このようにブレーキが故障している状況はほぼ耳にしたことはないとはいえ，そのような事態に対処するアルゴリズムは記されておく必要がある。（中略）

　運転手のいない車はすでに路上に出ている。パースの南部において，運転手のいないバスが試験中である。この試験は限定的なものであり，そのバスはあらかじめプログラムされたルートを走行する。運転手のいない車がメルボルンのシティリンクとモナシュ，それからタラマリン高速道路を今年の後半に走行する予定である。これらの状況においては，瞬時に運転を引き継げるように運転手が運転席に座っているだろう。完全自動運転の乗り物を可能にする技術を開発しているイスラエルの企業，モビルアイの設立者であるアムノン＝シャシュアは，この状態はしばらく続くだろうと語っている。シャシュア教授はイスラエル貿易委員会によって招聘され，11月にオーストラリアにいた。「すべてが1日にして導入されるというわけにはいかないでしょう」と彼は言った。「死亡率や事故率が数桁減少したと証明されるまで，何年もハンドルの後ろに人間がいる状態での自動運転車を見ることになるでしょう」　彼は，研究者たちは道徳的な判断に対処するアルゴリズムに目を向けるべきであるが，「自動運転車を立ち上げるという観点からすれば，これは枝葉の問題なのです」と述べている。「決定を下す際の大きな課題は，ロボットの運転する自動車を，人間の意思決定に似ているが，同時にまたとても安全でもあるべき方法で制御するということなのです」

　トゥールーズ経済大学院のジャン＝フランソワ＝ボヌフォンは，マサチューセッツ工科大学のイヤド＝ローワンとともにこの問題を研究している。ボヌフォン教授は，自動車業界は安全性への取り組みをうまく行っていると述べている。しかしながら，彼は以下のように語っている。「自動車業界はこの倫理上のジレンマに対処する体制がきちんと整ってはいません。そのことは，この問題を関係ないものとして却下するよう彼らを誘惑することにつながります。この姿勢は支持できません。人々は倫理上の問題を大切なものだと考えています。自動運転車を受け入れようとするならば，人々はそうした問題が対処されているのを見ておく必要があるのです」

　規制を行う者たちもこの問題を無視しようとはしない。自動運転車についてのアメリカ運輸局の最近の政策報告では「製造者は…倫理的な判断および決定が，意識的そして意図的に行われることを保証するように状況に対処すべきである」と示されている。倫理的な考慮については言及されていないが，オーストラリア運輸委員会は11月に自動運転車の試験についての指針を発表した。（中略）

　しかしながら，運転手のいない自動車を道路に持ち出そうという動きは避けられないように見える。シャシュア教授と彼の会社であるモビルアイは，自動運転車は私たちの暮らし方を変えるだろうと述べている。彼の会社は BMW とインテルと共同して，2021 年までにエルサレムとミュンヘンの通りに，監視付きの，運転手のいない車を走らせるだろうと彼は予測している。「自動運転車が一般的なものになるかどうかと尋ねられれば，私の答えははっきりしています。イエスです。それについて疑いはありません」と彼は語っている。「実用化する科学技術はもうすぐのところにあります。そういった世界はもうすぐそこにあるのです。そこにたどりつこうとする経済的な動機もありますし，運転者たちは徐々に退屈な運転という仕事を捨てることができるという考えに慣れ始めるでしょう」

　車の運転をする自動の機器が増えれば増えるほど，事故や事故による犠牲者は減少するだろうと予測されている。しかし科学技術は事故による死者をゼロにまで減少させることは決してできないだろう。それではどれくらいの数のロボットによる死を社会は受け入れることができるのだろうか？　2015 年，アメリカでの交通事故による死者はおよそ 35,000 人であった。シャシュア教授はロボットが運転する車はこの数をかなり減少させうると述べている。「もしも 35,000 人の交通事故による死者が 10,000 人にまで減少したとしたら，それが合理的な観点から見れば良いことのように思えるとしても，社会は多くの人がコンピューターによって殺されたということを受け入れないでしょう」たとえそうであっても，「これは決して起こらない」ものとして，事故がなくなるということを示す必要はない。「示す必要があるのは，事故の起こる可能性が 2 桁から 3 桁減少するということなのです」と彼は言う。「もしも 35,000 件の死亡事故を 200 件にまで減少させ，そしてそれらの 200 件がコンピューターのエラーのせいなら，社会はこれらのロボットによる自動車を受け入れるでしょう」オーストラリアで同じような比率で減少すれば，1 年に路上での事故死が 10 件未満になるであろうことを意味する。

　このジレンマは，MIT の調査の核心である。「自動運転車の社会的なジレンマ」という報告書において，ボヌフォンとローワン，それから彼らの同僚であるアジム＝シャリフは，自動運転車は交通事故の犠牲者を減少させるということを認めている。しかしながら，彼らは同時に，人はロボットによる死に対して容認しうるしきい値ができるまで待つことを望んでいるとも指摘している。彼らは「実益を重んじるアルゴリズムに対する規制は，より安全な科学技術の採用を延期することにより，逆説的ではあるが，犠牲者を増加させるかもしれない」と記している。「ほとんどの人々は，自動車が犠牲者を最少にする世界で暮らしたいと考えています」と MIT のメディアラボの准教授であるローワン博士は述べている。「しかし，誰もがいかなる代償を払っても，自分たちの車に自分たちを守ってほしいのです」これは大きな社会的なジレンマである。ある状況下においては自分たちを殺すようにプログラムされた車を誰が買うだろうか？　誰がそのような車に保険をかけるのだろうか？（中略）

　ローワン博士は倫理的な問題はいったん置いておくことができないと述べている。「どのように車が動くのか，あるいは，もしも車が正しく動かなかった場合に，ど

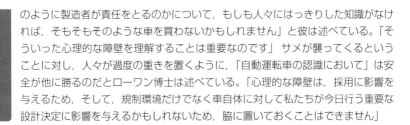

のように製造者が責任をとるのかについて，もしも人々にはっきりした知識がなければ，そもそもそのような車を買わないかもしれません」と彼は述べている。「そういった心理的な障壁を理解することは重要なのです」　サメが襲ってくるということに対し，人々が過度の重きを置くように，「自動運転車の認識において」は安全が他に勝るのだとローワン博士は述べている。「心理的な障壁は，採用に影響を与えるため，そして，規制環境だけでなく車自体に対して私たちが今日行う重要な設計決定に影響を与えるかもしれないため，脇に置いておくことはできません」

解　説

A．空所補充

(W)　正解は　2

at the wheel で「ハンドルを握って」となる。at は「場所」の意味から発展して「従事」を表す。例）at the table「食事中で」　自動運転は行われているが，万一の場合に人間の運転手が運転を引き継げるようにしてある状態である。behind the wheel「車を運転する」という表現も併せて覚えておきたい。

(X)　正解は　3

for some time で「しばらくの間」という意味になる。この for は期間を表している。緊急時には運転手が運転を引き継ぐことができる状態の自動運転がしばらくは続くという文意である。

(Y)　正解は　1

直前の第3段第3文に「自動車業界は，この倫理的なジレンマを重要でないものとして片づけてしまう誘惑につながる状態にある」，空所を含む文の前半に「このことは支持できない」とあることから「人々は倫理的な問題を気にかける，重要視する」という内容になるよう考える。care about ～で「～を気にする」といった意味になる。ちなみに care for ～だと「～を好む，～の世話をする」となる。

(Z)　正解は　4

reduce A to B で「A を B にまで減ずる」といった意味になる。「A を B の状態（価値が下がった状態）にする」という意味で用いられる場合もある。

> **ポイント**　前置詞を攻略しよう
>
> 　本問の選択肢はすべて前置詞であるが，前置詞が苦手という人は多いのではないだろうか。前置詞の問題には，前置詞の意味そのものを尋ねる問題(W)・(X)と，動詞や形容詞などとの結びつきを尋ねる問題(Y)・(Z)がある。
>
> 　多くの受験生は前置詞単独の意味を問われるほうが苦手なようだ。おそらく，前置詞は簡単な単語なので辞書で調べなくてもよいと思っているからではないだろうか。ところがそれは大間違いで，前置詞こそ辞書を引くべきである。たとえば本問の(W)の，「従事」の意味の at などは知らなかった人が多いだろう。こうした意味に詳しくなるには何度も何

度も辞書を引くしかない。前置詞の意味にこだわって，わからないものがあれば必ず辞書で確認することを習慣にしよう。前置詞がわかると英語の理解力が格段に増す。だから，前置詞を甘く見ることなく，ひたすら丁寧に辞書を引いていこう。

B．同意語句

(a) 正解は　1

founder「設立者」

1　creator「創り出す人」　　　　　　2　discoverer「発見者」

3　employee「従業員」　　　　　　　4　successor「継承者」

　founder は「設立者」という意味である。「創り出す人」という意味を持つ1の creator を選ぶ。

(b) 正解は　2

address「(問題など) に取り組む」

1　copy「～を複写する」　　　　　　2　deal with「～に対処する」

3　locate「～を設立する，置く」　　　4　write about「～について書く」

　address には動詞で「問題などに取り組む」といった意味がある。よって「～に対処する」といった意味の2の deal with が正解となる。

(c) 正解は　3

referring to「～を参照する，引用する，～に言及する」

1　delaying「～を遅らせる」　　　　　2　forgetting「～を忘れる」

3　mentioning「～に言及する」　　　4　repeating「～を繰り返す」

　refer to ～は「～を参照する，引用する，～に言及する」といった意味である。ここでは「～に言及する」という意味の3の mentioning が最も意味が近い。

(d) 正解は　3

inevitable「避けることができない」

1　beneficial「利益となる」　　　　　　　2　innovative「革新的な」

3　unavoidable「避けることができない」　4　unimaginable「想像できない」

　inevitable は「避けることができない」という意味の形容詞であり，3の unavoidable がほぼ同意となる。

(e) 正解は　2

considerably「かなり」

1　quickly「素早く」　　　　　　　　2　significantly「かなり」

3　slightly「わずかに」　　　　　　　4　worryingly「心配なことに」

　considerably は「かなり」という意味であり，2の significantly がほぼ同意となる。形容詞形の considerate「思いやりがある」と considerable「かなりの」は必ず意味を区別して覚えておきたい。

(f) 正解は 3 ―――――――――――――――――――――――

accountable「説明義務がある，責任がある」

1 available「利用できる，手に入る」　2 prepared「用意ができている」

3 **responsible「責任がある」**　　　　4 useful「便利な」

accountable は「説明義務がある，責任がある」といった意味であり，3 の responsible がほぼ同意となる。

C. 同意表現

(ア) 正解は 1 ―――――――――――――――――――――――

「瞬時に（運転を）引き継ぐ」

1 **「即座に乗り物を制御する」**

2 「2 つ目の角で素早く曲がる」

3 「プログラムを作り直して車の速度を下げる」

4 「1 秒以内に車の速度を上げる」

in a split second は「瞬時に」といった意味である。split は過去分詞。take over ～は「～を引き継ぐ」という意味なので，「即座に乗り物を制御する」という 1 を選ぶ。「（自動運転の車で）運転手がハンドルの後ろに座っている」という文章なので，ここから「運転を交代する」という意味を推測することも可能だろう。

(イ) 正解は 3 ―――――――――――――――――――――――

「枝葉の問題」

1 「複雑な問題」

2 「議論の的になるような問題」

3 **「ささいな問題」**

4 「非現実的な問題」

side issue とは「枝葉の問題」といった意味である。「重要でない」という意味の minor で言い換えた 3 が正解となる。この文は「しかし，このことは自動運転車を立ち上げるという観点からは side issue である」と逆接の but の後に続けられており，直後に The big challenge「大きな課題」を述べる文が続くことから side issue が「小さな問題」であると判断できる。

(ウ) 正解は 1 ―――――――――――――――――――――――

「それ（倫理的なジレンマ）を無関係なものとして捨てる」

1 **「論点からずれていると考えてそれを無視する」**

2 「重要でないのでそれに気づかない」

3 「あまり印象的でないのでそれを忘れる」

4 「信仰と矛盾するのでそれを拒絶する」

波線部を直訳すると「それ（倫理的なジレンマ）を無関係なものとして捨てる」

となる。この表現に最も意味が近いのは「論点からずれていると考えてそれを無視する」となる1である。disregard は「〜を無視する」の意。dismiss は意図的に捨てたり却下したりという意味で使われるため，2の fail to notice「〜に気づきそびれる，気づけない」や，3の forget「〜を忘れる」で言い換えることはできない。4は because 以下が本文と全く合わない。

㈔　正解は　3

「とっておかれる，（仕事などが）中断される，脇に置いておかれる」

1　「一方の集団によって決められる」

2　「一角に集められる」

3　「議論しないままにされる」

4　「他の問題とつながっている」

　　put 〜 to one side には「〜をとっておく，（仕事など）を中断する，〜を脇に置いておく」といった意味がある。ここでは「〜を脇に置く」の意味が受動態の形で用いられており，この文は，「倫理的な問題は脇に置いておくわけにはいかない＝考えずに置いておくことはできない」という意味である。受動態なので，3の「議論しないままにされる」を選ぶ。

D．語句整序

正解は　㈅6　㈄5　㈆4　㈇2　㈈3

　　完成した文は次の通り。

drivers will slowly start to get **used** to the idea **that** you can get **rid** of the **boring** task of **driving**

「運転者たちは徐々に，退屈な運転という仕事を捨てることができるという考えに慣れ始めるだろう」

　　これまでの文脈が「世の中全体が自動運転に向かっている」という内容であるので，この文もそうした内容になるはずである。get used to 〜で「〜に慣れる」という意味。㈄は，直後に節（SV）が続いていることから接続詞が入ると判断でき，直前の the idea の内容を説明するよう同格の that を補う。7の which は直後に SVO がそろっていて完全文であることから不可。get rid of 〜は「〜を捨てる，取り除く」という意味の表現であり，捨てるのは文脈から「運転という仕事」であるのは明らか。the と task の間には形容詞が入るので boring「退屈な」を入れる。

E．内容真偽

正解は　4・6・7

1—×　「無数のブレーキの故障という結果になるため，著者は自動運転の車に批判的である」

このような記述は本文にない。むしろ，第5段第1文「運転手のいない自動車を道路に持ち出そうとする動きは避けられないように見える」，第6段第1文「運転をする自動の機器が増えれば増えるほど，事故や事故による犠牲者は減少するだろうと予測されている」といった記述があり，本文と一致しているとはいえない。

2―×　「アムノン＝シャシュアは運転手のいない車は常に人間の運転手が必要だろうと予期している」

第2段第6文では「この状況はしばらく続くだろう」と述べているだけで always「常に」とは言っていない。さらに第5段第3文に「監視付きの，運転手のいない車を 2021 年までに走らせる」とあり，本文と矛盾する。

3―×　「ジャン＝フランソワ＝ボヌフォンは，自動車産業は自動運転の車の安全性を保証するため，倫理的な問題を議論することに熱心であると信じている」

Bonnefon については第3段。第3文でボヌフォンは，「自動車業界はこの倫理上のジレンマに対処する用意が十分でない」と述べており，本文の内容と矛盾する。address の意味が「〜に対処する」とわからなければこの問題は解けないだろう。equipped「必要なものが備わっている」

4―○　「シャシュアは運転手のいない車は 2021 年までにエルサレムとミュンヘンに配備されるだろうと予測している」

第5段第3文と一致する。

5―×　「シャシュアによれば，進化した科学技術はいつか，路上から事故や事故による死者をなくすだろう」

第6段第2文に「死亡者は減少するがゼロにはならない」とあるので本文と矛盾する。

6―○　「イヤド＝ローワンは運転手のいない車は路上の事故を減少させるのに役立つと信じている数多くいる研究者の一人である」

第7段第2文にボヌフォンやアジム＝シャリフとともに「自動運転車は交通事故の犠牲者を減少させるということを認めている」とあるので本文の内容と一致する。

7―○　「ローワンは道路上でそれがどのように動くのかを理解しないかぎり，人々は自動運転車を購入しないと予測している」

最終段第2文と一致している。なお，この文では「車が正しく動かなかった場合に，どのように製造者が責任をとるのかを明らかにする」ということも人々が車を購入するための要素として挙げられている。

8―×　「ローワンは，人々はサメに襲われる危険ほどには自動運転の車の安全性を気にかけていないと指摘している」

最終段第4文に「サメに襲われる」ことに関する記述があるが，ここで，サメの攻撃の危険性と自動運転車の安全性を直接比較をしているわけではない。本文では，サメの攻撃に対し，合理的である以上のウエイトを置くと述べていて，合理的であ

る以上とは，合理的でないほど，ということ。よって，サメの攻撃を無駄に気にす
るということ。これは「自動運転の車の理解において，安全を過度に重視する」こ
とのたとえとして述べられているだけなので，一致しない。just like S V「S が V
するのと同様に」

A. (W)—2　(X)—3　(Y)—1　(Z)—4
B. (a)—1　(b)—2　(c)—3　(d)—3　(e)—2　(f)—3
C. (ア)—1　(イ)—3　(ウ)—1　(エ)—3
D. (あ)—6　(い)—5　(う)—4　(え)—2　(お)—3
E. 4・6・7

解　答

18

目標解答時間 40分 **目標正答数** 18/22問

次の文章を読んで設問に答えなさい。［＊印のついた語句は注を参照しなさい。］（68点）

What our earliest ancestors made of the death event is hard to conclude in any detail, for what the archaeological record provides is at best the physical remains and possible beliefs of a small and relatively privileged elite. At some point in human evolution, perhaps very early on, the individual drive to build alliances with others for mutual protection evolved into a deeper social behavior, the need for emotional bonds with others across a range of human activities. The desire to be valued by those whom we value began to make its way into consciousness and
(ア)
gradually became a crucial factor in human flourishing. Once this bond of emotional connection was in place, a subsequent step was taken, unique to humans, in striving for a relationship beyond the temporal* arena and
(a)
into the realm of what we would describe as religious imagination or transcendent* meaning-making. In a world filled with unknowns, with daily natural terrors and multiple threats to life and limb*, the drive to control one's environment led to the need to feel prized at a level beyond
(イ)
immediate family and community. Relationships with the sacred, whether under the heading of non-physical beings or forces, met this need.

Of course human beings are not (X) in their awareness of mortality. The variety of defensive postures employed by other animals
(b)
when threatened indicates a rudimentary* recognition that life can be
(ウ)
brought to a close very quickly by unfriendly forces. The dependent young among chimpanzees are known to become listless* after the death of their mothers, while African elephants will stop before the carcass* of one of their own and reach out to touch the body with their trunks. And *Homo neanderthalensis**, a species contemporary with *Homo sapiens** until the

former mysteriously vanished around 30,000 years ago, appear at least in
          (c)
some cases to have buried their dead with signs of honor. The construction
and positioning of the body in the grave, the placing of artifacts and the
arrangement of stones around the place of burial are all distinct. What
                                                              (エ)
sets us apart, it seems, are the more sophisticated cognitive and linguistic
abilities that allow us to anticipate, reflect on and ascribe* some form of
higher meaning to death. (中略)

　　Concern for the dignified interment* of one's beloved, a practice
archaeologists tell us began no more than 130,000 years ago, does not
always afford us reliable evidence about early beliefs. Spectacular burial
                                                          (d)
finds at Sunghir, some 120 miles northwest of Moscow, and from Dolni
Vestonice in the Czech Republic dating back to approximately 28,000 B.C.E.
reveal human remains strategically placed and adorned with* beads, pins,
                      (e)
shells, pendants, daggers* and other artifacts. At both locations there was
great care taken in the disposal and provision of certain bodies, implying
that the afterlife must be prepared for, but whether this reflects any
deeper position on the nature of that afterlife remains unclear. Indeed
      (f)
most archaeologists are quick to caution (　Y　) inferring too many ideas
from objects, especially when those objects are both few and perhaps
unrepresentative of the wider material culture.

　　Even with these important caveats*, however, anthropological* study
can both enrich and complicate efforts to understand the billions who lived
and died before the advent of writing. Recent investigations of hunter-
                    (g)
gatherers in Africa, for example, suggest that in some cases burial practice
is related to social custom and not to specific belief in an afterlife for the
deceased. A 1990s study of the Hadza people of northern Tanzania found
that death was accepted as a matter of course and burial rites were
simple. There was no period of mourning in the aftermath* of a death
since the event had no supernatural consequences for the living. The
    (オ)
spiritual existence of the person, it appears, ended with its biological
demise*. Studies of some North American hunting tribes reveal a similar

perspective on death as a normal part of life, to be faced without fear.
(中略)

What we can say is that belief in continuity, (Z) such belief began, was a demonstration of the growing power of the human mind to formulate anthropomorphic parables* around a non-sensory reality, a discarnate state*, a life beyond appearances that negates the finality of death. It was also testimony to the deep concern of those who remained behind for the fate of the deceased as they passed across death's threshold. As the Spanish academic Miguel de Unamuno cleverly remarked over 80 years ago: "Stone was used for sepulchers* before it was used for houses." And the placement of artifacts in some of those graves, including food, clothing and other personal belongings, suggests to some archaeologists and anthropologists that belief in an afterlife involved some type of journey analogous to our earthly one. A number of Palaeolithic* cave paintings discovered in western Europe (the most famous at Lascaux in southwestern France) indicate a certain degree of trust in death as another form of existence, where the process of dying actually continues in an afterlife adventure or trial that can be assisted by those who are still alive and who remember their absent kin*. That assistance could come in the form of the art object itself, which may have been designed with the goal of influencing or manipulating magical or religious powers.

(From W. M. Spellman, *A Brief History of Death*, Reaktion Books, 2014)

[注] temporal 現世の、この世の
transcendent 超越した
life and limb 生命と身体
rudimentary 基本の
listless 気力のない
carcass 死体
Homo neanderthalensis ネアンデルタール人
Homo sapiens ホモサピエンス（現生人類）

ascribe ～（to ～）　～を（～に）帰する、与える

interment　埋葬

adorned with　～で飾られた

daggers（dagger　短剣）

caveats（caveat　警告）

anthropological　文化人類学的な

aftermath　結果

demise　終わり

anthropomorphic parables　現世の人間の姿を通して表現される寓話

discarnate state　肉体のない状態

sepulchers（sepulcher　墓）

Palaeolithic　旧石器時代の

kin　親族

A　空所(X)～(Z)に入るもっとも適切なものを次の1～4の中からそれぞれ一つ
選び、その番号を解答欄に記入しなさい。

（X）　1　alike　　　　2　alone　　　　3　interested　　4　involved

（Y）　1　against　　　2　by　　　　　3　for　　　　　4　with

（Z）　1　whatever　　2　whenever　　3　whichever　　4　whoever

B　下線部 (a)～(j) の意味・内容にもっとも近いものを次の1～4の中からそれぞ
れ一つ選び、その番号を解答欄に記入しなさい。

(a)　striving

　　1　looking negatively　　　　　2　preparing carefully

　　3　seeing optimistically　　　　4　trying hard

(b)　employed

　　1　adopted　　　2　drawn　　　3　hired　　　4　targeted

(c)　vanished

　　1　became extinct　　　　　　2　protected themselves

　　3　showed up　　　　　　　　4　told stories

(d)　Spectacular

1 Astonishing	2 Moderate
3 Suspicious	4 Underground

(e) strategically

　　1 casually　　2 defensively　　3 purposefully　　4 randomly

(f) position

　　1 location　　2 motion　　3 perspective　　4 safety

(g) advent

　　1 advantage　　2 complication　　3 emergence　　4 tradition

(h) formulate

　　1 create　　2 fragment　　3 recognize　　4 repeat

(i) fate

　　1 destiny　　2 imagination　　3 relative　　4 religion

(j) threshold

　　1 border　　2 condition　　3 level　　4 promise

C　波線部 (ア)〜(カ) の意味・内容をもっとも的確に示すものを次の 1 〜 4 の中から
それぞれ一つ選び、その番号を解答欄に記入しなさい。

(ア) make its way into consciousness

　1 change the way many people die

　2 move toward the establishment of equal values

　3 become part of human awareness

　4 bring into being a privileged elite

(イ) feel prized at a level beyond immediate family and community

　1 feel connected with only close friends and neighbors

　2 feel proud of those who travel around the world without assistance

　3 feel motivated to defeat those who live far away from one's
　　community

　4 feel valued not only by familiar but also by unfamiliar, unknown
　　beings or forces

(ウ) life can be brought to a close very quickly by unfriendly forces

　1 life can suddenly end because of hostile circumstances

　　2　life can instantly bring close friends together because of its mysterious power

　　3　life can temporarily remove us from dangerous situations

　　4　life can force unfriendly people to become very close to each other

(エ)　What sets us apart

　　1　What differentiates the living from the dead

　　2　What makes *Homo sapiens'* approach to death unique

　　3　What turns humans into lonely individuals

　　4　What separates *Homo neanderthalensis* from other animals

(オ)　the event had no supernatural consequences for the living

　　1　death did not strike the living as anything other than ordinary

　　2　death was not regarded as a result of natural forces

　　3　death gave significant magical power to the living

　　4　death went beyond what the living took for granted

(カ)　our earthly one

　　1　our present journey through life

　　2　our tour around the world

　　3　our trip outside the earth

　　4　our afterlife under the earth

D　本文の意味・内容に合致するものを次の1～8の中から三つ選び、その番号を解答欄に記入しなさい。

　1　Evidence shows that in the early stages of their evolution, humans did not yet find it necessary to develop any emotional bonds with others.

　2　Our ancestors' attempts to control the environment surrounding them directly led to their strong desire to be independent of one another.

　3　*Homo sapiens* buried their dead with honor, while *Homo neanderthalensis* and also other animals, such as chimpanzees and elephants, did not.

4　Although gravesites from 28,000 B.C.E. show us that our ancestors buried the dead in a dignified manner, they do not clearly indicate people's beliefs about the afterlife.

5　Some case examples from Africa and North America suggest that death was given a special spiritual meaning.

6　A Spanish scholar, Miguel de Unamuno, explained that the use of stone for the dead happened later than the use of stone for the living did.

7　Many cave paintings found in western Europe demonstrate that early human beings believed in the afterlife.

8　Palaeolithic art and objects related to human burials could indicate that the living attempted to lend support in the afterlife journey of the dead.

≪埋葬習慣と死の概念≫

全訳

　私たちの最古の祖先が死という出来事をどのように捉えていたかを少しでも詳細に判断するのは難しい。というのも，考古学的な記録が提供するものといえば，せいぜい一握りの比較的特権を持ったエリート階層の物理的な遺物や，推測され得る彼らの信仰くらいのものだからだ。人間の進化のある時期において，おそらくそれは非常に早い段階であろうが，相互防衛のために他の人々と同盟関係を築きたいという一人一人の本能的要求が，より深い社会的行動，つまりあらゆる人間活動において他者と感情的に結びつきたいという欲求へと進化していった。評価している人々から自分も評価されたいと願う気持ちが意識の中に入り込むようになり，それは徐々に，人類が繁栄するための重要な要因となった。ひとたびこの感情的つながりという絆が定着すると，次は，現世を超えて，宗教的想像，または超越的解釈と表現されるものの領域へと踏み込む結びつきを追い求める人間特有の段階が生じた。未知のもの，日々の自然の脅威，生命や身体を脅かすさまざまな危険で満たされた世界では，環境を思い通りにしたいという衝動から，そこにある家族や共同体を超越したところで自分の価値を実感する必要性が生じた。この欲求を満たしたのは，それが非物質的存在と呼ばれるものであろうが，非物質的力と呼ばれるものであろうが，神聖なものとの結びつきであった。

　もちろん，死を自覚しているのは人間だけではない。ほかの動物が敵に襲われたときに取るさまざまな防御姿勢からは，敵対する勢力によって生命はあっさりと終わりを迎えてしまうという基本的認識が明らかになる。チンパンジーのまだ幼い子供は，その母親が死んでしまうと気力がなくなることで知られており，一方でアフリカゾウは仲間の死体の前で立ち止まり，鼻を伸ばして死体に触れようとする。そして，約 3 万年前に謎の絶滅を遂げるまでホモサピエンスと共存していた種であるネアンデルタール人は，少なくともいくつかの事例において，死者への敬意を示すような埋葬をしていたようだ。墓の中の構造や死体の位置，人工的な遺物の置き方や埋葬地の周辺の石の並びなどがすべてはっきりと残っている。私たちの種をほかとは違うものにしている要素は，より高度な認知能力および言語能力であると思われ，これにより人間は死を予見し，それについて熟考し，そして死にある種の高尚な意味を与えることが可能となっている。（中略）

　愛する者への敬意を込めた埋葬に対する気遣いは，考古学者によると，13 万年前に始まったばかりの慣習であるが，それが先史時代の信仰について信憑性のある証拠を常に提供してくれるとは限らない。モスクワの北西約 120 マイルのスンギール，そしてチェコ共和国のドルニベストニツェで見つかった紀元前 28000 年頃の壮観な埋葬の跡からは，意図的に配置され，ビーズ，飾りピン，貝殻，ペンダント，短剣などの人工遺物で飾られた遺体が見つかっている。どちらの遺跡においても，遺体の処理と対策は丁寧に行われており，これは来世が準備されているにちがいないということを示唆している。しかし，これがその死後の世界の本質に関してより深い見方をしていることを反映しているのかどうかは依然不明確である。実際，たいていの考古学者たちは遺物からあまりにたくさんの思想を推論することに対して，特に遺物の数が少なく，かつそれらがより広い範囲の物質文化の典型とはいえない

ような遺物である場合には，躊躇なく警告を発している。

　しかし，このような重要な警告がありながらも，文化人類学的な研究は，文字が出現する以前の時代に生き，死んでいった何十億もの人々のことを理解しようとする取り組みを助けることもあれば，複雑にしてしまうこともある。たとえば，アフリカの狩猟採集民について最近行われた調査によると，埋葬習慣は社会的習慣とは関連があるが，故人の死後の世界を信じる特定の信仰とは関連がないとされる事例がいくつかあった。1990 年代に行われたタンザニア北部に暮らすハッザ族の研究では，死は当然のこととして受け入れられており，埋葬の儀式は簡素なものだったことがわかった。ある人が亡くなった後に喪に服す期間はまったくなかったが，これは生きている人々が故人の死という出来事によって超自然的な影響を何ら受けることがなかったためであった。人の精神は，その生物学上の死と同時に終わっていたようだ。北アメリカの狩猟民族の研究では，彼らも類似した死の捉え方をしており，死は普通の生活の一部であり，直面する際に恐怖心を伴うものではないと考えられていたことがわかっている。(中略)

　私たちが言えることは，連続性の信仰といったものがいつ始まったにせよ，それが明示していたのは，知覚されることのない現実，肉体のない状態，死という終焉を否定する，現象を超える生命といったものにまつわる寓話を，現世の人間の姿を通して表現することができるほど，人類の精神はますます豊かになっていたということだ。それはまた，死の境界線を通過する際の故人の宿命を，残された人々が深く憂慮していたことを示すものでもあった。スペイン人の学者であるミゲル＝デ＝ウナムーノは，80 年以上前に次のような思慮深い発言をしている。「石材は家に用いられるよりも前に墓に用いられた」。そして，そのような墓のいくつかに食べ物や衣類や個人的な所有物といった人工遺物が置かれていたことから，考古学者や人類学者の中には，来世の信仰は現世における旅のようなものを含んでいたと考える者もいる。西ヨーロッパで発見された多くの旧石器時代の洞窟壁画（最も有名なのはフランス南西部のラスコー洞窟である）は，死がもう一つの存在形態としてある程度信じられていたことを示唆している。そこでは，死に至る過程は，まだ生きている人々や不在となってしまった親族を忘れないでいる人々の手助けを借りて進む来世の冒険や試練という形で実際に続くのである。この手助けは，人工遺物そのものの形で現れることもあり得るが，それは魔法的，あるいは宗教的な力に影響を及ぼしたり，操作したりする目的で作られた可能性がある。

解　説

A．空所補充

(X)　正解は　2

1　alike「似ている」　　　　　　　2　alone「ただひとりで」
3　interested「関心がある」　　　　4　involved「関係している」

　空所前後の訳は「死ぬことを自覚しているという点では，人間は(X)ではない」と

なる。この直後の文（The variety of …）では，他の動物にも死に対する基本的認識が備わっていることが述べられているので，「死の必然性を自覚しているのは人間だけではない」という意味になるように，空所には2の alone を補うのが正しい。

ポイント　あとの文脈を確認してから

　空所補充問題では，問題箇所にくると慌ててすぐに解答しようとする人がいるが，これは間違っている。そもそも空所補充には，当該文だけを見て解答できるような知識系の問題と，本問のような文脈理解を問う問題，つまり該当文の前後を含めて文脈を理解していなければ解けない問題とがあるからだ。本問では空所以降の文脈をどれだけ理解できているかがカギである。具体的に言うなら，あとに続く2文をきちんと読んで，他の動物が死に対する認識を持っていることを示す具体例が続いているな，と考えなくてはならない。空所補充に限らず，設問に解答する前に該当箇所の前後をしっかり読むこと。いつでもヒントは前後にあり，本問のように根拠があとにあることも多いということを忘れずに解答しよう。

(Y)　**正解は 1**

　空所直前の caution は「警告する」を意味する動詞で，「～に対して警告する」というときは前置詞 against を伴う。ここでは against の目的語が inferring too many ideas from objects となっているので，「（考古学者たちは）遺物からあまりにたくさんの思想を推論することに対して警告を発する」という意味になる。したがって，1の against が正解。infer「～を推論する」

(Z)　**正解は 2**

　4つある選択肢のうち，2だけが接続詞で，残り3つはどれも関係代名詞であることを押さえる。よって空所のあとが完全文なら2が，不完全文なら2以外が答えとなるが，主語が such belief なので begin は他動詞というより自動詞と考えてみるのが妥当。そうすると空所のあとは完全文になるので whenever が入る。意味を考えてみても「そうした信仰がいつ始まったのであれ」となり文脈にも合う。よって2が正解。仮に begin を他動詞と考えると1，3，4のいずれも文法的には可能だが意味が通らない。

B．同意語句

(a)　**正解は 4**

striving「奮闘すること，努力すること」

1　looking negatively「否定的に見ること」
2　preparing carefully「念入りに準備すること」
3　seeing optimistically「楽観的に見ること」
4　**trying hard「一生懸命努力すること」**

　strive は「奮闘する，努力する」の意味で，下線部直後の for と結びついて，

「～を求めて奮闘する」の意味。これが動名詞として用いられている。したがって，4のtrying hard「一生懸命努力する（こと）」が同意。

(b) **正解は 1**

employed「用いられた」

1 **adopted「採用された，取られた」**   2 drawn「引き出された，描写された」
3 hired「雇われた」   4 targeted「標的にされた」

　employ は「（人など）を雇う」以外に「（手段など）を用いる」の意味があり，ここでは下線部直前の defensive postures「防御姿勢」がその目的語にあたり，「～な姿勢を用いる」，つまり「～な姿勢を取る」という意味で用いられている。下線部の employed は過去分詞形で「（by 以下によって）取られた防御姿勢」という受け身の意味。したがって，adopt「（複数の選択肢から）～を採用する，取る」の1が正解。

(c) **正解は 1**

vanished「消え去った」

1 **became extinct「絶滅した」**
2 protected themselves「自分たちを守った」
3 showed up「姿を現した」
4 told stories「物語を語った」

　vanish は「消え去る」という意味の動詞。ここではネアンデルタール人が3万年前に「絶滅した」の意味で用いられている。したがって，1の became extinct「絶滅した」が同意。

(d) **正解は 1**

Spectacular「目を見張るような，壮観な」

1 **Astonishing「驚くべき」**   2 Moderate「適度な，穏やかな」
3 Suspicious「疑わしい」   4 Underground「地下の」

　spectacular は「目を見張るような，壮観な」の意味。したがって，1の Astonishing「驚くべき」が最も近い。

(e) **正解は 3**

strategically「戦略的に，策を持って」

1 casually「何気なく」   2 defensively「身構えて」
3 **purposefully「意図的に」**   4 randomly「でたらめに」

　strategically は「戦略的に，策を持って」を意味する副詞。したがって，3の purposefully「意図的に」が最も近い。

(f) **正解は 3**

position「立場，見解」

1 location「位置」   2 motion「動き」

3　perspective「見解，見方」　　　　4　safety「安全」

　position は「位置」または「立場，見解」の意味があるが，ここでは deeper position on 〜「〜に関してのより深い見方」という意味で用いられている。したがって，3の perspective「見解，見方」が同意。

(g)　正解は 3 ────────────────────────

advent「到来」

1　advantage「利益，優位」　　　　2　complication「複雑な事態」

3　emergence「出現」　　　　　　　4　tradition「伝統」

　advent は「到来」を意味する名詞で，ここでは the advent of writing「文字の出現」という意味で用いられている。したがって，3の emergence「出現」が同意。

(h)　正解は 1 ────────────────────────

formulate「〜を考案する」

1　create「〜を作り出す」　　　　　2　fragment「〜をばらばらにする」

3　recognize「〜を認識する」　　　　4　repeat「〜を繰り返す」

　formulate には「〜を考案する」の意味があり，ここでは formulate anthropomorphic parables around 〜「〜にまつわる現世の人間の姿を通して表現される寓話を作り出す」という意味で用いられている。したがって，1の create「〜を作り出す」が同意。

(i)　正解は 1 ────────────────────────

fate「(避けられない) 宿命」

1　destiny「運命」　　　　　　　　2　imagination「想像」

3　relative「血縁者，親戚」　　　　4　religion「宗教」

　fate は「(避けられない) 宿命」という意味の名詞なので，同意表現としては1の destiny「運命」が適切。

(j)　正解は 1 ────────────────────────

threshold「境，境界線」

1　border「境界」　　　　　　　　2　condition「条件」

3　level「水準」　　　　　　　　　4　promise「約束」

　threshold は「(戸口の) 敷居，入り口，出発点」のほかに「境，境界線」の意味で用いられることがあるが，ここでは pass across death's threshold「死の境界線を通過する」という意味であるため，1の border「境界」が同意。

C.　同意表現

(ア)　正解は 3 ────────────────────────

「意識の中に入り込む」

1　「多くの人の死に方を変える」　　　2　「等しい価値観の確立を目指す」

3 「人間の意識の一部になる」 4 「特権的エリートを生み出す」

make *one's* way into ～で「～の中に入り込む，～へと進出する」という意味の熟語なので，波線部を直訳すると「意識の中に入り込む」。この文の主語である The desire to be valued by those whom we value「評価している人々から評価されたいと願う気持ち」が「人間の意識の一部になる」ということを言っているので，3 の become part of human awareness が正解。

(イ) 正解は 4 ─────────────────────────

「そこにある家族や共同体を超越したところで評価されていると感じる」
1 「親しい友人や隣人とだけつながりを感じる」
2 「助けもなく世界中を旅する人々を誇りに思う」
3 「自分の共同体から遠く離れて住む人々を打ち負かしたいと感じる」
4 「慣れ親しんだ存在だけでなく，馴染みのない，未知の存在や力によっても評価されていると感じる」

feel prized は「評価されていると感じる」の意味。選択肢のうち，prized と同じ意味を表すのは 4 しかないので見当はつきやすい。at a level beyond immediate family and community「そこにある家族や共同体を超越したところで」とは，波線部直後の文（Relationships with the sacred, …）で述べられている「非物質的存在と呼ばれるものであろうが，あるいは非物質的力と呼ばれるものであろうが，神聖なもの」のこと。したがって，4 の「慣れ親しんだ存在だけでなく，馴染みのない，未知の存在や力によっても評価されていると感じる」が波線部の内容に最も合致する。

(ウ) 正解は 1 ─────────────────────────

「生命は敵対する勢力によってあっさりと終わりを迎えてしまう」
1 「生命は敵意のある環境のために突然終わることがある」
2 「生命はその神秘の力のために即座に親しい友人を一緒にすることがある」
3 「生命は一時的に私たちを危険な状況から救ってくれることがある」
4 「生命はよそよそしい人々を互いにとても親密にさせることがある」

life can be brought to a close very quickly は，直訳すると「生命はすぐに終わりへと連れていかれることがある」。close は「終わり」という意味。つまり「（敵対する勢力によって）命が突然終わることがある」ということなので，この意味に合うのは 1 の life can suddenly end の部分のみ。したがって，1 が正解。

(エ) 正解は 2 ─────────────────────────

「私たちを切り離しているもの」
1 「生きているものと死んでいるものを区別するもの」
2 「ホモサピエンスの死の捉え方を比類なきものにしているもの」
3 「人を孤独な個人に変えるもの」

　4　「ネアンデルタール人とほかの動物を区別するもの」

　　What sets us apart は直訳すると「私たちを（ほかの種から）分離しているもの」となる。ここでの「私たち」とはホモサピエンスのことだとわかっておく必要がある。そうすると，ここは「私たちホモサピエンスがほかと違うのは，高等な認知能力と言語能力であり，ゆえに死を高次に捉えることができている」という内容になる。よって2「ホモサピエンスの死に対する態度を独特なものにしているもの」が正解。ここでの approach は「何かに取り組むときのやり方，態度」という意味なので，ここでは「死に対する態度」と解釈すればよい。「接近」の意味しか知らないとこの選択肢の意味がわからないだろう。set ～ apart「～を（…から）分離する，引き立たせる」

(オ)　正解は　1 ────────────────────────────────

「その出来事には生きている人々にとって超自然的な影響などまったくなかった」

　1　「死は生きている人々に普通のことという以外には何の印象も与えなかった」

　2　「死は自然の力の結果とはみなされなかった」

　3　「死は生きている人に重要な魔法の力を与えた」

　4　「死は生きている人が当たり前とみなしているものを超越した」

　　波線部中の had no supernatural consequences は「超自然的な影響などまったくなかった」という意味であり，（ハッザ族の人にとって）人の死によって人知を超えた特別な出来事があったかといえば，特に何もなかったという意味である。したがって，1の「死は生きている人々に普通のことという以外には何の印象も与えなかった」（strike A as B「A に B という印象を与える」）が，波線部の内容を最もよく捉えているため，正解。

(カ)　正解は　1 ────────────────────────────────

「私たちの現世における旅」

　1　「私たちの現在の人生の旅」　　　　2　「私たちの世界旅行」

　3　「私たちの宇宙旅行」　　　　　　　4　「地中の来生」

　　波線部中の earthly は「現世の」という意味で，その直後の one は，波線部の前にある journey という名詞の代名詞。したがって，波線部は「私たちの現世における旅」の意味であり，1の「私たちの現在の人生の旅」が，これに最も近い内容となっている。

D. 内容真偽

正解は　4・7・8 ────────────────────────────────

　　問題文の英語自体が難しいので，正解選択肢がわかりにくい。消去法で攻めるべきである。

1─×　「人類は進化の初期段階においては，他者とのいかなる感情的なつながりを

形成する必要性もまだ感じていなかったということが証拠からわかる」

　「人類の進化の初期段階においては」は第1段第2文に At some point in human evolution とあるのでこの段落が該当する。同文に the need for emotional bonds with others とあり選択肢の any emotional bonds with others（他者との感情的つながり）について述べられているとわかる。この文で，目的語の a deeper social behavior は直後で the need for emotional bonds と言い換えられていることに注意。よってこの文は「他者と同盟関係を築きたいという衝動はより深い社会的行動つまり他者と感情的に結びつきたいという欲求へと進化した」となり，選択肢の「感情的つながりを必要だと思っていない」は間違い。

2―×　「私たちの祖先が彼らを取り巻く自然環境を思い通りにしようとしたことで，お互いに自立していたいという気持ちが強くなった」

　to control one's environment という語句が第1段第5文にあるが，ここに述べられているのは「環境を支配したいという衝動から家族や共同体を超越したところで自分の重要性を感じる必要が生じた」であるので，選択肢後半の to be independent 以下が合わない。

3―×　「ホモサピエンスは遺体を丁重に埋葬したが，ネアンデルタール人や，チンパンジーやゾウといったほかの動物はそのような行為はしなかった」

　ネアンデルタール人については第2段に記述がある。第4文の主語は「ネアンデルタール人」で，直後のコンマ以下 a species … 30,000 years ago までを同格名詞のかたまりとして文から除外（同格の名詞は文法的にはなくてもよい要素）すると，動詞以下が appear … to have buried their dead with signs of honor であるのがわかる。「ネアンデルタール人は尊敬の意を持って埋葬をしたケースがいくつかあるようだ」と書かれているのでこの選択肢は間違い。

4―○　「紀元前28000年の墓地からは私たちの祖先が遺体を厳かに埋葬したことはわかるが，それらは人々が来世について抱いていた信仰を明確には示していない」

　28,000 B.C. から第3段が該当。第2文で死者が遺物で飾られて埋葬されたことがわかり，第3文で遺体の処理が丁寧になされたとあるので選択肢前半は合っている。第3文の but 以下で「これが死後の世界の本質についてのより深い見方を反映しているのかどうかははっきりしない」とあるので選択肢の「人々が来世についての信仰を持っていたかは不明確」に合致する。これは正解選択肢なのだが，合っているのかどうかわかりにくいだろう。正解選択肢については，本文と矛盾するところがなく，本文にないことが書かれていなければ正解と考えよう。

5―×　「アフリカと北アメリカのいくつかの事例からは，死に対して特別な宗教的意味が与えられていたことがわかる」

　アフリカ，北アメリカについては第4段。第3・4文で，タンザニア北部（アフリカについての具体例）では死は当然のこととして受け入れられ，埋葬も簡単で，

喪に服す期間もない，などとあり，矛盾。最終文で北アメリカについても同様に，死を通常の生活の一部だとみなしていたとある。よってこの選択肢は間違い。

6―×　「スペイン人学者であるミゲル＝デ＝ウナムーノは，死者に対して石材を使用するようになったのは，生存者に対して石材を使用するようになったのよりもあとのことであると説明した」

　Miguel de Unamuno については最終段。第3文で「石材は家に用いられるよりも前に墓に用いられた」とあり，選択肢と順序が逆。「家」は生きている人間のためのもの，「墓」は死んだ人間のためのものと考えれば，石材が生きている人間のためよりも先に死者に対して用いられるようになったと述べていることがわかる。よってこの選択肢は間違い。

7―○　「西ヨーロッパで見つかった多くの洞窟壁画は，初期の人類が来世を信じていたことを示している」

　cave paintings という語は最終段にある。第5文に「西ヨーロッパで発見された多くの旧石器時代の洞窟壁画は，死がもう一つの存在形態としてある程度信じられていたことを示唆している」とあるので，本文の内容に一致する。

8―○　「埋葬に関連した旧石器時代の人工遺物は，生きている者たちが死者の来世における旅の道中を補助しようとしたことを示唆している」

　Palaeolithic art は最終段に出てくる。第4文から最終文は
第4文：墓の中に食べ物や衣類などが置かれていたことから，来世を旅のようなイメージで捉えていたとわかる。
第5文：西ヨーロッパで発見されたたくさんの旧石器時代の洞窟壁画から，死に行く人は，今生きている人々，亡くなった親族のことを忘れない人々によって手助けしてもらえる来世での冒険や試練という形で存在する死後の世界に引き続き入っていくのだと，ある程度確信していたことがわかる。
最終文：この手助けは人工遺物という形であることもあり得る。
という内容である。以上から，死後の世界を旅のようなものと捉え，死んだ人は死後の世界で旅を続ける助けを生きている人から得られると考えており，その助けというのは人工遺物であったりする，という内容とわかるので，この選択肢は正解。

A. (X)―2　(Y)―1　(Z)―2
B. (a)―4　(b)―1　(c)―1　(d)―1　(e)―3　(f)―3　(g)―3　(h)―1
　 (i)―1　(j)―1
C. (ア)―3　(イ)―4　(ウ)―1　(エ)―2　(オ)―1　(カ)―1
D. 4・7・8

解答

次の文章を読んで設問に答えなさい。［＊印のついた語句は注を参照しなさ
い。］（69点）

The first "teaching machine" was invented nearly a century ago by
Sidney Pressey, a psychologist at Ohio State University, (W) spare
typewriter parts. The device was simple, presenting the user with a
multiple-choice question and a set of answers. In "teach mode," the
machine would advance to the next question only once the user chose the
(a)
correct answer. Pressey declared that his invention marked the beginning
(ア)
of "the industrial revolution in education" — but despite his grand claims,
the teaching machine failed to gain much attention, and soon faded into
obscurity.

It stayed there until the 1950s, when the famed behaviorist B.F.
(b)
Skinner introduced a teaching machine of his own (Skinner blamed
"cultural inertia*" for Pressey's previous lack of success). His new device
taught by showing students questions one at a time, (X) the idea
that the user would be rewarded for each right answer.

This time, there was no "cultural inertia." Teaching machines flooded
(c)
the market, and backlash* soon followed. Kurt Vonnegut called the
machines "playthings" and argued that they couldn't prepare a kid for "one-
millionth of what is going to hit him in the teeth, ready or not." *Fortune**
ran a story headlined "Can People Be Taught Like Pigeons?" By the end
of the 1960s, teaching machines had once again fallen out of favor. （中略）

But now, they're back for another try. Scientists in Germany,
Turkey, the Netherlands, and the U.K. are currently working on language-
teaching machines more complex than anything Pressey or Skinner
dreamed up. These devices will help students learn basic vocabulary and
simple stories, using microphones to listen, cameras to watch, and artificial

neural networks* that will analyze all the information that's collected. The machines (あ) part (い) L2TOR, a program (う)(え) the European Union to (お) artificially intelligent teachers for preschool-aged children.

But the machines won't only teach and collect data on their students' language skills — they'll also monitor things like joy, sadness, boredom, and confusion. Human teachers can see and hear their students and make sense of all nonverbal cues they get from the class; these
(イ)
machines are being designed to do the same.

"The problem with previous generations of teaching machines was their complete lack of social intelligence," says Stefan Kopp, an artificial-intelligence researcher at Bielefeld University in Germany and one of the scientists working on L2TOR. "Yet it's possible to design empathic* machines. Our robots will notice tears, smiles, frowns, yawns ... and dynamically adjust to how a child feels." Past research has shown that "affect-sensitive*" teaching systems, as they're known, may be more effective at imparting* knowledge than machines that don't take emotions and experience (Y) account.

The L2TOR researchers, who launched their project earlier this
(d)
month, still have a few years before they can measure their technology
(ウ)
against human educators, but similar projects have offered some hints about potential challenges. FACET, commercially available image-processing software that analyzes 19 different facial-muscle movements, works with nearly 80 percent accuracy. Earlier this year, a research team at the University of Notre Dame used it to identify children's boredom, confusion, and delight as they played educational games, using videos taken with laptop cameras in real classrooms. In more than one-third of instances, FACET recognized nothing at all. Kids wriggled*, covered their faces with their hands, talked with their friends — all sorts of things, except for sitting still in front of the cameras.

And successfully interpreting students' emotions is just one challenge; knowing how to react to that information is (Z). What should a robot do with a 5-year-old who is frustrated, or bored, or has just thrown a paper airplane right into its robotic face?

To figure out how to imbue* their machines with human-like reaction skills, Kopp and his colleagues plan to spend some time in kindergarten classrooms, observing the teachers at work. "We need to learn more about their methods, learn from their experience, and then program our robots to act like them," Kopp says. "We want the machines to be as friendly to kids as possible, yet I think a robot should react to bad behavior." The challenge is figuring out how these machines can exert
(e) authority in a way that teaches the kids how to behave, in addition to the lessons of the day.

Another thing that remains to be seen: whether the kids can learn to relate to the machines the way they would to ordinary teachers. "People, especially children, tend to ascribe* human qualities to objects — teddy bears and so on. We also know that part of the brain responsible for our
(f) interpersonal skills becomes active in the presence of social robots. Yet,
(エ) adults who took part in these experiments knew that they were dealing with machines, with objects," Kopp says. "But nobody has ever tried such
(オ) a thing with 5-year-olds. We can't tell if these kids will treat robot tutors like toys or like living, caring persons."

(By Jacek Krywko, When Class Is Run by a Robot, *The Atlantic* 電子版, January 22, 2016)

[注] cultural inertia　文化的惰性（文化的変化を回避しようとする傾向）
backlash　反動
Fortune　アメリカの経済雑誌
neural networks　神経回路網
empathic / affect-sensitive　感情を察知できる
imparting　(impart　与える、授ける)
wriggled　(wriggle　もじもじする)

　　imbue ～（with ～）　　～に（～を）与える

　　ascribe ～（to ～）　　～を（～に）属すると考える

A　空所（W）～（Z）に入るもっとも適切なものを次の1～4の中からそれぞれ一つ
　選び、番号を解答欄に記入しなさい。

（W）　1　except for　　　　　　　　2　instead of

　　　　3　out of　　　　　　　　　　4　together with

（X）　1　against　　2　despite　　3　regarding　　4　with

（Y）　1　at　　　　2　into　　　　3　of　　　　　4　on

（Z）　1　another　　　　　　　　　　2　one

　　　　3　others　　　　　　　　　　4　the other

B　下線部 (a)～(f) の意味・内容にもっとも近いものを1～4の中からそれぞれ一
　つ選び、その番号を解答欄に記入しなさい。

(a)　advance

　　　1　assist　　　　2　benefit　　　3　go on　　　　4　turn on

(b)　famed

　　　1　celebrated　　2　controversial　3　scientific　　4　thoughtful

(c)　flooded

　　　1　caught up　　　　　　　　　2　disappeared from

　　　3　returned to　　　　　　　　4　spread throughout

(d)　launched

　　　1　completed　　2　published　　3　started　　　4　stopped

(e)　authority

　　　1　anger　　　　2　anxiety　　　3　conflict　　　4　control

(f)　interpersonal

　　　1　emotional　　2　individual　　3　logical　　　4　social

C　波線部 (ア)～(オ) の意味・内容をもっとも的確に示すものを次の1～4の中から
　それぞれ一つ選び、その番号を解答欄に記入しなさい。

(ア)　his invention marked the beginning of "the industrial revolution in education"

1 the typewriter he invented for learners was very innovative

2 he was dissatisfied with the first teaching machine he invented

3 his machine was a pioneering device in educational technology

4 his machine would initially be used for industrial purposes

(イ) make sense of all nonverbal cues they get from the class

1 pay attention to all of the students' utterances in the classroom

2 recognize students' physical expressions and understand their meaning

3 understand emotions that cannot be detected from the students' behavior

4 use gestures in order to promote students' understanding whenever necessary

(ウ) measure their technology against human educators

1 evaluate the effectiveness of L2TOR relative to human educators

2 assess the extent to which L2TOR can calculate numbers

3 develop machines that will replace human educators

4 develop machines both researchers and teachers are happy with

(エ) in the presence of social robots

1 when we share the same space with social robots

2 when we feel happy with social robots

3 when social robots give us something

4 when social robots take part in our presentations

(オ) has ever tried such a thing with 5-year-olds

1 has ever investigated the effect of teaching machines on child development

2 has ever investigated how children learn to communicate with robots

3 has ever examined whether children deal with robots as machines or as sympathetic creatures

4 has ever examined whether robots can treat children

sympathetically

D　二重下線の空所(あ)～(お)に次の1～7から語を入れて文を完成させたとき、
(あ)と(う)に入る語の番号を解答欄に記入しなさい。同じ語を二度使ってはいけ
ません。選択肢の中には使われないものが二つ含まれています。

The machines (　あ　) part (　い　) L2TOR, a program (　う　)
(　え　) the European Union to (　お　) artificially intelligent teachers
for preschool-aged children.

1	are	2	by	3	develop	4	funded
5	of	6	take	7	that		

E　本文の意味・内容に合致するものを次の1～8の中から三つ選び、その番号を
解答欄に記入しなさい。

1　The first "teaching machine" was very popular among teachers
because it was simple and useful.

2　"Cultural inertia" negatively affected both Pressey's and Skinner's
teaching machines.

3　The magazine *Fortune* took an unfavorable view of teaching
machines despite their initial popularity.

4　L2TOR aims to monitor students' feelings in the classroom, just like
human teachers do.

5　FACET was able to detect children's facial-muscle movements even
when the children moved around.

6　Both L2TOR and FACET are types of robots developed to teach
young children.

7　Kopp believes that a robot should be able to deal appropriately even
with students who cause trouble in class.

8　A recent study provided evidence that adults often mistake social
robots for humans.

≪機械が人間を教育できるようになるか≫

全訳

　ほぼ１世紀前，最初の「教える機械」を，タイプライターのスペアパーツを使って発明したのは，シドニー＝プレッシーというオハイオ州立大学の心理学者だった。その装置は単純で，利用する人に多肢選択型の質問と一組の答えを提示した。「教授モード」では，その機械は利用者が正しい答えを選んだ場合にのみ次の質問へと進んだ。プレッシーは，自分の発明が「教育における産業革命」の幕開けだと宣言した。しかし，彼の壮大な宣言にもかかわらず，その教える機械はあまり関心を集めることなく，間もなくひっそりと姿を消した。

　それは 1950 年代まで注目されないままであったが，このとき有名な行動主義心理学者の B. F. スキナーが自分自身の教える機械を導入したのだった（スキナーは，プレッシーが以前成功しなかったのは「文化的惰性」のせいだとした）。彼の新しい装置は生徒たちに一度に１問ずつ問題を見せることで教えたが，そこには，利用者が正しい答えを出すごとにほめられることになるという考え方があった。

　このときには「文化的惰性」は存在していなかった。教える機械は市場に氾濫し，反動がすぐそのあとに続いた。カート＝ヴォネガットはその機械を「おもちゃ」と呼び，その機械では子どもを「準備ができていようがいまいが，これから子どもたちにふりかかってくることの 100 万分の１」に対しても備えさせることはできないと主張した。『フォーチュン』誌は「人はハトのように教えられるのか」という見出しの記事を載せた。1960 年代の終わりまでに，教える機械は再び廃れた。（中略）

　しかし今，その機械は再挑戦をしに戻ってきた。ドイツ，トルコ，オランダ，イギリスの科学者たちが今，プレッシーやスキナーが思いついたどんなものよりも複雑な言語教育用の機械の開発に取り組んでいる。これらの装置は，マイクロフォンを使って聴き，カメラを使って視て，集められたあらゆる情報を分析する人工的な神経回路網を使い，生徒が基本的な語彙や単純な物語を学ぶ手助けをすることになるだろう。この機械は，幼稚園児向けの人工知能教師を開発するために欧州連合から資金提供を受けたプログラム，L2TOR の一部である。

　しかし，その機械は，ただ教えて生徒の言語能力に関するデータを集めるだけではない。喜び，悲しみ，退屈，混乱といったこともモニターすることになる。人間の教師は生徒を見たり聞いたりしてクラスから得られるあらゆる非言語的な合図を理解する。この機械は同じことをするように設計されているのだ。

　「以前の世代の教える機械に関する問題は，それらが社会的知能を全く持っていなかったということだ」とドイツのビーレフェルト大学で人工知能を研究し，L2TOR に取り組む科学者の一人であるシュテファン＝コップは言う。「しかし，感情を察知できる機械を設計することは可能だ。私たちのロボットは涙，笑顔，不機嫌な顔，あくびなどを感知し，子どもの感じ方に対してダイナミックに適応するであろう」過去の研究で示されてきたのは，現在知られているような「感情を察知できる」教育システムは，感情や経験を考慮に入れない機械よりも知識を与えることに関してより効果的であるかもしれないということだ。

　L2TOR の研究者たちは，今月初めにプロジェクトを立ち上げたが，人間の教育者と比べて自分たちの技術の能力を測ることができるくらいになるまでにはまだ数

年かかる。しかし，同様のプロジェクトは，潜在的な課題についていくつかの示唆を与えてきた。19種類の顔の筋肉の動きを分析する市販の画像処理ソフトウェアである FACET は，ほぼ80%の精度で動作する。今年の初めに，ノートルダム大学の研究チームがそれを使って，実際の教室の中でラップトップカメラで撮影したビデオを用い，教育ゲームをしている間の子どもの退屈，混乱，喜びを特定した。事例の3分の1以上で，FACET は全く何も認識しなかった。子どもたちは，カメラの前でじっと座ってはおらず，もじもじしたり，自分の顔を手で覆ったり，友だちと話したりと，ありとあらゆる種類のことをしたのだった。

　そして，生徒の感情をうまく解釈することと，その情報にどのように反応するかを知ることはまさに別の課題である。ロボットは，いらいらしたり退屈したり，紙飛行機をロボットの顔めがけてまっすぐ投げてくる5歳の子どもにどう対処すべきなのか。

　自分たちの機械に人間のような反応スキルを身につけさせる方法を理解するために，コップと彼の同僚たちは幼稚園の教室で時間を過ごし，働く教師を観察する予定である。「私たちは，彼らの方法についてもっと学び，彼らの経験から学び，さらにまた，ロボットが彼らのように行動するようプログラムする必要がある」とコップは語る。「私たちは，機械をできるだけ子どもが親しみやすいものにしたいと思っているが，ロボットは悪い行動にも反応するべきだと思う」課題は，その日の授業に加えて，子どもに礼儀作法を教えるやり方において，これらの機械がどのように権威を行使することができるのかを解明することだ。

　現段階ではわからないもう一つのことがある。それは，子どもたちが普通の教師に対するのと同じように機械に対して関わりを持つことができるようになるかどうかということだ。「人，特に子どもたちは，人間の特性を，物体，たとえばテディベアなどに属すると考える傾向がある。私たちはまた，対人関係スキルを担う脳の部分が社会的ロボットのいるところでは活発になることも知っている。だが，こうした実験に参加した大人たちは，自分たちが機械に，すなわち，物体に対しているのだということを知っていた」とコップは言う。「しかし，誰も5歳の子どもでそのようなことを試したことはない。子どもたちがロボットの家庭教師をおもちゃのように扱うか，生きた，思いやりのある人物のように扱うかどうかは，わからないのだ」

解　説

A．空所補充

(W)　正解は　3 ―――――――――――――――――――――――――――――

1　except for「～を除いて」　　　　　2　instead of「～の代わりに」

3　out of「～から」　　　　　　　　4　together with「～と共に」

　空所の後の spare typewriter parts は "teaching machine" を作るために使った部品だと考えられるので，「～から」を表す out of ～ を選ぶ。例）She made it out of old newspapers.（彼女はそれを古新聞から作った）

(X)　正解は　4 ────────────────

　　1　against「～に反対して」　　　　　2　despite「～にもかかわらず」
　　3　regarding「～に関して」　　　　　**4　with「～を持って」**
　　「～という考え方と共に（＝～という考え方を持って）」と解釈して with を選ぶ。

(Y)　正解は　2 ────────────────

　　take ～ into account「～を考慮に入れる」という表現。よって，into が正解。

(Z)　正解は　1 ────────────────

　　A is one thing; *B* is another「*A* と *B* は別のものである」という構文。よって，
another が正解。

B．同意語句

(a)　正解は　3 ────────────────

　　advance「進む」
　　1　assist「～を手伝う」　　　　　　　2　benefit「～に利する」
　　3　go on「進む，移る」　　　　　　4　turn on「（電気など）をつける」
　　advance は to ～を続けて「～に進む」の意味なので，3．go on が正解。

(b)　正解は　1 ────────────────

　　famed「有名な」
　　1　celebrated「名高い，有名な」　　2　controversial「議論を呼ぶような」
　　3　scientific「科学の」　　　　　　　4　thoughtful「思いやりのある」
　　famed は「有名な」の意味なので，1．celebrated が正解。

(c)　正解は　4 ────────────────

　　flooded「～に溢れた」
　　1　caught up「追いついた」　　　　　2　disappeared from「～から消えた」
　　3　returned to「～に戻った」　　　　**4　spread throughout「～中に広まった」**
　　flooded は「～に溢れた」の意味なので，4．spread throughout ～「～中に広
まった」が正解。

(d)　正解は　3 ────────────────

　　launched「～を始めた」
　　1　completed「～を完了した」　　　　2　published「～を出版した」
　　3　started「～を始めた」　　　　　4　stopped「～をやめた」
　　launched は「～を始めた」の意味なので，3．started が正解。

(e)　正解は　4 ────────────────

　　authority「権威，権力，支配」
　　1　anger「怒り」　　　　　　　　　　2　anxiety「心配，懸念」

3　conflict「衝突，紛争」　　　　　4　control「支配」

　authority には「権威」のほかに「権力，支配」の意味がある。直前の動詞 exert は「（力など）を働かせる，行使する」の意味。最も近いのは 4．control「支配」となる。

(f)　正解は 4

interpersonal「対人関係の」

1　emotional「感情の」　　　　　　2　individual「個人の」

3　logical「論理的な，論理の」　　　4　social「社会的な，社交の」

　interpersonal は「対人関係の」の意味なので，4．social「社会的な，社交の」が最も近い。social の「社交の」の意味も覚えておこう。

C．同意表現

(ア)　正解は 3

「彼の発明品は『教育における産業革命』の幕開けだった」

1　「彼が学習者向けに発明したそのタイプライターはとても革新的であった」

2　「彼は自分が発明した最初の教える機械に不満であった」

3　「彼の機械は教育技術における先駆的な道具であった」

4　「彼の機械は産業用の目的で当初は使われるであろう」

　his invention marked the beginning of "the industrial revolution in education" は直訳すると「彼の発明品は『教育における産業革命』の始まりのしるしであった」という意味なので，最も近いのは 3 だと考えられる。

(イ)　正解は 2

「彼らがクラスから得られるあらゆる非言語的な合図を理解する」

1　「教室の生徒たちの発話すべてに注意を払う」

2　「生徒たちの身体的な表現を認識しその意味を理解する」

3　「生徒の行動から読み取れない感情を理解する」

4　「必要なときにはいつでも生徒の理解を促進するために身振りを使う」

　make sense of all nonverbal cues they get from the class は「彼ら（＝人間の教師）がクラスから得られるあらゆる非言語的な合図を理解する」という意味である。最も近いのは 2 だと考えられる。make sense of ～「～を理解する」，nonverbal「言葉を用いない」，cue「きっかけ，合図」などいずれも必須。

(ウ)　正解は 1

「人間の教育者と比べて自分たちの技術の能力を測る」

1　「人間の教育者と比べて L2TOR の効果を評価する」

2　「どの程度 L2TOR が数を計算できるかを評価する」

3　「人間の教育者に取って代わるであろう機械を開発する」

4　「研究者も教師も両方とも満足する機械を開発する」

measure their technology against human educators は「人間の教育者と比べて自分たちの技術の能力を測る」という意味である。最も近いのは 1 だと考えられる。against には「～と比べて，～と照らし合わせて」という意味がある。

ポイント　選択肢は要領よく捨てよう

　本問において，各選択肢の動詞に着目すると，evaluate, assess, develop の 3 つとなるが，本文該当箇所の動詞が measure「～を測る」なので develop「開発する」を含む選択肢 3，4 が即除外される。1，2 の選択肢の evaluate, assess は「見積もる」「評価する」なので大差なくどちらが除外されるか決められない。次に各選択肢の目的語以下に着目すると 2 には本文の against に対応する語句が含まれないことがわかる。よってこれが除外される。選択肢のどこに着目すれば本文とのずれが発見しやすいか，着眼点がわかってくるとより速く正確に解答できる。過去問を解く場合は着眼点がよくなることを目標として意識して取り組んでいこう。

(エ)　正解は　1 ──────────

「社会的ロボットのいるところでは」

1　「私たちが社会的ロボットと同じ空間を共有しているとき」

2　「私たちが社会的ロボットに満足しているとき」

3　「社会的ロボットが私たちに何かを与えるとき」

4　「社会的ロボットが私たちの発表に参加するとき」

　in the presence of social robots は「社会的ロボットのいるところでは」という意味である。最も近いのは 1 だと考えられる。presence は「出席，同席」という意味を表す。

(オ)　正解は　3 ──────────

「5 歳の子どもでそのようなことを試したことがある」

1　「教える機械が子どもの発達にもたらす影響を調べたことがある」

2　「子どもたちがどのようにロボットとやり取りするようになるかを調べたことがある」

3　「子どもたちがロボットを機械として扱うか思いやりのある生物として扱うかどうかを検証したことがある」

4　「ロボットが思いやりをもって子どもたちを扱うことができるかどうかを検証したことがある」

　has ever tried such a thing with 5-year-olds は「5 歳の子どもでそのようなことを試したことがある」という意味である。この「そのようなこと」が何をさすかを必ず確認しなければならない。それは最終段第 1 文「子どもたちが普通の教師に対するのと同じように機械に対して関わりを持つことができるようになるかどう

か」という問いを解決するための実験であり，波線部を含む第5文で述べられているのは，そうした実験を，5歳の子どもにやった人はいないということである。さらに直後の文で「子どもたちがロボットの家庭教師をおもちゃのように扱うか，生きた，思いやりのある人物のように扱うかどうか」と述べられているので，この解釈が文脈に合っていると確認できる。最も近いのは3だと考えられる。

D．語句整序

正解は　(あ)1　(う)4 ────────────────────────

完成した文は次の通り。

The machines **are** part of L2TOR, a program **funded** by the European Union to develop artificially intelligent teachers for preschool-aged children.

「この機械は，幼稚園児向けの人工知能教師を開発するために欧州連合から資金提供を受けたプログラム，L2TOR の一部である」

(あ)には，The machines に対する述語動詞が入る。しかし，(あ)の直後の part に惑わされて take を入れてはいけない。take part in 〜「〜に参加する」という熟語はあるが，ここでは選択肢に in がないのでそれは使えない。また，(い)の直後にある L2TOR という表現はここで初めて登場する情報で，a program 以下でそれを具体的に説明していると考えられるので，The machines are part of L2TOR, a program …「その機械は，L2TOR の一部である。それは…プログラムである」とすることができる。次に，(う)と(え)には a program と the European Union を結ぶ表現を入れねばならないが，ここで that を(う)に入れてしまうとその後には〈動詞＋目的語＋to *do*〉というかたちを続けねばならないことになる。ところが，選択肢にはそれができる動詞がないので，funded by 〜「〜によって資金を提供されている」という過去分詞句によって a program を後ろから修飾していると考える。最後に，to の後に develop を入れれば，意味の通る文が完成する。

E．内容真偽

正解は　3・4・7 ────────────────────────

1─× 「最初の『教える機械』は教師たちの間でとても人気があった。それは単純で便利だったからだ」

the first "teaching machine" については第1段に述べられている。第1段最終文後半（the teaching machine …）に「その教える機械はあまり関心を集めることなく，間もなくひっそりと姿を消した」とあるので誤り。fade into obscurity「世にうもれる」 obscurity は「人に知られない状態」という意味。

2─× 「『文化的惰性』はプレッシーとスキナー両方の教える機械に否定的な影響を与えた」

　"cultural inertia" は第2段に出てくるが，第2段第1文後半の（　　）内に「スキナーは，プレッシーが以前成功しなかったのは『文化的惰性』のせいだとした」とあるだけで，スキナーの機械に対して文化的惰性が影響を与えたとは書かれていない。また，第3段第1文に「このとき（スキナーが教える機械を導入したとき）には『文化的惰性』は存在していなかった」とあるので誤りである。

3−○　「最初は人気があったにもかかわらず，『フォーチュン』誌は教える機械について，好ましくない見方をしていた」

　第3段第2文に「市場に氾濫した」とあることから，教える機械は当初人気を博したことがわかる。また，同文には「すぐ後に反動が続いた」とも述べられており，続く第3・4文では，その反動の例を挙げている。『フォーチュン』誌の記事については第4文に記述があり，反動はすなわち教える機械への否定的反応といえるので，正解。

4−○　「L2TOR が目指しているのは，人間の教師がするのと全く同じように，教室内で生徒の感情をモニターすることである」

　第5段第1文のダッシュ（―）以下から第2文にかけて「その機械は喜び，悲しみ，退屈，混乱といったこともモニターすることになる。人間の教師は生徒を見たり聞いたりしてクラスから得られるあらゆる非言語的な合図を理解する。この機械は同じことをするように設計されているのだ」とあるので，正解。

5−×　「FACET は子どもたちが動き回っているときでも，子どもたちの顔の筋肉の動きを見抜くことができた」

　第7段最終2文に「事例の3分の1以上で，FACET は全く何も認識しなかった。子どもたちは，カメラの前でじっと座ってはおらず，もじもじしたり，自分の顔を手で覆ったり，友だちと話したりと，ありとあらゆる種類のことをしたのだった」とあることから，FACET はじっと座っているときしか子どもの表情を認識できなかったと考えられるので，誤りである。

6−×　「L2TOR と FACET は両方とも幼い子どもに教えるために開発されたロボットである」

　第7段第2文（FACET, commercially available …）に FACET は「市販の画像処理ソフトウェア」とあるので，誤りである。

7−○　「コップは教室内でトラブルを起こす生徒にも，ロボットは適切に対処できるべきだと信じている」

　第9段第3文後半に「ロボットは悪い行動にも反応するべきだと思う」とあるので，正解と考えられる。

8−×　「最近の研究では，大人がたびたび社会的ロボットを人間と間違えるという証拠が示された」

　本文にこのような記述はない。

A. (W)—3 (X)—4 (Y)—2 (Z)—1
B. (a)—3 (b)—1 (c)—4 (d)—3 (e)—4 (f)—4
C. (ア)—3 (イ)—2 (ウ)—1 (エ)—1 (オ)—3
D. (あ)—1 (う)—4
E. 3・4・7

解 答

20

目標解答時間 40 分　**目標正答数** 15/20 問

次の文章を読んで設問に答えなさい。［＊印のついた語句は注を参照しなさ
い。］（78点）

　　Elephants, both African and Asian, have long been considered
empathetic animals. They help baby elephants stuck in mud holes, use
their trunks to lift other elephants that are injured or dying, and even
reportedly reassure distressed individual elephants with a gentle touch of
their trunk. But it's one thing to witness something that looks like
consolation, and another to prove that this is what elephants are doing.
(a)
Now, scientists have shown that Asian elephants do indeed get distressed
when they see others in trouble, and they reach out to console them — just
as we do when we see someone suffering. Elephants, thus, join a short list
of other animals, including great apes, canines*, and some birds, that
scientists have shown to reassure others.

　　The study "is the first to investigate responses to distress by Asian
elephants," which "is inherently difficult to assess because one has to wait
for opportunities to arise spontaneously," says Shermin de Silva, a
(b)
behavioral ecologist at the Uda Walawe Elephant Research Project in Sri
Lanka. It would not be ethical to intentionally create stressful situations
for the animals as a test, she notes — which is why, until now,
researchers have had to rely on well-documented but anecdotal
observations of wild and captive elephants to back up claims that they
reassure each other.

　　Joshua Plotnik, a behavioral ecologist at Mahidol University in
Thailand, and Frans de Waal, a primatologist* at Emory University in
Atlanta, got around this problem by comparing Asian elephants' behaviors
during times of stress to periods when little upset them. For one to two
(ア)
weeks every month for nearly a year, Plotnik spent 30 to 180 minutes

daily watching and recording 26 captive Asian elephants. The animals ranged in age from 3 to 60 years old and lived within a 30-acre area of Elephant Nature Park in northern Thailand. Most of the elephants, (W) mother-juvenile pairs, were unrelated and did not live in family groups as wild elephants do. Instead, the park's Mahouts*, or keepers, organized them into six groups which they then guided through a daily routine — bathing and feeding them in the morning, and tethering* them at night. But during the day, the elephants were left alone to roam and graze (X).

Plotnik watched the elephants during their free periods and recorded their reactions to stressful events, such as a dog walking nearby, a snake rustling in the grass, or the presence of an unfriendly elephant. Other researchers have previously shown that when upset, an elephant flares its ears and erects its tail; it may also trumpet or roar, or make a low rumble to show its distress. When elephants in the park saw another elephant behaving in this manner, the observers typically responded by "adopting the same emotion," Plotnik says, "just as we do when watching a scary movie together. If an actor is frightened, our hearts race, and we
(c)
reach for each other's hands" — a reaction known as "emotional contagion."
(イ)

For example, in one event recorded on video, the female Mae Perm rushes to the side of another adult female, Jokia, who was upset after hearing the roar of a captive bull elephant in another nearby park. Both elephants push their ears forward and raise their tails — but Mae Perm does so only after seeing Jokia's distress. Mae Perm also makes loud chirps, which are known to be reassuring calls, and then caresses Jokia
(d)
with her trunk, finally placing it in Jokia's mouth — an act which "might send a signal, 'I'm here to help you, not hurt you,'" Plotnik says. Jokia, (Y), places her trunk in Mae Perm's mouth — a gesture which is probably like a hug, the researchers say.

Sometimes several elephants were present when one was spooked* by something. These bystanders typically reacted the same way, adopting

the agitated behavior of the victim, as Plotnik calls the distressed
(e)
individual, raising their tails, flaring their ears, and sometimes urinating*
and defecating* while chirping. In some cases, they also formed a
protective circle around the victim.

Plotnik recorded 84 such stressful incidents, noting where each
occurred, the time of day, weather, and what other elephants were present
— and how these individuals reacted. For a control*, he compared these
incidents with periods with as many matching variables as possible, but
when nothing stressful occurred. The researchers' subsequent analysis
(f)
showed that the elephants' emotional contagion and distinctive, reassuring
behaviors happened almost exclusively in response to some stressful trigger.
(g)
Most significantly, the elephants seemed capable of recognizing
distress in their fellows, a behavior that may require (Z). "It's that
ability to put yourself emotionally into another's shoes," Plotnik says.

But proving that is what elephants are doing will take more studies,
he and others say, and preferably in wild, not captive, populations. "What
is unclear is whether this reassurance primarily benefits the distressed
animal, or the responders," de Silva says.

Nevertheless, the study "provides a very interesting first exploration
(ウ)
into the post-distress behavior of elephants," says Graeme Shannon, a
behavioral ecologist at Colorado State University, adding that the findings
are "intriguing because they parallel what has been observed in captive
(h)
and wild non-human primates*, further underlining the complex cognitive
(i)
abilities of elephants."

Some think the work may aid conservation efforts. "Any good science
(j)
that supports the idea that elephants are sentient* beings capable of
empathy is important," adds Cynthia Moss, an ethologist* and director of
the Amboseli Elephant Research Project in Kenya, who has observed
"reassurance behaviors" daily among the elephants there for more than 40
years.

From Elephants Console Each Other by Virginia Morell, *Science* (2014/02/18),
American Association for the Advancement of Science

[注] canines　イヌ科の動物

　　　primatologist　霊長類学者

　　　Mahouts　象使い

　　　tethering　(tether　つなぎ綱でつなぐ)

　　　spooked　(spook　ぎょっとさせる)

　　　urinating　(urinate　排尿する)

　　　defecating　(defecate　排便する)

　　　For a control　比較対照用の標準として

　　　primates　霊長類

　　　sentient　感知力のある

　　　ethologist　動物行動学者

A　空所(W)〜(Z)に入るもっとも適切なものを次の1〜4の中からそれぞれ一つ
　　選び、その番号を解答欄に記入しなさい。

　(W)　1　including　　　2　aside from　　3　as well as　　4　due to

　(X)　1　in disguise　　　　　　　　　2　accordingly

　　　　3　at will　　　　　　　　　　　4　in distress

　(Y)　1　in turn　　　　　　　　　　　2　in comparison

　　　　3　in contrast　　　　　　　　　4　instead

　(Z)　1　foresight　　　2　empathy　　　3　enthusiasm　　4　courage

B　下線部 (a)〜(j) の意味・内容にもっとも近いものを次の1〜4の中からそれぞ
　　れ一つ選び、その番号を解答欄に記入しなさい。

　(a)　consolation

　　　　1　illness　　　　2　stress　　　　3　comforting　　4　playing

　(b)　spontaneously

　　　　1　unwillingly　　2　naturally　　　3　expectedly　　4　fortunately

　(c)　race

　　　　1　run away　　　　　　　　　　2　slow down

　　　　3　stop suddenly　　　　　　　　4　beat fast

　(d)　caresses

1	raises	2	strokes	3	pinches	4	surprises

(e) agitated

1	colonized	2	calm	3	disturbed	4	thrilling

(f) subsequent

1 profound 2 preceding

3 extraordinary 4 later

(g) exclusively

1 solely 2 simultaneously

3 commonly 4 suddenly

(h) intriguing

1 overwhelming 2 superficial

3 interesting 4 monotonous

(i) cognitive

1	thinking	2	acting	3	playing	4	drawing

(j) conservation

1 collaboration 2 elevation

3 reservation 4 preservation

C　波線部 (ア)〜(ウ) の意味・内容をもっとも的確に示すものを次の1〜4の中から
それぞれ一つ選び、その番号を解答欄に記入しなさい。

(ア) when little upset them

1 when a baby elephant caused problems

2 when they were mostly free from stress

3 when a small group of researchers created stress for them

4 when there was no one to console them

(イ) emotional contagion

1 the instant move to make friends with someone who one has met
for the first time

2 the intense bond between a movie director and a leading actor

3 the strong tendency towards romantic love that people experience

4 the experience of feelings that are similar to and influenced by

those of others

(ウ) exploration into the post-distress behavior of elephants

1 research into what elephants do when they anticipate mental strain

2 journey into the world of wild elephants

3 survey of how elephants behave after stressful incidents

4 experiment on elephants' response to captivity

D 本文の意味・内容に合致するものを次の1～8の中から三つ選び、その番号を解答欄に記入しなさい。

1 It is now scientifically proven that elephants, like the majority of animals, console others, equivalent to our reassuring behavior.

2 When behavioral ecologists conduct experimental studies of elephants' responses to distress, they generally set up various situations in which the elephants experience stress.

3 In Elephant Nature Park in northern Thailand, the elephants lead inflexible, strictly disciplined lives in six separated groups throughout the day.

4 When facing stressful events, the elephants' reactions include physical gestures with their ears and tails, as well as special sounds of trumpeting, roaring, and rumbling.

5 The elephants react to other individuals' distress by adopting the same emotion, just like human beings.

6 Joshua Plotnik interprets the recorded interaction of two female elephants, Mae Perm and Jokia, as an example of the elephants' emotional contagion and reassuring behavior.

7 Researchers have found that wild elephants respond to distress in different ways from captive ones.

8 The ethologist Cynthia Moss has long sought for the rare opportunities to witness elephants' ability to reassure other individuals.

≪ゾウの持つ共感力≫

全訳

　ゾウは，アフリカゾウとアジアゾウのどちらも，共感する力のある動物であると昔から考えられている。彼らは泥穴にはまった赤ちゃんゾウを助けたり，負傷した，あるいは瀕死の仲間のゾウを運ぶために鼻を使ったり，さらには鼻で優しく触れてあげることで動揺している個々のゾウを安心させたりするとも言われている。しかし，慰めの行為のように見えるものを目撃するのと，ゾウはまさしく慰めの行為をしているのだと証明するのとでは話が違う。他の人間が苦しんでいるのを見たときに人がするのとちょうど同じように，アジアゾウは実際に他のゾウが苦しんでいるのを見て動揺し，慰めるためにそのゾウに触れようとすることが今，科学者たちによって示されている。これによりゾウは，大型類人猿やイヌ科の動物や一部のトリといった，他の動物を慰める行為が科学者によって証明されている数少ない動物の仲間入りをしたのである。

　この調査は「不安に対するアジアゾウの反応を初めて調査するものであり，不安が自然に生じる機会を待たなくてはならないので，それは本質的に判定するのが難しいものだ」と，スリランカのウダワラウェ・ゾウ研究プロジェクトの行動生態学者であるシャーマン＝デ＝シルヴァは言っている。調査のために意図的にストレスのある状況をゾウに与えるのは倫理的ではなく，だからこそ今まで研究者たちは，ゾウが互いに慰め合うという主張を裏付けるのに，野生のゾウや保護されたゾウについて報告例は多いものの聞き伝えでしかない観察に頼らざるを得なかったのだ，と彼女は述べている。

　タイのマヒドン大学の行動生態学者であるジョシュア＝プロトニクと，アトランタのエモリー大学の霊長類学者であるフランス＝デ＝ワールは，アジアゾウがストレスを感じている期間と，ほとんど何も問題がない期間における彼らの行動を比較することでこの問題を回避した。約1年に及び毎月1～2週間，プロトニクは毎日30分から180分かけて26頭の保護されているアジアゾウを観察し，記録を取った。この動物たちは年齢が3歳から60歳までの間で，タイ北部にあるエレファント・ネイチャー・パークの30エーカーの区域内で暮らしていた。そのゾウの大半は，母子関係は別として，親族関係ではなく，野生のゾウのように家族集団で暮らしているのではなかった。その代わり飼育係である園の象使いがゾウを6つの集団にまとめ，午前中は水浴びをさせて食事を与え，夜はつなぎ綱でつなぐという日課をこなさせた。しかし，昼間はゾウは自由に放たれて気ままに散策したり草を食べたりできた。

　プロトニクは自由時間のゾウを観察し，近くを歩いているイヌや，茂みでカサカサと音を立てるヘビや，友好的でないゾウの存在といった彼らがストレスを感じる状況への反応を記録した。ゾウは動揺したときに耳をぱっと広げて，尻尾を立てるということが以前に他の研究者たちによって示されている。また，高い鳴き声をあげたり，唸ったり，自分が不安を感じていることを示すために低い音を出したりすることもある。園のゾウたちは1頭のゾウがこのような行動を取っているのを見ると，プロトニク曰く，「私たち人間が怖い映画を一緒に見たときにするのと同じように，同じ感情を取り入れる」ことで反応することが多かった。「役者が怖がって

いる場面では，私たちの心臓はドキドキし，互いに手を取り合おうとする」が，これは「感情伝染」として知られている反応である。

　たとえば，ビデオに記録されたある事例では，雌のメーパームが別の大人の雌であるジョキアのそばへと駆けていくのだが，ジョキアは近くの別の園に保護されている雄ゾウが大声で鳴くのを聞いて怯えていたのだった。どちらのゾウも耳を前方へ押し出し，尻尾を上げていたが，メーパームはジョキアが不安そうにしているのを見た後でしかこの動作をしていなかった。またメーパームは，安心させる鳴き声として知られている大きくて高い鳴き声を発し，ジョキアを自分の鼻で撫でて，最後にジョキアの口元へと自分の鼻を持っていった。これは「おそらく『私はあなたを傷つけるためではなく，助けるためにここにいる』という合図を送っている」行為であると，プロトニクは言う。ジョキアが今度は自分の鼻をメーパームの口元へと持っていくが，これは研究者によるとおそらくハグのような行為にあたる。

　あるゾウが何かにぎょっとした際に，数頭のゾウがその場にいたことがあった。これらのそばにいたゾウは同じような反応をすることが多くあり，被害者――プロトニクは動揺しているゾウをこう呼ぶ――の動転した行動を彼らは取り入れて，尻尾を上げたり，耳をぱっと広げたり，そして時には高く鳴きながら排尿や排便をすることもあるのだ。いくつかの事例では，被害者の周囲を防衛のために囲むこともあった。

　プロトニクは，このようなストレスの発生する84の事例を，それぞれの発生場所，時刻，天気，そして他にどんなゾウがその場にいたのか，そしてそのゾウがそれぞれどのような反応を示したのかに触れながら記録していった。彼は，比較対照用の標準として，これらの事例をなるべく多くの類似した状況，ただしストレスを与えるようなことは何も発生していないときの状況の期間と比較した。研究者たちの次に行った分析では，ゾウの感情伝染や，他を元気づけようとする典型的行動が，ほぼ決まって何らかのストレス要因への反応として発生しているということがわかった。

　最も重要なのは，このゾウたちには仲間の不安を認識する，つまり共感することを必要とする行動を取ることができるらしいという点だ。「それこそまさに他者の気持ちで考えることができる能力なのだ」と，プロトニクは述べている。

　しかし，それをゾウが行っていることだと証明するのにはまだ調査を要するし，できれば保護されたものではなく野生の個体群での調査が望ましいだろうと彼や他の研究者らは言っている。「不明瞭なのは，この慰め行動が主として動揺しているゾウのためのものなのか，それとも周囲で反応するゾウたちのためのものなのかという点である」とデ＝シルヴァは述べている。

　それでもやはり，この調査は「ゾウが動揺した後に取る行動について，初めて行われた非常に興味深い探究を提供してくれている」と，コロラド州立大学の行動生態学者であるグレーム＝シャノンは述べ，またこの調査結果は「人間以外の保護されている霊長類と野生の霊長類で観察されてきた行動に類似していて，複雑なゾウの認知能力をさらに強調しているので好奇心をそそられるものだ」と続けている。

　この研究が保護活動を援助することになると考えている者もいる。「ゾウは共感

することのできる感知力のある存在であるという考えを支持する良い科学ならばどんなものでも重要だ」と，動物行動学者であり，ケニアのアンボセリ・ゾウ研究プロジェクトの局長であるシンシア＝モスは述べているが，彼女は40年以上もの間，その地域のゾウに見られる「慰め行動」を日々観察しているのだ。

解 説

A．空所補充

(W)　正解は　2 ——————————————————————

　空所を含む挿入句（コンマで挟まれている箇所）を取り除くと「そのゾウの大半は親族関係ではなく，野生のゾウのように家族集団で暮らしているのではない」となる。しかし，空所直後の mother-juvenile pairs「母ゾウと子ゾウの組み合わせ」については，家族関係であるため，例外を表す表現である2の aside from ～「～は別として」が適切。

(X)　正解は　3 ——————————————————————

　空所を含む文が逆接の接続詞 but で始まっているので，前後が対比的文脈になるよう考えればよい。But の前後で朝夕と昼間の状況が対比的に述べられている。朝夕は飼育員の指導に従って決まった日課（a daily routine）を行うとあるので，昼間は（決められたことをするのではなく）自由に過ごすと考えるのが妥当。また，次の第4段落の第1文に during their free periods とあり，これが昼間を言い換えた箇所だとわかればすぐに正解が3とわかる。

(Y)　正解は　1 ——————————————————————

　空所の前の文では，メーパームが，安心させるためにジョキアの口元に自分の鼻を持っていくとある。空所の直後では，ジョキアもメーパームに対して同じ行動を取っていることがわかるため，空所には「同様に，今度は」という意味の1. in turn が適切。

(Z)　正解は　2 ——————————————————————

　空所の前に「仲間のゾウの不安を認識することができる」とあり，この行動に必要とされるものが空所に入る。また，空所直後の文では，それを説明して「他者の気持ちで考えること」とあるので，空所にはこれとほぼ同意である2の empathy「共感」を補う。

B．同意語句

(a)　正解は　3 ——————————————————————

consolation「慰め」

　1　illness「病気」　　　　　　　　　　　2　stress「ストレス」

3 comforting「慰めること」　　　　4 playing「遊び」

consolation は「慰め」の意味であるので，3が同意。

(b) 正解は 2

spontaneously「自発的に，自然に」

1 unwillingly「いやいやながら」　　**2 naturally「自然に」**

3 expectedly「予想通りに」　　　　4 fortunately「幸運にも」

spontaneously には「自発的に，自然に」の意味があり，ここでは「(不安が)自然に生じる」という内容であるので，2が同意。

(c) 正解は 4

race「(鼓動などが) 速まる，ドキドキする」

1 run away「走り去る」　　　　2 slow down「遅くなる」

3 stop suddenly「突然止まる」　　**4 beat fast「速く打つ」**

ここでの race は「(鼓動などが) 速まる，ドキドキする」の意味であるので，4が同意。

(d) 正解は 2

caresses「(愛情表現として) ～を撫でる，～に触れる」

1 raises「～を上げる」　　　　**2 strokes「～を撫でる」**

3 pinches「～をつねる」　　　　4 surprises「～を驚かせる」

caress は「(愛情表現として) ～を撫でる，～に触れる」という意味のやや難しい動詞であるが，不安になっているゾウを安心させようとする行為を説明している箇所であることから，2が同意と推測できる。

(e) 正解は 3

agitated「動揺した」

1 colonized「植民地化された」　　2 calm「落ち着いた」

3 disturbed「困惑した」　　　　4 thrilling「わくわくするような」

agitated には「動揺した」の意味があるので，3が最も近い意味。

(f) 正解は 4

subsequent「後の，それに続く」

1 profound「深遠な」　　　　2 preceding「先行する」

3 extraordinary「異常な」　　　**4 later「後の」**

subsequent は「後の，それに続く」という意味の形容詞であるので，4が同意。

(g) 正解は 1

exclusively「排他的に，唯一」

1 solely「唯一」　　　　2 simultaneously「同時に」

3 commonly「一般的に」　　　4 suddenly「突然」

exclusively は「排他的に，唯一」という意味であり，1の solely も「唯一」の

意味であるので，これが同意。

(h) **正解は 3**

intriguing「好奇心をそそられる，興味深い」

1　overwhelming「圧倒的な」　　　　2　superficial「表面的な」

3　interesting「興味深い」　　　　4　monotonous「単調な」

　intriguing は「好奇心をそそられる，興味深い」の意味であるので，3 が最も近い意味。

(i) **正解は 1**

cognitive「認知の，認識の」

1　thinking「思考の」　　　　　　2　acting「行動の」

3　playing「技能の」　　　　　　　4　drawing「描画の」

　cognitive は「認知の，認識の」の意味であり，ここではゾウの cognitive ability「認知能力」，つまり thinking ability「思考能力」のことであるので，1 が最も近い意味。

(j) **正解は 4**

conservation「保護，保存」

1　collaboration「協力」　　　　　　2　elevation「上昇」

3　reservation「予約」　　　　　　　**4　preservation「保護，保存」**

　conservation は「保護，保存」の意味なので，4 が同意。

ポイント　同意語句選択問題の解き方

　同志社大学では必ず同意語句選択問題が出題されているが，これには大きく分けて 3 つの種類がある。どのタイプの問題かを判断して正しくアプローチしたい。

　① 純粋な知識問題（知っていれば解けるタイプ）

　② 知っている単語がよくある意味とは違う意味で出題されるタイプ

　③ 普通の受験生は知らないような難単語が出題されるタイプ

　②のタイプは本問でいうと(c)race で，最も普通に受験生が知っているのは名詞の「競争」という意味だろう。しかし，ここでは動詞で，「（心臓の鼓動，脈拍が）速まる」という意味で用いられており，ここまで意味を覚えている受験生はいないだろうから，文脈から意味を考える問題ということになる。③のタイプは(e)agitated，(h)intriguing で，いずれも難単語。しかし，それぞれ同段落に (e)agitated → distressed，(h)intriguing → interesting と，言い換えがあることに気づけば解答できる。そもそも難単語の問題は知識を問うものではなく，言い換えに気づけるかどうかが問われている。難単語の問題だとわかったら，近くに同義語がないかを探してみるとよい。

C．同意表現

「彼らを動揺させる要因がほとんどないときに」

1 「赤ちゃんゾウが問題を引き起こすときに」

2 「彼らがストレスからほとんど解放されているときに」

3 「研究者の小グループが彼らにとってのストレスを生み出すときに」

4 「彼らを慰める者がいないときに」

　波線部中の little は「ほんの少し」という意味の代名詞で when 節中の主語として機能している。したがって，直訳は「ほんの少ししか彼らを動揺させないとき」である。ここでは「彼らを動揺させる要因がほとんどないときに」ということなので，2がこの意味を表している。

「感情伝染」

1 「初めて会った誰かと友達になるための即座の手段」

2 「映画監督と主演俳優の強力な絆」

3 「人々が経験するロマンティックな愛への強い傾向」

4 「他人の感情と類似した，またその感情に影響された気持ちになる経験」

　contagion は「伝染，感染」という意味のやや難しい語であるが，波線部の直前にある「役者が怖がっている場面では，私たちの心臓はドキドキし，互いに手を取り合おうとする」ことを言い換えた箇所なので，「他人の感情と同じものが自分にもわき起こる」ことくらいの意味だと推測できる。4が同様の内容。

「苦悩を感じた後のゾウの行動の調査」

1 「ゾウは精神的緊張を予期するとき何をするかについての研究」

2 「野生のゾウの世界をめぐる旅」

3 「ストレスを感じる出来事の後でゾウがどのように行動するかの調査」

4 「捕獲されることに対するゾウの反応についての実験」

　波線部中の exploration には「探検，探索，調査」の意味があるが，ここでは「調査」の意味。post は「～の後」を表す接頭語であるため，post-distress behavior は「苦悩を感じた後の行動」という意味。したがって，3が波線部の意味を表している。

D．内容真偽

1—× 「多くの動物たちと同じように，ゾウも他のゾウを慰める，つまり私たちの慰め行動に相当する行動を取ることが現在科学的に証明されている」

　　選択肢の proven に着目すると，ゾウの慰め行動の証明については第1段第3文に書かれているとわかる。続く第4文の scientists have shown that は選択肢で is scientifically proven と言い換えられており，「科学的に証明された」という部分は合っている。よって全体としては正解の記述にみえるが，選択肢の like the majority of animals という部分に着目。第1段最終文で，「ゾウは，他の動物を慰めることが証明されている大型類人猿などを含む少数のリストに加わった」とあり，「多くの動物たち同様」とはいえない（a short list of other animals ≠ the majority of animals）。よってこの選択肢は偽。

2―×　「行動生態学者がゾウの動揺に対する反応の実証研究を行うとき，彼らは大抵ゾウがストレスを経験するようなさまざまな状況を設定する」

　　選択肢の conduct experimental studies of elephants' responses to distress は本文第2段第1文の investigate…elephants を言い換えたもの。ここで，「（研究の）機会が自然に発生するのを待たなければならないため，判定が難しい」とある。spontaneously「自然に，自発的に」の意味を知っていれば「研究のための状況を意図的に作ることができないので難しい」と述べられていることがわかる。さらに同段第2文で，「動物にとってストレスになる状況を意図的に作るのは倫理的でなく…」「研究者は聞いた話による（anecdotal）観察に頼らざるを得なかった」などとあるので，この選択肢は偽。多くの難単語を含む段落なので，単語の知識がなければ正答は難しい。

3―×　「タイ北部にあるエレファント・ネイチャー・パークでは，ゾウは6つの集団に分けられて，一日中ずっと自由の少ない，厳しく統制された生活を送っている」

　　Elephant Nature Park より，第3段が該当する。最終文に，公園のゾウは，昼間は放っておかれる（left alone）とあるので合わない。

4―○　「ゾウはストレスを感じる出来事に直面するとき，高い声で鳴いたり，唸ったり，音を出したりすることに加えて，耳や尻尾を使い身体で表現するといった反応をする」

　　第4段第2文に「ゾウは動揺したときに耳をぱっと広げて，尻尾を立てる…また，高い鳴き声をあげたり，唸ったり，自分が不安を感じていることを示すために低い音を出したりすることもある」とあり，この内容に一致する。

5―○　「ゾウは他の個体の不安に対して，人間とちょうど同じように相手と同じ気持ちを取り込むことで反応する」

　　第4段第3文に，別のゾウが不安そうにしていると「『私たち人間が怖い映画を一緒に見たときにするのと同じように，同じ感情を取り入れる』ことで反応する」とあり，これに一致する。

6―○　「ジョシュア＝プロトニクは，メーパームとジョキアという2頭の雌のゾウ

の互いの行動の記録をゾウの感情伝染と慰め行動の事例として解釈した」

　第5段ではこの2頭のゾウの行動について述べられており，冒頭の For example によってここが直前の "emotional contagion"「感情伝染」の具体的事例であることを示している。また同段第3文で，プロトニクは1頭のゾウがもう1頭のゾウの口元へ自分の鼻を近づけた行為について，「おそらく『私はあなたを傷つけるためではなく，助けるためにここにいる』という合図を送っている」行為だと述べており，これらの内容に合致する。

7―× 「研究者らは野生のゾウが，保護されているゾウとは違う方法で不安に対して反応するということを発見した」

　不安に対して野生のゾウがどう反応するかは本文に述べられておらず，またそれが保護されているゾウと違うという記述もない。

8―× 「動物行動学者のシンシア＝モスは，他のゾウを慰めるというゾウの能力を目撃するという希少な機会を長い間探している」

　最終段最終文の関係代名詞節で，シンシア＝モスが「毎日」(daily)，「40年以上」(for more than 40 years) 慰め行動を観察してきたとあるので，この選択肢は偽。

A. (W)―2　(X)―3　(Y)―1　(Z)―2
B. (a)―3　(b)―2　(c)―4　(d)―2　(e)―3　(f)―4　(g)―1　(h)―3
　　(i)―1　(j)―4
C. (ア)―2　(イ)―4　(ウ)―3
D. 4・5・6

21

2014年度　神・商・心理・グローバル地域文化学部

[目標解答時間] 30分　**[目標正答数]** 14/17問

次の英文を読んで設問に答えなさい。［＊印のついた語は注を参照しなさ
い。］（69点）

The Swiss student of child behavior, Jean Piaget, worked on many
aspects of child development, but his most well-known writings concern
cognition — the ways in which children learn to think about themselves
and their environment. Piaget placed great emphasis on the child's active
capability to make sense of the world. Children do not passively soak up
　　　　　　　　　　　　　　　　　　　　　　　　　　　　　　(a)
information, but instead select and interpret what they see, hear and feel
in the world around them. Piaget described several distinct stages of
　　　　　　　　　　　　　　　　　　　　　　　　　(b)
cognitive development during which children learn to think about
themselves and their environment. Each stage involves the acquisition of
new skills and depends on the successful completion of the preceding one.
　　　　　　　　　　　　　　　(ア)
　　　Piaget called the first stage, which lasts from birth up to about the
age of 2, the sensorimotor stage, because infants learn mainly by touching
objects, manipulating them and physically exploring their environment.
Until the age of about four months or so, infants cannot differentiate
themselves from their environment. For example, a child will not realize
that her own movements cause the sides of her crib* to rattle*. Objects
are not differentiated from persons, and the infant is unaware that
anything exists outside her range of vision. Infants gradually learn to
distinguish people from objects, coming to see that both have an existence
independent of their immediate perceptions. The main accomplishment of
this stage is that, by its close, children understand their environment to
　　　　　　　　　　　(イ)
have distinct and stable properties.
　　　　　　　　　　　(c)
　　　The next phase, called the pre-operational stage, is the one
(Ｙ) which Piaget devoted the bulk of his research. This stage lasts
from the ages of 2 to 7. During the course of it, children acquire a

mastery of language and become able to use words to represent objects and images in a symbolic fashion. A 4-year-old might use a sweeping hand, for example, to represent the concept "airplane." Piaget termed the stage "pre-operational" because children are not yet able to use their developing mental capabilities systematically. Children in this stage are egocentric. As Piaget used it, this concept does not refer to selfishness, but to the tendency of the child to interpret the world exclusively in terms of his own position. A child during this period does not understand, for instance, that others see objects from a different perspective from his own. Holding a book upright, the child may ask about a picture in it, not realizing that the other person sitting opposite can only see the back of the book.

Children at the pre-operational stage are not able to hold connected conversations with another. In egocentric speech, what each child says is more or less unrelated to what the other speaker said. Children talk together, but not to one another in the same sense as adults. During this phase of development, children have no general understanding of categories of thoughts that adults (あ)(い)(う)(え)(お): concepts such as causality, speed, weight or number. Even if the child sees water poured from a tall, thin container into a shorter, wider one, she will not understand that the volume of water remains the same — and concludes rather that there is less water because the water level is lower.

A third period, the concrete operational stage, lasts from the ages of 7 to 11. During this phase, children master abstract, logical notions. They are able to handle ideas such as causality without much difficulty. A child at this stage of development will recognize the false reasoning involved in the idea that the wide container holds less water than the thin, narrow one, even though the water levels are different. She becomes capable of carrying out the mathematical operations of multiplying, dividing and subtracting. Children by this stage are (Z) egocentric. In the pre-operational stage, if a girl is asked, "How many sisters do you have?" she may correctly answer "one." But if asked, "How many sisters does your sister have?" she will probably answer "none," because she cannot see herself from the point of view of her sister. The concrete operational child is able to answer such a question with ease.

The years from 11 to 15 cover what Piaget called the formal operational stage. During adolescence, the developing child becomes able to grasp highly abstract and hypothetical ideas. When faced with a problem, (g) children at this stage are able to review all the possible ways of solving it (エ) and go through them theoretically in order to reach a solution. The young person at the formal operational stage is able to understand why some questions are trick ones. To the question, "What creatures are both poodles and dogs?" the individual might not be able to give the correct reply but will understand why the answer "poodles" is right and appreciate the humor in it.

From Anthony Giddens, ed., *Sociology*, Polity Press, 2009 Reprinted with the permission of Polity Press

[注]　crib　ベビーベッド

　　　rattle　がたがた音がする

A　空所(Y)および(Z)に入るもっとも適当なものを次の1～4の中からそれぞれ一つ選び、その番号を解答欄に記入しなさい。

(Y)　1　at　　　　　　2　of　　　　　　3　to　　　　　　4　with

(Z)　1　fairly　　　　　　　　　　2　largely

　　　3　much less　　　　　　　　4　much more

B　下線部 (a)～(g) の意味・内容にもっとも近いものを次の1～4の中からそれぞれ一つ選び、その番号を解答欄に記入しなさい。

(a)　soak up

　　1　absorb　　　2　classify　　　3　leak　　　4　suppress

(b)　distinct

　　1　emergent　　　2　forming　　　3　rebellious　　　4　separate

(c)　properties

1　characteristics	2　occupations
3　propositions	4　residences

(d)　fashion

1　device　　　2　manner　　　3　matter　　　4　trend

(e)　upright

1　firmly　　　2　positively　　3　readily　　　4　vertically

(f)　handle

1　cast aside　　2　deal with　　3　hand on　　　4　set forth

(g)　hypothetical

1　creative　　　2　exaggerated　3　refined　　　4　provisional

C　波線部 (ア)〜(エ) の意味・内容にもっとも近いものを次の1〜4の中からそれぞ
れ一つ選び、その番号を解答欄に記入しなさい。

(ア)　the successful completion of the preceding one

1　completing the process to modify the environment

2　finishing the previous stage satisfactorily

3　making a success in a stage competition

4　proceeding easily to the acquisition of new skills

(イ)　by its close

1　at the end of the sensorimotor stage

2　because of their intimate attachment to the environment

3　just after the pre-operational stage

4　just next to their own existence

(ウ)　As Piaget used it

1　According to Piaget's definition of the sensorimotor stage

2　According to Piaget's interpretation of the word "egocentric"

3　As Piaget demonstrated a sweeping hand to represent the concept
   "airplane"

4　As Piaget was able to develop his mental capability systematically

(エ)　to review all the possible ways of solving it

1　to enhance the chances to solve the problem

2　to examine every alternative to solve the problem

3　to recall that every solution of the problem is plausible

4　to reject every idea for solving the problem

D　二重下線部の空所(あ)〜(お)に次の1〜6の語を入れて文を完成させたとき、(い)と(え)に入る語の番号を解答欄に記入しなさい。同じ語を二度使ってはいけません。選択肢の中には使われないものが一つ含まれています。

children have no general understanding of categories of thoughts that adults （　あ　）（　い　）（　う　）（　え　）（　お　）

1　for　　　　　　2　granted　　　　3　it

4　take　　　　　5　tend　　　　　6　to

E　本文の内容に合致するものを次の1〜8の中から三つ選び、その番号を解答欄に記入しなさい。

1　Piaget was a Swiss scholar who was most famous for his studies on children's mental processes of recognizing themselves in relation to their environment.

2　Even children younger than four months can see the difference between themselves and other existences.

3　Before the pre-operational stage, children might use a sweeping hand to represent the concept "airplane" because they are not mature enough to acquire language.

4　Children at the pre-operational stage understand their environment from their own perspective, so that they are unaware of the fact that others may see things differently.

5　Children at the pre-operational stage acquire a mastery of language to hold a connected conversation despite their egocentric way of thinking.

6　Children at the concrete operational stage can understand that even though the water level of the thin, narrow container is higher than that of the wide container, the latter does not always hold less water than the former.

7　A girl at the concrete operational stage is incapable of figuring out how many sisters her sister has.

8　Not all young people at the formal operation stage can recognize poodles as a kind of dog because they are not intellectual enough to be interested in the natural world.

全訳

≪子どもの認知能力の発達段階≫

　子どもの行動に関するスイス人研究者，ジャン＝ピアジェは，子どもの発達に関する多くの面について研究したが，彼の最も知られている著作は認知（子どもが自分自身や自分の環境について考えることができるようになる方法）に関するものである。ピアジェは，子どもが世の中を理解するための自発的な能力を大いに強調した。子どもは消極的に情報を吸収するのではなく，自分の周りの世界で見たり，聞いたり，感じたりするものを選択し，解釈しているのだ。認知の発達におけるいくつかの個別の段階についてピアジェは述べているが，その段階において，子どもは自分自身や自分の環境について考えることができるようになる。それぞれの段階には新しい技能の習得が含まれ，その段階は以前の段階をうまく完了できるかどうかに左右される。

　幼児は，主に物に触れ，それらを扱い，身体的にその環境を探究することで学習するので，誕生からおよそ２歳まで続く最初の段階を感覚運動期とピアジェは呼んだ。およそ４カ月あたりの月齢になるまで，幼児は自分自身とその環境を区別することができない。たとえば，子どもは自分自身の動きが自分のベビーベッドの両端にがたがたという音を引き起こすことを認識していない。物体と人間は区別されておらず，幼児は自分の視界の外側にあるどんなものでも，それが存在することに気づいていない。幼児は徐々に人と物を区別することができるようになり，その両方が自分の直接的な知覚とは独立した存在をもっているとわかるようになる。この段階で主に達成されるのは，子どもが，周りの環境は明確で不変の特性をもっていることを，この段階が終わるまでに理解することである。

　次の段階は，前操作期と呼ばれるのだが，ピアジェが自分の研究の大半を充てた段階である。この段階は２歳から７歳まで続く。この経過の間，子どもは言語の技能を習得し，象徴的な方法で物体や心象を表すために言葉を使うことができるようになる。たとえば，４歳の子どもは「飛行機」という概念を表すために手をさっと動かすかもしれない。ピアジェはこの段階を「前操作」と名付けたのだが，それはまだ子どもが発達途中の知的能力を体系的に使うことができないからである。この段階の子どもは自己中心的である。ピアジェがこの言葉を用いたように，この概念は子どもが利己的であると言及しているのではなく，もっぱら自分の立場という観点から子どもは世の中を解釈するという傾向について言及しているのだ。たとえば，この期間の子どもは，他人が自分とは違った視点で物を見ているということを理解していない。本をまっすぐ立てて持ったまま，反対側に座っている人が本の背側しか見えないことがわからず，その本の中の絵について質問をするかもしれない。

　前操作期の子どもは一貫した会話を他人と行うことができない。自己中心的な発言においては，それぞれの子どもが話すことは，他の話し手が話したこととほとんど関連していない。子どもが一緒に話すことはあるが，大人と同じ意味においてお互いに話すことはない。この発達段階の間，子どもは大人が当然と考えがちな思考のカテゴリー（因果関係，速度，重さ，数のような概念）についての一般的な理解がない。このような子どもが，背の高い細い容器から，短く幅が広い容器に水が注がれるのを見たとしても，水の量は同じままであることがわからず，水位が低くな

ったので，水が少なくなったと結論を下してしまう。

　第 3 段階である具体的操作期は，7 歳から 11 歳まで続く。この段階の間，子どもは抽象的で，論理的な概念を習得する。彼らは大して苦労することなく因果関係のような考え方を扱うことができるようになる。この発達段階の子どもは，水位が異なっていたとしても，幅が広い容器は，細く狭い容器よりも入る水が少ないという考えに含まれる間違った推論に気づくだろう。その子は掛け算，割り算，引き算という数学的運用を行うことができるようになる。この段階までには，子どもはそれほど自己中心的ではなくなる。前操作期では，もしある女の子が「あなたにお姉さんは何人いますか？」と尋ねられたら，「ひとりよ」と正しく答えることができるだろう。しかし，「あなたのお姉さんに妹は何人いますか？」と尋ねられると，その子はおそらく「いないわ」と答えるだろう。というのも，彼女は自分の姉の視点から自分自身を見ることができないからだ。具体的操作期の子どもは，このような質問に容易に答えることができる。

　11 歳から 15 歳はピアジェが形式的操作期と呼ぶ段階である。青春期において，発達中の子どもはかなり抽象的で仮説に基づいた考えを把握できるようになる。この段階の子どもは，ある問題に直面したときに，それを解決するために可能なあらゆる方法を概観し，解決に至るためにそれらを理論的に検討することができる。形式的操作期の若者は，なぜ一部の問題が人をだますような問題なのかを理解することができる。「どんな生き物が，プードルと犬の両方なのか？」という問いに対して，個人によっては正確な答えを出すことができないかもしれないが，なぜ「プードル」という答えが正しいのかはわかり，その答えにあるユーモアを味わうことができるだろう。

解　説

A．空所補充

(Y)　正解は　3

　空所以下は直前の the one を先行詞とする関係代名詞節。この関係代名詞節に devote があることから，devote A to B「A を B に捧げる」という表現が考えられるので，B に相当する関係代名詞 which の前には to が適切。

(Z)　正解は　3

1　fairly「かなり」	2　largely「大部分は」
3　much less「ずっと～でない」	4　much more「ずっと～である」

　第 3 段第 6 文で，前操作期の子どもは自己中心的であると述べられており，第 5 段第 6 ～最終文で，前操作期の子どもは他人の視点から物事を考えられないのに対し，具体的操作期の子どもは他人の視点から物事を考えられると述べられている。よって，具体的操作期の子どもは，より自己中心的でなくなると考えられる。

B．同意語句

(a) 正解は 1

soak up ～「～を吸収する」

1 **absorb「～を吸収する」**　　　2 classify「～を分類する」
3 leak「漏れる」　　　　　　　　4 suppress「～を抑える」
　soak up に最も意味が近いのは，1である。

(b) 正解は 4

distinct「別個の」

1 emergent「出現しつつある」　　2 forming「形をなしている」
3 rebellious「反抗的な」　　　　　4 **separate「離れた，別個の」**
　distinct に最も意味が近いのは，4である。

(c) 正解は 1

properties「特性」

1 **characteristics「特徴」**　　　　2 occupations「職業，占領」
3 propositions「提案」　　　　　4 residences「住居」
　property に最も意味が近いのは，1である。

(d) 正解は 2

fashion「やり方」

1 device「装置，仕掛け」　　　　2 **manner「方法」**
3 matter「問題」　　　　　　　　4 trend「傾向，流行」
　この fashion は「やり方」という意味。よって，2が同意。manner には「作法」
以外に「方法」という意味があることに注意。

(e) 正解は 4

upright「まっすぐ立って」

1 firmly「堅く，しっかりと」　　2 positively「肯定的に」
3 readily「喜んで」　　　　　　　4 **vertically「垂直に」**
　upright に最も意味が近いのは，4である。

(f) 正解は 2

handle「～を扱う」

1 cast aside ～「～を投げ捨てる」　2 **deal with ～「～を処理する」**
3 hand on ～「～を伝える」　　　　4 set forth ～「～を明らかにする」
　handle に最も意味が近いのは，2である。

(g) 正解は 4

hypothetical「仮説の，仮説に基づいた」

1 creative「創造的な」　　　　　2 exaggerated「大げさな」
3 refined「上品な，洗練された」　4 **provisional「仮の，臨時の」**

hypothetical に最も意味が近いのは，4である。

C．同意表現

(ア)　正解は　2 ───────────────────────────

「前の段階をうまく完了すること」

　1　「環境を修正する過程を完了すること」

　2　「前の段階を十分に終えること」

　3　「段階の競争で成功すること」

　4　「新しい技術の獲得へ容易に進んでいくこと」

　　one は stage を指す代名詞。2 が正解。

(イ)　正解は　1 ───────────────────────────

「その終わり（まで）に」

　1　「感覚運動期の終了時に」　　　　　2　「環境に対する親密な愛着のおかげで」

　3　「前操作期のすぐ後で」　　　　　　　4　「自分自身の存在のちょうど隣に」

　　its は the sensorimotor stage のことを指している。ここでの close は名詞で「終わり」という意味で，1 が正解。

(ウ)　正解は　2 ───────────────────────────

「ピアジェがそれを用いたように」

　1　「ピアジェの感覚運動期の定義によれば」

　2　「ピアジェの『自己中心的な』という単語の解釈によれば」

　3　「ピアジェが『飛行機』という概念を表すために手を動かす行為を示したとき」

　4　「ピアジェが知的能力を体系的に発達させることができたとき」

　　it は前文の egocentric「自己中心的な」を指している。2 が正解。

(エ)　正解は　2 ───────────────────────────

「それを解決するために可能なあらゆる方法を概観する」

　1　「問題を解決する見込みを高める」

　2　「問題を解決するすべての代わりの方法を吟味する」

　3　「問題を解決するすべての方法はもっともらしいということを思い出す」

　4　「問題を解決するすべての案を却下する」

　　it は a problem を指している。review は「～を概観する，検討する」という意味。2 が正解。alternative「～に代わるもの」

ポイント　同意表現選択問題では，単語と指示語・代名詞に着目

　文中の句や節と同じ意味・内容のものを選ぶ問題は毎年出題されているが，選択肢の英文を読んでなんとなく考えるというのはうまくないやり方である。ひとつひとつの単語を選択肢と照らし合わせて考えよう。

　波線部(ア)は以下のように置き換えられる。

the successful (→ satisfactory) completion of (→ finishing) the preceding (→ previous) one (=stage)

completion は動詞 complete の派生語で,「完了,終了」の意味。よって,そのような意味の語を含まない選択肢3と4が排除される。選択肢1の modify も environment も,波線部に意味が該当する語が一切含まれないので除外できる。このようにひとつひとつの語に着目して考えると除外する選択肢がわかりやすくなる。

また,波線部(イ)では代名詞に着目して,its が何を指すか考える。これが直前の this stage を指すとわかると,this stage とは同段第1文にある the sensorimotor stage のことなので,この語を含む1が正解とわかる。

問題文全体を読み,全体的な意味が同じに見えるものを選ぶというやり方では安定した点数がとれない。単語単位で選択肢と照らし合わせ,指示語・代名詞の内容を確認するという基本姿勢がしっかりしていれば解けるということを覚えておこう。

D. 語句整序

正解は　(い)6　(え)1

完成した文は次の通り。

children have no general understanding of categories of thoughts that adults <u>tend</u> **to** <u>take</u> **for** <u>granted</u>

「子どもは大人が当然と考えがちな思考のカテゴリーについての一般的な理解がない」

整序する部分の前にある that adults は,that が categories of thoughts を先行詞とする関係代名詞で,adults はその関係代名詞節内の主語である。tend to *do* は「〜する傾向がある」という意味。take *A* for granted は「*A* を当然と思う」という意味だが,ここでは categories of thoughts が *A* に相当する。

E. 内容真偽

正解は　1・4・6

1―〇　「ピアジェは,環境に関連して子どもが自己を認識する知的過程に関する研究で最も有名なスイス人の学者である」

第1段第1文に合致。ここで,本文には The Swiss student とあるが,student には「研究者」の意味もある。cognition は「認識,認知」という意味で,ぜひ覚えておきたい単語。

2―×　「4カ月未満の子どもでさえ,自分と他の存在の間の違いを理解することができる」

第2段第2文に Until the age of about four months とありここが該当する。ここに「月齢がおよそ4カ月になるまで,幼児は自分と環境の区別がつかない」とあ

るので，一致しない。

3―× 「前操作期の前では，子どもは言語を習得するほど十分に成熟していないので，『飛行機』という概念を表すために手をさっと動かす」

　　the pre-operational stage「前操作期」についての記述は第3段。同段第4文にA 4-year-old might use a sweeping hand … とあり，身振りで物事を表すのがこの「前操作期」段階であって，それ以前ではないことがわかる。よって合致しない。

4―〇 「前操作期の子どもは，自分の視点から環境を理解していて，彼らは他人が異なった物の見方をしているかもしれないという事実に気がついていない」

　　第3段第7・8文の内容と一致する。

5―× 「前操作期の子どもは，自己中心的な考え方をするが，筋の通った会話をするために熟達した言語を身につける」

　　選択肢の hold a connected conversation より，第4段第1文が該当する。ここに，「前操作期の子どもは筋の通った会話ができない」とあるので合致しない。

6―〇 「具体的操作期の子どもは，幅が細く狭い容器の水位が，幅が広い容器の水位よりも高いとしても，後者は前者よりも入っている水の量が常に少ないとは限らないということが理解できる」

　　第5段第3・4文の内容と一致する。

7―× 「具体的操作期の女の子は，自分の姉には何人の姉妹がいるかを理解することができない」

　　選択肢に，the concrete operational stage とあるので，第5段が該当。この段落最終文で，この時期の子どもはお姉さんに姉妹は何人いるかという質問に簡単に答えられるとある。よってこの選択肢は偽。

8―× 「形式的操作期の若者は，自然界に興味があるほど知的ではないので，プードルは犬の一種だということを皆が理解できるとは限らない」

　　the formal operation stage とあるので，最終段が該当する。この段落の最終文に「プードルであり犬である生き物は何か」という質問に対し，「この段階の子どもは正確な答えは言えないかもしれないが，なぜ答えがプードルであるのかはわかる」とあるので，「すべての子どもが理解できるとは限らない」というこの選択肢は偽。選択肢の not all が部分否定で「すべてが～とは限らない」という意味。

A. (Y)―3　(Z)―3

B. (a)―1　(b)―4　(c)―1　(d)―2　(e)―4　(f)―2　(g)―4

C. (ア)―2　(イ)―1　(ウ)―2　(エ)―2

D. (い)―6　(え)―1

E. 1・4・6

解　答

第 3 章

会話文・英作文

22

目標解答時間 20 分　**目標正答数** 7/8 問（英作文除く）

次の会話を読んで設問に答えなさい。（50点）

（*Jimmy spots his friend Georgia seated on a park bench, painting. He approaches, looks at what she's working on, and speaks.*）

Jimmy:　How do you *do* that?

Georgia:　I do it with a brush and a set of watercolor paints.

Jimmy:　You know what I mean. I'm asking how you paint *so well*. I've never been able to sketch so much as a plausible tree.

Georgia:　"Plausible Tree" sounds like a good name for a rock and roll band. Don't you play the guitar?

Jimmy:　Yes. But don't change the subject. Really, you're so talented with a brush.

Georgia:　I've been painting for years. ＿＿＿＿＿(a)＿＿＿＿＿ You just get better with practice.

Jimmy:　If practice was all it took, I'd be pretty good myself. I took an art class. And I practiced long and often.

Georgia:　Let me see what you can do. ＿＿＿＿＿(b)＿＿＿＿＿ Draw a picture of me.

（*Jimmy spends a few minutes sketching.*）

Jimmy:　There. Give me your honest opinion.

Georgia:　My honest opinion is that you're better at geometry than sketching. ＿＿＿＿＿(c)＿＿＿＿＿ Picasso would be ashamed. Here, let me sketch a picture of you.

（*She works for a few minutes, then shows Jimmy the result.*）

Jimmy: Oh, you're good for sure. _____(d)_____ I'm not a handsome man, but I have to admit it. That's me. Mind if I use this in my new passport instead of a photo? No one will notice.

Georgia: You're welcome to try.

Jimmy: I wonder. How does talent relate to practice? I think you've got to be born with a gift for art. Talent is given to you. Then you work with it. _____(e)_____

Georgia: My mother and sister do.

Jimmy: You see? A gift for art often runs in families, like the color of a person's eyes. Take those ice-blue eyes in the picture you drew of me. _____(f)_____ People say I look like him.

Georgia: So, I'm a "natural-born" painter, as the saying goes? Is that your point?

Jimmy: Yes. Not that you haven't worked hard to develop your gift. I know you have. Your dedication is as admirable as your talent. I'm the laziest man on earth.

Georgia: Painting does come easily to me. Still, I love working at it. I'm glad you noticed.

Jimmy: *That* must be what talent is. ［どんなにきつい練習をしてもそれを楽しく感じるなら、君は才能があるということだよ。］

Georgia: I think you may be right. And come on, Jimmy. You aren't lazy. I walk by your apartment five or six times a week. _____(g)_____ Loudly. And beautifully. Me? I can't whistle even the simplest of tunes. Any musicians in your family?

Jimmy: Come to think of it, there are. My cousin's a pianist. So is my uncle. And *his* father was in a rock and roll band. Way back in the 1960s. They had a number one hit record. All the radio stations played it. Didn't I ever tell you about that?

Georgia: No! That's really wild. Do you have a copy?

Jimmy: You bet I do. It's on CD now, of course. And I've got it loaded on my smartphone. Here, listen.

(*Georgia takes the phone, plugs in some headphones, starts to dance.*)

Georgia:　Great stuff.

Jimmy:　Why are you shouting?

Georgia:　What? I can't hear you.

Jimmy:　Take the headphones off, Georgia!

(*She does.*)

Georgia:　Sorry about that. I was getting into it. ＿＿＿＿＿(h)＿＿＿＿＿

　　　　　And as for you, Jimmy. You should start a band.

Jimmy:　And call it "Plausible Tree"?

Georgia:　Exactly.

A　空所 (a)～(h) に入るもっとも適切なものを次の1～10の中からそれぞれ一つ選び、その番号を解答欄に記入しなさい。同じ選択肢を二度使ってはいけません。選択肢の中には使われないものが二つ含まれています。

1　Does anyone else in your family paint?

2　Does my face really look like a bunch of triangles and cubes?

3　Does my face really look like a tree?

4　Here, take this pencil and sketch pad.

5　I might as well be looking into a mirror.

6　I might as well be looking out a window.

7　I started when I was just a kid.

8　They're my father's.

9　You're always playing the guitar.

10　You've got to give me a copy of that CD.

B　本文中の［　　　］内の日本語を英語で表現しなさい。

　どんなにきつい練習をしてもそれを楽しく感じるなら、君は才能があるというこ
とだよ。

全訳

≪絵が好きな学生と音楽が好きな学生≫

　（ジミーは友だちのジョージアが公園のベンチに座って絵を描いているのに気づく。彼は近づき，彼女が取り組んでいるものを見て，話しかける。）

ジミー　　　：これってどうやってるの？

ジョージア：画筆と水彩絵の具でしているのよ。

ジミー　　　：僕の言いたいことがわかっているのかな。どうして君がそんなに上手に絵が描けるのか尋ねているんだよ。僕は本物と思わせるような木をスケッチすることさえできたためしがないんだよ。

ジョージア：「本物と思わせるような木」は，ロックンロールのバンドの名前にはぴったりのように思えるけどね。あなたはギターを弾かないの？

ジミー　　　：弾くよ。それはよくて，話題を変えないで。実際，君は絵を描く才能にとても恵まれているよ。

ジョージア：私は何年も前から絵を描いてきたのよ。まだ子供だった頃に始めたの。あなたも練習すれば今よりうまくなるわ。

ジミー　　　：練習すればいいだけなら，かなりうまくなっていると思うんだ。僕は美術の授業をとったし，長時間，練習したり，何度も描いたことがあるよ。

ジョージア：あなたができることを見せてみて。ほら，この鉛筆とスケッチブックを取って。私の絵を描いてみて。

　（ジミーは数分間かけてスケッチをする。）

ジミー　　　：描けたよ。正直な意見を言って。

ジョージア：正直に言うと，あなたはスケッチよりは幾何学の方が得意なのね。私の顔が実際は，たくさんの三角形と立方体のように見えているの？ピカソもびっくりするんじゃない。ねえ，あなたの絵もスケッチさせてよ。

　（彼女は数分間スケッチをして，それから，ジミーに描いた絵を見せる。）

ジミー　　　：ああ，確かに，君は上手だね。鏡の中にいる僕と同じだよ。僕はハンサムではないけれど，そのことを認めなければならないな。その絵は僕だ。写真の代わりに僕の新しいパスポートにこれを使ってもいいかな。誰も気がつかないだろうけどね。

ジョージア：いいわよ。

ジミー　　　：じゃあ，やってみようかな。才能と練習にはどんな関係があるのかな？　君は美術の才能を持って生まれたに違いないと思うんだ。君は才能が与えられたんだよ。その才能で君は絵を描いているんだね。君の家族で他に誰か絵を描くの？

ジョージア：私の母と妹がそうよ。

ジミー　　　：ほら，そうだよね？　美術の才能は人の目の色と同じように，家族で遺伝することが多いんだ。例えば，君が描いた僕の絵の薄青色の目だ。目は僕の父親の目だ。僕は父と似ているとみんな言うよ。

ジョージア：ということは，私は，ことわざにあるように，「生まれながらの」絵

　　　　　　　　描きなのね。それが言いたいことなの？
ジミー　　　：そうだよ。才能を伸ばすために君がコツコツ努力していないというこ
　　　　　　　とではないよ。君が努力してきたのは知っているよ。君の熱心さは君
　　　　　　　の才能と同じぐらい感心するよ。僕はこの世で一番怠け者だ。
ジョージア：絵を描くことは私にとって本当に簡単なことなのよ。それでも，私は
　　　　　　　絵を描く努力をするのが大好きだわ。気づいてくれてうれしいわ。
ジミー　　　：それが才能というものなんだ。どんなにきつい練習をしてもそれを楽
　　　　　　　しく感じるなら，君は才能があるということだよ。
ジョージア：あなたの言っていることは正しいと思うわ。ねえ，ジミー。あなたは
　　　　　　　怠け者ではないわ。週に５，６回，私はあなたのアパートのそばを歩
　　　　　　　くのよ。あなたはいつもギターを弾いているわね。大きな音で。そし
　　　　　　　て上手にね。私？　最も簡単な曲を口笛でも吹けないわ。あなたの家
　　　　　　　族には音楽家がいるの？
ジミー　　　：そういえば，音楽家はいるよ。いとこがピアニストだ。叔父さんもそ
　　　　　　　うだ。そして叔父さんの父親はロックンロールのバンドにいたんだ。
　　　　　　　ずっと昔で 1960 年代だったかな。彼らはレコードを出してそれが１
　　　　　　　位になったんだ。すべてのラジオ放送局がそれをかけたよ。そのこと
　　　　　　　を君に今までに言わなかったかな？
ジョージア：言っていないわ！　それは本当にすごいわね。コピーを持っている
　　　　　　　の？
ジミー　　　：あるはずだよ。もちろん，今は CD になっているけど。それは僕の
　　　　　　　スマートフォンに入っているよ。さあ，聴いて。
　（ジョージアはそのスマートフォンを受け取り，ヘッドフォンのプラグを差し込
み，踊り始める。）
ジョージア：すばらしい曲だわ。
ジミー　　　：なぜ大声を出しているの？
ジョージア：何？　聞こえないわ。
ジミー　　　：ヘッドフォンをはずしてよ，ジョージア！
　（彼女はヘッドフォンをはずす。）
ジョージア：ごめんなさい。曲に夢中になっていたわ。その CD のコピーを１つ
　　　　　　　もらえないかしら。あなたのことだけどね，ジミー。バンドを始める
　　　　　　　べきよ。
ジミー　　　：じゃあ，そのバンド名を「本物と思わせるような木」にした方がいい
　　　　　　　よね？
ジョージア：そのとおりね。

解 説

A．空所補充

各選択肢の意味は次のとおり。

1 「君の家族で他に誰か絵を描くの？」
2 「私の顔が実際は，たくさんの三角形と立方体のように見えているの？」
3 「私の顔は実際は木のように見えるの？」
4 「さあ，この鉛筆とスケッチブックを取って」
5 「鏡をのぞき込むのと同じだよ」
6 「窓の外を見るのと同じだよ」
7 「まだ子供だった頃に始めたの」
8 「それらは僕の父親の目だ」
9 「あなたはいつもギターを弾いているわ」
10 「その CD のコピーを 1 つもらえないかしら」

(a) **正解は 7** ―――――――――――――――――――――――――
　　空所直前の「私は何年も前から絵を描いてきたのよ」という発言より，その追加情報となる 7 の「まだ子供だった頃に始めたの」を入れると，文意が通る。

(b) **正解は 4** ―――――――――――――――――――――――――
　　空所直前の「あなたができることを見せてみて」という発言を基にして，4 の「さあ，この鉛筆とスケッチブックを取って」を入れると，空所の直後の「私の絵を描いてみて」という発言とうまくつながる。here「さあ，ほら」は人の注意を引く間投詞として用いられている。

(c) **正解は 2** ―――――――――――――――――――――――――
　　空所の直前に「正直に言うと，あなたはスケッチよりは幾何学の方が得意なのね」という発言がある。be better at 〜「〜の方が得意である」は be good at 〜「〜が得意である」という定型表現の比較級になったものである。この後の空所に 3 の「私の顔は実際は木のように見えるの？」を入れると，空所の後の「ピカソもびっくりするんじゃない」というピカソに関する発言（ピカソは，対象を三角形や立方体などの幾何学的な形に還元した表現で有名）と合わない。2 の「私の顔が実際は，たくさんの三角形と立方体のように見えているの？」を入れるとうまくつながる。

(d) **正解は 5** ―――――――――――――――――――――――――
　　空所の直前の「ああ，確かに，君は上手だね」という発言より，空所に 5 の「鏡をのぞき込むのと同じだよ（鏡の中にいる僕と同じぐらい上手に描けているよ）」を入れると，空所の後のパスポートの写真代わりになるという発言と合い，文意が通る。for sure「確かに」 might as well *do*「〜するのと同じだ」 look into 〜

「～をのぞき込む」

(e)　**正解は 1**

　　空所の直後で「私の母と妹がそうよ」とジョージアは答えているので，この発言を引き出す疑問文を考える。空所に 1 の「君の家族で他に誰か絵を描くの？」を入れると，うまく話が流れる。

(f)　**正解は 8**

　　空所直前の「例えば，君が描いた僕の絵の薄青色の目だ」という発言を基にして，8 の「それら（＝目）は僕の父親の目だ」を空所に入れると，空所後の「僕は父と似ているとみんな言うよ」という発言とうまく合う。look like ～「～に似ている」

(g)　**正解は 9**

　　空所の直前で「週に 5，6 回，私はあなたのアパートのそばを歩くのよ」と言っている。その発言に続くものとして，空所に 9 の「あなたはいつもギターを弾いているわ」を入れると，直後の「大きな音で。そして上手にね」と話がうまくつながる。

(h)　**正解は 10**

　　空所の直前に「曲に夢中になっていたわ」という発言がある。この発言とうまくつながる表現として，空所に 10 の「その CD のコピーを 1 つもらえないかしら」を選ぶ。get into ～「～に夢中になる，のめり込む」 have got to *do*「～しなければならない（＝have to *do*）」

B．和文英訳

問題文：どんなにきつい練習をしてもそれを楽しく感じるなら，君は才能があるということだよ。

〈解答例〉 However hard your practice may be, if you feel it is enjoyable, it means you are talented.

●「どんなにきつい練習をしても」は「あなたの練習がどんなにきつくても」と考えて，however hard your practice may be とする。may be のように助動詞を使わずに is とするのも可。however の代わりに no matter how でも可。hard の代わりに tough や challenging でもよい。

●「それを楽しく感じるなら」は if you feel it is enjoyable とする。あるいは if you think it enjoyable でもよい。

●「君は才能がある」は，形容詞を使って you are talented や you are gifted にする。名詞を使えば you have talent となる。「～ということだよ」は「～ということを意味している」と考えて，it means (that) ～ とする。

ポイント　形容詞・副詞を前置させる場合の注意点

　however を「どんなに（いかに）〜しても」という意味で用いる場合，〈however＋形容詞・副詞＋主語＋動詞〉の語順になるが，however の後ろに来る形容詞・副詞を書く際，間違いを犯さないようにするために，まずは元の文から考えること。この場合，your practice may be hard が元の文で，ここから hard を however の後ろに移動させる。

　However [　　　] your practice may be hard

これは〈The＋比較級＋主語＋動詞，the＋比較級＋主語＋動詞〉も同じである。例えば，The younger you are, the more likely you are to believe others. と書く際に，これも元の文 you are young, you are likely to believe others を考えてから，young と likely を比較級にして前に出すこと。

A．(a)—7　(b)—4　(c)—2　(d)—5　(e)—1　(f)—8　(g)—9　(h)—10
B．〈解答例〉は解説参照。

23

目標解答時間 20分　**目標正答数** 6/8問（英作文除く）

次の会話を読んで設問に答えなさい。（50点）

(*Ella, a university student, runs into her friend Adrian on campus at an American university.*)

Ella: Hey Adrian, how are you?

Adrian: Oh, hey Ella. I'm pretty good. I don't have class next period, so I was just going to read a little.

Ella: Oh yeah? _____(a)_____ You really like books, don't you?

Adrian: Well, it's a fun way to pass the time, especially if you find a book you enjoy.

Ella: Yeah, maybe that's my problem. _____(b)_____ So, what are you reading now?

Adrian: Oh, just some science fiction. _____(c)_____

Ella: Oh, like *Star Wars* or something like that?

Adrian: No, not like that. I prefer hard science fiction.

Ella: What does that mean? Is it really difficult to read?

Adrian: No, that doesn't mean it's difficult. It just means that it tries to be scientifically accurate. ［この種類の小説では、作家たちはいつの日か本当に存在しうる新しい技術について書くんだ。］

Ella: Oh, I see. So, what future technology is the book you're reading about?

Adrian: It's about robots. It's called *I, Robot*, and it's written by a famous author named Isaac Asimov. He was a professor of biochemistry. _____(d)_____ A lot of people are worried about robots and artificial intelligence, and this book predicted all of that.

Ella: Yeah, I hear about AI all the time now. It's kind of scary that someday computers might be smarter than people.

(e)

Adrian: Right. That's what Asimov talks about in this book. He created something called the " Three Laws of Robotics. "

(f) These days people are thinking about how to control AI, and they still talk about Asimov's three laws.

Ella: So, what are the three laws?

Adrian: Well, the first law says that a robot should not hurt a human or allow a human to be hurt.

Ella: Well, that's a good first rule. What's the second law?

Adrian: It says that a robot must follow a human's orders, unless those orders would make it break the first law.

Ella: (g)

Adrian: Exactly. So, robots should do what we tell them to do, unless we tell them to harm someone. In that case they shouldn't follow our order.

Ella: No killer robots? That's a relief. And what about the third law?

Adrian: A robot should protect itself as long as it doesn't break the first or second law.

Ella: I see. So, a robot needs to protect people first, and then protect itself. Those are well thought-out laws. (h)

Adrian: Well, believe it or not, it was written in 1950.

Ella: 1950? People were thinking about this seventy years ago?

Adrian: Maybe not most people, but Asimov was. He had an incredible imagination. Actually, he wrote over 500 books.

Ella: And maybe you'll read them all someday.

A　空所 (a)~(h) に入る最も適切なものを次の1~10の中からそれぞれ一つ選び、その番号を解答欄に記入しなさい。同じ選択肢を二度使ってはいけません。選択肢の中には使われないものが二つ含まれています。

1　I have trouble finding books I like.

2　I hope they don't try to take over the world!

3　It seems like you're always reading.

4　It's really interesting because the ideas in it are still relevant today.

5　Oh, I haven't seen that in a long time.

6　Oh, so that means no one could tell a robot to hurt other people.

7　That's what I usually read for fun.

8　They are a really simple but clear set of rules for robots.

9　Was that book written recently?

10　Wasn't that made into a movie by the same director?

B　本文中の［　　　］内の日本語を英語で表現しなさい。

この種類の小説では、作家たちはいつの日か本当に存在しうる新しい技術につい
て書くんだ。

≪アシモフのロボット工学三原則≫

全訳

（アメリカの大学のキャンパスで，大学生のエラが友人のエイドリアンに偶然出会う。）

エラ　　　　：あら，エイドリアン，調子はどう？

エイドリアン：おや，やあ，エラ。かなりいいよ。僕は次の時間は授業がないから，少し読書するつもりだったんだ。

エラ　　　　：あら，そうなの？　あなたはいつも読書しているように思えるんだけど。本当に本が好きなのね。

エイドリアン：そうだね，それは時間を過ごす楽しい方法だよ，特におもしろいと思う本が見つかる場合はね。

エラ　　　　：そうね，おそらくそれが私の悩みなのよ。好きな本を見つけるのに苦労するのよ。ところで，あなたは今何を読んでいるの？

エイドリアン：えっとね，ただの SF だよ。普段から楽しみながら読んでいるものなんだ。

エラ　　　　：あ，それって，『スターウォーズ』みたいなものなの？

エイドリアン：いや，そんなんじゃないよ。僕はハードな SF の方が好きなんだ。

エラ　　　　：どういう意味なの？　実際それは読むのが難しいの？

エイドリアン：いや，難しいということではないよ。科学的に正確に記述しようとしているという意味だよ。この種類の小説では，作家たちはいつの日か本当に存在しうる新しい技術について書くんだ。

エラ　　　　：ああ，なるほどね。それで，あなたが読んでいる本はどんな未来の技術について書いてあるの？

エイドリアン：ロボットについてだよ。それは『われはロボット』という題名だよ。アイザック＝アシモフという名の有名な著者によって書かれたんだよ。彼は生化学の教授だった。その本の中の考え方が今日でも通用するもので，本当におもしろいよ。多くの人たちがロボットと人工知能について心配していて，この本はそうしたこと全てを予想していたんだ。

エラ　　　　：そうね，最近，AI のことをよく耳にするわ。いつの日かコンピュータが人間より賢くなるかもしれないと考えると恐ろしいわ。コンピュータが世界を掌握しようとしなければいいけどね！

エイドリアン：そのとおりだ。それが，アシモフがこの本の中で語っていることなんだ。彼は「ロボット工学三原則」と呼ぶものをつくった。それは，実際単純だけれど，ロボットのための明確なルールなんだ。近頃，人々は AI をコントロールする方法について考えていて，アシモフの三原則について今でも話しているよ。

エラ　　　　：で，三原則とは何なの？

エイドリアン：ええっと，第一原則は，ロボットが人間に危害を加えることや人間に危害が加えられるのを許すことを禁止していることだね。

エラ　　　　：そうね，それは第一原則としてはいいわね。第二原則は何？

エイドリアン：もし人間の命令が第一原則に反しなければ，ロボットは人間の命令
　　　　　　　に従わなければならないということだよ。

エラ　　　　：あ，ということは，ロボットに他の人たちを傷つけるように言うこ
　　　　　　　とは誰もできないだろうということだね。

エイドリアン：そのとおり。で，僕たちが誰かに危害を加えるように言わない限り
　　　　　　　は，ロボットは僕たちに言われた通りにするべきだ。人に害を与え
　　　　　　　る場合は，ロボットは僕たちの命令に従うべきではないよね。

エラ　　　　：殺人ロボットはいないということね？　それは安心ね。そして，第
　　　　　　　三原則は何？

エイドリアン：ロボットが第一原則や第二原則に反しない限り，ロボットは自らを
　　　　　　　守るべきだということだよ。

エラ　　　　：わかったわ。つまり，ロボットは最初に人間を守り，次に自らを保
　　　　　　　護する必要があるということなのね。よく考えられた原則ね。その
　　　　　　　本は最近書かれたの？

エイドリアン：えっと，信じられないかもしれないけれど，1950 年に書かれたん
　　　　　　　だよ。

エラ　　　　：1950 年？　70 年前に人々がこのことについて考えていたの？

エイドリアン：おそらくほとんどの人はそうじゃなかったけど，アシモフは考えて
　　　　　　　いたんだよ。彼は信じられないほどの想像力をもっていたんだ。実
　　　　　　　際，彼は 500 冊以上の本を書いているんだよ。

エラ　　　　：ということは，おそらくあなたはいつの日かそれらの本を全部読む
　　　　　　　のでしょうね。

解　説

A．空所補充

各選択肢の意味は次のとおり。

1　「好きな本を見つけるのに苦労するのよ」

2　「コンピュータが世界を掌握しようとしないことを望むわ！」

3　「あなたはいつも読書しているように思えるんだけど」

4　「その本の中の考え方が今日でも通用するもので，本当におもしろいよ」

5　「あ，久しぶりに見たよ」

6　「あ，ということは，ロボットに他の人たちを傷つけるように言うことは誰もで
　きないだろうということだね」

7　「普段から楽しみながら読んでいるものなんだ」

8　「それは，実際単純だが，ロボットのための明確なルールなんだ」

9　「その本は最近書かれたの？」

10　「同じ監督で映画化されましたよね？」

(a)　正解は　3

直前の「僕は次の時間は授業がないから，少し読書するつもりだったんだ」というエイドリアンの発言を踏まえて，3の「あなたはいつも読書しているように思えるんだけど」を選ぶと，空所直後の「本当に本が好きなのね」という発言につながる。it seems like ～「～のようね，～だと思われる」

(b)　正解は　1

空所の直前の「そうね，おそらくそれが私の悩みなのよ」という発言の「それ」は，その前のエイドリアンの発言の，気に入る本が見つかることを指しているので，空所に1の「好きな本を見つけるのに苦労するのよ」を選べば，文意が通る。have trouble *doing*「～するのに苦労する」

(c)　正解は　7

直前でエラが「ところで，あなたは今何を読んでいるの？」と尋ね，エイドリアンは「まあ，ただのSFだよ」と答えている。この発言につながるものとして，7の「普段から楽しみながら読んでいるものなんだ」を選べば，話がうまく流れる。選択肢の中のwhatは関係代名詞で，名詞節をつくり，be動詞の補語になっている。直訳は「それは僕がたいてい楽しみのために読むものだ」。

(d)　正解は　4

空所を含むエイドリアンの発言で，アシモフが著した『われはロボット』の内容と著者について述べられている。よって，その本を説明する内容となる4の「その本の中の考え方が今日でも通用するもので，本当におもしろいよ」を空所に入れると，文意が通る。

(e)　正解は　2

空所の直前の「いつの日かコンピュータが人間より賢くなるかもしれないと考えると恐ろしいわ」というエラの発言より，エラはコンピュータやAIが席巻するような世界を恐れていることがわかる。この発言に続くものとして，2の「コンピュータが世界を掌握しようとしないことを望むわ！」を選べば，うまく話がつながる。kind of ～「少し，幾分」　take over ～「～を掌握する，～の支配権を握る」

(f)　正解は　8

空所の直前に「彼は『ロボット工学三原則』と呼ぶものをつくった」というエイドリアンの発言がある。空所に8の「それは，実際単純だが，ロボットのための明確なルールなんだ」を入れると，この三原則の説明となり，話がうまく流れる。

(g)　正解は　6

その前のエイドリアンの2つの発言で，第一，第二原則の説明をしており，「第一原則は，ロボットが人間に危害を加えることや人間に危害が加えられるのを許すことを禁止していること」，「人間の命令が第一原則に反しなければ，ロボットは人間の命令に従わなければならない」という内容である。このようなエイドリアンの

説明についてのエラの感想としてふさわしいのは，6の「あ，ということは，ロボットに他の人たちを傷つけるように言うことは誰もできないだろうということだね」である。

(h)　**正解は 9** —————————————————————————————

　　空所の後の「えっと，信じられないかもしれないけれど，1950 年に書かれたんだよ」とエイドリアンが答えていることから，その本が書かれた時期に関する質問が空所に入ると推測できる。したがって，9の「その本は最近書かれたの？」という質問が正解となる。believe it or not「信じられないかもしれないけれど」

B．和文英訳

問題文：この種類の小説では，作家たちはいつの日か本当に存在しうる新しい技術について書くんだ。

〈解答例1〉　In this kind of novel, writers write about new technologies that can come into existence someday.

〈解答例2〉　In this type of fiction, authors write about new technologies which could really exist someday.

●「この種類の小説」は this kind of novel とする。kind の代わりに sort や type でも可。

●主語である「作家」は writers や authors にする。動詞である「〜について書く」は write about 〜 で表す。

●「いつの日か本当に存在しうる新しい技術」は主格の関係代名詞を用いて表現する。「いつの日か」someday「存在する」exist あるいは come into existence〔being〕「存在する」を「現れる」と考えれば appear でも可。some day と 2 語に分けた場合は，特定されないある 1 日（ある日）のことを指すため，この文脈で使うことは適当ではない。

●「新しい技術」new technologies　この文脈での「技術」は「個々の技術」と考えて，可算名詞扱いをして複数形にする。

ポイント　不可算名詞が可算名詞になる場合

　通常，不可算名詞でも，a や an がついたり，複数形にすることで可算名詞扱いされ，その名詞が「個別具体化」される。本問では technology は普通「科学技術（という概念）」という意味で不可算名詞だが，複数形にすることで具体化されると，「個々の技術」を表す。例えば AI，自動運転車両，ロボットなどが示唆される。

　不可算名詞の前に形容詞がつくと，同様に「個別具体化」される。これは形容詞が名詞を修飾し，具体的にその名詞を説明する働きを持っていることによる。例えば，breakfast / lunch / supper などの語は通例，無冠詞（have breakfast）だが，形容詞を伴って種類や具体例（例えば，a light breakfast）を表す場合は，冠詞が用いられる。

A．(a)—3　(b)—1　(c)—7　(d)—4　(e)—2　(f)—8　(g)—6　(h)—9
B．〈解答例〉は解説参照。

24

目標解答時間 20 分　**目標正答数** 6/8 問（英作文除く）

次の会話を読んで設問に答えなさい。(50点)

(Natalie sees her friend Greg on campus wearing headphones.)

Natalie: Hey Greg, what are you listening to?

Greg: Oh, hey Natalie. I'm listening to *Oliver Twist*.

Natalie: Wait... there's a band called *Oliver Twist*?

Greg: No, it's the book by Charles Dickens. Surely, you've read it.

Natalie: _____(a)_____

Greg: Yeah, it's an audiobook.

Natalie: So, you're listening to someone read a book to you?
_____(b)_____ Wouldn't that be faster?

Greg: Yeah, I always thought the same thing until I tried an audiobook. You're right that you can read faster by yourself, but I've found that I have much more time to listen than I do to read. I can listen while I'm on the train or walking to class. Now I can't stop listening to them, and I've been getting through many more books than usual.

Natalie: _____(c)_____

Greg: Sure, but I can't while exercising or something like that. I depend on audiobooks especially when I'm out jogging.

Natalie: Yeah, it would be pretty dangerous to try to read a book while you're running. But isn't it hard to pay attention to the story?

Greg: It's usually not so difficult. Actually, it helps me ignore the pain of running. _____(d)_____

Natalie: I wonder if audiobooks would help me clean my room. I always hate doing that.

Greg: Yeah, you should try it! _____(e)_____

Natalie:　I wish they could help me get through my homework!

Greg:　That might not work so well. You have to focus on your homework.

Natalie:　Don't you get bored listening to the same voice for hours?

Greg:　It depends on the narrator. They're professionals, so most of them are quite good at it. _____(f)_____ They're like voice actors. It's really interesting to hear one person play all the roles.

Natalie:　But I guess if you don't like the narrator you can't enjoy the book.

Greg:　Right, that's happened to me before. And then I can't listen to any other books read by the same narrator. But there are usually a few different versions of older books. When I listened to *Crime and Punishment* by Dostoevsky, I could choose from three or four different narrators! _____(g)_____

Natalie:　But doesn't it affect your imagination? What I like about reading books is that I can create the world in my head. I think if you have a narrator doing character voices it might affect your experience.

Greg:　Yeah, that's true. It affects you a little bit, but I think some of the best narrators can really add to the feeling of the story. Some of them really get into it! ［オーディオブックを聴くことは、本を読む前に映画版を観ることほど悪くないよ。］

Natalie:　Right, I can't do that. I don't want to have any fixed image when I start reading a story. But it's interesting to see the movie after you read the book. _____(h)_____

Greg:　I know what you mean. It's usually completely different!

Natalie:　Well, I won't interrupt your adventures with *Oliver Twist* any longer. Enjoy!

A　空所 (a)〜(h) に入るもっとも適切なものを次の 1 〜10 の中からそれぞれ一つ
選び、その番号を解答欄に記入しなさい。同じ選択肢を二度使ってはいけません。
選択肢の中には使われないものが二つ含まれています。

1　I can just listen to the story and forget that my legs are tired.

2　Isn't that by the same author?

3　It's almost like choosing different translations.

4　Oh, I didn't really like the movie version.

5　They're great for anything tedious like that.

6　Well, you can easily read a book on the train.

7　Why not just read the book yourself?

8　You can see how different it is from what you imagined.

9　You'd be amazed to hear one person do lots of different characters.

10　You're listening to a book?

B　本文中の [　　　] 内の日本語を英語で表現しなさい。
オーディオブックを聴くことは、本を読む前に映画版を観ることほど悪くないよ。

≪オーディオブックについての会話≫

全訳

（ナタリーは大学のキャンパスでヘッドフォンをしている友達のグレッグに出会う。）

ナタリー：こんにちは，グレッグ。何を聴いているの？

グレッグ：やぁ，ナタリー。『オリヴァー・ツイスト』を聴いているんだよ。

ナタリー：ちょっと待って…。オリヴァー・ツイストなんてバンドあったかしら？

グレッグ：バンドじゃないよ，チャールズ＝ディケンズの本だよ。きっと読んだことがあるはずだよ。

ナタリー：本を聴いているってこと？

グレッグ：そう，オーディオブックなんだ。

ナタリー：つまり，誰かがあなたに朗読しているのを聴いているの？　自分で読んだらどう？　それの方が速くない？

グレッグ：うん，オーディオブックを試してみるまで僕もずっとそう思っていたよ。自分で読んだほうが速いというのは正しいけれど，読むより聴くのに使える時間のほうがずっと多くあることがわかったんだ。電車に乗っている間も教室に歩いて行く間も聴くことができるよ。今では聴くのを止めることができなくなってしまって，いつもより多くの本を読み終えているよ。

ナタリー：でも電車でも本は簡単に読めるわよ。

グレッグ：そうだね，でも運動とか体を動かしている間はできないよね。僕は特にジョギングをしているときにオーディオブックに頼っているよ。

ナタリー：そうね，走っているときに本を読もうとするのはかなり危険よね。でも物語を聴くのに集中するのは難しくないの？

グレッグ：そんなに難しくないよ。実際，走るしんどさを忘れるのに役立つよ。物語を聴いていると足が疲れていることを忘れてしまうんだ。

ナタリー：オーディオブックがあれば，部屋を掃除するのが楽になるかしら。掃除はずっと嫌いなの。

グレッグ：じゃあ，試してみるといいよ！　オーディオブックはそういう退屈なことをするのにとても役立つよ。

ナタリー：宿題を終わらせるのに役立つといいのだけど！

グレッグ：それはうまくいかないかも。宿題は集中してしなくちゃね。

ナタリー：何時間も同じ人の声を聴くのは飽きない？

グレッグ：語り手しだいだね。彼らはプロだから，ほとんどの人がかなりうまいよ。一人でたくさんの登場人物を演じているのを聴いたら驚くよ。声優のようなんだ。一人がすべての役を演じているのを聴くのは面白いよ。

ナタリー：でも好みじゃない語り手だったら，本を楽しめないわね。

グレッグ：その通りだよ。以前そういうことがあったんだ。それ以来，その同じ語り手が読んだ他の本を聴くことができないんだよ。でも古い本ならいくつか異なるバージョンがあるよ。ドストエフスキーの『罪と罰』を聴いたときは，3，4人の語り手から選ぶことができたんだ！　いろいろな

翻訳から選ぶのに似ているね。

ナタリー：でも想像力に影響はないの？　私が読書で好きなのは自分の頭の中にその本の世界を作れることなんだけど。もし語り手が登場人物の声を出したら，その読書の経験に影響を与えるかもしれないわ。

グレッグ：うん，そのとおりだね。少しは影響あるだろうけど，でも最高の語り手ならその物語の印象をよくしてくれるよ。その物語に入り込んでいる人もいるからね！　オーディオブックを聴くことは，本を読む前に映画版を観ることほど悪くないよ。

ナタリー：そうね。それは私もできないわ。物語を読み始めるときにあらかじめイメージを持ちたくないの。でも本を読んだ後，映画を観るのはおもしろいわ。想像していたのとどれだけ違うか見られるからね。

グレッグ：言いたいことわかるよ。普通は全く違うよね！

ナタリー：じゃ，『オリヴァー・ツイスト』との冒険をこれ以上邪魔するつもりはないわ。楽しんでね！

解 説

A．空所補充

各選択肢の意味は次のとおり。

1　「物語を聴いていると足が疲れていることを忘れてしまうんだ」
2　「それは同じ著者ではありませんか？」
3　「いろいろな翻訳から選ぶのに似ているね」
4　「あ，映画版はあまり好きではなかったです」
5　「オーディオブックはそういう退屈なことにとても役立つよ」
6　「でも電車でも本は簡単に読めるわよ」
7　「自分で読んだらどう？」
8　「想像していたのとどれだけ違うか見られるからね」
9　「一人でたくさんの登場人物を演じているのを聴いたら驚くよ」
10　「本を聴いているの？」

(a)　正解は 10

空所直後のグレッグの「そう，オーディオブックなんだ」という返答に対して適切な質問は，10 の「本を聴いているの？」である。

(b)　正解は 7

空所直後のナタリーの発言「それの方が速くない？」の「それ」が指す内容を含む発言を選ぶ。7 の「自分で読んだらどう？」が適切。「それ」が指す内容は「自分で読むこと」である。Why not ～ ?「～してはどうですか？」

(c)　正解は 6

　　空所の直後で「そうだね，でも運動とか体を動かしている間はできないよね」と
グレッグが反論していることから，適切なナタリーの発言は，6の「でも電車でも
本は簡単に読めるわよ」である。

(d)　正解は　1

　　空所直前のグレッグの発言「実際，（オーディオブックで本を読むことは）走る
しんどさを忘れるのに役立つよ」を具体的に説明している発言は，1の「物語を聴
いていると足が疲れていることを忘れてしまうんだ」が適切。漠然から具体への流
れを把握すること。

(e)　正解は　5

　　空所直前のナタリーの発言「オーディオブックがあれば，部屋を掃除するのが楽
になるかしら。掃除はずっと嫌いなの」に対して，グレッグが「じゃあ，試してみ
るといいよ！」と言っていることから，次にオーディオブックの利点が述べられる
と推測する。適切な発言は，5の「オーディオブックはそういう退屈なことにとて
も役立つよ」である。that は clean my room を指す。

(f)　正解は　9

　　空所直前のグレッグの発言「彼ら（語り手）はプロだから，ほとんどの人がかな
りうまいよ」に続く文として適切なものを選ぶ。「語り手」についての追加情報を
含む9の「一人でたくさんの登場人物を演じているのを聴いたら驚くよ」が正解。

(g)　正解は　3

　　空所直前のグレッグの発言「ドストエフスキーの『罪と罰』を聴いたときは，3，
4人の語り手から選ぶことができたんだ！」に続く適切な選択肢は3の「いろいろ
な翻訳から選ぶのに似ているね」である。It は choose from three or four different
narrators を指しており，「3，4人の語り手から」が「いろいろな翻訳から」と例
えられていることに注意すること。

(h)　正解は　8

　　空所直前のナタリーの発言「でも本を読んだ後，その映画を観るのはおもしろい
わ」に続く発言は，8の「想像していたのとどれだけ違うか見られるからね」であ
る。

Ｂ．和文英訳

問題文：オーディオブックを聴くことは，本を読む前に映画版を観ることほど悪くな
　　　いよ。

〈解答例1〉　Listening to an audiobook is not as bad as seeing the movie
version of the book before reading it.

〈解答例2〉　It is not as bad to listen to an audiobook as it is to see the movie
version of the book before reading it.

●「オーディブックを聴くこと」を不定詞を用いて表すと〈解答例2〉のようになるが，受験生にはやや書きにくいかもしれない。動名詞を用いた〈解答例1〉のほうが簡単だろう。

● 通常，不定詞を用いた主語（ここでは To listen to an audiobook）は避け，仮主語構文を用いる。

●「本を読む前に」は before you read it でもよい。

●「映画版」は問題**A**の選択肢4の the movie version を使う。映画版が複数あると考えれば a movie version でもよい。

●「映画を観る」は次のナタリーの発言にある see the movie を使うが，watch the movie でもよい。

●「…ほど～でない」not as ～ as …

ポイント as ～ as … 構文で起こる省略について

　as ～ as … 構文や比較級を用いた文は，何と何をどのように比較しているのかを考えながら書かなければならない。ここでは，「オーディオブックを聴くこと」と「本を読む前に映画版を観ること」の「悪さの程度」を比べている。よって〈解答例1〉の2つ目の as の後ろには比較対象となる seeing the movie version of the book before reading it を置く。さらに，これに「悪さの程度（bad）」を加えると以下のようになる。

　Listening to an audiobook is not as bad as seeing the movie version of the book before reading it (is bad).

　英語は経済的な言語なので，共通項である is と bad が省略される。〈解答例2〉でも同じことが言える。

　It is not as bad to listen to an audiobook as it is (bad) to see the movie version of the book before reading it.

　〈解答例2〉は bad だけを省略し，意味がわかりやすい英文になっている。as ～ as … のみならず，than を用いた比較構文でも常に何と何がどの点で比べられているのかを意識し，英文を書く癖をつけよう。

A. (a)—10　(b)—7　(c)—6　(d)—1　(e)—5　(f)—9　(g)—3　(h)—8

B. 〈解答例〉は解説参照。

解答

25

【目標解答時間】20分　【目標正答数】6/8問（英作文除く）

次の会話を読んで設問に答えなさい。（50点）

(*Meg arrives at the station where Yuito is waiting.*)

Yuito: I am glad you could make it. Shall we go to the restaurant now?

Meg: Yes, I am starving. I love Indian food, so I am looking forward to trying the restaurant you suggested.

Yuito: OK, let's go. It is one of my favorite places to eat in the city.

(*Meg and Yuito begin walking to the restaurant.*)

Meg: This is really far from the station. _____(a)_____

Yuito: I found it on a website that lists restaurants with vegetarian menu options.

Meg: You are a vegetarian? I would have never guessed. I have known you for a long time, but you have never mentioned it!

Yuito: _____(b)_____ But, I try to limit the amount of meat I eat, and I eat vegetarian foods when I have the option.

Meg: I see. If you don't mind my asking, why do you limit the amount of meat you eat? Is it for health reasons?

Yuito: No, it is not a health issue for me. Even as a kid I didn't like to eat meat. _____(c)_____ So, I didn't want to harm them. I don't even kill bugs unless I have to.

Meg: I knew you love animals. I saw your pictures from Thailand when you worked at the animal sanctuary.

Yuito: Yes, I wanted to help save elephants and other animals that are endangered species. I really enjoyed my time volunteering in Thailand, but now I am focusing on other ways I can help animals and the environment when I am at home, like avoiding meat.

Meg:　That is great. But cows and chickens are not endangered species. How does eating less meat help save elephants?

Yuito:　One thing I learned is that a main factor leading to the endangerment of large mammals, such as elephants, is the destruction of their natural habitat. One reason the animals' homes are being destroyed is to clear land for cows to graze.

Meg:　I never thought about it like that. _____(d)_____

Yuito:　There are many things we can do. 〔僕たちにできる重要なことの一つは、環境問題と動物の多様性についての意識を高めることだよ。〕 When I first became interested in conservation, I focused only on helping elephants and other large mammals.

Meg:　_____(e)_____

Yuito:　That's right. I still love animals like elephants and whales, but I am thinking more about the importance of all animals in maintaining balance in the ecosystem.

Meg:　That means we have to care about bugs and other pests?

Yuito:　Exactly! Everything lives together in balance. We have to protect all animals even if they are not cute and even if we think they are gross. All animals play an important role.

Meg:　I think it would be difficult to start a campaign to save spiders.

Yuito:　_____(f)_____ After all, without spiders there will be too many bugs and those bugs will damage the plants.

Meg:　I should leave the webs in my house alone then? I don't want to see a spider!

Yuito:　You don't have to go that far, but you could leave the webs you find in your garden alone. _____(g)_____

Meg:　I want to help animals but maybe I should start slower. _____(h)_____ Maybe I will think about living with spiders in the future.

A 空所 (a)～(h) に入るもっとも適切なものを次の1～10の中からそれぞれ一つ選び、その番号を解答欄に記入しなさい。同じ選択肢を二度使ってはいけません。選択肢の中には使われないものが二つ含まれています。

1 How did you learn about this place?

2 I have always really loved animals.

3 I know, but spiders are vital.

4 Large mammals are the most expensive then?

5 Most spiders are harmless.

6 Now you no longer focus on large mammals?

7 The taste of meat is too strong.

8 To begin with, I will try the vegetarian lunch.

9 Well, I am not a vegetarian.

10 What else can we do to help protect animals?

B 本文中の [   ] 内の日本語を英語で表現しなさい。

僕たちにできる重要なことの一つは、環境問題と動物の多様性についての意識を高めることだよ。

≪ベジタリアンの食事は動物を救う≫

全訳

（メグはユイトが待っている駅に着く。）

ユイト：君が来てくれてうれしいよ。さて，レストランに行こうか？

メグ　：ええ，おなかがぺこぺこだわ。インド料理が大好きだから，あなたが薦め
　　　　てくれたレストランで食べるのを楽しみにしているのよ。

ユイト：よかった，さあ行こう。そこは僕のこの街でのお気に入りの場所の一つだ
　　　　よ。

（メグとユイトはレストランの方へ歩き始める。）

メグ　：本当に駅から遠いのね。どうやってこの場所のことを知ったの？

ユイト：ベジタリアンメニューのあるレストランが一覧になっているウェブサイト
　　　　でそこを見つけたんだ。

メグ　：あなた，ベジタリアンなの？　それは思ってもいなかったわ。長い間あな
　　　　たのことを知っているけれど，そのことを口にしたことがなかったじゃな
　　　　い！

ユイト：あのね，僕はベジタリアンではないよ。でも，食べる肉の量を制限しよう
　　　　としているんだ。選べるときには，ベジタリアン用の料理を食べるように
　　　　しているよ。

メグ　：わかったわ。もし尋ねてもいいなら，なぜ食べる肉の量を制限しているの
　　　　かしら？　健康上の理由のためなの？

ユイト：違うよ，健康上の問題ではないよ。僕は子どものときでも，肉を食べるの
　　　　が好きではなかった。僕はそのころからずっと動物が大好きなんだ。だか
　　　　ら，動物たちに害を与えたくなかった。必要がなければ，虫さえ殺さない
　　　　んだ。

メグ　：あなたが動物を大好きなことは知っていたわ。あなたが動物の保護区で働
　　　　いていたときのタイの写真を見たことがあるわ。

ユイト：そうなんだ，僕は，ゾウや他の絶滅危惧種の動物を救う手助けをしたかっ
　　　　た。僕はタイでボランティアとして働いて本当に楽しい時間を過ごしたん
　　　　だけど，今は，帰国して，それ以外で動物や環境を助けることのできる方
　　　　法に関心があるんだ。例えば，肉食を避けるとかね。

メグ　：それはすごいわね。でも，雌牛や鶏は絶滅危惧種ではないわ。肉を食べ
　　　　る量を減らすことがどのようにゾウを救うのに役立つの？

ユイト：僕が学んだことの一つは，ゾウのような大型の哺乳動物の絶滅危惧を引き
　　　　起こす主な要因は，自然の生息地の破壊だということだ。動物たちのすみ
　　　　かが破壊されている理由の一つは，雌牛が草を食べるための土地を開墾す
　　　　ることなんだ。

メグ　：私はそんなふうに考えたことがなかったわ。動物を保護するのに役立つた
　　　　めに，私たちは他に何ができるの？

ユイト：僕たちができることはたくさんあるよ。僕たちにできる重要なことの一つ
　　　　は，環境問題と動物の多様性についての意識を高めることだよ。僕が保護
　　　　というものに最初に興味を持ったとき，ゾウと他の大型の哺乳動物を助け

ることだけに集中したんだ。

メグ　：今，あなたはもう大型の哺乳動物に関心がないの？

ユイト：まあそうなんだけどね。だけど今でもゾウやクジラのような動物は大好き
　　　　だよ。でも，生態系のバランスを維持することにおいて，あらゆる動物が
　　　　どれだけ大切なのかということについてもっと考えているんだ。

メグ　：つまり，私たちは昆虫や他の有害な虫について気にかけなければならない
　　　　ということ？

ユイト：そのとおりなんだ！　すべての生き物は一緒にバランスをとって生きてい
　　　　るんだ。たとえかわいくないとしても，たとえ気味が悪いと思ったとして
　　　　も，僕たちはすべての動物を保護しなければならない。すべての動物は重
　　　　要な役割を果たしているんだ。

メグ　：クモを救うための運動を始めることは難しいと思うわ。

ユイト：わかっているよ。でも，クモは絶対必要なんだ。というのも，クモがいな
　　　　ければ，虫があまりにも多くなって，そうした虫が植物に害を及ぼすから
　　　　ね。

メグ　：ということは，私の家のクモの巣をほうっておくべきなのね？　でも私は
　　　　クモを見たくないわ！

ユイト：そんなに極端になる必要はないよ。でも，庭に見つけるクモの巣をほうっ
　　　　ておくことはできるよ。ほとんどのクモは害を与えないから。

メグ　：私は動物を助けたいけど，多分もっと慎重に始めた方がよさそうね。まず，
　　　　ベジタリアンのランチを食べてみるわ。もしかしたら，将来クモと一緒に
　　　　生活することについて考えてみるかもね。

解　説

A．空所補充

各選択肢の意味は次のとおり。

1　「どのようにしてこの場所について知ったの？」
2　「僕はそのころからずっと動物が大好きなんだ」
3　「わかっているよ。でも，クモは絶対必要なんだ」
4　「大型の哺乳動物は最も高価なのでしょうか？」
5　「ほとんどのクモは害を与えないから」
6　「今，あなたはもう大型の哺乳動物に関心がないの？」
7　「肉の味が強すぎる」
8　「まず，ベジタリアンのランチを食べてみるわ」
9　「あのね，僕はベジタリアンではないよ」
10　「動物を保護するのに役立つために，私たちは他に何をすることができるの？」

(a) **正解は 1**

空所の後，ユイトの「ベジタリアンメニューのあるレストランが一覧になっているウェブサイトでそこを見つけたんだ」という発言から，そのレストランを見つけるきっかけを尋ねる疑問文を入れる。よって 1 の「どのようにしてこの場所について知ったの？」を入れると，文意が通る。

(b) **正解は 9**

直前のメグの発言の中の「あなた，ベジタリアンなの？」を踏まえて，9 の「あのね，僕はベジタリアンではないよ」を入れると，空所の後のユイトの「でも食べる肉の量を制限しようとしているんだ。選べるときには，ベジタリアン用の料理を食べるようにしているよ」という発言とうまくつながる。

(c) **正解は 2**

空所の直後の「だから，動物たちに害を与えたくなかった。必要がなければ，虫さえ殺さないんだ」というユイトの発言より，ユイトが動物好きだとわかる。したがって，2 の「僕はそのころからずっと動物が大好きなんだ」を入れるとうまくつながる。また，空所の後の them という代名詞によって，空所では複数形の名詞が使われていると想定でき，これもヒントになる。

(d) **正解は 10**

空所の後のユイトが「僕たちができることはたくさんあるよ」と答えていることから，空所に 10 の「動物を保護するのに役立つために，私たちは他に何をすることができるの？」という疑問文を入れると，会話がスムーズに流れる。

(e) **正解は 6**

ユイトは，空所の前の発言の最終文の後半（I focused only …）で「（昔は）ゾウと他の大型の哺乳動物を助けることだけに集中したんだ」，空所の直後で「その通りだよ」と言っている。これらの発言より，メグがゾウや大型の哺乳類に関する質問をしていることがわかるので，空所に 6 の「今，あなたはもう大型の哺乳動物に関心がないの？」を入れる。no longer「もはや〜ない」 focus on 〜「〜に関心がある，〜に集中する」

(f) **正解は 3**

空所の直前の「クモを救うための運動を始めることは難しいと思うわ」というメグの発言より，話題がクモに移ったことがわかる。さらに，空所の後の「というのも，クモがいなければ，虫があまりにも多くなって，そうした虫が植物に害を及ぼすからね」という発言より，クモが必要な存在であることに言及しているので，3 の「わかっているよ。でも，クモは絶対必要なんだ」を入れると文意が通る。

> **ポイント**　after all は「結局」だけじゃない！
>
> after all の意味を「結局」と暗記している受験生は多いと思うが，これには注意が必要である。ここでは after all が文中のどこに置かれているかに注目したい。
> ① 文末に after all が置かれた場合は，「結局」や「やっぱり」という意味になることが多い。想定していた事態や期待に反している場合に用いられる。
> 　例：Feeling better, I decided to go to school in the afternoon after all.
> 　　「調子が良くなってきたので，やっぱり午後から学校に行くことにした」
> ② 文頭に after all が置かれた場合は，「だって〜だから，何しろ〜だから」という意味になることが多い。自分が言ったことを裏付ける，あるいは追加説明を述べる場合に用いられる。
> 　例：There is no way I can win. After all, he is a professional.
> 　　「僕が勝てっこないよ。何しろ彼はプロなんだから」
> 最終的には after all の意味は文脈で判断することにはなるが，上記のように，使われている場所で，ある程度意味を特定することができる。

(g)　正解は　5

空所の前のユイトの発言で「そんなに極端になる必要はないよ。でも，庭に見つけるクモの巣をほうっておくことはできるよ」と言っており，クモの存在を擁護していることがわかる。その発言に続くものとして，空所に5の「ほとんどのクモは害を与えないから」を入れると，話がうまくつながる。go far「極端に走る」，could は「〜だろう」という意の婉曲用法。leave A alone「A をほうっておく」という意味で，ここでは目的語にあたる A が長くなっているので注意すること。

(h)　正解は　8

空所の直前のメグの「私は動物を助けたいわ，でも，多分もっと慎重に始めた方がよさそうね」という発言から，メグはユイトのクモに関する提案に対して，動物を助けたいと考えてはいるものの，全面的に賛成でないことがわかる。よって空所に8の「まず，ベジタリアンのランチを食べてみるわ」を入れると，文意が通る。to begin with「まず，第一に」

B．和文英訳

問題文：僕たちにできる重要なことの一つは，環境問題と動物の多様性についての意識を高めることだよ。

〈解答例〉 One of the important things that we can do is (to) raise our awareness of environmental problems and the diversity of animals.

●「僕たちにできる重要なことの一つ」は〈one of the＋名詞の複数形〉の形と目的格の関係代名詞を用いて one of the important things (that) we can do とする。

あるいは，one important thing we can do でも可だろう。

●「環境問題」は environmental problems〔issues〕である。一般論なので，複数形にすること。

●「動物の多様性」は the diversity of animals である。ここでも特定の動物について述べているわけではないので，一般論と考えて animal を複数形にすること。

●「～についての意識を高める」raise (*one's*) awareness〔consciousness〕of〔about〕～ とする。raise の代わりに heighten や increase を用いるのも可。もし表現が思いつかない場合は，「～についてもっと真剣に考えてみようとする」と読みかえて，try to think more seriously about environmental problems and the diversity of animals と書くと，日本語が表す意味に近づく。

A. (a)—1　(b)—9　(c)—2　(d)—10　(e)—6　(f)—3　(g)—5　(h)—8
B. 〈解答例〉は解説参照。

26

次の対話を読んで設問に答えなさい。(50点)

(John, a tourist, finds the English section in a Japanese bookstore. Keiko is reading a book there.)

John: Oh good, here are some English books.

Keiko: I'm sorry there's only a small section, but, you know, not so many Japanese people buy English books.

John: Please don't apologize! ＿＿＿＿＿(a)＿＿＿＿＿ What's more, it looks bigger than I expected.

Keiko: You'll find mainly popular novels, introductions to Japan, biographies, and books about politics and international topics.

John: ＿＿＿＿＿(b)＿＿＿＿＿ I just want something to read on the train while I'm travelling around Japan. What have you got there, if I may ask?

Keiko: *(Holds up the book.)* It's Timothy Truffle's book, *Incredible Japan*. Ever since I started studying English seriously, I've been fascinated with the things foreigners write about my country.

John: It sounds like the sort of book I should read while I'm here. *(He picks up a copy and reads from the back cover.)* "One of the best books on Japan this century. Truffle explores the heart of this fascinating, mysterious, Asian country." ＿＿＿＿＿(c)＿＿＿＿＿ But goodness me, look at the price! 3,200 yen for a paperback.

Keiko: Yes, I'm afraid all the English books here are quite expensive. You would find them much cheaper online.

John: Then I'm surprised the Japanese still use a bookstore like this.

Keiko: ＿＿＿＿＿(d)＿＿＿＿＿ Don't you think? Of course, a store like this can't sell at the same low prices as huge international companies that sell everything online. But it's so nice to be able to come in here and actually open up the books and look inside.

John: Yeah, I know what you mean. I didn't support my local bookstore back home much. _____(e)_____ Now I feel guilty! I suppose there are millions of people like me. 〔ほんの少しのお金を節約しようとして、私たちは地元の小さなお店をつぶしてしまっているんだ。〕 Yet they make our communities lively and interesting.

Keiko: I'm glad you agree! I feel strongly about this. And so often these savings are really insignificant. Think about how much it's cost you to come to Japan. _____(f)_____ Even if you do pay an extra 1,000 yen for Timothy Truffle's book, it's just a tiny, tiny fraction of your total budget!

John: Wow! _____(g)_____ So, do you mean we should think about every purchase in terms of our larger expenditure?

Keiko: Yes! People should think much more about how their use of money shapes the world around them.

John: Well, I'll do something for this store and pay 3,200 yen for this copy of *Incredible Japan*!

Keiko: _____(h)_____

A　空所 (a)〜(h) に入るもっとも適切なものを次の 1 〜10の中からそれぞれ一つ選び、その番号を解答欄に記入しなさい。同じ選択肢を二度使ってはいけません。選択肢の中には使われないものが二つ含まれています。

1　You are missing my point.

2　But it would be tragic if they didn't!

3　I'm impressed there is an English section.

4　I mean, flights, hotels, trains, meals, and so on.

5　I'm not looking for anything in particular.

6　Wow, that's a good recommendation!

7　I know that book.

8　But when it closed I felt really sad.

9 I never really thought about it like that before.

10 And I'm buying one too.

B 本文中の [   ] 内の日本語を英語で表現しなさい。

ほんの少しのお金を節約しようとして、私たちは地元の小さなお店をつぶしてし

まっているんだ。

≪より大きな観点から経済を眺めてみる≫

全 訳

　（旅行者であるジョンは日本の書店で英語のコーナーを見つける。ケイコがそこで本を読んでいる。）

ジョン：ああ，よかった。ここに何冊か英語の本がありますね。

ケイコ：本当に小さなコーナーなのが申し訳ないのですが，英語の本を買う日本人はさほど多くありません。

ジョン：謝らないでください！　英語の本のコーナーがあるっていうことに感心しているんです。それに私が思っていたよりも大きいですよ。

ケイコ：人気のある小説，日本の紹介，伝記，それから政治や国際的な話題についての本が主に置いてあると思います。

ジョン：僕は何か特定のものを探しているわけじゃないんです。僕は日本中を旅している間に電車で読むものが欲しいだけなんです。あなたが持っているものについておたずねしてもよろしいですか？

ケイコ：（本を掲げる。）ティモシー゠トラフルの『素晴らしい日本』です。英語を真剣に学び始めてからずっと，私は外国人が日本について書く作品に魅了されているんです。

ジョン：僕が滞在中に読むべき本みたいですね。（ジョンは1冊手に取り，裏表紙から読む。）「今世紀，日本について書かれた最良の本の1冊。この魅力的で神秘的なアジアの国の核心をトラフルが探究」わあ，これは良い推薦文ですね！　でも，おや，値段を見てください！　ペーパーバックで3,200円もします。

ケイコ：そうなんです。残念なことに，ここにある英語の本は全部かなり高価なんです。インターネットであればもっと安く見つけられますよ。

ジョン：そういうことなら，日本人がまだこのような書店を利用しているということは僕にとって驚きですね。

ケイコ：でももしこのような書店を利用しないなら，悲劇的なことになります！　そう思いませんか？　もちろんのことですが，このようなお店は，あらゆるものをネット上で販売する巨大な国際企業と同じような低価格で販売することはできません。でもここに来て実際に本を開き，中を見ることができるっていうのは素敵なことです。

ジョン：そうですね。あなたの言いたいことはわかります。僕は地元の書店をあまり支援していませんでした。でもその書店が閉店したとき，本当に悲しくなりました。今は罪の意識を感じているんです！　僕のような人が何百万人もいるんでしょうね。ほんの少しのお金を節約しようとして，僕たちは地元の小さなお店をつぶしてしまっているんです。でもそういったお店は僕たちの地域社会を活き活きとした面白いものにしてくれるんですよ。

ケイコ：あなたが賛同してくれて嬉しいです！　私はこのことを強く感じるんです。こんなふうに節約したって，その差は取るに足らないことがとても多いんです。日本に来るのにいくらぐらいかかったかを考えてみてください。つまり飛行機代，宿泊費，電車賃，食費などの費用です。たとえあなたがテ

　　　　　ィモシー＝トラフルの本に余分に1,000円払うとしても，それはあなたの
　　　　　予算総額の中のほんの小さな一部にすぎません！

ジョン：わあ！　今までそんなふうに考えたことはありませんでした。つまりあな
　　　　たが言いたいのは，僕たちは毎回の買い物で払う代金を自分たちのより大
　　　　きな支出額という観点から考えるべきだということですか？

ケイコ：そうです！　人々は，自分たちがお金を使うことがどのように身の回りの
　　　　世界を形作るのかをもっと考えるべきなんです。

ジョン：それでは，僕はこのお店のために何かしようと思います。この『素晴らし
　　　　い日本』に3,200円を払うとしましょう！

ケイコ：では私も1冊買います。

解　説

A．空所補充

　各選択肢の意味は次のとおり。

1　「あなたは私の主張をわかっていない」
2　「でももしもこのような書店を利用しないなら，悲劇的なことになるだろう！」
3　「英語のコーナーがあることに感動する」
4　「つまり，飛行機代や宿泊費，電車賃や食費などだ」
5　「何か特定のものを探しているわけではない」
6　「わあ，素晴らしい推薦文だ！」
7　「私はあの本を知っている」
8　「でも閉店したときは本当に悲しかった」
9　「今までそんなふうに考えたことは本当になかった」
10　「では私も1冊買おう」

(a)　**正解は　3**

　空所の直後に What's more とあることから肯定的な発言が入ることがわかる。
さらに「思っていたよりも大きい」と続いているので，ジョンが英語の本のコーナ
ーがあることに満足したと考えて，3の「英語のコーナーがあることに感動する」
が正解となる。

(b)　**正解は　5**

　空所の直後で，ジョンは「僕は日本中を旅している間に電車で読むものが欲しい
だけなんです」と言っていることから，5の「何か特定のものを探しているわけで
はない」が正解になる。

(c)　**正解は　6**

　空所の前のかっこ内の内容からジョンが手に取った本の裏表紙を読んでいること
がわかり，その後に「日本について書かれた最良の本の1つ」とあり，さらにそれ

が引用符でくくられていることから，6の「わあ，素晴らしい推薦文だ！」が正解。

(d) **正解は 2**

空所の後で，ケイコは「ネット上で物を売る大手のように安価では売れないが，実際に本を手に取って見られることは素敵だ」という趣旨の発言をし，書店を擁護している。よって2の「でももしもこのような書店を利用しないなら，悲劇的なことになるだろう！」が適切である。選択肢は仮定法過去の形になっており，didn't の後には use it が省略されている。

ポイント　仮定法について

仮定法の中で頻出なのは，仮定法過去と仮定法過去完了である。受験生にこの2つの構文をたずねると，仮定法過去は〈if＋S'＋過去形…，S＋助動詞＋動詞の原形…〉，仮定法過去完了は〈if＋S'＋had＋過去分詞形…，S＋助動詞＋have＋過去分詞形…〉と正しく答える。しかし長文中に仮定法が出てくると気づかない受験生が多いようなので，以下のことを頭の中に入れて長文を読み進めてみよう。

☆長文中で現在の話をしている（あるいは時制が現在になっている）のに，could, would, might などの助動詞が現れた場合，〈仮定法ではないか〉と考えてみる。

もちろんこれらの助動詞が can，will，may の過去形という場合もあるが，本問では前後が現在形で語られているので，過去の話をしているわけではない。上記のような姿勢で長文を読めば，本問のような空所補充問題は自信を持って答えることができる。

(e) **正解は 8**

空所の直前で，ジョンは「地元の書店をあまり支援しなかった」と言い，さらに直後で「今は罪の意識を感じる」と言っていることから，支援しなかったことへの後悔を表す文が入るので，8の「でも閉店したときは本当に悲しかった」が正解となる。

(f) **正解は 4**

空所の直前で，ケイコが「日本に来るのにかかった費用を考えてみてください」と言っていることから，「費用」を「飛行機代や宿泊費，電車賃や食費」と具体的に説明している4が正解となる。抽象（cost）から具体（選択肢4）への流れになっている。

(g) **正解は 9**

空所の直前のケイコの発言第4文（Think about how …）以降を受けてのジョンの感想を入れる。空所の直後でジョンがケイコの言ったことを別の言い方で確認していることから，9の「今までそんなふうに考えたことはなかった」が適切である。

(h) **正解は 10**

空所の直前で，ジョンが「『素晴らしい日本』に3,200円を払うとしましょう！」と述べているので，自分も買うと言っていると考えられ，10の「では私も1冊買おう」を入れると文意に合う。

B. 和文英訳

問題文：ほんの少しのお金を節約しようとして，私たちは地元の小さなお店をつぶしてしまっているんだ。

〈解答例1〉 By trying to save a small amount of money, we are forcing small local stores out of business.

〈解答例2〉 When we try to save only a small amount of money, it drives small local stores to close.

● 「ほんの少しのお金を節約しようとして」という部分は〈解答例1〉では by *doing* 「～することによって」を用いたが，because や when といった節を用いて「私たちがほんの少しのお金を節約しようとするために（すると）」と表すこともできる。

● 「つぶしてしまう」という部分は drive「～に追いやる」といった動詞を用いることもできる。

● 「つぶれる，廃業する」は（go）out of business という表現を覚えておきたいが，cause *A* to *do*「*A* が～する原因となる」と close「閉める」を用いて表すこともできるだろう。

A. (a)—3　(b)—5　(c)—6　(d)—2　(e)—8　(f)—4　(g)—9　(h)—10

B. 〈解答例〉は解説参照。

解答

27

目標解答時間 20 分　**目標正答数** 6/8 問（英作文除く）

次の対話を読んで設問に答えなさい。（50点）

(*Andrea and Jessica are walking through an art museum.*)

Andrea: Ah, now we're entering my favorite part of the museum — the Impressionist paintings.

Jessica: The Impressionists?

Andrea: You know, the group of 19th-century painters in Paris, like Claude Monet and Pierre-Auguste Renoir.

Jessica: Oh right. ＿＿＿＿＿(a)＿＿＿＿＿

Andrea: I'm surprised to hear that. I thought everyone liked their work.

Jessica: Well, not everyone. Although I think the paintings are pretty, they don't really impress me. They're colorful but a little shallow, in my opinion. I think I prefer deeper, more realistic art.

Andrea: ＿＿＿＿＿(b)＿＿＿＿＿ It's not just about painting with pretty colors. Many of the Impressionists were fascinated with the complexity of natural forms and the relationship between light and shadow.

Jessica: Maybe. But it seems to me that the colors are all wrong. I mean, natural light doesn't look like it does in these paintings. From my perspective, many of them don't seem as if they were painted by professionals. ＿＿＿＿＿(c)＿＿＿＿＿

Andrea: Ah, but they were not meant to be realistic at all. Instead of painting exact copies of traditional subjects, the Impressionists tried to capture an essential idea about the subject and the feeling of the environment.

Jessica: I understand your point. ＿＿＿＿＿(d)＿＿＿＿＿ For example, there's a lot of feeling in the work of older artists, like Leonardo da Vinci. His work is full of wonderful detail and a sense of the human spirit.

Andrea: Of course, and his work is brilliant. But older artists were also more...formal. Before the Impressionists, there were rather limited ideas about what subjects were appropriate for painting and the type of technique that should be used.

_____(e)_____

Jessica: How so?

Andrea: Well, first of all, artists started painting outside of their studios much more. Take this painting by Monet, for example. It's of a train station in Paris.

Jessica: _____(f)_____

Andrea: That may be true, and many people at the time would have agreed with you. But for Monet, it was an unexplored place in art.〔彼が出てくるまで、誰もそんな日常の光景に焦点を当てなかったのよ。〕So even though the subject might be "boring" to you, for him it was new and exciting.

Jessica: I suppose. But I still think it all seems very unrealistic.

Andrea: That's why they're called "Impressionists." These painters were fascinated with how our mind captures images, or impressions, especially at different times of day. Monet painted this train station more than ten times, and in each one the environment is a little different. _____(g)_____ Each time he tried to capture the particular impression of that moment, even if it wasn't always realistic.

Jessica: _____(h)_____ But I just don't think I can appreciate them. So, shall we move on? What's in the next gallery?

Andrea: The Post-Impressionists, of course!

A　空所 (a)〜(h) に入るもっとも適切なものを次の1〜10の中からそれぞれ一つ選び、その番号を解答欄に記入しなさい。同じ選択肢を二度使ってはいけません。

選択肢の中には使われないものが二つ含まれています。

1　It's a rather boring subject for a painting.

2　Sometimes it was cloudy, and sometimes sunny.

3　It's as if the painters didn't have the skill to make them look realistic.

4　I'm not really a fan of them.

5　But professionals do not paint realistically.

6　I understand everything you're saying.

7　That all changed when the Impressionists came along.

8　But isn't that what artists have historically done?

9　Other painters liked to paint train stations, even if he didn't.

10　But these do have depth.

B　本文中の [　　　] 内の日本語を英語で表現しなさい。

彼が出てくるまで、誰もそんな日常の光景に焦点を当てなかったのよ。

全訳

≪印象派の作品について異なる二人の見解≫

（アンドレアとジェシカは美術館を歩いている。）

アンドレア：ああ，次はこの美術館で私のお気に入りの展示室，印象派よ。

ジェシカ　：印象派ですって？

アンドレア：知っていると思うけど，パリに住んでいた19世紀の画家のグループのことよ。クロード＝モネとか，ピエール＝オーギュスト＝ルノワールとか。

ジェシカ　：知っているわ。でも実はあまり好きじゃないの。

アンドレア：驚いたわ。みんな印象派の作品を好きだと思っていた。

ジェシカ　：いえ，みんなとは限らないわ。絵はきれいだと思うけど，あまり印象に残らないの。私の考えでは，カラフルだけど少し奥行きがないわ。もっと深みがある，つまりもっと写実的な絵が私は好きなのだと思うわ。

アンドレア：でも深みはあるわよ。印象派というのはただ単にきれいな色を使って描いているだけではないわ。印象派の画家の多くはありのままの姿の複雑さと光と影の関係に魅了されていたの。

ジェシカ　：そうかもね。でも私には色あいが全部間違っているように見えるの。つまり，自然の光はその絵の中の光のようには見えないわ。私の目から見ると，その多くが，プロによって描かれたようには見えないの。まるで写実的に見せる技術を画家たちがもっていないかのように見えるわ。

アンドレア：ああ，でも写実的にするつもりはまったくなかったの。昔からある題材を正確に写すのではなく，印象派の画家たちは，その題材や周囲の景色の情感について本質的なイメージをとらえようとしたの。

ジェシカ　：言いたいことはわかるわ。でもそれってずっと昔から芸術家たちがしてきたことじゃないの？　たとえば，レオナルド＝ダ＝ビンチのようなもっと古い時代の芸術家の作品には，たくさんの情感が込められているわ。彼の作品は，とても緻密で人間性に満ちあふれているわ。

アンドレア：もちろん，彼の作品は素晴らしいわ。でも印象派以前の芸術家たちはもっと…形式張っているの。印象派以前は，絵にどんな題材が適しているかや，使うべきテクニックの種類についてかなり限定されていたの。印象派が現れてから，それがすべて変わったわ。

ジェシカ　：どうしてそうなの？

アンドレア：ええ，まず，芸術家たちはそれまでよりももっと，アトリエから出て描き始めたの。たとえばこのモネの絵を見て。それ，パリの駅なのよ。

ジェシカ　：絵の題材としてはかなり退屈ね。

アンドレア：そうかもね。それに当時の多くの人があなたと同じ意見だったの。でもモネにとって，それは絵の世界で誰も足を踏み入れていない場所だったの。彼が出てくるまで，誰もそんな日常の光景に焦点を当てなかったのよ。だから，あなたにとってその題材は「退屈」かもしれないけど，彼にとっては新鮮でわくわくするものだったの。

　ジェシカ　：そうね。でもそれでもその絵はすべてとても非現実的に見えると思うの。
　アンドレア：だから彼らは「印象派」と呼ばれるのよ。印象派の画家たちは，特に
　　　　　　　１日の異なる時間で，私たちの心がどのようにイメージや印象をとら
　　　　　　　えるかに魅了されたの。モネはその駅を10回以上も描いたんだけど，
　　　　　　　その１回１回において，状況は少しずつ違うの。時には曇りだったり，
　　　　　　　時には晴れだったり。毎回，彼はその瞬間独特の印象をとらえようと
　　　　　　　したの。たとえ，必ずしも現実的でなくてもね。
　ジェシカ　：あなたの言っていることはすべてわかるわ。でもやはり，そのよさが
　　　　　　　まったくわからないの。だから次に行きましょうよ。次の展示室は何
　　　　　　　の絵なの？
　アンドレア：もちろん，後期印象派よ！

解　説

Ａ．空所補充

各選択肢の意味は次のとおり。

1　「絵の題材としてはかなり退屈ね」
2　「時には曇りだったり，時には晴れだったり」
3　「まるで写実的に見せる技術を画家たちがもっていないかのように見えるわ」
4　「でも実はあまり好きじゃないの」
5　「でも，専門家は写実的に描くものじゃないわ」
6　「あなたの言っていることはすべてわかるわ」
7　「印象派が現れてから，それがすべて変わったわ」
8　「でもそれってずっと昔から芸術家たちがしてきたことじゃないの？」
9　「他の画家は電車の駅を好んで描いたの，たとえ彼がそうじゃなかったとしてもね」
10　「でも深みはあるわよ」

(a)　正解は　4 ─────────────────────────────

空所の直後でアンドレアは「驚いたわ。みんな印象派の作品を好きだと思ってい
た」と言っていることから，ジェシカが印象派を好きではないことがわかる。よっ
て4の「でも実はあまり好きじゃないの」が正解となる。

(b)　正解は　10 ────────────────────────────

空所の直前の発言でジェシカは印象派の絵画について批判的な態度を示し，自分
の好みの絵について語っている。これを受け空所の直後でアンドレアが「印象派と
いうのはただ単にきれいな色を使って描いているだけではないわ」と言っているこ
とから印象派の絵画を擁護していることがわかるので，正解は10の「でも深みは
あるわよ」となる。do は強調の働きをしている。ここでの painting は「絵を描く
こと」という意味の名詞。

ⓒ 正解は 3 ────────────────────────

　空所の直前でジェシカは「私の目から見ると，その多くが，プロによって描かれたようには見えないの」と批判的な発言をし，それに続くセリフなので，批判的な内容を表す3の「まるで写実的に見せる技術を画家たちがもっていないかのように見えるわ」が正解となる。as if S＋動詞の過去形「まるで〜であるかのように」

ⓓ 正解は 8 ────────────────────────

　空所の直後でジェシカは「たとえば，レオナルド＝ダ＝ビンチのようなもっと古い時代の芸術家の作品には，たくさんの情感が込められているわ」と言っているので，過去の芸術家について述べた選択肢である8の「でもそれってずっと昔から芸術家たちがしてきたことじゃないの？」が正解となる。抽象（artists）から具体（Leonardo da Vinci）への流れになっていることに注目すること。

ⓔ 正解は 7 ────────────────────────

　空所の直後のジェシカのセリフ How so? は How is it so? で「どうしてそうなの？」と説明を求める会話表現で，その後でアンドレアが「ええ，まず，画家たちはそれまでよりもずっと，アトリエから出て描き始めたの」と言っていることより，画家の仕事ぶりの変化がわかるので，7の「印象派が現れてから，それがすべて変わったわ」が正解となる。

ⓕ 正解は 1 ────────────────────────

　空所の直前のアンドレアの発言の中にある「パリの駅」に関する選択肢は9があるが，「他の画家たちも駅を描くのを好んだ」は空所の次のアンドレアの発言「でもモネにとって，それは絵の世界で誰も足を踏み入れていない場所だった」とつながらない。その後の「だから，あなたにとってその題材は『退屈』かもしれないけど」より，1の「絵の題材としてはかなり退屈ね」が正解となる。

ⓖ 正解は 2 ────────────────────────

　空所の直前でアンドレアは「モネはその駅を10回以上も描いて，その1回1回において，状況は少しずつ違う」と言っており，その少しずつ違う状況を具体的に述べている2の「時には曇りだったり，時には晴れだったり」が正解となる。ⓓと同様に抽象（a little different）から具体（cloudy と sunny）への流れになっている。

ⓗ 正解は 6 ────────────────────────

　空所の直後のジェシカの発言「でもやはり，そのよさがまったくわからないの」は否定的な内容で，さらに But という逆接の接続詞でつながれていることから，肯定的な内容を表す6の「あなたの言っていることはすべてわかるわ」が正解となる。

B．和文英訳

問題文：彼が出てくるまで，誰もそんな日常の光景に焦点を当てなかったのよ。

〈解答例〉　Before he came along, no one (had) focused on such everyday scenes.

- ●「彼が出てくるまで」は「彼が出てくる以前は」と考え，接続詞 before を使う。「出てくる」は**A**の選択肢 7 で使われた came along を使う。before his appearance，あるいは before he appeared としてもよい。
- ●「～に焦点を当てる」は focus on ～，または「～に注意を払う」と考え pay attention to ～ を使う。時制は過去でも過去完了でもよい。
- ●「日常の」は他に daily/common/ordinary など。
- ●「光景」scenes

ポイント　過去完了について

　受験生の中には，かなり過去のことを書く場合は過去完了を使うと考えている人が少なくないようである。これは大過去という言葉を誤解したことから起きる間違いである。過去完了は原則として，ある過去の時点よりもさらに過去のことを述べる場合（これを大過去と言う）に用いる。しかし，無理をして過去完了を使わずに，過去形で書いてよい場合があるので，ここではそれについて述べる。

　① 接続詞の before や after が用いられていて，出来事の前後関係が明らかな場合
　She arrived before I left.「彼女は私が出発する前に着いた」
　もちろん過去完了形で書いてもかまわない。
　She had arrived before I left.

　② 等位接続詞 and や but を用いて，出来事を時系列順に並べる場合
　I bought a new-model iPad and gave it to my younger brother.
　「私は新しいモデルの iPad を買ってそれを弟にあげた」
　I bought new wireless earbuds, but I lost one of them.
　「新しいワイヤレスイヤホンを買ったが，片方をなくしてしまった」
　過去形を使って時系列順に並べ，過去完了形は使わない。

　このように，①と②から，出来事の前後関係が明白なときは，過去完了形を使う必要はないと言える。

A． (a)—4　(b)—10　(c)—3　(d)—8　(e)—7　(f)—1　(g)—2　(h)—6
B．〈解答例〉は解説参照。

28

2018年度　政策・文化情報(文・理)・生命医科・スポーツ健康科(文・理)学部

目標解答時間 20分　**目標正答数** 8/8問（英作文除く）

次の対話を読んで設問に答えなさい。（50点）

(Two friends, Paul and Susie, are at a rugby match.)

Paul: How are you enjoying watching your first rugby match, Susie?

Susie: Yeah, it's great. I love being outside on such a beautiful day and the atmosphere is fantastic. _____(a)_____

Paul: Well, it's a pretty big game for these two teams. Whichever team wins will go into the finals series starting next weekend.

Susie: And just remind me, which team do you support again, Paul?

Paul: _____(b)_____ Look at the shirt I'm wearing. The blue team, of course. It's my old university team!

Susie: Ha ha. Yes, I know. I was just kidding. You never stop talking about your old rugby team. So anyway, I've been meaning to ask, why don't you *play* rugby anymore?

Paul: _____(c)_____ I hurt my right knee in my last year at university and it hasn't healed fully. I still can't run very fast on it, and it hurts if I stand in one position without moving for too long.

Susie: Oh, that's no good. _____(d)_____

Paul: Well, I did go to the doctor when it first happened and she recommended surgery, which I had. But my knee has never really felt the same as it did before the injury. These days, I just put up with it. Unfortunately, I won't be able to play rugby for a while.

Susie: That's a shame. _____(e)_____

Paul: Yeah, you're right, I do. But recently I've started getting into other sports that don't hurt my knee as much, like swimming and golf.〔特に水泳は、身体に過剰な負担をかけずに運動するには良い方法なんだ。〕

Susie: I've heard that, too.

Paul: So, how about you, Susie? _____(f)_____

Susie: To be honest, these days I don't do all that much. Back in high school, I used to do track and field. I especially enjoyed the jumping events.

Paul: What do you mean?

Susie: You know, like high jump and long jump.

Paul: Oh, yeah. Of course.

Susie: Anyway, after I graduated and moved away to university, I never got back into athletics. And then my studies seemed to take priority over everything else, so I didn't really try any new sports either.

Paul: So, you don't do any exercise these days?

Susie: _____(g)_____ But I do walk to work whenever it's not raining. And sometimes on weekends I play a bit of tennis with my friends.

Paul: Oh, I didn't know you played tennis. Let's get together for a game sometime. What do you think?

Susie: Yeah, sure. But I'm warning you, I'm not very good.

Paul: Well, you should still be able to beat me on my one good knee. How about next Sunday?

Susie: Okay, great. _____(h)_____

Paul: Look at the scoreboard, Susie. There's only three minutes to go and my team is behind by 15 points. There will be no finals for these guys this year unfortunately.

A　空所 (a)〜(h) に入るもっとも適切なものを次の 1 〜10の中からそれぞれ一つ選び、その番号を解答欄に記入しなさい。同じ選択肢を二度使ってはいけません。選択肢の中には使われないものが二つ含まれています。

1 But what about the rugby finals?

2 Can't you tell?

3 Do you play any sports?

4 How many people are on a team?

5 I got injured.

6 I've never played baseball in my life.

7 The fans all seem super-excited.

8 Well, not as much as I should.

9 Why don't you go and get it looked at?

10 You seem to really enjoy sports.

B　本文中の [　　　] 内の日本語を英語で表現しなさい。

特に水泳は、身体に過剰な負担をかけずに運動するには良い方法なんだ。

全訳

≪ラグビーの試合観戦中の友人同士の会話≫

（ポールとスージー，2人の友人同士がラグビーの試合に来ている。）

ポール　：初めてのラグビーの試合，楽しんでる，スージー？

スージー：うん，すごいね。私はこんな晴れた日には外にいるのが大好きだし，雰囲気も素敵だわ。ファンの人たちもみんな超興奮しているみたい。

ポール　：そうだね，この2つのチームにとって本当に大きな試合だからね。どちらでも勝った方のチームが来週末に始まる決勝シリーズに進出するんだ。

スージー：もう一度確認なんだけど，ポールはどっちのチームを応援しているんだっけ？

ポール　：わからないの？　ぼくが着ているシャツを見てよ。もちろん，ブルーのチームだよ。昔通っていた大学のチームなんだ！

スージー：あはは。もちろん知ってるわよ。からかっただけ。あなたの昔のラグビーチームの話が全然止まらないんだもの。それはそうとして，私尋ねようと思っていたんだけど，なぜもうあなたはラグビーをしないの？

ポール　：怪我をしたんだよ。大学の最後の年に右の膝を怪我して，まだ完治していないんだよ。この膝ではまだあまり速く走れないし，あまりにも長い間動かずに1つの姿勢を続けて立っていると痛むんだ。

スージー：あら，それは良くないわね。診察してもらいに行けばいいのに。

ポール　：うん，最初に怪我した時に医者に行くことは行ったんだ。で，彼女が手術を勧めたから受けたんだよ。でもぼくの膝は怪我する前の感覚には決して戻らなかったんだ。近頃ではそのことを我慢するだけだよ。残念だけど，しばらくはラグビーはできないだろうね。

スージー：それは残念ね。あなたは本当にスポーツを楽しんでるように見えるから。

ポール　：うん，その通りだ。でも最近，それほど膝を痛めないような他のスポーツに熱中し始めたんだ。たとえば水泳とかゴルフとかね。特に水泳は，身体に過剰な負担をかけずに運動するには良い方法なんだ。

スージー：私もそれは聞いたことあるわ。

ポール　：それじゃあ，君はどうなの，スージー？　何かスポーツはするの？

スージー：正直に言うと，近頃はそんなにしていないの。高校生の時には陸上競技をしていたのよ。特にジャンプ競技が楽しかったわ。

ポール　：どういうこと？

スージー：ほら，高跳びとか幅跳びとか。

ポール　：ああ，そうか。そうだよね。

スージー：とにかく，卒業して大学に移ってからは陸上競技には戻らなかったわ。それからは勉強が他の何よりも最優先のように思えたし，だから新しいスポーツにも挑戦しなかったの。

ポール　：それじゃあ，近頃は何の運動もしてないの？

スージー：うん，理想ほどはね。でも雨が降っていない時にはいつも歩いて職場に通っているのよ。それに週末には時々，友達とちょっとテニスをしているの。

ポール　：へえ，君がテニスをしていたなんて知らなかったよ。いつか一緒に試合
　　　　　しようよ。どう思う？
スージー：うん，もちろんよ。でも言っておくけど，私そんなに上手じゃないわよ。
ポール　：ああ，それでも，ぼくの調子のいい膝は1つだけだから，君は勝てるは
　　　　　ずだよ。次の日曜はどう？
スージー：オーケー，いいわね。でも，ラグビーの決勝戦はどうなるの？
ポール　：スコアボードを見てよ，スージー。あと3分しかないのにぼくの応援し
　　　　　ているチームは15点差で負けてるよ。残念だけど今年は彼らは決勝戦
　　　　　には出られないな。

解 説

A．空所補充

各選択肢の意味は次のとおり。

1　「でも，ラグビーの決勝戦はどうなるの？」
2　「わからないの？」
3　「何かスポーツはするの？」
4　「1チームは何人なの？」
5　「怪我をしたんだよ」
6　「今までの人生で一度も野球をしたことがないよ」
7　「ファンの人たちもみんな超興奮しているみたい」
8　「うん，理想ほどはね」
9　「診察してもらいに行けばいいのに」
10　「あなたは本当にスポーツを楽しんでるように見えるから」

(a)　正解は 7 ――――――――――――――――――――――――――

空所の前ではスージーが試合会場の雰囲気について述べており，空所の後のポー
ルの発言では「そうだね，この2つのチームにとって本当に大きな試合だからね」
と述べているので，会場の様子の描写と考えられる選択肢を選ぶ。よって7の
The fans all seem super-excited. が正解。

(b)　正解は 2 ――――――――――――――――――――――――――

空所の前でスージーは「確認なんだけど，ポールはどっちのチームを応援してい
るんだっけ？」と尋ねているが，ポールは空所の後で「ぼくが着ているシャツを見
てよ。もちろん，ブルーのチームだよ。昔通っていた大学のチームなんだ！」と答
えている。つまり，「着ているシャツの色を見ればわかるはずだ」という意味の発
言の前なので2の Can't you tell?「わからないの？」が入る。この tell は「わか
る」の意味。

⒞　**正解は 5** ─────────────────────────────

　空所の前でスージーは「なぜもうあなたはラグビーをしないの？」と尋ねており，空所の後ではポールが怪我について具体的に説明しているので，5 の I got injured. が正解。

⒟　**正解は 9** ─────────────────────────────

　空所の後ではポールが「うん，それ（＝怪我）が最初に起こった時に医者に行くことは行ったんだ」と答えているので，空所ではスージーが治療を勧めていると考えられる。よって 9 の Why don't you go and get it looked at? が正解。この go and get は go to get と同義で，get 以下は〈get *A done*＝*A* を～してもらう〉のかたちが用いられている。it は右膝のことで，look at ～ は「～を診察する」の意味。よってこの発話は「それ（＝右膝）を診察してもらいに行けばいいのに」という意味になる。

⒠　**正解は 10** ────────────────────────────

　空所の直前の That's a shame. は「それは残念ね」という意味。スージーの発言はその前にあるポールの「残念だけど，しばらくはラグビーはできないだろうね」という発言に対するものなので，スージーが「それは残念ね」と述べた理由が⒠に入ると考えられる。よって 10 の You seem to really enjoy sports. が正解。

⒡　**正解は 3** ─────────────────────────────

　空所の次のスージーの発言では「正直に言うとね，近頃はそんなにしていないの。高校生の時には陸上競技をしていたのよ」と述べられているので，空所ではスージーのスポーツ経験について尋ねていると考えられる。よって 3 の Do you play any sports? が入る。

⒢　**正解は 8** ─────────────────────────────

　空所の前のポールの発言では「それじゃあ，近頃は何の運動もしてないの？」と尋ねているので，それに対する肯定または否定の応答が入ると考えられる。よって 8 の Well, not as much as I should. が正解となるが，これは Well, (I do) not (do exercise) as much as I should (do). の（　）内が省略された形であり，「（運動を）しなくてはならないのと比べて，それほど多くは（運動）していない」ということから「うん，理想ほどはね」と訳すことができる。

⒣　**正解は 1** ─────────────────────────────

　後のポールの発言で，応援しているチームが決勝戦に出られそうにないことを述べている。ポールがこの会話文の 2 番目の発言で，次の週末に決勝シリーズが始まると述べていたことから，スージーは日曜のテニスの誘いを受けて，日曜にはラグビーの決勝があるのではないかと心配し，それに対しポールが目の前の試合でチームが勝ちそうにないから，次の日曜は大丈夫と言っている流れをつかもう。

B．和文英訳
問題文：特に水泳は，身体に過剰な負担をかけずに運動するには良い方法なんだ。

〈解答例〉 Especially, swimming is a good way to do exercise without placing a heavy burden on your body.

●「特に水泳は，身体に過剰な負担をかけずに運動するには良い方法なんだ」は，〈水泳＝良い方法（←身体に過剰な負担をかけずに運動するための)）〉と考えて，swimming is a good way を骨組みとした文を作ればよい。
●「特に」は especially
●「運動する」は do exercise を用いる。
●「身体に過剰な負担をかけずに」は without placing〔putting〕a heavy〔an excessive〕burden on your body などとすればよい。

A．(a)―7 (b)―2 (c)―5 (d)―9 (e)―10 (f)―3 (g)―8 (h)―1
B．〈解答例〉は解説参照。

29

目標解答時間 20分　**目標正答数** 8/8問（英作文除く）

次の対話を読んで設問に答えなさい。(50点)

(Kevin and Pat are walking down a street in New Orleans.)

Kevin: What a fantastic day to be in New Orleans. The weather is perfect!

Pat: It is. So where should we visit today? The French Quarter? Bourbon Street?

Kevin: The French Quarter sounds like a good idea. We wouldn't want to go to Bourbon Street now. _____(a)_____ It's also a great place to experience the New Orleans jazz scene.

Pat: OK, let's go there after dinner then. I suppose we have to listen to some live music while we're here in "the birthplace of jazz."

Kevin: Absolutely. It's been a long time since I've been to a jazz club.

Pat: _____(b)_____ I'm looking forward to it.

Kevin: You're in for a treat then. Live jazz can be pretty exciting — in some ways more creative than classical music but also more refined than rock and roll.

Pat: _____(c)_____

Kevin: Well, I should. I played jazz piano for almost ten years.

Pat: Really? I didn't even know you played piano. _____(d)_____

Kevin: Starting in high school. I had already played for about five years but was getting bored with lessons. So I looked for a new teacher and a new approach. [幸い、定期的に僕に喜んで教えてくれる、すごくいい地元のジャズピアノ奏者を見つけたんだ。]

Pat: Interesting. So did you play on your own, or were you in a group?

Kevin: For the first few years I just studied jazz technique. But once I became more confident, I made a little jazz group with a couple of guys who played bass and drums. _____(e)_____

Pat: That's amazing. I didn't even know you liked jazz at all. Now I'm finding out that you used to play in a group!

Kevin: It was great while it lasted. We got to know each other's playing styles pretty quickly, so we didn't have to worry too much about planning out the songs or matching rhythms. It all came very naturally.

Pat: So what happened? _____(f)_____

Kevin: Oh, usual life things. First, the drummer got married and he soon had a baby, so he had to quit. We searched for a replacement, but it's very hard to find jazz drummers. The bass player and I tried to continue on our own for a little while but it just wasn't the same. We eventually stopped doing live shows, and then I became too busy to continue playing at all.

Pat: That's too bad. _____(g)_____

Kevin: I'd like to go back to it someday when I have more free time. Maybe when I retire! [*Laughs*]

Pat: You shouldn't wait that long. You could play a little now and then, just to maintain your technique.

Kevin: I suppose. I really did love playing. But for now, I'm looking forward to seeing other people perform. _____(h)_____

Pat: Definitely. Now I'm getting excited!

A 空所 (a)～(h) に入るもっとも適切なものを次の 1 ～10の中からそれぞれ一つ選び、その番号を解答欄に記入しなさい。同じ選択肢を二度使ってはいけません。選択肢の中には使われないものが二つ含まれています。

1 I would've liked to hear you play.

2 When did you teach piano?

3 Before long we were doing live shows at small clubs.

4　We've got to find a good club to visit tonight.

5　When was that?

6　I've never played an instrument myself.

7　That's more of a nighttime spot.

8　I don't think I've *ever* been to one.

9　Why did you give it up?

10　You sound like you know a lot about it.

B　本文中の [　　　] 内の日本語を英語で表現しなさい。

幸い、定期的に僕に喜んで教えてくれる、すごくいい地元のジャズピアノ奏者を
見つけたんだ。

全訳

≪ジャズについての会話≫

（ケビンとパットはニューオーリンズの通りを歩いている。）

ケビン：ニューオーリンズにいるには最高の日だね。天気は完璧だよ！

パット：そうだね。それで，今日はどこに行こうか？　フレンチクオーター？　バーボンストリート？

ケビン：フレンチクオーターっていうのはいい考えだね。今，バーボンストリートに行きたいとは思わないな。あそこはむしろ夜のスポットだね。ニューオーリンズのジャズシーンを経験するのにすばらしい場所でもあるけどね。

パット：わかった，それなら夕食後にそこに行こう。僕たちが「ジャズ生誕の地」であるここにいる間に，生の音楽を聴かなければなって思うよ。

ケビン：まったくだよ。僕がジャズクラブに行ってからかなり経つよ。

パット：僕は一度も行ったことがないと思うんだ。とても楽しみだよ。

ケビン：じゃあ，楽しみなことになりそうだね。生のジャズはかなりワクワクするからね——ある意味でクラシック音楽よりも創造的だし，それでいてロックンロールより洗練されてもいるよね。

パット：ジャズについて君はよく知っているようだね。

ケビン：うん，そのはずだよ。ほぼ10年間ジャズピアノを弾いていたからね。

パット：本当？　君がピアノを弾いていたなんてことすら知らなかったよ。それはいつのことだったの？

ケビン：高校のときに始めたんだ。それまでにもう5年ほど弾いてきていたんだけど，レッスンに飽きるようになってね。だから，新しい先生と新しい取り組み方を探したんだ。幸い，定期的に僕に喜んで教えてくれる，すごくいい地元のジャズピアノ奏者を見つけたんだ。

パット：おもしろいね。それで，自分一人で弾いていたの，それともグループで？

ケビン：最初の数年間は，ジャズの技術を学んだだけだよ。でも，いったん自信がつくと，ベースギターやドラムを演奏する数人の仲間とちょっとしたジャズグループを作ったんだ。まもなく小さなクラブでライブをするようになったんだ。

パット：すばらしいね。君がジャズ好きだってことさえまったく知らなかったよ。今度は君が以前グループで演奏していたということを知ったよ！

ケビン：続いている間はよかったんだ。僕たちはお互いの演奏スタイルをかなり早くわかるようになって，曲を計画したり，リズムを合わせたりすることに関してあまり心配する必要がなかったんだ。すべてがすごく自然に進行したんだ。

パット：そこで何が起こったの？　なんでそれをやめちゃったの？

ケビン：あぁ，人生でよくあることだよ。まずドラム担当が結婚し，まもなく赤ちゃんができて，やめなければならなくなったんだ。代わりになる人を探したんだけど，ジャズのドラマーを見つけるのはかなり難しいんだ。ベース担当と僕でしばらくの間続けてみようとしたんだけど，まったく同じようにはいかなくてね。結局，僕たちはライブをやるのをやめて，僕もあまり

に忙しくなったせいでまったく演奏を続けられなくなったんだ。

パット：それは残念だね。君が演奏するのを聴きたかったなぁ。

ケビン：いつの日かもっと自由な時間ができたら復活したいな。退職したときかもね！（笑）

パット：そんなに長く待つべきじゃないよ。腕前を保つために，時には少しでも演奏できるじゃないか。

ケビン：そうだね。僕は本当に演奏するのが大好きだったからね。でも今のところは他の人が演奏するのを見るのが楽しみかな。今晩訪れるいいクラブを見つけないとね。

パット：確かにね。さあ，僕もワクワクしてきたな！

解 説

A．空所補充

各選択肢の意味は次のとおり。

1　「君が演奏するのを聴きたかったなぁ」

2　「いつピアノを教えていたの？」

3　「まもなく小さなクラブでライブをするようになったんだ」

4　「今晩訪れるいいクラブを見つけないとね」

5　「それはいつのことだったの？」

6　「自分では一度も楽器を演奏したことがないよ」

7　「あそこはむしろ夜のスポットだね」

8　「僕は一度も行ったことがないと思うんだ」

9　「なんでそれをやめちゃったの？」

10　「ジャズについて君はよく知っているようだね」

(a)　正解は　7

　　直前で「今，バーボンストリートに行きたいとは思わないな」と言っているので，7の「あそこはむしろ夜のスポットだね」を入れると，バーボンストリートに今は行きたくない理由としてふさわしい返答になる。more of ～「(…というより) むしろ～」 ここでは「(朝や昼というよりは) むしろ夜のスポット」である，すなわち「今」より「夜」に行きたいということ。

(b)　正解は　8

　　直前でケビンが「ジャズクラブに行ってからかなり経つ」と言っており，それに対するパットの発言としては，8の「僕は一度も行ったことがないと思うんだ」が適切。直後の「それなら君にはお楽しみが待っているよ」というケビンの発言もヒントになる。treat「楽しみ」

(c)　正解は 10 ―――――――――――――――――――――――――

　　直後のケビンの応答，Well, I should. の should の後には何か動詞表現が省略さ
れていると考える。直後の「ほぼ 10 年ジャズピアノを弾いていた」がその理由で
あることから考えると，10 の「それ（＝ジャズ）について君はよく知っているよ
うだね」が適切。should のあとには know a lot about it が省略されている。

(d)　正解は 5 ―――――――――――――――――――――――――――

　　直前では，ケビンがジャズピアノを弾いていたことが話題になり，直後でケビン
は「高校のときに始めたんだ」とピアノをやっていた時期について答えているので，
5 の「それはいつのことだったの？」を入れると会話が成立する。

(e)　正解は 3 ―――――――――――――――――――――――――――

　　直前のセリフに「小さなジャズグループを作った」とあるので，これに関する話
が続くだろうと考える。そうすると 3 の「まもなく小さなクラブでライブをするよ
うになったんだ」が最も妥当。あとの「すばらしいね」という発言も「クラブで演
奏していた」ことを指すと考えるときれいにつながる。

(f)　正解は 9 ―――――――――――――――――――――――――――

　　あとのケビンの発言で，ジャズグループをやめるに至った経緯が述べられている
ので，9 の「なんでそれをやめちゃったの？」が合う。直前のケビンの発言の第 1
文に「続いている間はよかったんだ」とあるのもヒントになる。

(g)　正解は 1 ―――――――――――――――――――――――――――

　　ケビンのジャズグループが続かなかったのを残念がるパットの発言に続く部分な
ので，1 の「君が演奏するのを聴きたかったなぁ」を入れる。すると，直後のケビ
ンの発言「いつの日かもっと自由な時間ができたら復活したいな」とも自然につな
がる。

(h)　正解は 4 ―――――――――――――――――――――――――――

　　直前でケビンは，演奏するのが大好きだったが，今は他人が演奏するのを見るの
を楽しみにしていると発言している。会話の冒頭部分（特にパットの 2 番目の発
言）からもわかるように，夜には 2 人はジャズを聴きに行くと思われるので，4 の
「今晩訪れるいいクラブを見つけないとね」が正解。have got to *do* は have to *do*
と同意。

B．和文英訳

問題文：幸い，定期的に僕に喜んで教えてくれる，すごくいい地元のジャズピアノ奏
　　者を見つけたんだ。

〈解答例〉 Luckily, I found an excellent local jazz pianist who was willing to give
me piano lessons regularly.

● 「幸い」は luckily や fortunately といった文修飾の副詞を用いて表現することができる。また「ジャズピアノ奏者を見つけたのは幸運だった」と読み換え，形式主語を用いて，It was lucky〔fortunate〕for me that I found … と表現してもよい。

● 「〜を見つけた」は find を用いてもよいし，「〜に出会った」と考えて meet を用いることも可能。

● 「すごくいい地元のジャズピアノ奏者」の部分は a great〔splendid〕local jazz pianist などとも表現できる。

● 「定期的に僕に喜んで教えてくれる」は関係代名詞の節を用いて表現するとよい。「定期的に」は regularly で表現できる。

● 「喜んで〜する」は be willing to *do* / be ready to *do* / be glad to *do* などを使って表現することができる。

● 「教える」は，ここではピアノのレッスンなので give me piano lessons と表現したい。

A．(a)—7　(b)—8　(c)—10　(d)—5　(e)—3　(f)—9　(g)—1　(h)—4
B．〈解答例〉は解説参照。

30

目標解答時間　20分　**目標正答数**　8/8問（英作文除く）

次の対話を読んで設問に答えなさい。（50点）

(John is flying back to the UK this morning. Satoshi is now seeing him off at Kansai International Airport. They have just got off the train and are making their way into the terminal building.)

Satoshi: *(looking at his watch)* It's only a quarter to nine. We've got two hours left before your flight, John. You know, I didn't eat any breakfast this morning and I still feel sleepy. So let's go for breakfast now.

John: Oh no, Satoshi. I must get checked in before anything else. Everyone's got to do that at least two hours before their plane departs.

Satoshi: _____(a)_____ It's on the fourth floor, isn't it? We need to get into that elevator. Oh, I should say 'lift', right? *(They get inside.)*

John: Is that one of your jokes? I understand American English, you know. You don't have to translate it for me.

Satoshi: No problem. You're a little stressed out this morning, aren't you? *(lifting up John's suitcase)* Argh, how come your suitcase is this heavy? I bet it weighs more than 20 kilos. I think you're going to have to pay the overweight baggage charge.

John: Here, give it to me. Yeah, you're right. It is heavy. It must be those hiking boots I bought in Osaka.

Satoshi: I told you that my mother could have sent them to you by post.
　　　　　_____(b)_____

John: Yeah, but that would've been too expensive. Anyway don't worry about my bag being overweight. My dad always pays off my credit card, if I have to use it. Those hiking boots were amazing value at that discount store. I could never get them for that price back home.

Satoshi: I remember last year in London. Everything was ridiculously expensive.

John: You're right. Now, let's see. Where's the desk for Air Finland?

Satoshi: Look. It's written on that board. It says F counter. That's over there. By the way, why didn't you choose a Japanese airline, like I did when I flew to London?

John: Simple. _____(c)_____ You wouldn't have been able to get up either, Satoshi. Not with all those computer games you play all night long. This airline has one of the quickest routes between Europe and Asia. It's only 10 hours to Helsinki, then three hours from there to London. I'll be arriving this afternoon around five o'clock.

Satoshi: _____(d)_____ Are you travelling on a rocket?

John: You're forgetting one thing, Satoshi. The time difference. _____(e)_____

Satoshi: Oh of course. So it'll be the middle of the night here in Japan. I won't be asleep yet. Just send an email that you arrived safely.

John: Of course, I will. Now I'm going to get in the line. [ぼくを待っている間にあのカフェに行って何か食べてきたらどうだい。] And I'll come over when I'm through here.

Satoshi: That's a good idea. See you soon, then.

John: (*at the counter*) I'd like to check in. Here's my ticket.

Clerk: (*after looking at it*) That's fine. May I see your passport, sir?

John: _____(f)_____

Clerk: (*after checking it*) Now put your baggage on there. Do you have any fluids or batteries in that suitcase?

John: _____(g)_____

Clerk:	Please remember that you pick up your suitcase in London, not Helsinki. It goes all the way through.
John:	Right, I got it. Phew! I thought I was going to have to pay extra. So my suitcase is not over 20 kilos then?
Clerk:	Yes it is. But this airline allows a maximum of 23 kilos and you're just slightly under that.
John:	＿＿＿＿＿(h)＿＿＿＿＿

A　空所 (a)〜(h) に入る最も適切なものを次の1〜10の中からそれぞれ一つ選び、その番号を解答欄に記入しなさい。同じ選択肢を二度使ってはいけません。選択肢の中には使われないものが二つ含まれています。

1　Oh, that's a relief.

2　I didn't want to get up at three o'clock in the morning to get to the airport on time.

3　In England we're nine hours behind you, remember?

4　No, nothing like that.

5　Is there some place you recommend visiting in Helsinki?

6　That's so fast.

7　You needn't have packed them.

8　Of course, here you are.

9　Your terminal building is now closed.

10　Okay, so let's go straight to the check-in counter.

B　本文中の [　　　] 内の日本語を英語で表現しなさい。

ぼくを待っている間にあのカフェに行って何か食べてきたらどうだい。

全訳

≪関空でイギリスに戻る友人を見送る≫

　（ジョンはこの日の朝，飛行機でイギリスに戻る予定である。サトシが関西国際空港に彼を見送りにきている。彼らは電車を降りたところで，ターミナルの建物に向かっている。）

サトシ：（自分の腕時計を見て）まだ8時45分だ。フライトまであと2時間あるね，ジョン。ほら，ぼくは今朝，朝食を食べなかったし，まだ眠いよ。だからこれから朝食に一緒に行こうよ。

ジョン：いや，サトシ。何よりもまず先にチェックインしなくちゃならないんだ。飛行機の出発する最低2時間前にみんなそうしなくちゃならないんだよ。

サトシ：オッケー，それじゃあチェックインカウンターに直行しよう。4階だよね？　あのエレベーターに乗らなくちゃ。ああ，「リフト」って言うべきだね？　（彼らは乗り込む）

ジョン：それは君の冗談の1つかな？　ぼくはアメリカ英語はわかるよ。翻訳する必要はないからね。

サトシ：問題ないよ。君は今朝，ちょっと緊張気味だよね。（ジョンのスーツケースを持ち上げて）うわ，なんで君のスーツケースはこんなに重いの？　間違いなく20キロ以上あるよ。荷物の超過料金を払わなきゃならなくなるんじゃないのかな。

ジョン：こっちにちょうだい。うん，君の言う通りだ。重いね。間違いなく，大阪で買ったハイキングブーツのせいだ。

サトシ：ぼくの母さんが郵便で君にそれを送ってあげることもできるって言ったよね。それを荷物に詰める必要はなかったのに。

ジョン：うん，でもそうしていたら値段が高すぎたよ。いずれにしても，ぼくのかばんが重量超過になることについては心配しないでね。ぼくがクレジットカードを使わなくちゃならない場合には，ぼくの父さんがいつもそれを清算してくれるんだ。あのハイキングブーツ，あのディスカウントストアだと驚くべき値段だったね。あの価格であの靴をイギリスで買うことなんて絶対できなかったよ。

サトシ：ロンドンでの去年のことを思い出したよ。何もかもばかばかしいほど高かったね。

ジョン：そうなんだ。さて，ちょっと待って。フィンランド航空のデスクはどこ？

サトシ：見て。あのボードに書かれているよ。Fカウンターだって。向こうだね。ところで，どうして日本の航空会社を選ばなかったの？　ぼくがロンドンに飛んだ時には日本の航空会社にしたんだけど。

ジョン：簡単さ。空港に時間通りに着くために午前3時に起きたくはなかったんだ。君も早起きできなかっただろうね，サトシ。何しろ，君は一晩中コンピュータゲームをしていたんだから。この航空会社はヨーロッパとアジアを最速で結ぶルートの1つを持っているんだ。ヘルシンキまでたった10時間，それから，そこからロンドンまで3時間。今日の午後5時頃には到着しているよ。

サトシ：それはとても速いね。ロケットで旅行するの？

ジョン：君は1つ忘れていることがあるよ，サトシ。時差だよ。イギリスでは君た
　　　　ちより9時間遅いんだよ。思い出した？

サトシ：ああ，もちろん。だったらここ日本だと真夜中になるね。ぼくはまだ寝て
　　　　いないだろうな。無事に着いたらメールを送ってね。

ジョン：もちろん，送るよ。さて，ぼくは列に並んでくるよ。ぼくを待っている間
　　　　にあのカフェに行って何か食べてきたらどうだい。これが終わったらそっ
　　　　ちに行くよ。

サトシ：それはいい考えだね。それじゃ，またあとで。

ジョン：（カウンターで）チェックインしたいんです。チケットです。

係員　：（チケットを見たあとで）結構です。パスポートを拝見できますか？

ジョン：もちろん，はいどうぞ。

係員　：（パスポートをチェックしてから）それでは荷物をそちらに置いてくださ
　　　　い。スーツケースの中に液体や電池類は入っていますか？

ジョン：いえ，そうしたものは何もありません。

係員　：ヘルシンキではなく，ロンドンでスーツケースを受け取ることを忘れない
　　　　でください。荷物は直行しますので。

ジョン：そうですね，わかりました。あれっ！　超過料金を払わなきゃならなくな
　　　　ると思っていたんだけど。それじゃあ，ぼくのスーツケースは20キロを
　　　　超えていないんですか？

係員　：いえ。でも，この航空会社は最大23キロまで大丈夫です。あなたはそれ
　　　　よりちょっと下ですね。

ジョン：ああ，ほっとしました。

解　説

A．空所補充

各選択肢の意味は次のとおり。

1　「ああ，ほっとしました」
2　「空港に時間通りに着くために午前3時に起きたくはなかったんだ」
3　「イギリスでは君たちより9時間遅いんだよ。思い出した？」
4　「いえ，そうしたものは何もありません」
5　「ヘルシンキで訪れるのがおすすめの場所はある？」
6　「それはとても速いね」
7　「それを荷物に詰める必要はなかったのに」
8　「もちろん，はいどうぞ」
9　「ターミナルの建物は今閉まっているよ」
10　「オッケー，それじゃあチェックインカウンターに直行しよう」

ⓐ　**正解は 10**

　　直前でジョンが「何よりもまず先にチェックインしなくちゃならないんだ。飛行機の出発する最低2時間前にみんなそうしなくちゃならないんだよ」と述べていて，直後ではサトシが「4階だよね？」と述べている。選択肢に登場する名詞の中で，It's on the fourth floor … の It が指せるものは，10 の the check-in counter しかない。

ⓑ　**正解は 7**

　　スーツケースが重くなった原因のハイキングブーツが話題になっている。空所の直前で「ぼくの母さんが郵便で君にそれを送ってあげることもできるって言ったよね」と述べているので，7 が入る。

ⓒ　**正解は 2**

　　日本の航空会社を選ばなかった理由を尋ねられ，空所の直後では「君も早起きできなかっただろうね」と述べている。either に着目すると，否定文に続いて「〜もまた…ない」（追加）を表すので，空所には否定文で「早起きできない」内容のものを選ぶ。よって，2 が入る。なお，あとの Not with all those computer games … の Not は直前の否定文の代用。つまり（You would）not（have been able to get up）with all those computer games you play all night long. ということ。

ⓓ　**正解は 6**

　　直後に「ロケットで旅行するの？」という発言があるので，あまりに早く到着することに驚いていると考える。よって，6 を入れる。

ⓔ　**正解は 3**

　　空所の直前で「時差だよ」と言っていることから，空所には時差の説明をする発言を入れる。3 が正解。

ⓕ　**正解は 8**

　　パスポートの提示を求められたので，それに応じる表現として，8 を入れる。

ⓖ　**正解は 4**

　　係員に「スーツケースの中に液体や電池類は入っていますか？」と尋ねられたことに対する応答なので，4 を入れる。

ⓗ　**正解は 1**

　　係員に荷物が重量制限を超えていないことを伝えられたところなので，ジョンは追加料金がいらなくなり安心していると考え，1 を入れる。

B．和文英訳

問題文：ぼくを待っている間にあのカフェに行って何か食べてきたらどうだい。

〈解答例〉 Why don't you go and eat something at that cafeteria while (you are) waiting for me ?

●「ぼくを待っている間に」は，while（you are）waiting for me とすればよい。

●「あのカフェ」は that cafeteria〔café / cafe〕

●「(行って) 何か食べてきたらどうだい」は相手に何かを勧める時の定型表現の why don't you 〜? などを用いて Why don't you go and〔go to〕eat something? などとする。

A.　(a)—10　(b)—7　(c)—2　(d)—6　(e)—3　(f)—8　(g)—4　(h)—1
B.　〈解答例〉は解説参照。

31

目標解答時間 20 分　**目標正答数** 5/8 問（英作文除く）

次の対話を読んで設問に答えなさい。(50点)

(Kenji, a student in Kansas City, is meeting his new boss on the first day of his part-time job.)

Jim: Hi. Are you Kenji?

Kenji: Yes, that's me. Mr. Pickett?

Jim: That's right, but please call me Jim. Sorry to have kept you waiting so long. ＿＿＿＿＿(a)＿＿＿＿＿

Kenji: No problem, Jim. I'm just happy to be here.

Jim: Good to hear. Well, before I explain the facilities, why don't you tell me a little about yourself and your background?

Kenji: Sure. ＿＿＿＿＿(b)＿＿＿＿＿ I'm in my senior year, so I hope to finish up by next June. University is really expensive, so I need to work here to help pay for tuition.

Jim: I understand. What are you studying?

Kenji: Political science, with a special focus on Asian politics. ＿＿＿＿＿(c)＿＿＿＿＿

Jim: That's logical. I assume you're from Asia?

Kenji: Well actually, although my grandparents were from Japan, my parents and I all grew up in the U.S. I've never even been to Japan, but I'd love to go someday.

Jim: Me too. ＿＿＿＿＿(d)＿＿＿＿＿ Though I've never been to Asia, my wife and I went to Hawaii for our 10-year wedding anniversary, and we were surprised to see so many Japanese there. Many of the shop signs, and even some of the street signs, were written in Japanese! It makes sense, though, because it's not that far from Japan and it's such a great place to vacation. Ever been?

Kenji: To Hawaii? No. ［そこはぼくがいつか行きたいもう一つの場所です。ここに比べるととても物価が高いと聞いていますけど。］

Jim: Well that's true. I had to save up for almost a year to take that trip. _____(e)_____ So what kind of government career would you like to have in the future?

Kenji: Hmm. I suppose my dream is to work in a foreign embassy. I think it would be really exciting to live in a different country and work to maintain good relations with the international community.

Jim: It sounds exciting. Probably too exciting for me, though.

Kenji: _____(f)_____ They would rather see me settle down into a nice job closer to home, like a businessman or a lawyer. They're pretty conservative. Or maybe they just want me to be nearby.

Jim: Well, I can't blame them. I have a daughter who is a teenager, and I'd love it if she decided to stay local after she graduates. _____(g)_____ When I was your age, I couldn't wait to get away from my hometown.

Kenji: Oh yeah? Where did you go?

Jim: Why right here, only 20 miles away from my parents! I wanted to live somewhere else, but I guess not too far away. _____(h)_____

Kenji: Well, that's just a dream for now. Hopefully, someday it will be a reality.

Jim: Yes, well speaking of reality, I suppose I should explain the job to you.

Kenji: OK.

Jim: In this area are the grills. This is where you will make the hamburgers. And over here is the fryer for making French fries...

A　空所 (a)～(h) に入るもっとも適切なものを次の1～10の中からそれぞれ一つ選び、その番号を解答欄に記入しなさい。同じ選択肢を二度使ってはいけません。

選択肢の中には使われないものが二つ含まれています。

1　Work is more fun if there's something to look forward to.

2　Not like a foreign country in Asia or somewhere.

3　But I understand your point of view as well.

4　I've been working in this factory for more than ten years.

5　I want to become a businessman after I graduate.

6　I'm currently studying at the local college.

7　Yeah, my parents aren't thrilled about the idea of me working abroad.

8　I hear it's a beautiful country.

9　After I graduate, I'd like to get a job working in the government.

10　I've been running behind all day.

B　本文中の［　　　］内の日本語を英語で表現しなさい。

そこはぼくがいつか行きたいもう一つの場所です。ここに比べるととても物価が高いと聞いていますけど。

≪大学4年生が自分の夢をアルバイト先で語る≫

全訳

（カンザスシティの大学生のケンジは，アルバイトの初日に新たな上司に会っている。）

ジム　：やあ，君がケンジかい？

ケンジ：はい，私です。ピケットさんですか？

ジム　：そうだよ。でも，私をジムと呼んでくれ。たいへん長く君を待たせてしまって，申し訳ない。私は1日中遅れているんだ。

ケンジ：かまいませんよ，ジム。ここに来られてうれしいです。

ジム　：そう言ってくれてうれしいよ。では，設備について説明する前に，君自身と君の経歴について少し私に話してくれないかな。

ケンジ：はい。ぼくは現在地元の大学で勉強しています。ぼくは4年生なので，次の6月までに修了できればと思っています。大学は非常にお金がかかるので，授業料を払う足しにするためにここで働く必要があるのです。

ジム　：わかった。何を勉強しているのだい？

ケンジ：政治学で，特にアジアの政治に焦点を当てています。卒業後，ぼくは政府で働く仕事につきたいと思っています。

ジム　：それは筋が通っているね。君はアジア出身だと思うが？

ケンジ：ええっと，実際は祖父母は日本出身だったのですが，ぼくの両親とぼくは，みんなアメリカで育ちました。日本へ行ったことさえありませんが，いつの日か行ってみたいと思っています。

ジム　：私もだ。日本は美しい国だそうだね。私はアジアに行ったことはないけれども，妻と私は結婚10周年記念にハワイに行ったんだ。そして，そこで非常に多くの日本人に会って驚いたよ。多くの店の看板やいくつかの通りの標識さえ，日本語で書かれていたよ！　でも，それはもっともなことなんだな。というのは，ハワイは日本からそれほど遠くないし，休暇を過ごすにはとてもすばらしい場所だからね。行ったことあるかい？

ケンジ：ハワイにですか？　いいえ。そこはぼくがいつか行きたいもう一つの場所です。ここに比べるととても物価が高いと聞いていますけど。

ジム　：まあ，その通りだね。その旅をするためにほぼ1年間貯金をしなければならなかった。楽しみに待つ何かがあれば，仕事はもっと面白くなるね。ところで，将来君はどんな種類の政府の仕事をしたいのかね？

ケンジ：そうですね。ぼくの夢は外国の大使館で働くことなのです。別の国に住み，国際社会とよい関係を維持するために働くことは実に胸がわくわくすることだろうと思います。

ジム　：刺激がありそうだね。だが，私にはおそらく刺激的すぎるがね。

ケンジ：そうなんですよ。ぼくの両親は，ぼくが海外で働くという考えを気に入っていないのですよ。両親は，家のもっと近くのよい仕事，ビジネスマンや弁護士のような仕事にぼくが落ち着くのを期待しているのです。両親はかなり保守的なのです。あるいはたぶんぼくに近くにいてもらいたいだけなのかもしれません。

ジム　：そうだね，私は君の両親を非難できないな。私には 10 代の娘がいて，卒業後地元にいるように決めてくれるならば，それはうれしいことだね。でも私はまた君の意見も理解できるよ。私が君の年齢だったとき，故郷の町から出て行きたくてたまらなかったよ。

ケンジ：おや，そうですか？　どこへ行かれたのですか？

ジム　：ああ，まさにここだよ。両親からたった 20 マイルしか離れていなかったけれど！　私はどこか他の所に住みたかったが，あまりにも遠くではなかったと思うよ。アジアかどこかの外国のようではないね。

ケンジ：とは言え，今のところ夢にすぎませんよ。うまくいけば，いつの日か，それが現実になることを願っているのです。

ジム　：そうだね。ええっと現実と言えば，君に仕事を説明しておくべきだと思う。

ケンジ：わかりました。

ジム　：この場所にグリルがある。これが，君がハンバーガーを作る場所だ。こちらに，フライドポテトを作るための揚げなべがあるよ。

解説

カンザスシティの大学生のケンジと新しいアルバイト先の上司との会話である。

A．空所補充

各選択肢の意味は次のとおり。

1　「楽しみに待つ何かがあれば，仕事はもっと面白くなるね」
2　「アジアかどこかの外国のようではないね」
3　「でも私はまた君の意見も理解できるよ」
4　「私はこの工場で 10 年以上も働いているのだよ」
5　「ぼくは卒業後ビジネスマンになりたいのです」
6　「ぼくは現在地元の大学で勉強しています」
7　「そうなんですよ。ぼくの両親は，ぼくが海外で働くという考えを気に入っていないのですよ」
8　「そこは美しい国だそうだね」
9　「卒業後，ぼくは政府で働く仕事につきたいと思っています」
10　「私は 1 日中遅れているんだ」

(a)　正解は 10 ────────────────
空所の直前のジムの発言「たいへん長く君を待たせてしまって，申し訳ない」につながる表現として，その理由となる 10 を選べば，空所の後のケンジの発言「かまいませんよ」とうまくつながる。run behind「遅れる」

(b)　正解は 6 ────────────────
空所の前のジムの「では，設備について説明する前に，君自身と君の経歴につい

て少し私に話してくれないかな」という発言をもとにして，6を選べば，空所の後の「ぼくは4年生なので，次の6月までに修了できればと思っています」と整合性がある。

(c) 正解は 9 ────────────────

　空所の直前のケンジの発言「政治学で，特にアジアの政治に焦点を当てています」に続けて，9を選べば，空所の次の「それは筋が通っているね」と述べたジムの発言とうまくつながる。5もここに入る可能性があるが，後半を読んでいくと，「政府の仕事」「外国の大使館」などという表現が出てくるので，5は不可だと気づく。

(d) 正解は 8 ────────────────

　空所の前の発言でケンジが「いつの日か日本に行きたい」と言っているので，日本が話題になっていることを理解し，空所に8を選べば，意味が通る。文脈から，8のitは日本を指すとわかる。

(e) 正解は 1 ────────────────

　空所の直前のジムの発言に「その旅をするためにほぼ1年間貯金をしなければならなかった」とある。働くことによって，旅行費用を貯めるという流れに合うのは，1である。

(f) 正解は 7 ────────────────

　空所に7を入れれば，直前のジムの発言「刺激がありそうだね。だが，私にはおそらく刺激的すぎるがね」とうまくつながり，空所の直後の「両親は，家のもっと近くのよい仕事，ビジネスマンや弁護士のような仕事にぼくが落ち着くのを期待しているのです」ともぴったりつながる。空所の直後の文の主語Theyも文法的にヒントとなる。

(g) 正解は 3 ────────────────

　外国の大使館で働きたいというケンジに対して，ケンジの両親は家の近くにいてもらいたいと思っている。この状況で，ジムはケンジの両親の気持ちもわかると，自分の娘を引き合いに出して，空所の直前で述べている。一方，ケンジの家を離れて働きたいという気持ちもわかる，と考えて，空所に3を入れれば，その直後の「私が君の年齢だったとき，故郷の町から出て行きたくてたまらなかったよ」という会話の流れに合う。

(h) 正解は 2 ────────────────

　空所の直前のジムの発言「私はどこか他の所に住みたかったが，あまりにも遠くではなかったと思うよ」から，ジムは両親からあまり遠く離れた場所に住みたかったわけではないと考えられる。この流れにしたがって，2を選べばよい。

B．和文英訳

問題文：そこはぼくがいつか行きたいもう一つの場所です。ここに比べるととても物価が高いと聞いていますけど。

〈解答例〉　That is another place I want to visit someday. I hear prices there are very high, compared with here.

●「～と比べると」は compared with ～，「物価」は prices を用いる。commodity prices でも可。「物価が高い」は Prices are high. であり，Prices are expensive. とは言わない。expensive は具体的なものが「高価な」という場合に用いる。

●「物価が高いと聞いていますけど」の「けど」を表現するために，文末に though を加え，I hear prices there are very high, compared with here, though. としてもよい。

A．(a)—10　(b)—6　(c)—9　(d)—8　(e)—1　(f)—7　(g)—3　(h)—2
B．〈解答例〉は解説参照。

巻末付録　読解英文のテーマ一覧

年度	学　　部	大問	主　　　題	和訳有○	語数	本書掲載大問番号
2022	法・グローバル・コミュニケーション	I	レターロッキングのヴァーチャル開封		840	
		II	科学の進歩のきっかけ	○	970	2
	文・経済	I	人と同じ能力を持つ鳥類		700	
		II	会話はいつ止めるべきか	○	1030	
	神・商・心理・グローバル地域文化	I	歴史の表舞台に現れない人々		930	
		II	市民科学者が貢献した天文学	○	790	
	社会・理工	I	嗅覚と記憶の関連性		1000	
		II	犬のしつけの仕方とは	○	950	
	政策・文情(文・理)・生命・スポーツ(文・理)	I	人類の実年齢を示す新発見について		1090	
		II	食品ロスを減らす取り組み	○	830	1
	文系全学部	I	手書きが脳を活性化させる		920	12
		II	コーヒー豆の伝播の歴史	○	1250	
	理系全学部	I	DNA分析によるマンモスの系統の確定		830	
		II	氷が溶ける南極大陸とグリーンランド	○	1050	
2021	法・グローバル・コミュニケーション	I	オスマン帝国衰退の要因	○	1020	
		II	極北の未知なる大地を求めて		860	
	文・経済	I	価値ある遺跡の落書き	○	1000	
		II	スペースデブリ		1030	13
	神・商・心理・グローバル地域文化	I	演劇の性質		960	
		II	週4日労働の拡大	○	970	3
	社会・理工	I	オゾン層を守る取り組み		1000	
		II	気候変動がアルペン産業に与える影響	○	920	14
	政策・文情(文・理)・生命・スポーツ(文・理)	I	ヒトゲノム計画で治療が変わるのか		760	
		II	逆型太陽電池の可能性	○	1130	
	文系全学部	I	先住民族工芸作品を展示するハード博物館	○	1000	
		II	ヒースロー空港の拡張計画をめぐって		840	
	理系全学部	I	アラブ首長国連邦の新奇な宇宙計画	○	960	
		II	恐竜の絶滅—隕石の衝突か火山噴火か		850	
2020	法・グローバル・コミュニケーション	I	何よりもまず子どもたちに教育を		790	
		II	あらゆる学習スタイルが私たちに開かれている	○	850	
	文・経済	I	世界最古のパンの欠片		720	
		II	飲食店レビューの歴史	○	960	
	神・商・心理・グローバル地域文化	I	機能的固着を克服する方法	○	880	5
		II	子どもの食べ物の好みを決める要因		910	
	社会・理工	I	アファンタジアとは		880	15
		II	犬に悲しいという感情はあるのか	○	850	4
	政策・文情(文・理)・生命・スポーツ(文・理)	I	グランドキャニオンから学ぶこと		900	
		II	ペットの肥満防止に向けて	○	700	
	文系全学部	I	どのようにして映画が発明されたか		980	
		II	第二言語の習得に関して	○	700	
	理系全学部	I	睡眠は進化の原動力になったのか		840	
		II	トルコの古代遺跡から何が見えてくるか	○	850	
2019	法・グローバル・コミュニケーション	I	塩や砂糖、脂肪を欲するメカニズムとの戦い		830	
		II	アメリカにおける相対的移動性と絶対的移動性	○	820	
	文・経済	I	社会性昆虫の共同体社会		880	
		II	ハーフアースプロジェクト	○	1090	
	神・商・心理・グローバル地域文化	I	イギリスの環境の変化		800	
		II	言語を話す能力と脳の役割	○	960	

年度	学 部	大問	主 題	和訳有○	語数	本書掲載大問番号
2019	社会・理工	I	ワットによる蒸気機関の改良	○	1020	
		II	年功序列制度の崩壊と定年制度の導入		670	
	政策・文情(文・理)・生命・スポーツ(文・理)	I	医師の若さや経験の少なさは悪いことなのか	○	740	6
		II	光学画像を作る方法の変遷		760	
	文系全学部	I	絶滅の恐れのあるホッキョクグマの現状		1110	16
		II	オークの木が恋人たちを結びつける	○	830	
	理系全学部	I	私たちはなぜ思い出せないのか		950	
		II	自動化が及ぼす影響は何か	○	780	
2018	法・グローバル・コミュニケーション	I	自動運転車と倫理上のジレンマ		930	17
		II	科学技術による未来予測の是非	○	890	
	文・経済	I	プロセス重視のライティング教育		1130	
		II	社会はどのようにして記数法を発展させてきたか		750	
	神・商・心理・グローバル地域文化	I	人間の嗅覚を高める可能性	○	910	
		II	2カ国語を話す人が持つ能力		740	
	社会・理工	I	鏡を使えることは自己意識の現れなのか	○	1050	7
		II	識字率を高めるために		900	
	政策・文情(文・理)・生命・スポーツ(文・理)	I	参与観察法	○	720	
		II	花びらの温度が授粉者を引きつける		770	
	文系全学部	I	食品の偽装にかかわる諸問題		900	
		II	妊娠中の運動は子どもを運動好きにするのか	○	900	
	理系全学部	I	人間の微妙な感情を表現することは不可能か		960	
		II	残飯は家畜のえさとして使えるか	○	910	
2017	法・グローバル・コミュニケーション	I	消えゆく氷河	○	1030	
		II	埋葬習慣と死の概念		920	18
	文・経済	I	社会性と情動の学習		990	
		II	アメリカ建国初期における郵便事情	○	900	
	神・商・心理・グローバル地域文化	I	ヨーロッパにおける綿産業の発展		940	
		II	動物に餌付けする意義	○	700	
	社会・理工	I	目標設定はどんな時に行うのが良いのか	○	930	
		II	イヌの祖先はオオカミなのか		930	
	政策・文情(文・理)・生命・スポーツ(文・理)	I	ヒトの進化における手の重要性	○	1120	
		II	機械が人間を教育できるようになるか		830	19
	文系全学部	I	英国人が最も頻繁に使う言葉		920	
		II	乳製品が大好きなオランダ人	○	920	
	理系全学部	I	友情はどう変化していくのか		1200	
		II	夜でも明るい世界——夜の闇を忘れ人工の明かりを獲得した人間		820	
2016	法・グローバル・コミュニケーション	I	ワクチン接種をめぐる論争	○	1100	
		II	マインドフルネスと運動の継続性		570	
	文・経済	I	犬は人の感情を読み取れるか		920	
		II	チューインガムの歴史	○	780	
	神・商・心理・グローバル地域文化	I	温暖化によるスキー場の苦境	○	970	8
		II	読む能力の習得に関する研究		800	
	社会・理工	I	リプトンはどのように財を成したのか	○	930	
		II	多言語使用が人間の認知に与える影響		860	
	政策・文情(文・理)・生命・スポーツ(文・理)	I	アメリカ合衆国における子ども向けの本の発達の歴史		830	
		II	海の生物の巨大化の謎を解く	○	870	
	文系全学部	I	カラスの持つ類推的な思考		1100	
		II	産業革命が引き起こしたいろいろな影響	○	900	
	理系全学部	I	19世紀後半以降の製パン所の発展	○	1040	9
		II	ミツバチはなぜお互いに戦いをするのか		600	

年度	学　　部	大問	主　　　題	和訳有○	語数	本書掲載大問番号
2015	法・グローバル・コミュニケーション	I	ゾウの持つ共感力		920	20
		II	人間にとって不可欠なテクノロジー	○	860	
	文・経済	I	デジタルメディアが自己と他者との関係に与える影響	○	890	
		II	食品塩分の削減を目指して		790	
	神・商・心理・グローバル地域文化	I	アフリカの映画産業		900	
		II	アメリカ大陸に渡ったヒョウタン	○	740	10
	社会・理工	I	フィットネス法としてのジョギング	○	1010	
		II	現代における全世界の食糧供給		740	
	政策・文情（文・理）・生命・スポーツ（文・理）	I	ヤスニ ITT イニシアティブとは？	○	1050	
		II	来たるべきロボットの時代		670	
	文系全学部	I	世界共通語としての英語		930	
		II	紙の書物と電子書籍との違い	○	860	
	理系全学部	I	子どもが国内外へ移住する	○	1050	
		II	文化的相違が影響を与える意思疎通		690	
2014	法・グローバル・コミュニケーション	I	微笑みがもたらす効果	○	850	
		II	賢い子どもの褒め方の問題点		760	
	文・経済	I	インターネット上の読書が思考形態に与える影響	○	830	
		II	犬は他の犬との間に友情を築くことができるのか		950	
	神・商・心理・グローバル地域文化	I	教育者は学生の心の中に長く残りうる	○	950	
		II	子どもの認知能力の発達段階		800	21
	社会・理工	I	地球温暖化は北極圏の漁獲量増加をもたらすか？		900	
		II	本当の感情を読み取れますか？		940	
	政策・文情（文・理）・生命・スポーツ（文・理）	I	遺伝子とレーザーを使った蚊との闘い		1180	
		II	進化上の適応としての魚のサイズの縮小	○	670	
	文系全学部	I	お菓子の包装に関するゴミ問題	○	680	11
		II	スマートテクノロジーのよい点と悪い点		910	
	理系全学部	I	粘り強さが人類の進化の鍵	○	1050	
		II	保育器を使えば乳児死亡率が劇的に減少する		660	